D1727086

Ursula Ruppel
Ich lebe und ihr sollt auch leben

Ursula Ruppel

ICH LEBE
UND IHR SOLLT AUCH LEBEN

Roman

Impressum

Bibliografische Information der Deutschen Nationalbibliothek:
Die deutsche Nationalbibliothek verzeichnet diese Publikation
in der Deutschen Nationalbibliografie, detaillierte bibliografische
Angaben sind im Internet über dnb.dnb.de abrufbar

© 2023 Ursula Ruppel
Alle Rechte vorbehalten
Autorin: Ursula Ruppel
Umschlaggestaltung, Layout, Satz: Helmut Schade, Frankfurt am Main
Herstellung und Verlag: BoD – Books on Demand, Norderstedt

ISBN: 9783756889020

Für meine Schwester

I

Die Stille ist anders als jede andere Stille und das Weiß anders als jedes andere Weiß. Edith gefällt es. Als sei eine Welle aus Schweigen durch sie hindurchgeflossen, um jedes Geräusch, jede Bewegung und jedes Gefühl fortzuspülen. Das Weiß kommt nicht aus einer Quelle von Licht, sondern dehnt sich in einem atemberaubenden Gleichmaß von Horizont zu Horizont. In einer ungenauen Ferne stapfen ein paar Gestalten vorbei. Edith sieht auf Scheitel und Hüte, ganz so als schwebte sie über ihnen. Ihre Jüngste läuft da unten, nicht mehr so lebhaft wie früher, setzt Klara zögernd einen Schritt vor den anderen. Und der Scheitel dort, zwischen dem dichten, aber doch grauen Haar, das wird Johann sein, der ein wenig vorausgeht. Dann fällt Schnee. Er fällt durch Edith hindurch auf die Gruppe unter ihr, die langsam verschwindet.

Johann wendet sich ab, dreht den Körper so rasch fort, dass seine Töchter nicht imstande sind etwas zu sagen oder ihn am Ärmel seines Mantels festzuhalten. Während sie vortreten, um eine Handvoll lehmiger Erde auf Ediths Sarg zu streuen, weicht Johann aus.

Er setzt den Hut auf, prüft mit einem raschen Griff seinen Sitz und macht sich davon, vorbei an den Trauergästen, die ihm ausweichen und Platz machen. Das schmiedeeiserne Tor fällt mit dem gleichen hohlen Scheppern ins Schloss wie in seiner Kindheit. Peng. Sie hatten es noch einmal geöffnet und wieder ins Schloss fallen lassen, Peng, ihm noch ein wenig Schwung mit auf den Weg gegeben. Peng. Peng. Bis eine der Frauen, die mit ihren Gießkannen und Setzlingen unterwegs waren, auf sie aufmerksam wurde oder gar die Mutter selbst. Was macht ihr denn da? Gar nichts. Paul hatte suchend hinauf in die Baumwipfel gesehen, als sei von dort gleich wieder ein Peng zu erwarten.

Johann verlangsamt seinen Schritt und hebt den Kopf, da keine Gefahr mehr besteht, den Blicken der anderen zu begegnen, die sich zu einer undeutlichen Reihe zusammendrängeln, um Lisbeth und Klara die Hand zu reichen: Mein Beileid. Der Weg steigt an zum Pfarrgarten hin, der in seinen blassen Novemberfarben daliegt, faulige Dahlien und Astern hängen über ihr welkes Laub herab. Johann zögert einen Augenblick, er wendet sich um, und einen Lidschlag lang sieht er Edith wieder dort stehen.

Damals im Sommer.

An der hinteren Mauer des Pfarrgartens steht sie und bindet Dahlien an dünnen Bambusstöcken fest. Die Blüten sind von einem kraftvollen dunklen Rot, dazu das Blau ihrer Schürze, das satte Grün des spätsommerlichen Gartens und Ediths glänzender Zopf natürlich, der ihr über den Rücken hängt, bis sie sich umdreht und Johann das helle Rund ihres Gesichts zeigt. Ein vergleichbares Rund hat Johann noch nicht gesehen. Die Stirn rund, die Wangen rund, jede auf ihre Weise. Der Mund.

Er kommt, um die Pfarrküche auszumessen.

Johann schwankt, ob er der jungen Frau die Hand reichen soll. Seine Rechte hebt sich, verharrt einen Augenblick lang im Ungewissen, um dann bis zu seinem Kopf aufzusteigen, wo die Finger prüfen, ob der Bleistift noch hinter dem Ohr steckt, wie üblich. Ja, der Bleistift steckt noch dort.

Edith lässt die Dahlien los, die augenblicklich von ihrem Stöckchen fortstreben und sich zur Erde neigen. Sie wischt sich die Handfläche an der Schürze ab und geht Johann voran durch den hinteren Eingang des Pfarrhauses. Er folgt dem schönen Zopf und dem blauen Schürzenbändel, der aus einer Schleife in der Taille fast bis zum Saum ihres Kleides flattert. Auch ihr Gang ist rund.

Bitte sehr. Sie öffnet die Küchentür und Johann holt sein Maß aus dem Rock und zückt den Bleistift. Länge soundsoviel, Breite soundsoviel und dann die Höhe. Abzüglich des gekachelten Sockels, abzüglich natürlich der Fenster und Türen, abzüglich der Holzverkleidung hinter der Eckbank.

Edith lehnt am Küchenschrank und schaut dem jungen Mann zu, der auf dem Boden kniet, sein Maß hin und her schiebt und sich Zahlen notiert. Sie fließen in exakten Reihen aus der Bleistiftspitze auf die karierten Seiten seines Notizblocks und geben Johann schließlich so viel Sicherheit, dass er mit einem eleganten Satz in den Stand kommt und sich mit einem kräftigen Handschlag verabschiedet.

Also dann. Eine kleine Verbeugung, aber nicht zu tief.

Johann, auf dessen untrügliches Farbempfinden sich Edith in allen Fragen der Einrichtung und der Kleiderstoffe wird verlassen können, kommt später immer wieder auf diese Dahlien zu sprechen, die den Augenblick ihrer ersten Begegnung beleuchtet hatten. Edith, weniger romantisch, fragt dann, und wenn es Bohnen gewesen wären, die sie aufgebunden hätte?

Wäre dann nichts aus ihnen geworden?

Für einen kurzen Moment wird es Frühling vor Johanns Augen, das Grün wäre lichter alles in allem, heller, mehr Gelb wäre darin. Er fügt Ediths verblichenes Leinen hinzu, die mageren Pflänzchen, die sich an das graue Holz der Bohnenstange lehnen und kehrt kopfschüttelnd zu den Dahlien zurück.

Es war aber nicht im Mai. Es war im August, und er war mit einem Schwung nach Hause gekommen, der noch für eine Neuerung reichte.

Johann hatte das Heft aus dem Regal gezogen, schon vor Wochen gekauft, 180 nummerierte Seiten, überzogen mit einem Netz feiner Linien. *Maße* malt er auf das Namensschild und auf die erste Seite *Pfarrhaus*. Er zieht einen Strich, der andeuten soll, dass es sich um eine Überschrift handelt und notiert: 1. Küche. Er trägt seine Zahlen ein und führt das ganze abends beim Nachtmahl vor.

Georg nimmt das Heft in die Hand und schlägt es auf. Die Maße der Pfarrküche hätte er auswendig aufsagen können wie übrigens auch die Maße der guten Stube, die im Pfarrhaus Wohnzimmer heißt, die der Studierstube usw. Abgesehen vom Pfarrhaus sind auch die Maße der meisten anderen Häuser des Orts in seinem Gedächtnis gespeichert, und wenn es heißt, da und da machen wir die Stube oder Küche oder wir streichen das Treppenhaus, sieht Georg den Raum vor sich und muss nicht erst hinlaufen wie seine Söhne. Aber hier und dort werden neue Häuser gebaut, ganze Straßenzüge, wo vorher Obstwiesen waren, neue Kunden, neue Zimmer, neue Höhen und neue Breiten. Georg schlägt das Heft zu und schiebt es über den Tisch, damit auch Louise sich die leeren Seiten durch die Finger gleiten lassen kann.

Paul steht auf, um in die Singstunde zu gehen, für Neuerungen ist er nicht zuständig. Niemand weiß mehr genau, seit wann das Johanns Sache ist, mindestens aber seit seine gestochen scharfen Buchstaben Louises wacklige Sütterlinschrift im Rechnungsbuch abgelöst haben. Johann führt dicke Rechnungsblöcke ein und lässt Stempel schneiden: Maler und Weißbinder Georg Ritter.

Das ist doch viel zu lang! Für so ein kleines Rechteck!

Georg will aber nicht auf den Maler verzichten und Johann nicht auf eine gebundene Schrift. An Louises Tischseite heißt es, der Bub soll entscheiden, aber wenn sie jetzt den Stempel ins nass glänzende Kissen drückt und dann auf den Rechnungsblock, hat der Maler sich wieder an die erste Stelle gedrängelt und der Schriftzug wölbt sich, um Platz für die vielen Buchstaben zu schaffen. So folgt eine Neuerung auf die andere, Louise kommt gar nicht mehr mit. Dass sie in ein und dasselbe Buch schreibt, ob sie rasch in die Werkstatt läuft, um einen Liter Terpentin in eine Bierflasche zu zapfen oder hinter sich in ihr Ladenregal greift, um ein Päckchen Puddingpulver herauszuziehen, geht nun auch nicht mehr. Die Geschäfte müssen getrennt sein, die gelegentlichen Verkäufe aus der Werkstatt heraus einerseits und auf der anderen Seite die Colonialwaren, für die auch der schöne Stempel nicht herhalten darf. Jedenfalls sieht Johann es so, und deshalb wird es eins nach dem anderen auch durchgeführt.

Als die Pfarrküche gestrichen ist, schlägt Johann vor, einen Spaziergang zu machen und sie laufen am Friedhof vorbei, den Weinberg hinunter durch das kleine Auwäldchen, das nur aus ein paar Buchen besteht, bis ins offene Feld.

Bei Edith daheim sind die Wälder dunkel, dichtes Nadelholz, und wenn man heraustritt ins Licht, liegt das Dorf dort in einer Senke, ein paar Dutzend Häuser, Bauerngärten, schmale Felder, die nicht viel hergeben. Gerade in diesen Tagen wird die letzte Frucht eingebracht, und Edith sitzt hier als hätte sie Ferien.

Johann gefällt, dass sie gerne zu Hause wäre, obwohl es seinen Interessen ja deutlich widerspricht. Er fragt jetzt nach allem, nach den Eltern, den Geschwistern, nach der Art ihrer Milchkühe und wer zu Hause die Butter schlägt.

Wem sie ähnlich ist, dem Vater oder der Mutter.

Sie ist also die Älteste und nach ihr kommen noch zwei, ein Bub und ein Mädchen. Er ist gleichfalls der Ältere, zwar nur um die knappe

Zeitspanne von einer Stunde älter als sein Bruder Paul, dennoch lässt sich da eine Gemeinsamkeit ausmachen, die Johann gefällt. Johann gefällt, dass Edith eine Bauerntochter ist, obwohl sie ja eigentlich Fuhrleute sind. Er sagt sich das Wort ein paar Mal vor und sieht zwei kräftige, gelbe Gäule vor sich wie auf den Bildern von Lechner, die lange, frisch geschlagene Stämme aus dem Wald ziehen.

Genau. Edith nickt und Johann gefällt, wie Edith genau sagt. Aber seit einiger Zeit haben sie den Opel Blitz, der auf einen Schlag so viel Holz zum Sägewerk schafft, wie der Vater mit dem Leiterwagen und den Gäulen an einem ganzen Tag nicht hat herbeibringen können. Johann gefällt, dass er sich so leicht eine Vorstellung von Ediths früherem Leben machen kann. Nichts daran kommt ihm fremd vor. Sie sitzen am staubigen Feldrain und schauen hinunter aufs Wasser, in dem zitternd der Himmel schwimmt.

Aber einen so schönen Fluss haben sie nicht bei ihr daheim!

Tatsächlich: nur einen seichten Bach hat Edith vorzuweisen, der das untere Dorf vom oberen trennt. Was heißt trennt, ein einziger großen Schritt und man hat ihn schon übersprungen. Mit der Böschung hier kann Johann also triumphieren, mit der sommerlichen Badestelle, den Bleichwiesen und den Trauerweiden, an deren Zweigen man sich festhält, um nicht mit der Strömung davon zu treiben.

Edith kann gar nicht schwimmen.

Das ist gar nicht so schwer.

Johann streckt sich aus, verschränkt die Arme unter dem Kopf und bestaunt Ediths Profil. Wo ist denn der schöne Zopf geblieben? Sie trägt das Haar hochgesteckt heute, auf eine geheimnisvolle Art eingeschlagen und mit unsichtbaren Nadeln so raffiniert drapiert, dass es wie ein dunkler Heiligenschein die blasse Stirn umrahmt.

Dass sie bloß ihr Haare nicht abschneidet!

Oh! Johann lächelt tapfer über sein Erschrecken hinweg. So gut kennt er Edith ja nun wirklich noch nicht, dass er ihr schon so strenge Vorschläge machen könnte. Aber Edith lächelt.

Nein, bestimmt nicht.

Johann atmet erleichtert aus. Da haben sie schon wieder eine Gemeinsamkeit, oder jedenfalls sind sie gleicher Meinung in dieser wichtigen Frage die weibliche Schönheit betreffend. Ein heiterer Anfang, alles in allem. Er steht auf und reicht Edith die Hand, damit sie sich daran hochziehen kann. So schlendern sie hinunter zu seinem Fluss, eigentlich ja ein Flüsschen, wie es da zwischen wiesengrünen Ufern an seinem Städtchen vorbeifließt, letzten Endes eher ein Dorf, ein Vorort der nahen Großstadt, um genau zu sein.

Darauf kommt es gar nicht an!

Sondern auf die Größenverhältnisse zum Beispiel, auf die Proportionen könnte man sagen, und die sind gelungen. Der Fluss fügt sich in seiner Breite und im Übrigen auch in seiner Geschwindigkeit und sogar im Abstand, den er einhält, ganz genau zu dieser Ansammlung von alten Handwerksbetrieben, Sommervillen und letzten Bauernhöfen, die sich den Hügel hinaufziehen. Sogar der Schornstein einer Fabrik schiebt sich harmonisch ins Bild und natürlich der Kirchturm. Alles so hintereinander aufgebaut und gestaffelt, dass es ein hübsches Motiv abgibt, nicht nur für die Sonntagsmaler. Sie laufen mit der Strömung bis zur Brücke und dann die Hauptstraße hinauf, die unweigerlich am Pfarrhaus vorbeiführt.

Möchte sie nicht zu seinem Konzert kommen am Sonntag, im großen Saal der *Goldenen Gerste*?

Da der Anfang freundlich war, heißt es zusehen, dass die Geschichte in Bewegung bleibt und nicht in Verlegenheiten erstickt. Es wird um die Wette gesungen, Johann mit dem Liederkranz gegen Paul mit seinem neuen Maienquartett.

Mal sehen. Wenn ihre Freundin Lina sie begleiten mag und Pfarrers keine Gäste zum Abendessen erwarten. Das Pfarrhaus ist noch nicht in Sicht, da hat Edith schon ja gesagt, also sie kommt.

Na, also! Da hat der Liederkranz seinen Sieg schon in der Tasche stecken!

Von klein auf hatte es geheißen, bei Johann kommen Augenmaß, Fingerspitzengefühl und Farbsicherheit gut zusammen.

Bei Paul ebenfalls!

Insbesondere Louise betont gerne, dass auch Paul sehr begabt sei und beiden liegt derart an Genauigkeit, dass sie sich manchmal kopfschüttelnd hatte abwenden müssen, wenn diese kleinen Buben anfingen, sich Millimeterpapier zu zeichnen.

Wie der Vater.

Dass man präzise ist, versteht sich von selbst, aber Louise ist auch Geschäftsfrau und bei Georg meint sie manchmal, er sei zum Vergnügen unterwegs. Er schneidet schon wieder Schablonen! Blütenblätter, mit dem Zirkel abgemessen!

Georg, was wird das denn? Obwohl sie es schon weiß.

Ein wunderschöner Fries wird sich auf Augenhöhe an der Badezimmerwand der Frau Dr. Becker entlang ziehen oder bei Fauldrahts oder wer weiß wo. Veilchen, die einander folgen oder Kornblumen, unterbrochen von kleinen Blätterranken. So exakt und regelmäßig in einem immer gleichen Abstand, dass niemand wird sagen können, da hat Herr Ritter angesetzt oder hier ist der Anfang gewesen. Es folgen Blütenstände, mit einem feinen Pinsel aufgetragen, hier und da ein blauer Schatten, damit die Rundung der Blüte auch wirkungsvoll hervortritt.

Aber wie soll Louise all die gelben Striche in Rechnung stellen, die winzigen Pünktchen des Blütenstaubs. Und dann zwei Buben, denen der Bleistift nicht spitz genug sein kann. Immer wieder wird das Messer Richtung Spitze gezogen. Johann holt feinstes Sandpapier aus der Werkstatt und schleift das Zeichenblei zu einer Nadel. Ein Strich über das Blatt und schon auf halber Strecke bricht die Spitze ab und die Prozedur beginnt von neuem.

Schluss jetzt mit dieser Verschwendung! Lauft hinüber zu Fauldrahts und schaut, wie weit euer Vater mit dem Badezimmer ist.

Johann gilt aber nicht nur als begabt, sondern erstens auch als anstellig und zweitens ist er geduldig. Paul, bei der Geburt erschreckend winzig, lässt schnell locker, wenn eine Sache nicht gleich gelingt, und wichtiger noch als das Handwerkszeug ist ihm sein Maienquartett und der Turnverein, die Radtour oder das Fußballturnier. Vielleicht grad weil er so zart war und schließlich auch eher klein bleibt, bedeutet ihm das Körperliche so viel. Meint Louise. Schneller zu rennen, weiter zu springen und ausdauernder zu radeln. Nach dem Krieg, als der Turnverein um Mitglieder wirbt, tritt Paul, obwohl grade erst zehn Jahre alt, als einer der ersten ein und bis zu zum nächsten Krieg oder jedenfalls beinahe bis zum nächsten, lässt er kein Turnfest aus. Während Johann, kaum ist die Schule zu Ende, die Turnhosen in die Ecke schmeißt.

Nie mehr!

Einmal noch hat er sich zu einem Auftritt überreden lassen, nur weil es hieß, zu turnen brauche er nicht, es fehlt ein Mann im Spielmannszug. Da hat er Paul zuliebe die Flöte geblasen. Halt die fünf Töne, die notwendig waren.

Wenn es allerdings geheißen hat, so und so hält man den Pinsel, locker aus dem Handgelenk heraus! Nicht mit dem Arm, nur mit der Hand, dann schaut Johann so genau hin, dass ihm der Mund offensteht. Als sauge er dieses Bild in sich ein, wie der Arm seines Vaters und für eine kleine Strecke auch der Oberkörper, hin und her diesem Pinsel folgen und der Lack sich verteilt wie flüssige Sahne.

Nicht zu schnell, sonst ermüdet man gleich, nicht zu langsam, sonst trocknet die Schicht schon bevor der Pinsel zurückkehrt. Nicht zu fest, sonst hinterlassen die Borsten Rillen, die ein nächster Strich nicht wieder ausgleichen wird. Nicht zu leicht, sonst trocknet die Farbe am Pinsel ein. Dann heißt es warten, bis der Lack durch und durch getrocknet und hart ist und nicht in hässlichen Rissen aufspringt. Dann mit dem Sandpapier drüber gehen und wieder mit dem Pinsel. Dann wieder warten. Und das Ganze nochmals und nochmals und nochmals. Etwas mehr Leinöl bei jeder Schicht, weniger Pigmente. So schaut es sich Johann ab und seine Lackierungen strahlen bald wie die von Georg, makellos glänzende Flächen, in denen Louise sich spiegeln kann. Oder noch schöner: Edith.

Liebe Anna, nein, er ist nicht so ein Zwerg wie Hirschwirts Johann! Es sind ja auch nicht alle Mädchen, die Anna heißen, so vorlaut wie Du! Er ist recht groß, eben einen halben Kopf größer als ich und hat braune Augen, die Haare wie Martin vom Scheitel aus nach hinten gekämmt. Etwas vorstehende Zähne, so wie Adlers Jakob, das kommt von seiner Mutter, die gleichfalls solche Zähle hat. So viel zu Johanns Aussehen und jetzt zu meinem Kleid.

Könntest Du bei Jenny vorbeilaufen und um das Schnittmuster des rot Gepunkteten bitten, das sie sich im letzten Sommer genäht hat. Die Frau Pfarrer hat eine Nähmaschine von ihrer Schwiegermutter bekommen, obwohl sie ja nichts damit anzufangen weiß. Eine schöne Singer Nähmaschine. Da möchte ich mich einmal versuchen und halte schon Ausschau nach einem leichten Stoff, also schicke mir bald den Schnitt! Und jetzt hätte ich fast das Wichtigste vergessen, nämlich mich für das Bildchen zu bedanken. Es ist zwar sehr klein, und wer auf dem Anhänger in der zweiten Reihe steht, kann ich gar nicht recht erkennen. Ich muss es noch mal mit der Lupe vom Herrn Pfarrer genau studieren, aber ich meine, die beiden in der zweiten Reihe sind die Adlers, die Jenny und der Jacob. Da wird der Vater recht stolz gewesen sein, als er angefahren kam. Und alle haben gestaunt, das kann ich mir denken. Wo ist er denn? Sitzt er im Führerhäuschen? Wahrscheinlich wollte er sich hinter dem Lenkrad präsentieren und bleibt deshalb leider unsichtbar. Richte herzliche Grüße von mir aus, dem Vater, der Mutter und dem Martin und ich freue mich, bald zu kommen und den Opel Blitz zu bestaunen, Deine Edith.

In der Kunstgewerbeklasse heißt es, sehen Sie sich die Zeichenmaschine des deutschen Malers Dürer an und machen Sie sie nach. Johann zimmert in Nullkommanichts einen Rahmen aus Sockelleisten, spannt Baumwollfäden aus Louises Nähkästchen so präzis und stramm, dass sie jedes Motiv, wohin er den Rahmen auch hält, in gleich große Quadrate aufteilen. Ihm gefällt die Übersichtlichkeit, die Ordnung einzelnen Quadrats, das sich ohne weiteres auf sein Blatt übertragen lässt, in das maßstabgerechte Netz feiner Linien.

Der Erfolg im Zeichnen lässt ihn übermütig werden, und wenn er die Freitreppe der Akademie hinaufspringt, mag er gar nicht erst im Parterre Halt machen, wo die Kunstgewerbler ihre Klasse haben und schon das Modell auf dem Sockel steht. Halten Sie sich ran meine Herren, Positionswechsel in einer Minute. Das leise Aufstöhnen der ewigen Nachzügler und Zauderer, die mit ihrer Bleistiftspitze noch nach einem Grundmaß suchen, obwohl der schöne Charles im nächsten Augenblick schon seine Muskeln entspannt und sich streckt.

Wechsel der Position!

Dann folgt der Diskuswerfer auf den Speerwerfer oder den Läufer. Johann huscht vorbei und hinauf in den ersten Stock. Was hier auf den Staffeleien steht und an den Wänden lehnt, ist anders. Unten heißt es: beachten sie die Proportionen, halten sie sich an die Natur und manchmal auch: gleichen Sie die Natur dem Ideal halt ein wenig an im Hinblick auf die Harmonie.

Johann achtet auf die Harmonie und hält sich an die Natur, mit Dürers Rahmen hat er eine Landschaft nach der anderen auf sein Zeichenbrett übertragen. Dann die Stillleben, die Vasen, die Flaschen und Krüge. Immer schön gestaffelt und so arrangiert, dass sich ein an der Klassik orientiertes Motiv ergibt. Im oberen Atelier sieht es nun aus, als sei alles nach Gusto, ohne Skizze, direkt auf die Leinwand gemalt. Schwarze Umrisse begrenzen die Gegenstände und stören die Harmonie. Für alle Zeiten bleiben die Objekte dieser Bilder voneinander getrennt, als habe jedes einen eigenen Raum nur für sich selbst, ohne Beziehung zu seinem nächsten. Als sei alles einsam. Jede Brücke, jede Vase, jedes Gesicht.

Das könnte Johann auch! Oder nicht?

Johann schwankt. Was er sieht, widerspricht dem, worum er sich müht. Brücken, die sich über einen Fluss spannen als stützten sie den Himmel, Häuserschluchten, die zusammenstürzen wollen. Gesichter, die nur aus Augen und Schrecken bestehen. Die Farben ziehen Johann von Bild zu Bild, eine Leinwand nach der anderen klappt er von den Wänden. Lang schaut er das Bild einer Brücke an, die er täglich überquert auf dem Weg hierher.

So hat er sie noch nicht gesehen!

So? Ja, so! Wie denn so? So sehr Brücke eben.

Johann schüttelt den Kopf. Weniger aus einer Abwehr als vielmehr aus einer Ratlosigkeit heraus, dass die Verletzung aller Regeln, die er im Erdgeschoss lernt, eine Brücke hervorbringen, die mehr Brücke ist als jede, die er jemals wird zustande bringen. Alles scheint falsch und unstimmig, die Größenverhältnisse, die Proportionen, die Perspektive und letztlich auch die Farbe. Und dennoch tritt klarer als bei all seinen eigenen Versuchen das Wesen einer Brücke zutage, eine Verbindung zwischen fernen Welten zu schaffen.

Liebe Anna, das hast Du wieder falsch verstanden, weil Du es falsch verstehen willst! Ich gehe ganz und gar noch nicht bei ihnen ein und aus, und dass seine Mutter diese vorstehenden Zähne hat weiß ich, weil sie ein Geschäft führt am Ort, also den Colonialwarenladen. Auch die Frau Pfarrer kauft dort ein, wenigstens einen guten Teil. So bin auch ich schon oft da gewesen, und auch schon, bevor ich Johann überhaupt kannte. Und übrigens hatte ich ja auch ihn schon vorher gesehen, wenigstens von weitem, denn sie ziehen durch die Straßen mit ihren Farbeimern auf dem Handkarren oder dem Fahrrad. Er, sein Bruder Paul und manchmal auch der Vater oder einer der Gesellen oder der Lehrling. Ich erzähle Dir zukünftig nichts mehr, denn ich fürchte ohnehin, Du wirst es im ganzen Dorf herumtragen und in Deiner Strickstube ausbreiten, wo ihr ja sowieso gar nichts strickt, sondern nur plappert. Danke für den Schnitt. Wie weit seid Ihr mit der Frucht? Hier feiern die Bauern schon Kirmes. Wir waren auch da, zweimal sogar, Lina und ich. Einmal sind wir Karussell gefahren, und dann hat die Frau Pfarrer mir den Sonntag frei gegeben, obwohl sie Verwandtschaft da hatte zum Kaffee, und wir sind in ein Konzert gegangen vom hiesigen Maienquartett. Das war sehr schön. Herzliche Grüße von Deiner Schwester Edith.

Johann schneidet sich ein paar Leisten zurecht, mittleres Format und bespannt den Rahmen mit Leinwand aus Louises Restekorb. Das Gewebe ist etwas feiner als es vielleicht sein sollte, aber zu Übungszwecken mag es angehen. Er grundiert die Fläche dünnflüssig, wie er es gelernt hat. Lieber ein zweites Mal als einmal zu dick auftragen, heißt die erste Regel eines jeden, dem die Haltbarkeit seiner Arbeit am Herzen liegt. Johann wählt die Rückansicht des väterlichen Hauses, wo das Fachwerk noch sichtbar ist und die unterschiedlichen Strukturen der Holzbalken mit ihren geschnittenen Verzierungen und den weiß verputzten Quadraten dazwischen malerisch reizvoll erscheinen. Davor gestaffelt, um dem Raum Tiefe zu geben, die Werkstatt mit ihren großen Atelierfenstern und den Birnbaum im Hof.

Johann postiert seine Staffelei in einer Entfernung, die allem genügend Platz geben soll, und obendrein noch einem Streifen Himmel, in den die Krone des Birnbaums ragen wird. Er lässt das Ensemble auf sich wirken, nimmt Maß mit der Spitze des Pinsestiels, den er am ausgestreckten Arm vor sein rechtes Auge hält, das linke kneift er zu.

Denken Sie daran, dass das Bild in Ihnen ist, nicht draußen in der Welt! Dort ist nur eine Hausmauer oder eine Kirchturmspitze!

Johann denkt an Dürers Zeichenmaschine, widersteht aber dem Wunsch, seinen eigenen Rahmen zu holen und auch den Bleistift lässt er stecken. Es kommt jetzt auf die Farben an, auf das Grau, das Braun und Grün und darauf, wie eines ins andere übergeht.

Louise hatte sich für Georgs gutes Aussehen entschieden und sie wird nicht enttäuscht. Bis ins Alter bleibt er stattlich, ein Mann mit vollem Haar und dichtem Schnauzbart. Sie nennt ihn Georges, ganz so, als spreche sie den Namen französisch aus, aber dann eben doch mit einer so starken Betonung der ersten Silbe, dass es mehr auf ein Schosch herausläuft. Er spielt anständig Skat, mehr als anständig, vermutet Louise, denn er ist ein beliebter Spieler in der *Goldenen Gerste*, wo sonntagnachmittags die Runde um den Stammtisch sitzt, und zwar jeden Sonntag, abgesehen von den Kriegszeiten, alles in allem vierzig oder fünfzig oder sogar siebzig Jahre, wie manch einer am Ende behaupten wird.

Louise merkt rasch, dass in Georgs kräftigem Äußeren eine Empfindlichkeit steckt und seine Leidenschaft für die Schablonen etwas im Zaum hält, was lieber Künstler wäre. Noch lieber als Maler und Weißbinder wäre Georg nur Maler und noch lieber als Maler wäre er Bildhauer.

Zu seiner Statur hätte es wohl gepasst!

Louise stellt sich vor, wie Georg einen Stein bezwingt.

Die Lungen waren zu schwach, hatte es geheißen, für den feinen Staub. Und dann, wer weiß! Womöglich wäre es auf den Steinmetz herausgelaufen.

Ach Georg! All die Grabsteine im Hof und alleweil traurige Kundschaft! Jetzt freuen sich die Hausfrauen über frisch gestrichene Küchen und spiegelndes Holz. Dann die kleinen Friese und manchmal auch größere Wandmalereien oder Restaurierungen. All dies stimmt doch weit heiterer als Namen und Todesdaten in einen Stein zu kratzen.

Georg kann die Taille seiner Frau mit zwei Händen umfassen. Viel fehlt jedenfalls nicht, wenn er ihr die Handflächen auf die Hüfte legt, hat grade noch der Nabel Platz zwischen den beiden Daumen. So schmal ist das Mädchen, jedenfalls in jungen Jahren war es so schmal, vor den Zwillingen. Alles an Louise war zart, nur halt die Zähne sind kräftig und dann noch so vorlaut. Obwohl sie so fragil, man könnte meinen hilfsbedürftig, erscheint mit ihren achtzig oder neunzig Pfund Gewicht, dirigiert sie von ihrer Ladentheke aus die Geschicke des Geschäfts und der Familie. Wenn Georg wochenlang an seinen Blumen malt und die Schranktüre wieder abschleift, weil ein Staubkorn darauf sitzt, braucht doch keiner zu hungern.

Liebe Anna, ich weiß noch nicht, ob ich zu Weihnachten nach Hause kommen kann in diesem Jahr, denn bei Pfarrers haben sich alle Töchter mit Ehemännern angesagt für die Feiertage, und das Haus wird voll sein und sie braucht bestimmt eine Hilfe. Ich sage noch rechtzeitig Bescheid und komme ansonsten in den ersten Januartagen, wenn hier der Trubel vorüber ist. Ich könnte ja dann auch zur Hochzeit von der Jenny da sein, schreibe mir doch das genaue Datum und auch, was sie sich wünscht. Ich könnte hier etwas besorgen. Und nun will sie nach Amerika mit ihrem Josef? Was sagt denn die Mutter dazu? So schlimm wird es doch nicht kommen. Das wird alles nicht so heiß gegessen wie gekocht. Das meint sogar der Herr Pfarrer und der hat doch mehr Übersicht als Du und ich.

Mein Kleid ist fertig, die Frau Pfarrer hat gestaunt, so etwas kann sie nicht. Aber nun ist es eigentlich schon zu kühl dafür, denn es ist ja ein leichtes Sommerkleid, und ich werde warten müssen bis ins nächste Frühjahr. Oder vielleicht einmal mit meinem blauen Jäckchen. Liebe Anna, ich freue mich, wenn Du mal wieder kommst, aber warte lieber, bis die Tage länger werden und das Wetter schöner ist. Jetzt wird alles immer dunkler und ist grau und nass, wenn auch vielleicht nicht so kalt wie bei Euch. Überlege es Dir und schreibe mir rechtzeitig.

Grüße alle sehr herzlich von mir, Eure Edith

Entwerfen Sie ein Fries für die Eingangshalle einer Volksschule. Sie sind frei in den gestalterischen Mitteln, aber beachten Sie im Hinblick auf eine mögliche Ausführung, dass die Arbeit in gebranntem Ton, also als Mosaik, ausgearbeitet werden soll.

Johann trägt Anzug und Fliege, wie es sich für einen Prüfungstag gehört, streift seinen weißen Kittel über und heftet ein Blatt auf sein Zeichenbrett. Der Entwurf soll für eine Größe von zwei mal fünf Meter angelegt sein.

Anders als in den letzten Tagen erwartet und anders, als er es bisher von Prüfungen gewohnt war, bleibt er völlig ruhig und gelassen. Er zeichnet aus dem Handgelenk heraus und ohne auch nur ein einziges Mal an Dürers Quadrate zu denken, eine kleine Gruppe von Kindern aufs Blatt, links, locker in den Raum gestellt mit einer Bewegung zur Mitte hin, knapp daneben einen Ball, damit auch erkennbar ist, wohin die Bewegung zielt. Zwei, drei größere Figuren mehr nach rechts gesetzt, in einer leichten Höhe, um zu sagen, hier sind die Lehrer, hier spielt die Musik, und da wird dann vermutlich kein Ball mehr gespielt, denn hier erwartet den Betrachter ein kleiner Tisch mit ein paar Insignien der Institution, also Bücher, zusammengerollte Karten, Rechenschieber und so weiter. Fertig so weit.

Johann staunt, wie rasch und leicht, und ohne sich in irgendwelchen Zweifel zu verstricken, er die Aufgabe meistert, und zwar recht gut meistert, das sieht er schon und braucht gar keine Note mehr abzuwarten. Er hat bestanden.

Er läuft die Freitreppe hinunter, zum letzten Mal als Student der Kunstgewerbeklasse und hat längst entschieden, und zwar ohne dass Louise ihn in diese Richtung hätte schieben müssen, sich nicht für die Meisterklasse der Malerei zu bewerben. Seine Meisterprüfung wird er in der Handwerkskammer ablegen.

Und wie steht es mit der Politik?

Johann lacht. Auch wenn Edith längst alle Prüfungen bestanden hat, diese Frage ist noch offen. Edith lächelt und lässt sie offen. Sie streicht mit den Fingern ihrer Linken durchs Haar, als sei dort etwas zu ordnen, doch das ist gar nicht der Fall, jede Strähne glänzt an ihrem geheimnisvollen Platz. Johann folgt ihrer Geste mit seinen Blicken und wird ein wenig abgelenkt vom Weltgeschehen.

Also? Sie braucht sich doch nicht zu genieren vor ihm.

Edith weiß nicht, ob es ihr überhaupt zusteht, eine politische Meinung zu haben und falls ja, wüsste sie nicht recht, sie zu äußern.

Also diplomatisch ist sie auch, die Edith. Das kann einer Geschäftsfrau nicht schaden, die ja vom Zuspruch ihrer Kundschaft abhängt und nicht wie ein Bauer vom Zuspruch des Lieben Gottes.

Edith lacht. So hat sie das noch gar nicht gesehen.

Was hält sie denn von Herrn Hitler zum Beispiel?

Ediths Stirn kräuselt sich. Sie schaut aus der Schräge zu ihm herüber mit Lippen, die so fest verschlossen sind, wie man es selten bei ihr sieht.

Na? So schüchtern ist es doch sonst nicht, das Mädchen.

Das weiß sie nun wirklich nicht. Sie will nichts Falsches sagen.

Aber das kann sie doch gar nicht. Alles was sie sagt, wird interessant sein für Johann.

Im Pfarrhaus ist er nicht gut angesehen, der Herr Hitler.

Da vermeidet man es, das Thema überhaupt auf ihn kommen zu lassen. Und wenn es sich nicht vermeiden lässt, weil zum Beispiel der Sohn im Haus ist, wird er der österreichische Schreihals genannt. Das wird Krieg geben, heißt es dann, weil der Sohn einer der ersten war, der dem neuen Wehrdienst nachkommen muss. Er wollte zu studieren anfangen und soll nun strammstehen. Da heißt es, der österreichische Schreihals rüstet zum Krieg. Wozu sollte er denn sonst gut sein, der Wehrdienst.

Johann lacht.

Bei ihm daheim wird nicht viel anders gesprochen, obwohl er und Paul ja zu alt sind und nicht mehr eingezogen werden können, meint der Vater auch, dass es Krieg gibt und nennt den Hitler einen Schwätzer. Er selbst sieht das aber nicht so. Nicht ganz so jedenfalls. In dem einen Jahr hat er doch schon einiges geleistet, worauf sie vorher lang haben warten müssen und gar nicht mehr rechnen konnten.

Edith schaut Johann von der Seite an und versucht mehr zu erfahren, als er in seinen kurzen Sätzen zum Besten gibt. Bei ihr auf dem Dorf sehen die Leute es auch anders, besonders die jungen. Die Mädchen tragen weiße Blusen und machen die schönsten Ausflüge und Umzüge, und wenn er im Radio spricht, der Herr Hitler, sie sagen ja alle Adolf zu ihm, versammeln sie sich beim Hirschen in der Wirtsstube, also der Hirschwirt hat ein großes Geschäft durch den Hitler. Da sitzen sie auf dem Fußboden, weil keine Stühle mehr frei sind.

Johann lacht, weil das Bild ihm gefällt und weil ihm Edith gefällt, wie sie allmählich Scheu verliert. Da könnte er ja mal seinen Trumpf ausspielen.

Was denn für einen Trumpf? Edith sieht jetzt ganz neugierig aus.

Will sie einmal mit ihm hingehen, zu Hitler?

Edith schüttelt den Kopf, nicht eigentlich aus einer Ablehnung, sondern eher aus Ungläubigkeit heraus.

Was meint er denn damit? Hingehen? Zu Hitler?

Wenn er auftritt. Er spricht ja demnächst hier. Also nicht hier, aber eben in der Stadt. In der Festhalle sogar, da werden sie nicht einmal nass, falls es regnet. Edith zögert. Sie weiß nicht recht.

Die Frau Pfarrer wird das nicht erlauben.

Edith braucht es ja nicht zu erzählen. Schweigt sie halt drüber. Aber zu Hause kann sie es zum Besten geben. Wo sie nur vor dem Radioapparat sitzen. Na, mal sehen.

Johann gefällt, dass Edith etwas von der Fruchtfolge versteht und an Farbe, Körnigkeit und Gewicht des Bodens erkennt, ob er gern etwas hergibt oder sich geizig gibt wie bei ihr zu Hause, wo jedes Frühjahr aufs Neue aus der Tiefe des Ackers Steine auf die Oberfläche treiben und es aufsammeln heißt. Obwohl er selbst gar kein Bauer ist und auch Edith nur eine halbe Bauerntochter wegen der beiden Gäule und dem schwarz glänzenden Opel Blitz, lässt er sich gerade die bäuerlichen Lebensdetails besonders gern erzählen oder auch in ihren Feinheiten erklären.

Und sonst? Welche Jahreszeit zum Beispiel hat sie am liebsten?

Genau genommen gar keine. Ihr gefällt der Übergang von der einen in die andere, wenn man noch nicht absehen kann, ob neuerlicher Frost den Winter noch einmal zurückbringt oder eben der Herbst sich unentschieden zeigt. Am allerschönsten ist es aber, wenn der Rechen durchs frisch gemähte Gras fährt und die Feuchtigkeit herauskämmt und anderntags noch einmal und noch einmal, bis der Duft des Heus aufsteigt, während nebenan schon die Ähren vom Grün ins Gelb wechseln. Dann ist es am schönsten.

Edith rupft eine Ähre vom Halm und reibt die Hülsen, wie vom Vater gelernt, bis sie die winzigen Körner zwischen den Fingerkuppen spürt und mit dem Daumennagel ihre Härte prüft. Sie weiß, wie viele Wochen es noch braucht, wie viel Regen und welches Quantum an Sonnenschein noch nötig sein werden, bis zur Reife.

Ja, das weiß Edith alles.

Trotzdem wollte sie fort und sitzt nun hier mit Johann in der *Goldenen Gerste*. Zu Hause sind noch die Schwester und der Bruder und alle wollen sich von diesem geizigen Stückchen Land ernähren.

Aber jetzt gibt es doch den Lastkraftwagen.

Ja, das schon und überhaupt ist es nicht ganz richtig, dass der Hunger sie aus dem Haus getrieben hat. So war es nun auch nicht. Sie hatte eben einmal etwas anderes sehen oder kennen lernen wollen. Näher an die Großstadt.

Ach so. Schön.

Johann kann es nur recht sein, dass es bei Edith darauf hinausgelaufen ist, dass ihre Freundin Lina, die beim hiesigen Arzt schon länger in Stellung war, ihr den Posten im Pfarrhaus besorgt hat. Sonst wären sie einander womöglich gar nicht begegnet.

Johann schüttelt den Kopf. Dieses Unglück ist ihm erspart geblieben, und dafür dankt er Gott. Sie könnte also sogar ein Brot backen für ihn. Sicher kann sie Brot backen, sie hat es oft genug gesehen bei der Mutter und würde ganz vorschriftsmäßig vorgehen und sicher einen guten Laib hinbekommen.

Wenn es mit seinem Geschäft also einmal bergab gehen sollte und die Leute, zum Beispiel schlechter Zeiten wegen, nichts mehr machen lassen, also einfach keine Küchen mehr gestrichen haben wollen und keine Stuben, geschweige denn von den sonstigen Verzierungen. Dann könnten sie also ihr Korn anbauen, später zu Mehl mahlen und daraus Brot backen und sich selbst ernähren.

Edith sieht ihn über den Tisch hinweg an. Sie kommt, um ihn, wie schon das ein oder andere Mal, von seinen Singproben abzuholen. Da sitzen sie nun am Wirtshaustisch, umgeben von Sängern, Skatspielern und den üblichen Schwadroneuren.

Warum sollte es bergab gehen mit seinem Geschäft? Wo ja sogar noch die Mutter mit Lebensmitteln handelt?

Ach Edith, so war das doch nicht gemeint!

Johann fragt sich, ob er den Acker seines Lebens mit ihr bestellen kann. Er stellt sich das gern vor, Edith in einem bunten Rock, mit einem Rechen auf dem Rücken wie auf der Heuernte von Breughel. Und abends liest er ihr die Spreu aus dem Haar. Edith hat eine Art, ihn mit leicht schräg gestelltem Kopf ein wenig von unten herauf anzusehen, dass Johann nicht so recht weiß. Auf jeden Fall würde er ihr dann gern über die Wangen streichen und hier geht das nicht, zwischen all diesen Krakeelern und Biertrinkern. Er könnte sie nach Hause begleiten, jedenfalls bis zur hinteren Gartenpforte, die auf den Friedhofsweg hinausgeht, wo um diese Zeit keine Spaziergänger mehr zu erwarten sind.

Liebe Anna, was wünschst Du Dir zu Weihnachten? Du kannst es mir jetzt noch schreiben, solange Zeit ist, es hier zu besorgen. Ich werde um den 21. kommen und gleich nach dem Heiligen Abend wieder zurückfahren, um hier an den Feiertagen behilflich zu sein. Für die Mutter habe ich ein Schultertuch genäht aus einem warmen Wollstoff, den mir die Tochter von der Frau Pfarrer besorgt hat. Du möchtest also wissen, ob ich noch mit dem Johann ausgehe? Das kann ich mir denken! Ja, wir gehen noch aus und haben einen schönen Ausflug gemacht an meinem letzten freien Sonntag. Zusammen mit Paul und zwei jungen Leuten, die in seinem Chor singen, haben wir eine große Wanderung hier in der nahen Weingegend gemacht. Wir hatten großes Glück, denn es war einer der letzten sonnigen Herbsttage. Johann meint, politisch wird sich das nicht so halten wie es gerade ist. Sag das auch der Jenny, es wäre doch dumm hier alles aufzugeben. Schreibe mir bitte mal ausführlicher, wie es der Mutter geht. Ist sie wieder ganz wohl auf und gesund, Lina, die ja am letzten Wochenende zu Hause war, sagt eben, sie kränkelt noch immer und findet sich manchmal nicht zurecht. Lasst sie nicht so viel machen! Vor allem nicht im Stall.

Viele Grüße von Deiner großen Schwester

Das Jahr ist noch nicht zu Ende, sondern vielmehr gerade an seiner dunkelsten Stelle angekommen, als Johann mit einer schmerzlichen Sehnsucht erwacht. Edith. Er schlägt die Augen auf in der Nacht mit einem Erschrecken, das er noch nicht kennt. Hinter ihm liegt ein Traum, aber er erinnert sich nicht, hinter ihm ist es so dunkel wie vor ihm. Von der anderen Seite des Zimmers hört er den gleichmäßigen Atem von Paul, ein und aus, ein und aus. Seit seiner Geburt begleitet ihn dieser Atem, und vor der Geburt war schon Pauls Herzschlag dagewesen, dicht neben dem seinen, so als verständigten sie sich durch dieses leise Pochen.

Manchmal meint er, sich daran zu erinnern, an diese Dunkelheit, die so verschieden war von der Dunkelheit jetzt, schattenlos und ewig. In der jedenfalls nur er von Paul wusste. Länger als die Mutter kennt er ihn, und das ist es wohl, was ihn eigentlich zum Ältesten macht, denn de facto gibt es nur diese eine Stunde zwischen ihnen. Er hatte sich vorgedrängelt, ein kräftiger Bub mit einem schönen runden Kopf, ganz wie der Vater. Alle hatten schon zufrieden das Ergebnis der mütterlichen Anstrengungen bestaunt, als es hieß, da kommt noch einer. Das war Paul, dem nicht gleich anzusehen war, ob er würde überleben können mit den gespenstisch weiten Augen und mageren Ärmchen. Es musste so aussehen, als habe er Paul nichts übrig gelassen und sich breit gemacht.

Seit diesem Tag nimmt Johann Rücksicht auf den Bruder und fügt sich in die Pflichten des Älteren, obwohl er das Privileg des Ältesten, die alleinige Aufmerksamkeit der Mutter, gar nicht hat genießen können. Vom ersten Schultag an hat er Paul verteidigt, der etwas Ängstliches hatte von Geburt an, vielleicht sogar von der Geburt. Das meint Johann, ohne je mit der Mutter oder gar mit einem anderen Menschen darüber gesprochen zu haben. Erst die sportlichen Siege verhelfen Paul zu einem allgemeinen Respekt bei ihren Altersgenossen.

Auch die Lehrstelle in der väterlichen Werkstatt überlässt er zunächst Paul und lässt sich zum Schlosser ausbilden, bevor er daheim nachrücken kann und schließlich in der Kunstgewerbeklasse genommen wird.

Johann liegt da und sieht sich das Rechteck des schwarzblauen Himmels vor ihrem Fenster an. Noch dunkler als der Himmel, der ein wenig Licht von einem halben Mond empfängt, strecken sich die kahlen Äste des Birnbaums ins Bild. Paul bewegt sich im Schlaf, ohne den gleichmäßigen Rhythmus seines Atems zu unterbrechen. Johann will aufstehen, um ihn an den Schultern aus seiner Ruhe zu schütteln.

Das wird ein Ende haben hier. Ich werde fortgehen und dich in deiner eigenen Dunkelheit lassen.

Aber er steht nicht auf, verschränkt stattdessen die Hände im Nacken und denkt an Ediths schweres Haar. Schön, wie es sich aufrollt und herabfällt, wenn man einmal vorwitzig die Nadeln so rasch herauszieht, dass Ediths lachender Widerstand viel zu spät kommt.

Johann?

Das hätte er sich denken können, dass Paul augenblicklich versteht was gespielt wird.

Schlecht geträumt?

Johann stöhnt ein wenig auf, um Paul anzuzeigen, dass er eigentlich schläft. Er könnte etwas sagen, und es wäre nur natürlich oder doch durch mehr als zwei Jahrzehnte zur zweiten Natur geworden: alles zuerst mit Paul zu besprechen. Alles zunächst ihm zu sagen und ihn zu befragen. Soll ich es doch mit der Kunst versuchen?

Aber in Zukunft wird es wohl Edith sein, die verreist ist, länger bleibt als gedacht und vielleicht, Johann fragt sich das mit einem tiefen Entsetzen, gar nicht wieder kommt. Zu Hause wird sie gebraucht, und wer weiß was sonst noch alles dazwischenkommen könnte.

Louise taucht ihren Löffel in die Klare Brühe, zwei Markklößchen weichen der Attacke aus und schwimmen kreiselnd an den Rand des Tellers. Also wieder einmal eine Neuerung. Johann will heiraten.

Ein schönes Mädchen, die Edith.

Der Löffel erwischt ein Klößchen, teilt es in der Mitte und gibt sein mürbes Inneres preis.

Wenn auch keine ganz so gute Partie.

Das sagt Louise aber nicht, jedenfalls nicht jetzt. Das wird sie heute Abend zu Georg sagen. Oder doch lieber nicht. Soweit sie die Welt überblicken kann, ist ihr Sohn selbst eine recht gute Partie. Und letzten Endes kommt es ja darauf an, wer man selbst ist und wie man dasteht. Ihr scheint, sie stehen gut da, ihre Buben. Johann noch besser als Paul, der sich beruflich weniger gut zurechtfindet und hier und da anfängt, bis ihm wieder was Neues einfällt.

Am Tisch herrscht noch Schweigen. Dass Georg stillhält und abwartet, bis von Louise ein Signal in die ein oder andere Richtung gegeben wird, überrascht niemanden, aber auch Paul, der immer so schnell bei der Hand ist mit seinen Kommentaren, konzentriert sich hartnäckig auf den Inhalt seines Tellers, als habe er in seinem Leben noch keine sonntägliche Markklößchensuppe zu sich genommen. Er erfährt also gerade erst von Johanns Plänen.

Sie wollen also im ersten Stock einziehen, Edith und Johann.

Er hat sich alles schon bis ins letzte Detail ausgemalt!

Zwei Zimmer und Küche und vorn der Balkon, das Zimmer zum Hof mit der Tür zur Treppe, das kann Paul ja behalten bis einmal Kinder da sind.

Danke! Das war Paul.

Die Küche soll so und so sein, also ganz praktisch alles, eben modern, und für das Schlafzimmer hat er an diese und jene Tapete gedacht, vielleicht die blassen, leicht grünlich schimmernden Streifen. So genau weiß er es auch noch nicht.

Ach, doch. Schon ziemlich genau.

Einen Teppich will er kaufen und ein Buffet, das zum Esstisch passt und vielleicht später durch eine Kommode ergänzt werden kann. Das Buffet soll eine ausziehbare Anrichte haben, wie ein Tablett, das man bei Bedarf hervorholen und danach wieder verschwinden lassen kann. So etwas hat man jetzt. Ganz erstaunlich. Louise stellt die Suppenteller ineinander und schüttet das Kartoffelwasser ab. Paul lacht plötzlich hell auf, kommt um den Tisch herum auf Johann zu und schlägt ihm auf die Schultern.

Sieh mal einer an!

Die Frage ist auch, was mit dem Fußboden geschehen soll, bleiben die Dielen oder lieber Stragula oder doch am Ende Linoleum, das haltbarste und auch das schönste. Johann hält einen Augenblick inne.

Stühle brauchen sie natürlich, passend zum Tisch, lieber sechs als vier oder zwei. Er wünscht sich neue Möbel, nichts Gebrauchtes, nichts aus zweiter Hand und nichts vom Schreiner, sondern aus einem Möbelgeschäft.

Louise schüttelt die Kartoffeln heftig auf, um den letzten Rest des Wassers verdampfen zu lassen.

Und wenn es Edith gefällt, dann wird er auf dem Balkon einen Weinstock pflanzen.

Auf dem Balkon? Georg schaut zu seinem Sohn und dann über den Tisch hinweg zu Louise hinüber, die langsam ihr Stückchen Fleisch zerschneidet. Mal sehen, wie alles noch kommt.

Edith legt den Kopf ein wenig schief, öffnet den Mund etwas mehr als zum Sprechen nötig, zieht die Lippen zurück und schiebt den Unterkiefer vor.

So geht das.

Rasch und unwillkürlich schlägt ihre Zunge an den oberen Gaumen, unmittelbar hinter den Vorderzähnen. So also entsteht ihr schönes rrrr mit dem sein Name und zukünftig auch der ihre beginnt. Johann lässt es sich wieder und wieder zeigen, schaut auf Ediths Mund und schüttelt den Kopf.

Das kann er nicht.

Obwohl gewohnt, nachzuahmen was er sieht, meist allerdings mit den Händen, muss er hier passen und alle Übung führt bestenfalls zu einem einzelnen r, aber eben nicht zu dieser klingenden Serie, die ihren Zungenschlag so reizvoll macht und Edith so begehrenswert. Wenn Johann später zurückschaut, und er wird zurückschauen, den Kopf von seinen Händen heben, dem Stück Holz zwischen ihnen, dem Pinsel oder dem Bleistift und sich umwenden, um das Geheimnis seines Lebens zu verstehen. Dann sieht er sie vor sich, Edith mit ihren aufgezwirbelten Haaren, fast noch ein Mädchen, das ihm Sprachunterricht gibt. Oder sie kommt die Straße herunter in ihrem lichtblauen Kleid, übersät mit hundert zarten Nelkensträußen.

Die armen Sträußchen!

Auseinandergeschnitten wie sie gerade der Schere in den Weg kamen und es von Edith gebraucht wurde, ohne dass sie auf der angrenzenden Stoffbahn ihre Fortsetzung fänden.

Ach du je!

So etwas lässt Johann sich nicht durchgehen beim Tapezieren, wo der Anschluss das wichtigste überhaupt ist und jedes Blättchen auf der nächsten Bahn weiter wachsen darf. Ein ungeübtes Auge kann gar keine Naht erkennen. Auf Schuss heißt das.

Aber Johann! Eine Wand hat keine Taille und eine Tapete ist kein Glockenrock.

Also gut.

Es ist noch kein Meister vom Himmel gefallen, und mehr als auf die Sträußchen kommt es ja auf die Farbe an und die bringt Ediths dunkles Haar und das Rund ihrer rosigen Wangen schön zur Geltung. Hauptsache, sie kommt überhaupt die Straße herunter ihm entgegen, immer näher. Sie wollen einen Ausflug machen mit den Rädern oder mit der Elektrischen in die Stadt hineinfahren, wo er ihr den Botanischen Garten zeigen wird oder den Zoo.

Edith kennt ja noch nichts.

Und über all diesen Szenen liegt eine stille Heiterkeit, die Johann gern festhalten möchte und immer mehr vertiefen, immer heiterer und immer leichter, immer rätselhafter und immer vertrauter, so wie Edith immer näher kommt.

Georg sagt, es gibt Krieg.

Ach was!

Er hält nach Edith Ausschau in ihrem neuen Kleid, das sich unwillkürlich in seine Träumereien vom selbstgebackenen Brot fügt.

Liebe Anna, sag es noch nicht den Eltern – diesmal tust Du mir einmal den Gefallen – Johann und ich wollen heiraten. Zwar noch nicht gleich, denn er will vorher die Meisterprüfung machen, und mit dem entsprechenden Kurs kann er überhaupt erst im Frühjahr beginnen. Er möchte eben selbständig sein, auch dem Vater gegenüber. Ich war am Sonntag zum ersten Mal zum Kaffee eingeladen und seine Mutter hat gefragt, ob es eine Verlobungsfeier mit Gästen geben soll. Johann meint nein, ich weiß es nicht. Sag den Eltern aber nichts, es hat alles noch Zeit. Der Fuchspelz ist besonders schön. Richte dem Vater vielen Dank dafür aus, ich habe ihm auch geschrieben. Hast Du auch einen bekommen? Sonst sicher nächstes Jahr. Ich habe mich aber nicht getraut, ihn zu Ritters überzulegen. Ein Hausmädchen mit einem Pelz, wie sieht das denn aus? Ich will ihn mal tragen, wenn ich mit Johann ins Kino gehe oder noch lieber, wenn wir in die Stadt fahren zusammen. Hier im Ort traue ich mich nicht. Was machen denn Jennys Pläne? Ich hoffe, sie ist noch nicht fort, wenn ich das nächste Mal komme. Es wird doch alles nicht so heiß gegessen wie gekocht. Alle meinen das hier, auch der Herr Pfarrer. Also sag ihr das noch einmal. Viele Grüße, Deine Edith

Edith tanzt recht gut.

Paul seufzt und dreht die Augen zum Himmel in einem stummen Gebet. Seit Johann angefangen hat über Edith zu sprechen, also über Edith als eine Wunscherfüllung, die sein restliches Leben so ausfüllen wird, dass nicht vieles mehr zu wünschen übrigbleibt, hört er gar nicht mehr damit auf. Obwohl nicht jeder es so ausführlich wissen will. Paul zum Beispiel ist höflichkeitshalber schon interessiert, aber warum soll er sich mit all diesen Details abgeben, die so nebenbei ausgebreitet werden. Edith tanzt also gut, schön, er hat mit ihrer Tanzkunst bei Gelegenheit des Faschingsfests im Saalhof bereits Bekanntschaft machen können, aber sein Bedürfnis, sich darüber auszutauschen, hält sich in Grenzen.

Und wie soll er die von Johann immer wieder beschworene, ach so reizende Schüchternheit der Freundin kommentieren? Sagt er nichts, kommt Johann so lange darauf zurück, bis er sich schließlich zu einem Satz hinreißen lässt, etwa derart, an der Schüchternheit erkenne man die Warmherzigkeit einer Frau. Obwohl es als Kompliment gedacht ist, kontert Johann dann plötzlich.

Ja, warmherzig sei Edith natürlich, sehr warmherzig, aber so schüchtern auch wieder nicht. Sie hat ihn eingeladen! Noch bevor alles zwischen ihnen abgesprochen war, schon gefragt, ob er nicht einmal kommen wolle, um ihr Dorf zu sehen, den lächerlichen Bach und natürlich die Schwester und den Bruder und so weiter. Kurz gesagt, ob er sich nicht vorstellen wolle bei den Eltern.

Findet Paul das etwa schüchtern?

Nahezu alle Gespräche mit Johann steuern jetzt auf diese toten Punkte zu, an denen Paul, nach einer ratlosen Pause, das Thema zu wechseln versucht. Sie sitzen auf der Bank hinter der Werkstatt, Paul hat seine Füße auf den Holzbock gelegt und schaut durch die offene Werkstatttür auf die Staffelei mit der Leinwand, die seit langem unberührt neben den Kalksäcken steht. Die rückwärtige Fassade, der Birnbaum und so weiter.

Gar nicht so schlecht. Jedenfalls auf die Entfernung.

Paul will das schöne Maienquartett verlassen, auf das er doch alle Hoffnung gesetzt hat. Jeder Kandidat wird geprüft, hatte es geheißen, ob die Stimmlage auch passt, ob er den Ton trifft und bereit ist für all die langen Übungsstunden. Mahlzeit für Mahlzeit waren die Berichte dieser Prüfungen aufregender und hatten über Wochen zur allgemeinen Unterhaltung beigetragen. Den und den haben sie abgelehnt und zurück in den Liederkranz geschickt, wo sich ein jeder verstecken kann. Jetzt wird das Repertoire immer dünner, hinter jedem zweiten Lied versteckt sich ein jüdischer Kompositeur. *Ein Freund, ein guter Freund, das ist das Schönste, was es gibt auf der Welt.* Wie flott sie das vorgetragen haben. Paul folgt gern der Melodie, jetzt dreht sich alles um den Rhythmus.

Marschmusik! Fastnachtsmusik!

Paul schüttelt den Kopf und nimmt die Beine vom Hackklotz.

Bleib doch noch eine Weile dabei!

Johann meint, dass alles rasch wieder anders werden kann. Und ehrlich gesagt: so schlimm scheint es ihm auch jetzt nicht, denn bei ihm selbst wendet sich grade alles zum Guten und kommt ins Lot. Paul rudert an allen möglichen Stellen ins Leere. Im Geschäft will er nicht bleiben, weil dort kein Platz sei für zwei auf Dauer, obwohl Johann immer wieder betont, dass Paul von der Mutter geerbt hat, was ihm letztlich abgeht, den Sinn fürs Geschäftliche.

So jemand wird doch gebraucht! Er ist ja der wichtigste Mann überhaupt.

Ach was! Paul winkt ab.

Und wie schaut es aus mit den Mädchen? Mit der Hanna zum Beispiel?

Paul weiß auch das nicht. Er ist bei allen beliebt, nicht nur bei der Hanna. Wohin er kommt, da herrscht allgemeine Freude. Im Turnverein, im Radverein, im Singverein, im Komitee zur Vorbereitung des Fastnachtsballs und wer weiß wo noch. Wenn Paul erscheint, hellt die Stimmung sich auf, obwohl er selbst trüben Gedanken nachhängt. Ein Schwarzseher, wie Johann meint, der sich das Schwarzsehen einfach nicht erlaubt. Jetzt tauchen in allen Vereinen Parteigänger auf, nicht nur im Maienquartett, vernünftige Leute, mit denen Paul meint befreundet zu sein und in Neuschwanstein war im letzten Sommer oder am Vierwaldstättersee im Jahr davor. Mit denen er, also auch Johann, schon auf der Schulbank gesessen hat. Der Spengler zwei Häuser weiter, oben am Eck der Maurer Scheider. Bislang hat bei ihm nur der Stammtisch gegolten, die Fastnachtsfeiern und dass ein jeder seine überteuerten Rechnungen pünktlich bezahlt. Das waren Scheiders Interessensfelder. Plötzlich ist ihm das Deutsche Reich nicht groß genug. Ausgerechnet ihm, der sich schwertut, den kleinen Garten in Schuss zu halten, der sein Haus umgibt.

Was will der mit mehr Land?

Anders als Johann, der ohnehin Distanz zu den Vereinen hält und sich seine soziale Zukunft nicht dort, sondern zu Hause mit Edith und noch einmal mit Edith vorstellt, gerät Pauls Welt ins Schwanken, wenn die Mitgliederlisten des Turnvereins mit denen einer Partei abgeglichen werden. Gerade der Scheider bohrt ständig in diesem Loch.

Der kommt schon wieder zur Besinnung.

Das meint Johann. Und was ist mit der Hanna? Sie ist doch recht hübsch, die Hanna.

Das kann Paul nicht leugnen. Und fleißig. Hilft, wenn Not am Mann ist. Wenn ihr Gespräch an dieser Stelle ankommt, weiß Paul, dass der Kreis sich bald wieder schließt. Er steht auf, zieht die Hose ein wenig hoch.

Also die Edith!

Paul streicht mit einer raschen Geste das Hosenbein glatt, steckt die Hände in die Taschen, um aufzuzeigen, dass er fort gehen will.

Was die bei Pfarrers alles leistet.

Paul tritt von einem Bein auf das andere und nickt zerstreut.

Unbeschreiblich. Den ganzen Haushalt hat sie in der Hand, der Frau Pfarrer fehlt es an Geschick dafür. Da gäbe es mittags nichts zu essen, wenn Edith nicht die Klöße rollt und Erbsensuppen rührt. Dann der Garten. Wie dieser Garten leuchtet, wie dort alles aufblüht unter Ediths bäuerlichem Regiment!

Später wird Johann manches Mal daran denken, wie sie da im Hof gesessen hatten. Kurz vor Ostern muss es gewesen sein, er will mit Edith zu ihren Eltern fahren, in ihrem Opel Blitz werden sie am Bahnhof warten, die Schwester, sein zukünftiger Schwager Martin und der Vater. Vor ihrer Abreise, wenige Tage nach seinem Gespräch mit Paul, lässt er seine Singbrüder wissen, dass er den Vorstand des Liederkranzes niederlegt. Er wird halt nicht mehr regelmäßig teilnehmen können an den Proben und Versammlungen.

So? Gefällt es ihm nicht mehr?

Die Männer stehen um ihn herum, die Hände in den Taschen, die Noten unter den Arm geklemmt.

Wo er doch schon so lange dabei ist! Hat er keine Lust mehr zu singen. Die schönen neuen Lieder! So kraftvoll.

Er wird ja noch mitsingen, nur im Vorstand will er nicht mehr sein. Ihm fehlt es an der Zeit. Er hat sich zur Meisterprüfung angemeldet, und das schluckt all seine freien Stunden. Abendkurse sind auch dabei womöglich. Und wenn nicht, wird er abends den Stoff für die Prüfungen pauken müssen, das Niveau wurde angehoben, mehr als die Hälfte fällt durch. Da will er nicht dabei sein. Nichts für ungut. Er wird weiterhin zur Singstunde kommen, also versuchen will er es jedenfalls.

So ist er, der Johann. Immer diplomatisch um einen Ausgleich bemüht, ganz wie in seinen malerischen Kompositionen liegt ihm auch im Leben an der Harmonie. Später hat er sich manches Mal gewünscht, Edith nicht gerade 1933 kennen gelernt zu haben. Die

Dahlien blühen in jedem Sommer, und Edith verbringt nicht das erste Jahr im Haushalt des Pfarrers, er hätte einen August früher vorbeikommen können. Irgendetwas gibt es immer zu streichen in einem Pfarrhaus. Jedenfalls scheint ihm diese Zahl, an und für sich ja schön, die doppelte drei, im Nachhinein wie ein Makel auf ihrer Begegnung zu liegen und einen Schatten darauf zu werfen.

Aber jetzt legt er erst einmal den Vorstand des Liederkranzes nieder und plant einen Ausflug mit Edith. Sie radeln an seinem Fluss entlang Richtung Quelle.

Mal sehen, wie weit die Puste reicht.

Bald wird er Edith lehren, schwimmend gegen die Strömung anzukommen. Sie übt schon und legt die Handflächen über dem Kopf aneinander, um sie dann rudernd durch die Luft sausen zu lassen. Ob das etwas wird?

Es scheint wichtiger zu sein, als über die Welt nachzudenken.

Johann läuft noch einmal über die Brücke und zur Akademie hinüber, einem plötzlichen Impuls folgend und eigentlich auf dem Weg zur Handwerkskammer, wo er seine Unterlagen für die Meisterprüfung abholen will. Nur rasch wieder einmal die Freitreppe hinauflaufen und gleich weiter in den ersten Stock, mal sehen, ob er noch einen der Studenten kennt, die in der Meisterklasse vor ihren Staffeleien stehen.

Wie still die Eingangshalle da liegt, grade so als seien Ferien, obwohl das Semester nicht einmal zur Hälfte absolviert ist. Ihm scheint, als sei ein halbes Leben vergangen, seit er den Entwurf für die Schule auf den Tisch der Prüfungskommission gelegt hat. So fremd fühlt er sich. Klopft man an die Tür eines Ateliers oder tritt man einfach ein?

Unterricht findet jedenfalls keiner statt, der Raum liegt so schweigend da wie die Halle unten. Das matte Licht auf den fleckigen Dielen, grade wie früher, die hohen Fenster, der Geruch nach Öl und Lösungsmitteln. Ein paar Staffeleien auch wie gehabt, auf den schmalen, verschmierten Holzbänken die jeweilige Sammlung von Gläsern mit Pigmenten, Pinseln, mit Resten von Leinöl. Und trotzdem.

Was ist denn los?

Die Staffeleien sind leer. Die besondere Stille des Raums rührt von der Abwesenheit der Bilder her. Ist er überhaupt richtig?

Er tritt zurück, um das Schild neben der Tür zu konsultieren.

Meisterklasse. Dieses Wort ist geblieben, aber der Name des Professors fehlt. Hierhin hatte es ihn so oft gezogen, wenn es unten langweilig war. Er hatte sich zwischen den Staffeleien hindurchgeschlängelt, wie andere auch, die nur zum Schauen kamen. Kiebitze hatten sie geheißen, die vielleicht zu feig waren oder halt zu untalentiert.

Was gibt es Neues?

Große Frauengestalten, deren Körper geometrische Formen annahmen, spitze Köpfe, dreieckige Leiber vor schrägen Wänden, die bald einstürzen würden. Das schreiende Rot der Münder und die schwarzen Umrisslinien sind verschwunden wie Fritzis züngelnde Schwertliliensträuße.

Auf dem schmalen Tisch an der Querseite des Raums, wo er manchmal geholfen hatte, die Leinwand auf den Rahmen zu ziehen, liegen der Holzhammer und ein paar kurze Leisten, als sei einer gerade dabei, ein kleines Format zu präparieren. Johann bleibt einen Augenblick stehen und sucht die leeren Wände ab, als habe er doch etwas übersehen. Nein, nichts.

Er geht zum Fenster und schaut eine Weile hinaus, die Aussicht immerhin ist dieselbe geblieben, der Fluss und die Brücke darüber, der ferne Kirchturm, von dem es Mittag schlägt. Johann rechnet nach. Grade zwei Jahre ist es her, seit die Liste am Anschlagbrett ihn aufgefordert hatte:

Tragen Sie sich ein für die Exkursion nach Berlin! Wir wollen unserem Professor die Ehre geben. Dem Stolz unserer Akademie. Zahlreiche Teilnahme erbeten.

Er hatte den Bleistift gezückt, um seinen Namen in die letzte Zeile zu setzen, da hieß es, zu spät! Die reservierten Abteile sind alle schon belegt. Warten Sie das nächste Mal ab, das wird eine ständige Einrichtung: die Frühjahresexkursion nach Berlin mit Führung durch den Beckmann-Saal.

Edith wünscht sich augenblicklich ein Mädchen. Sie spürt schon, es wird ein Mädchen, als sie noch gar nicht weiß, ob sich überhaupt etwas ankündigt. Anna soll es heißen wie die Schwester und genau das schwebt Edith auch vor, wenn sie an dieses zukünftige Wesen denkt, ein Schwesterchen, eine kleine Freundin für ihr Leben fern der Wälder und der Senke ihres Dorfes und jetzt eben endgültig fern, denn im Pfarrhaus, das war ja ein Übergang, und es war nicht absehbar, wohin dieser Übergang sie führen wird.

Hierhin also hat er sie geführt. Zwei makellos tapezierte Zimmer, Bahn für Bahn präzise auf Schuss, allerdings kein Blumenmuster, sondern blasse ockerfarbene Streifen, einem Damast nachempfunden.

Das hat man jetzt so.

Johann pflanzt seinen Wein im Hof, zwischen Birnbaum und Werkstatt. Für alle Zeiten wird man nun seinen Weg um diesen Weinstock herum nehmen müssen. Mal abwarten, ob er überhaupt angeht und treibt. Von den Fenstern der oberen Etage sind vorläufig nur zwei dürre Stöckchen in einem Kreis feuchter Erde auszumachen.

Edith sortiert die Glückwunschkarten. So hübsch sind die kleinen Rosensträußchen und goldgeprägten Hochrufe und Segenswünsche, immer wieder kann man sie vor sich ausbreiten und aufs Neue betrachten und die Unterschriften lesen und aufzählen, wer alles ihrer gedacht hat. Die Lina und die Patentanten und die Nachbarn allesamt und die Frau Pfarrer natürlich mit ihrer geschwungenen Handschrift wünscht gleichfalls eine goldene Zukunft. So sehr sie es auch bedauert, Edith zu verlieren. Die Hände hat sie über dem Kopf zusammengeschlagen vor Louises Ladentheke.

So eine kommt nicht wieder, die kochen kann und backen, und das beste Pflaumenmus, tagelang auf kleiner Flamme gerührt, das bekommt nun der junge Herr Ritter.

Louise hat lächelnd einen Löffel Butter aus dem Fass in Pergamentpapier eingeschlagen.

Ja, ja, eine Neuerung zieht die andere nach sich. Jetzt wird das Mädchen schon Mutter und hat noch immer keine Danksagungen verschickt.

Johann wünscht sich einen Buben. Oder?

Edith fragt nicht zum ersten Mal und neckt Johann mit diesem Ritual, das ihn zwingt, immer neue Liebeserklärungen zu finden. Natürlich wünscht ein Mann sich einen Buben, einen Stammhalter, ein kleines Spiegelbild. Wo sie sich sonst schon so wenig für ihr Spiegelbild interessieren, die Männer.

Ach was!

Johann sieht diesmal gar nicht auf von seinem Rechnungsblock und setzt die Zahlen in Reih und Glied.

So eine wie Edith nimmt er gerne noch einmal. Ganz besonders so eine wie Edith, aber wenn es ein wenig anders ausfallen sollte, das kleine Geschöpf, nimmt er es auch. Hauptsache, es kommt von Edith.

Denkt er, es wird so weitergehen? Warum nicht?

Es fängt ja gerade erst an aufzublühen und Johann meint, sein Leben bestehe nun darin, eine Seite nach der anderen vom Rechnungsblock abzureißen. Das Original für die Kundschaft, den Durchschlag heftet Edith in einen Ordner, um ein paar Tage später oder allenfalls eine Woche danach ein bez. darunterzusetzen, mit ihrer neuen Unterschrift und dem genauen Datum. Es gibt nicht so viel zu tun, Aufträge ablehnen müssen sie nicht, aber doch genug, um jede Woche oder halt nach vierzehn Tagen, eine Seite des Blocks zusammenzufalten und in einen Umschlag zu stecken. Edith bringt ihn dann vorbei. Für den Anstrich des Treppenhauses veranschlagen wir so und so viel. Sie will alles Geschäftliche ganz genau wissen, vor allem die buchhalterische Seite möchte Edith nachvollziehen und wie es bei der Inventur zugeht. Das kann sie ihm abnehmen eines Tages. Die Eingänge gehören unter die Aktiva notiert, Außenstände unter Passiva.

Alles an Edith ist weich. Nachdem er einmal die Wärme und Nachgiebigkeit ihres Körpers kennen gelernt hat, mag Johann nicht mehr darauf verzichten.

Aber sie will schon wieder fort.

Edith besteht darauf, gelegentlich nach Hause zu fahren und dieses Gelegentlich steht immer kurz bevor, wenn es nicht grade hinter ihr liegt. Sie muss die Eltern sehen, die Schwester, sie kann auf die Natur nicht verzichten, insbesondere nicht auf den Wald und den Wechsel der Jahreszeiten, den man hier, so nah bei der Großstadt ja kaum wahrnehmen kann. Johann scheint dann, dass er sich ihrer nicht ganz sicher ist. Als könne sie fortbleiben und sei vielleicht doch nur ein Traum, der sich verflüchtigt, wenn er nicht seine Hand ausstrecken und nach ihr greifen kann in der Nacht. Etwas Schmerzhaftes, manchmal sogar Einsames, mit dem Johann nicht gerechnet hat. Er hatte seine Wünsche, und zwar für alle Zeiten, in Ediths Ja erfüllt gesehen und sein Glück nicht fassen können. Dass seine Gefühle ihn noch tiefer, und zwar immer tiefer in sein eigenes Inneres ziehen könnten, war nicht abzusehen. Er wird sich selbst ein wenig fremd und spürt auch an sich selbst diese Weichheit, um die er zuvor nicht gewusst hat.

Edith ist nicht Johanns erste Freundin, aber nichts an ihr erinnert zum Beispiel an Fritzis lustige Gestalt im Malersaal vor ihren üppigen

Sträußen. Nicht einmal eine Vase hatte noch Raum auf der Leinwand gefunden, geschweige denn ein Tisch oder ein Arrangement aus Stoffen, das diesen Blüten einen Hintergrund hätte geben können. Fritzis Tulpen stürzten dem Betrachter entgegen, so schlank wie sie selbst und so anziehend wie sie. Solche Komplimente waren Johann leichthin über die Lippen gekommen, die Hände in den Taschen, die Schultern ein wenig hochgezogen, grade wie die anderen jungen Männer auch. Er darf sie einmal ausführen, ja, warum nicht, weg von der Leinwand, darf einmal ihr Kleid aufknöpfen und ein paar schöne Sätze über die frühlingshafte Zartheit der Schultern sagen.

Aber zu einem Geschäft wie zu Hause würde sie wohl nicht recht passen. Die Tulpen würden sich wohl noch fügen und einen Platz über der Chaiselongue finden können, aber Fritzis knapper Haarschnitt, ihre Leidenschaft für Cafés, ihre Freizügigkeit mindestens im Gespräch mit anderen Männern, hatten ihrer Freundschaft einen Charakter verliehen, der Gespräche über die Zukunft ausschloss. Johann hatte noch eine Weile Fritzis Sträuße besucht, auf die Tulpen waren Schwertlilien gefolgt, Rosen und Gladiolen, während ihm zugleich schon dieses Leben vorgeschwebt hatte, das nun mit Edith beginnt.

Wenn sie nur nicht schon wieder nach Hause fahren müsste, wo eine Kusine im Kindbett auf ihre Pflege mehr angewiesen ist als er auf ihre bloße Anwesenheit. Sie rechnet ihm an den Fingern vor, wie kurz sie nur fort sein wird, höchstens eine Woche oder zehn Tage vielleicht. Johann bleibt nichts übrig, als abzuwarten und auf einen guten Verlauf dieser fernen Geburt zu hoffen. Dann wird in einem Briefchen berichtet, die Wöchnerin sei nur knapp dem Tod entkommen und Ediths Hilfe werde für eine weitere Woche vonnöten sein. Er will hinterher, um sie heimzuholen, hält dann aber inne und sagt sich, dass diese Unruhe in Edith sich legen wird nach ihrer eigenen Geburt, und er setzt auf dieses Wesen, das in Edith heranwächst und dem sie sich ganz und gar öffnen wird, um sich dann auch ihm, Johann, nicht mehr zu verschließen.

Johann entwickelt eine wahre Leidenschaft in allen Fragen der Einrichtung, des Haushalts und sogar der Aussteuer. Schon in der Verlobungszeit lässt er sich zeigen, wie die Tischdecken zu säumen sind.

Hohlsaum!

Jede Maschine ist dafür zu grob, alles muss mit der Hand an langen Abenden und möglichst vor der Hochzeit hergerichtet sein.

So fein!

Johann schüttelt den Kopf. Er könnte, wenn es darauf ankäme, winzige Schrauben drehen, aber so ein Stiftchen aus Stahl bietet den Fingern doch etwas mehr Widerstand als dieser glatte Damast. Edith tut sich auch schwer mit all diesen Stichlein, kreuzweise und unsichtbar. Sie ist für stille Tätigkeiten nicht geschaffen und lieber in Bewegung, auf dem Weg ins Feld letzten Endes, mal sehen, wie die Frucht steht. Da nun kein Heu mehr darauf wartet von ihr gewendet zu werden, legt sie Gemüsebeete an. Hinter der Werkstatt lässt sie einen Streifen dunkler Erde umbrechen vom kleinen Kurt und zeigt sich selbst anstellig, der Schwiegermutter behilflich zu sein. Louise gibt nach der Buchhaltung nun auch Auftragsbücher und Inventur an Johann ab, den jüngsten Meister seines Jahrgangs. Das will etwas heißen, meint Georg, meint auch Louise und natürlich meint es Paul, der gar nicht vorhat, den Meister überhaupt zu machen, sondern schon wieder auf der Suche ist. Soll er sich bei den Stadtwerken bewerben?

Bloß nicht!

Er wird doch nicht etwa ein Angestelltendasein anstreben, wo er zu Hause selbständig sein kann. Sein eigener Herr!

Louise winkt ab. Es gibt jetzt Aufträge für zwei, sogar die Gesellen haben zu tun, Herr Schwab und Herr Wiener, also wird es doch für die Söhne reichen. Darum ist es dem Paul aber gar nicht zu tun.

Der eine wäre ja dann Chef des anderen, Johann Pauls Meister.

So ist die Lage. Louise versteht, aber ungern. Sie hält sich an Edith, wenn ihr der Haushalt zu viel wird. Das Einkochen fällt nun an Edith, die Marmeladen, der Hefeteig für den Sonntagskuchen gleichfalls, schließlich sind da noch die Colonialwaren, immer tipptopp in die Regale zu sortieren. Die Erbswürste, eingeschlagen in weißes, hübsch bedrucktes Papier, hängen an einem Haken herunter und müssen rasch verkauft sein. Wenn das Papier erst einmal vergilbt oder Stockflecken aufweist, will keine Hausfrau den gepressten Erbsbrei mehr nehmen. Da heißt es aufpassen und die Würste, noch bevor sich ein Schatten auf das Weiß legt, vom Haken nehmen und vorne auf der Theke neben der Waage platzieren, also dahin, wo jede Kundin zwangsläufig ihren Blick lenkt, um zu kontrollieren, ob Louise nicht zur Butter noch ihren Finger in die Waagschale legt.

Erbswürste zum halben Preis. So ist Louise! Man könnte meinen, sie sei großzügig, aber sie ist tüchtig und weiß, wie sie ihr Ladengeschäft am Leben hält. Edith darf auch einmal in einer frisch gestärkten Schürze hinter der Theke stehen. Aushilfsweise natürlich, nur in Vertretung, vielleicht wenn Louise Waschtag hat.

Was darf es denn sein?

Edith reckt ihr Kreuz und hält sich aufrecht, schräg gestellter Kopf, kleines Lächeln. Sonst noch was?

Louise sähe es lieber, wenn Edith auch noch den Waschtag übernimmt, das Anheizen des Kessels in aller Herrgottsfrühe. Für das Stampfen und Rühren der heißen Lauge und erst recht für das Waschbrett fühlt sie sich augenblicklich zu alt, als sie sieht, wie jung und flink Edith treppauf und treppab springt.

Also gut.

Zum Ausgleich für das lästige Waschbrett lässt sie sich abends von Johann in die Geheimnisse der Buchführung einweihen. Auch eine stille Tätigkeit wie die Handarbeit, aber hier bringt sie Geduld auf, sitzt ruhig da und schaut den Zahlen zu, die aus Johanns Bleistiftspitze auf das Papier wandern. Ins Lohnbuch der Gesellen zum Beispiel. Lohn, Abgaben, Urlaubsgeld, das kann sich kein Mensch merken, wenn es nicht schriftlich festgehalten und Woche für Woche ergänzt wird.

Ist Edith glücklich?

Ja!

Sehr glücklich?

Aber ja!

Was heißt denn ~~...~~ Johann muss es genau wissen, ganz genau. ~~...~~ kennt seine Frau auch schon gut genug, um den ein oder anderen Vorschlag zu machen. Wäre es nicht besser, wenn sie einen Schal umlegt, jedenfalls draußen, jedenfalls abends, wenn es doch frischer ist als man denkt. Er hat auch den Eindruck, das Licht über ihrer Handarbeit sei zu dunkel. Sieht Edith denn genug? Sie wird sich die Augen verderben. Isst sie genug, sind die Mahlzeiten reichlich und ist die Qualität entsprechend?

Johann meint, ein kleines Glas Rotwein täglich, eingenommen wie Medizin, könne ihrem Zustand nicht schaden. Alles in allem lässt sein Programm sich unter der Überschrift fassen: Edith soll sich schonen. Gerade jetzt in Erwartung des Mädchens. Besser wäre, sie nähme sich eine Frau fürs Putzen. Edith weiß nicht, wie ihr geschieht.

Hat sie es gerne, wenn Johann nachts seine Hand auf ihren Bauch legt zum Beispiel? Oder sogar an eine andere Stelle? Überhaupt. Wie empfindet Edith, was er so empfindet? Wird alles so bleiben oder sogar noch schöner werden? Das geht ja gar nicht. Wohin treibt ihr Eheschiffchen? Das sind Fragen, die Johann aufwachen lassen in der Nacht, erschrocken wartet er einen Augenblick in der Dunkelheit, bis er sich an Edith erinnert. Da ist ihr ruhiger Atem, kleiner und zarter als der von Paul es jemals war. Er streckt die Hand nach ihr aus und die Beunruhigungen weichen einer stillen Gewissheit, sein Leben eingerichtet zu haben, wie er die Arrangements für die Stillleben eingerichtet hatte in der Kunstgewerbeklasse.

Wie er die Schalen vor den Krügen platziert hatte, das Niedrige vor dem Hohen, scheint ihm auch die Zukunft mit Edith von seinem Geschick und Geschmack und eben einer Harmonie der Komposition abhängig zu sein. Er lässt sich nicht abhalten, Silber zu kaufen für den neuen Haushalt, keineswegs nur Besteck, sondern eine Suppenterrine, mit einem lustigen, fein ausgearbeiteten Knauf auf dem Deckel, zwei ovale Schalen für Kartoffeln oder Gemüse, eine Platte, um Fleisch aufzutragen und schließlich, als Krönung des Ganzen, eine Sauciere. Bislang ist noch nie von Silber serviert worden, nicht einmal silbernes Besteck hofft in Louises Schubladen auf einen feierlichen Anlass. Johann, während er im Geschäft steht und auf die Päckchen wartet, vermutet, dass es auch in seinem eigenen Haushalt kaum je benutzt werden wird. Aber zur Komposition seines Lebens gehört es nun einmal dazu wie das Buffet.

Es fehlt nur noch ein Bild.

Johann nickt und Edith legt den Kopf schief.

Was denn für ein Bild?

Die Heuernte von Breughel fehlt!

Johann wählt eine matt gedruckte Reproduktion, auf Holz gezogen, in einem schmalen goldenen Rahmen, den Edith halten darf.

Etwas höher! Noch ein wenig. Johann tritt einen Schritt zurück, um das Ensemble zu prüfen. Edith, der grüne Sessel und die blaue Landschaft darüber. Noch zwei Zentimeter höher?

Ediths Arme erlahmen schon, ihr runder Bauch schiebt sich ins Bild. Johann schlägt den Nagel ein. Fertig! Unglaublich. Wie tief die Dörfer sich ins Tal ducken. Edith kennt das ja.

Die Heuhaufen!

Nicht überall, sondern nur da, wo der Maler sie hatte haben wollen, um der Tiefe willen. Man meint, jeden Halm einzeln herausziehen zu können. Aber das schönste sind die drei Mädchen im Vordergrund, mit ihren Strohhüten, die Rechen über der Schulter. Und da ist Edith, natürlich, die Mittlere, die ein wenig keck sich umdreht und direkt aus dem Bild zu ihnen herüberschaut.

Ediths Zustand gibt immer neue Rätsel auf.

Wie fühlt sie sich? Ist er nicht schwer, dieser Bauch, zieht er sie nicht in die Knie? Wie kommt es, dass sie nicht vornüber fällt? Sie müsste doch aus dem Gleichgewicht geraten.

Aber Edith hält sich aufrecht und Johann staunt. Die Genauigkeit, sein Berufskapital, dehnt sich aus und erfasst andere Felder des Lebens. Paul bringt eine Fotografie der Gesangvereine. Die Männer in schwarzen Röcken, gestärkten Hemden mit weißer Fliege und einem Sträußchen am Revers. Johann ist nicht mehr dabei. Ediths andere Umstände haben herhalten müssen für eine endgültige Entschuldigung. 42 Sänger notiert Johann auf der Rückseite der Fotografie, obwohl es jeder sehen kann. 10 sind gefallen, wird er zwanzig Jahre später ergänzen, 10 gestorben, 10 singen noch. 21 sind noch am Leben, singen aber nicht mehr. So ist Johann, während Paul das Bild ein paar Mal herzeigt und sich bewundern lässt, dann verschwindet es in einer Schachtel und wartet auf Johanns späten Kommentar.

Paul lässt sich im grünen Sessel nieder, der Heuernte gegenüber. Ihm scheint, dass dieser Breughel Johanns gesamtes Ehe-Ensemble zum Leuchten bringt. Fast ist es wie damals im Bauch von Louise, wo auch Johann es sich bequem gemacht hatte und ihm kaum Raum geblieben war, seine Gliedmaßen zu entwickeln.

Hängt es nicht ein wenig zu hoch?

Genau richtig hängt der Breughel, denn hier hat Johanns Augenmaß entschieden. Pauls Blick liegt halt ein wenig tiefer. Paul überlegt, ob er nicht doch einen Antrag stellen soll.

Endlich! Der Hanna? Das braucht er doch nicht so zögerlich vorzutragen. Darüber freuen sich alle!

Nicht der Hanna. Einen Aufnahmeantrag für die Partei.

Johann schaut von Breughel weg zu Paul hinüber.

Also Paul! Als Geschäftsmann kann er doch keiner Partei beitreten! Nicht als Handwerker. Sie kommen in alle Häuser. Gerade die alteingesessene Kundschaft, an die muss er ja als Erstes denken. Besser, sie bleiben neutral.

Paul meint wohl, dass er in diesem Sinne gar kein Geschäftsmann ist. Er weiß nicht recht, wohin er gehört. Johann hat Edith, den Breughel und ein Buffet. Er wird bald Vater und hat den Meisterbrief in der Tasche. Die Kundschaft steht Schlange. So ist es nun auch nicht. Erstens einmal und zweitens: das gehört doch auch ihm, dem Paul.

Ja, schon.

Paul kann sich nicht entscheiden.

Was ist mit der Hanna?

Johann sitzt da unter seinem Bild, der mattrote Vorhangstoff, mauve nennt man das, die grünen Polster, man könnte meinen, der Breughel hätte auch hier noch seinen Pinsel im Spiel gehabt, bei der Einrichtung. Johann lacht. Was ist mit der Hanna? Warum macht er nicht lieber der Hanna einen Antrag?

Paul schaut ratlos und presst die Lippen aufeinander.

Bleibt er nun zum Nachtmahl, jetzt heißt es Abendessen.

Edith deckt den Tisch in ihrem Umstandskleid und trägt auch für Paul einen Teller auf, Besteck und ihre neuen Gläser. Sie legt Wurst auf, bringt Senf und aus ihrer ersten Ernte Radieschen. Paul setzt sich zu den beiden an den Küchentisch.

Er kann schon bleiben, er hat nichts vor. Die Proben fallen aus. Ein Teil der Sänger, die jüngeren Jahrgänge, sind zum Wehrdienst eingezogen. Johann lässt sich die Namen sagen.

Na also, sie sind doch alle zehn Jahre jünger als Paul und er.

Und wenn es Krieg gibt?

Ach, hör auf!

Johann schneidet ein Radieschen in feinste Scheiben, er ist präzise auch beim Essen. Georg glaubt an keine Verträge, die der Schreihals schließt, an keine Versprechen. Paul hat die Neigung sich eher Georg anzuschließen.

Und selbst wenn!

Johann streut Salz auf sein Radieschenornament.

Sie sind doch viel zu alt.

Na hoffentlich! Tatsächlich, Paul fühlt sich manchmal zu allem zu alt, zum Heiraten, zum Arbeiten und natürlich ganz besonders für einen Krieg.

Was sollen sie denn mit euch zwei anfangen? Jetzt mischt sich auch noch Edith ein. Das wird Johann wahrscheinlich nicht gefallen, wenn sie sich beunruhigt, in ihrem Zustand. Sie können doch nicht einmal schießen. Paul streicht sich Butter aufs Brot. Wer weiß. Johann fühlt sich durch seine Unfähigkeit geschützt, ihnen das Kämpfen noch beizubringen scheint ihm aussichtslos. Dafür ist es doch zu spät. Ihn kann nichts mehr aus der Ruhe bringen.

Edith hat sich nicht getäuscht. Ein Mädchen, so winzig, dass Johann ernsthaft erschrickt. Wird es überleben, mit diesem roten, verschorften Kopf und den zugeschwollenen Augenlidern?

Aber Johann! Das wächst sich doch aus.

Als die große Anna, zur Geburt herbeigeeilt, um der Schwester zur Hand zu gehen, ihm dieses Bündel auf den Arm legt, reicht er es rasch wieder hin.

Dafür ist er zu grob!

Johann fragt sich wieder, was Edith so fühlt. Er kann letztlich nur zusehen, und all diese kleinen Handgriffe bewundern, die zum Lebenserhalt des Säuglings von Bedeutung sind. Edith, in die Kissen des grünen Sofas gelehnt, reicht dem Mädchen die Brust. Ein Madonnenbild. Er wird einen blauen Umhang kaufen für sie.

Johann lacht. Wie die Madonna im Dom wird Edith dann ausschauen, mit ihrem offenen Haar und dem sanften Blick. Sie scheint angekommen zu sein in seiner Welt, hingegossen unter der Heuernte. Auf dem Planeten Ritter. Als sei alle Fremdheit von ihr gewichen. Hier gehört sie also hin, weil Annalein hierhin gehört und ihren Ausgangspunkt von hier nehmen wird. Edith schlägt die Augen auf und legt den Kopf schief. Seit Annalein da ist, ist das Leben täglich neu, als sei es täglich neu geboren aus sich selbst heraus, zu seinem eigenen Lob und seiner Herrlichkeit. Edith kann gar nicht genug bekommen vom Duft dieses Körpers, und ganz von Ferne taucht noch einmal die kleine Schwester auf, die wie eine Himmelsüberraschung eines Tages in einem Körbchen gelegen hatte. Über den Namen muss also nicht weiter verhandelt werden, der stand ja von Anfang an fest, vor der Zeugung schon hat dieser Name festgestanden, denn durch das Schwesterchen wird ein Zuhause zu einem Zuhause. Schade, dass die verkleinernde Form des Namens der Niedlichkeit dieses Geschöpfs nicht besser Ausdruck geben kann. Annchen! Das hat ja keine Melodie! Ännchen kommt Edith altmodisch vor. Also läuft es auf Annalein hinaus, auf Goldkind, auf Herzchen, und mal sehen, was Edith dazu noch so einfällt. Johann fehlt es wieder einmal an Phantasie, er lackiert das Gitterbettchen, das bald gebraucht werden wird, die Füßchen erreichen ja schon das Flechtwerk des Korbwagens, und hat Schablonen geschnitten, rosafarbene Rosetten, zehn gleichmäßige schmale Blütenblätter, die sich um ein weißes Rund gruppieren, kleine Blumensoldaten, die an der Kopfseite Wache halten.

Seit Johann mehr und mehr den Ton angibt, fühlt Georg sich alt. Wenn er seinem Sohn zusieht, wie er, die Leiter hinauf und herunter, eine Bahn nach den andern klebt, immer auf Schuss, den Kleister sämig und ohne Klümpchen wie Louises Schokoladenpudding, scheint ihm, dass seine eigene Kraft nachlässt. Wie Johann den Gesellen Weisung gibt, den Lehrling Kurt kommandiert, hol den Besen, feg das auf, halte den Pinsel grade, stell die Bürsten ins Wasser, sie kosten Geld. Wie geschmeidig das vonstattengeht, wie flink er ist und wie geschickt und wie jung und beweglich.

Ach Georg!

Louise merkt gar nichts von Georgs Müdigkeit, so gut wie er ausschaut. Ihm fehlt auch das Skatspiel, mehr noch als das Skatspiel das Gespräch mit den Kollegen. Denn das, so scheint es, ist ebenfalls dem Schreihals zum Opfer gefallen. Georg geht nicht mehr am Sonntag zur *Goldenen Gerste*, vorerst. Das Handwerk steht geschlossen an der Seite des Führers! Ihm fällt dazu nichts ein. Er war noch nie in einer Partei! Und bestimmt wird er nicht mit dieser Partei beginnen?

Louise winkt ab.

Im Laden heißt es schon eine ganze Weile Heil Hitler, aber der Ton dieses Wunsches ist strenger inzwischen. Nicht mehr so, als übten die Hausfrauen mit erhobener Hand einen neuen Fastnachtsgruß. Die Einkaufstaschen werden jetzt links getragen, jedenfalls von der Frau des neuen Pfarrers. Der Arm dieser schmalen Person, die so blass und grau aussieht, ihr Gesicht, ihr Mantel, ihr Haar, springt plötzlich so schwungvoll in die Höhe als sei am Ellbogen gar kein Gelenk.

Heil Hitler Frau Ritter!

Louise schaut erstaunt. Es bleibt ihr nichts erspart. Am besten, sie hält grade das Butterfass in Händen, aber das ist selten der Fall. Der Gatte der bleichen Frau predigt von der Kanzel herab die neuen Lehren.

Wir danken dem Herrn für alles, was er dem Führer in seiner Gnade zum Wohle des deutschen Volkes hat gelingen lassen.

Louise lässt es zum einen Ohr hinein und zum andern wieder heraus. Amen und Halleluja sind jetzt hebräische Wörter.

Hat Georg das gewusst?

Er dreht die Augen zur Decke und schüttelt den Kopf.

Sein Kommentar zum Zeitgeschehen. Er kann gut ohne Kirchgang am Sonntag leben. Auf ihre stille Weise fühlt Louise sich dennoch sicher, umgeben von drei Männern, zu alt für einen Krieg. Georg wird in zwei Jahren sechzig und die Zwillinge haben die dreißig hinter sich, und keiner von beiden war je Soldat. Ein Gutes hatte er also doch, der letzte verlorene Krieg: kein Wehrdienst für die Buben.

Dem Kindchen schmeckt alles. Edith hält das Löffelchen in die Höhe und Anna, die Augen ein wenig zusammen gekniffen zu schmalen konzentrierten Schlitzen, sperrt das Mündchen auf wie ein kleiner Spatz seinen Schnabel. Da kommt auch schon das Regenwürmchen. Edith lacht und schiebt der Kleinen den Löffel zwischen die Lippen, um befriedigt zu sehen, wie Anna schluckt und Löffel für Löffel der Brei verschwindet, damit die Arme sich runden, bis die Ellbogen Grübchen zeigen und die Beinchen fest und stramm den kleinen Körper auch tragen.

So gehen die Tage dahin, erfüllt von täglichen Lernerfolgen und Überraschungen, die so ein Wesen zu bieten hat. Eine neue Art zu lächeln, dann kann das Mädchen sich schon aufstützen, schon frei sitzen, die Ärmchen in die Höhe recken, wenn die entsprechende Stelle kommt.

Alle Vöglein fliegen? Fein macht sie das und nimmt strahlend jedes Lob entgegen. Eine gute Schülerin wird das einmal werden. Sie ist jetzt schon so gelehrig.

Edith schreibt einen Brief an ihren alten Lehrer, um anzuzeigen, dass sie Mutter geworden ist, ganz so als hätte sein Unterricht nun die erwarteten Früchte getragen.

Wie soll sie unterschreiben?

Johann schaut am anderen Ende des Küchentischs von seinen Zetteln auf, er schreibt seine Liste für den Farblieferanten.

Heil Hitler? Edith kaut am Bleistiftende und lacht.

Na, hör mal!

Zu Hause wird die neue Zeit doch so begrüßt, das weiß er doch! Und grade der Herr Lehrer. Das deutsche Volk wird es der Welt schon noch zeigen! Edith reckt ihr Kinn in die Höhe und spitzt die Lippen.

Das kann sie sehr gut, die Edith! Andere nachzuahmen gehört

zu den Talenten, die Johann erst allmählich entdeckt, als die Schüchternheit von ihr abfällt.

Also dann: Mit den besten Wünschen, auch von meinem Gatten. Das passt auch wieder nicht. Zu gestelzt. Sehr herzliche Grüße, auch von Johann. Sie faltet das Blatt zusammen und schiebt es in einen dieser kleinen Umschläge, die Johann während ihrer Verlobungszeit hinter ihr hergeschickt hatte. So hübsch haben diese Briefchen ausgesehen, wie aus einer Puppenstube, mit Johanns exakter Schrift vorne und innen mit bunt bedrucktem Seidenpapier so elegant ausgeschlagen, dass Anna sich wunder was für einen Mann vorgestellt hatte. Der so ausgesuchte Briefe schickt.

Zu schade, dass sie den Paul nicht genommen hat, die Anna. Dann säße sie jetzt nebenan und Paul müsste sich keine Gedanken mehr machen, ob er der Hanna einen Antrag stellen soll oder nicht. Und alles wäre noch schöner als es ohnehin schon ist.

Kann sie so einen Umschlag überhaupt nehmen für den Lehrer? Sieht ja fast wie ein Liebesbrief aus.

Edith hält das gelbe Kuvert in die Höhe mit den Herzchen auf dem inneren Seidenpapier.

Geht das?

Aber natürlich!

Sie ist ja verheiratet, da wird der Lehrer doch nicht an einen Liebesbrief denken. Anna krabbelt auf einer Decke am Boden herum und versucht sich am Tischbein in die Höhe zu ziehen. Auf ihrem Köpfchen kringeln sich die dunklen Locken, bald werden sie sich zu langen Korkenziehern rollen. Sie war der einzige Säugling in der ganzen Straße, dem die Haare nach der Geburt nicht ausgefallen sind.

Das wird wahrscheinlich ein Zeichen von Intelligenz sein. Oder? Wenn die Haare bleiben?

Edith adressiert ihren Brief, tief über den Tisch gebeugt.

Annalein könnte Kinderärztin werden, eines Tages, zum Beispiel? Edith schaut triumphierend auf.

Eine Ärztin? In ihrer Familie hat noch niemals jemand auch nur an das Einjährige gedacht.

Johann staunt. Wohin die Gedanken seiner kleinen Frau manchmal so flattern, vor allem so rasch. Wie die Schmetterlinge lassen sie sich nieder, nur um gleich wieder aufzufliegen und ein Ziel in irgendeiner fernen Zukunft anzusteuern. Er selbst denkt abends an den nächsten Morgen, sortiert gedanklich sein Handwerkszeug vor, Pinsel, die Leitern, sein Tapetenmesser, je nachdem was gemacht wird. Er hält sich ans Überschaubare, daran, worauf er einen Einfluss hat. Johann steckt sich den Bleistift hinters Ohr. Er ist fertig mit seiner Liste und schaut Edith zu, wie sie die Gummierung leckt, mit einem Ausdruck gespielten Ekels den Umschlag schließt und mit ihrer hübschen Faust noch einmal darauf schlägt, so als sei es ihre Kraft, die das Leben hier zusammenhält. Sie lächelt ihn an, ein wenig verschmitzt.

Also warum nicht? In einem weißen Kittel?

Aber Edith! Das Kind braucht Schlaf.

So sieht es gar nicht aus, das Püppchen. Es hat sich auf seine Füße gezogen und schaut zu Johann hinauf. Das kann es also auch schon. Edith geht um den Tisch herum und schlingt Johann von hinterrücks die Arme über die Schulter.

Oder Schullehrerin?

Johann lacht. Das ist auch so ein Wesenszug, den Johann erst allmählich kennen lernt, Ediths Hartnäckigkeit. Wenn sie sich etwas in den Kopf gesetzt hat, heißt es aufpassen.

Liebe Anna, die Kleine ist genau wie Du! So lebhaft und freundlich, dass alle sie gut leiden können. Und gewachsen ist sie, seit Du das letzte Mal hier warst, Du würdest sie gar nicht mehr wiedererkennen, so groß ist Annalein und tapst jetzt hier hin und da hin und läuft jedem nach auf ihren stämmigen Beinchen. Ja, stämmige Beinchen hat sie, und darin ist sie Dir dann gar nicht ähnlich. Auch als Kleinkind warst Du ja so ein Federchen! Obwohl ich jetzt einen eigenen Haushalt habe, und mir meine Arbeit viel besser selbst einteilen kann als bei der Frau Pfarrer, komme ich kaum noch zum Briefe schreiben, und Du hast schon wieder lange nichts von mir gehört. Vielen Dank für Deine lieben Zeilen. Dem Hermann gefällt es also bei den Soldaten? Na, trotzdem wirst Du froh sein, wenn seine Zeit rum ist und ihr heiraten könnt. Dann wird es ja wahrscheinlich Frühjahr werden. Mir ist es nicht unangenehm, denn dann wird die Kleine schon etwas besser zu haben sein für eine Reise. Sei gegrüßt und Anna grüßt auch sehr herzlich ihre Patin! Deine Edith

Johann kauft einen Deutschen Volksatlas, um Edith zu zeigen, wie die Sache mit Ostpreußen steht. Oben ist Norden, rechts Osten, unten Süden, dann bleibt für die linke Seite der Karte?

Edith sieht plötzlich ein wenig verlegen aus, grade so, wie sie Johann besonders gefällt. Also der Westen.

Und wenn man das ganze Buch dreht?

Macht sie Witze?

Johann weiß es manchmal nicht, obwohl sie jetzt schon zwei Jahre verheiratet sind. Also hier! Er lässt die herrlich bunt bedruckten Karten durch die Finger gleiten. Unsere kleine Erde im Weltall. Edith staunt und lacht. Fast ist es so wie damals, als sie in der ersten Reihe saß, wo die guten Schülerinnen in der Dorfschule sitzen, vier Jahrgänge in einer Klasse, lauter kleine Mädchen und Buben in geflickten Jacken und durchgelaufenen Schuhen. Edith hält sich in ihrer vorderen Bank vom ersten bis zum letzten Jahr und wenn der Lehrer abfragt, streckt sie ihren Finger in die Höhe und darf zur Tafel kommen und auf der großen Landkarte zeigen, wo ihr Dorf liegt. Also hier, so ziemlich in der Mitte, und zwar so winzig, dass an der entsprechenden Stelle noch nicht einmal der Name verzeichnet wäre, hätte ihn nicht der Herr Lehrer mit einer dünnen Feder in möglichst winzigen Buchstaben hingeschrieben. Letzten Endes kann also ein jeder ihr Dorf finden und sogar ein Analphabet könnte es, denn der farbige Karton ist von all den kleinen Zeigefingern schon grau und verwischt. Aber es ist Edith, die dort vorne steht, sie darf es immer wieder zeigen, zuerst ihrem eigenen Jahrgang, dann den neuen Abc-Schützen, die auf der linken Seite des Klassenzimmers sitzen, während sie schon auf die rechte gerutscht ist. Edith komm nach vorne und zeige den Kleinen, wo wir wohnen. Und jedes Mal aufs Neue überfällt sie ein Schauer angesichts der Winzigkeit ihrer Welt im Verhältnis zum Übrigen. Sie möchte aufschreien, wenn sie ihren Finger auf die etwas kahle Stelle legt, hier sind wir, kleiner als ein Stecknadelkopf.

Vielleicht war es insbesondere dieses Ritual ihrer Schulzeit, das die Sehnsucht und zugleich den Willen in ihr geweckt hatte, über den Rand dieser namenlosen Welt hinauszukommen. Und nun sitzt sie neben Johann am Küchentisch und die Erde ist zur Sonne so winzig wie ihr Dorf es war im Hinblick auf Deutschland.

So? Die kennt Johann noch gar nicht, diese Geschichte aus Ediths Schulzeit.

Er hat nach einigem Hin und Her und desorientiertem Innehalten und Weiterblättern die entsprechende, also politische, Karte gefunden und bitte sehr. Das ist auf den ersten Blick zu erkennen, dass zwischen diesem kleinen rosa Fleck an der blauen Ostseeküste und dem fetten Rosa weiter im Westen keine direkte Verbindung besteht, zwischen Ostpreußen und dem Deutschen Reich also. Österreich, und daran kann Edith erkennen, dass es sich um einen Atlas allerneuester Ausgabe handelt, hat sich schon in deutschem Rosa eingefärbt und die Texte an den Rändern der Karten geben Auskunft darüber, dass die germanische Rasse sich bis nach Norwegen und im Osten bis über die Grenzen Russlands hinweg ausgebreitet hat.

Als Georg Recht behält, ist als erstes Kurt dran, der kleine Lehrling. Im nächsten Monat hätte er als Geselle in den Krieg ziehen können. Jetzt halt als Lehrling. Keine schöne Position.

Edith schaut von ihrer Bügelwäsche auf und wendet sich der kleinen Anna zu, die ihren Buntstift in das Wasserglas taucht, aus dem Mama die Hemden besprenkeln will. Aber letztlich wird das wohl nicht zählen, im Krieg, ob einer Geselle ist oder Lehrling. Ein wenig Farbe löst sich von der Spitze des Stifts und zieht eine feine, leuchtend rote Schliere durchs Wasser, die sich langsam auf den Boden des Glases senkt.

Mobilmachung.

Johann schaut seiner Tochter zu, die ihren Stift aus dem Wasser holt, als ziehe sie einen schweren Balken aus einem Abgrund. Er schlägt den neuen Atlas auf, der noch zum beliebtesten Buch werden wird in den nächsten Jahren.

Mal nachsehen, wo der und jener gerade ist, von wo diese Feldpostkarte kommt und jener Brief. Edith wird es lernen, die Karten zu lesen und schließlich wird sie es sein, die den Atlas für Louise aufschlägt, um ihr zu zeigen, wo Paul ungefähr sein könnte und auch nach Johann wird Edith suchen auf diesem großen braunen Fleck der Sowjetunion heißt, irgendwo in der linken Ecke davon darf sie ihn vermuten, Ukraine steht da, später dann weit unten im Lila des italienischen Stiefels. Vorläufig erscheint ihr ein solcher Gedanke aber gänzlich abwegig. Sie faltet ihre Bettwäsche zusammen, und zwar zentimetergenau, wie es nicht einmal Louise für notwendig hält, aber eben Edith. Johann blättert die Seiten um und sucht nach jener Linie, von der Kurt nun zurückschießen soll.

Hier muss es sein.

Johann beugt sich über die Seite und fährt mit seinem Finger an einer dicken roten Linie entlang. Der arme Kurt. Hoffentlich bleibt man selbst verschont. Das sind seine Stoßgebete seit Neuestem, Johanns tiefes Seufzen.

Als dann sein eigener Stellungsbefehl kommt, lässt Johann das Schriftstück eine Weile vor sich auf dem Wachstuch des Küchentischs liegen und wartet ab, was sich in seinem Innern regt. So erstaunt ist er also gar nicht. In den letzten Tagen hatte er schon von mehreren reden hören, deren persönliche Umstände den seinen recht ähnlich sind, Weißer Jahrgang, mehr als dreißig Jahre alt, Selbständige, Handwerker, Geschäftsleute.

Solche Nichtskönner holen sie schon?

Obwohl alles so reibungslos vonstattengeht an der Front, dass sogar Georg leiser wird. Jetzt also die Buben, beide auf einmal, mehr oder weniger, denn kaum eine Woche später, als Louise sich schon einreden will, dass ihr der Paul bleibt, kommt auch ein grauer Umschlag für ihn. Louise beschwichtigt sich selbst und betet nach, was Johann ihr vorträgt, ihr und Edith und sich selbst letzten Endes auch. Dass sie Glück haben, er und der Paul, denn sie sind ja nicht für die Front vorgesehen.

Sie müssen nicht nach Polen!

Erst einmal heißt das Zauberwort Grundausbildung und das sagt ja schon, dass sie für einen ernsthaften Einsatz gar nicht brauchbar erscheinen. Dann ist ins Feld zu führen, dass die Kaserne in kaum einer halben Stunde Zugfahrt zu erreichen ist, und er wird zu den Wochenenden heimkommen können, Paul gleichfalls, und bis diese Grundausbildung fertig ist, und das ist die schönste Aussicht überhaupt, wird der Krieg auch vorbei sein, und der Aufwand war ohnehin umsonst.

Na?

Louise hört sich alles still an und lässt die Pause nach Johanns Fragezeichen so lange stehen, bis er noch einmal ausholt und ein letztes in die Waagschale legt. Und selbst wenn der Sieg noch nicht errungen wäre, also auch im unwahrscheinlichsten Fall, werden sie nur eine Ersatzmannschaft bilden und die vertreten, die an der Front stehen. Womöglich wird ihr Einsatzort also gleichfalls nah sein, wie die Ausbildungskaserne. Louise nickt, schweigt aber weiter und wendet sich ab. Gleichgültig, was da noch kommen könnte an Beschwichtigungen, in ihrem Innern spürt sie einen Kummer aufsteigen, insbesondere wenn sie an Paul denkt, der noch immer abends mit

Georg und ihr beim Nachtmahl sitzt, unverheiratet, unsicher im Beruf, mit einer Neigung zur Schwermut.

In einer Hinsicht kann Johann schließlich triumphieren, denn er muss gar nicht fort. Na bitte. Sein Einsatzort ist die örtliche Polizeidienststelle. Näher als in seinen besten Prognosen, keine fünf Minuten Fußweg wird er haben. Als er zum ersten Mal eine Uniform anzieht ist ihm nicht wohl. Der schwere Stoff und die Enge des Rocks flößen ihm Unbehagen ein, kopfschüttelnd steht er da vor dem Spiegel und spürt eine tiefe Wut in sich aufsteigen, weil die Knöpfe nicht gleich durchs Knopfloch wollen. Edith sitzt auf der Bettkante in ihrem grün gemusterten Kleid. Johann dreht sich zu ihr um, zieht die Rockschöße stramm und schlägt die Hacken zusammen, so gut er es kann. Wo ist die Fastnachtsmusik?

Edith lacht. Stattlich sieht er aus. Sie hebt die Stimme in eine Tonlage, in der sich Louises Begeisterung gern kund tut. Stattlich!

Johann setzt sich neben seine Frau aufs Bett und lässt sich rückwärts in die Kissen fallen. Ihm ist nicht heiter zumute, auch wenn er nicht müde wird zu betonen, welches Glück sie doch haben. Komm her. So liegen sie eine Weile still da, Edith stört dieser raue und fremde Stoff an ihren Wangen.

Fort muss er also nicht?

Nein.

Bestimmt nicht?

Er bleibt am Ort, kommt abends nach Hause, vielleicht sogar mittags, um mit Edith zu essen, wie sonst auch.

Darf er das denn?

Aber ja! Seine Dienstzeiten sind weit kürzer als seine normalen Arbeitszeiten. Da wird er schon am Nachmittag zu Hause sein und kann mit Edith und der Kleinen noch etwas unternehmen. Sie könnten mal wieder ins Kino gehen, sich die Wochenschauen ansehen, wo ein Sieg auf den anderen folgt.

Aber nicht mit Anna!

So gehen diese kleinen Sätze dahin zwischen ihnen, während sie daliegen und an die Decke starren. Johann spürt etwas in sich aufsteigen, von dem er Edith nichts sagen kann, und das ist die Angst, davon getrieben zu werden. Dieser schwere Stoff, die metallenen Knöpfe und der hohe Kragen lassen ihn spüren, dass er nun einer anderen Welt angehört. Bis jetzt hatte er sich kein anderes Leben vorstellen können als jenes, das zwischen seiner Werkstatt und Edith hin- und herpendelt, in einem Gleichmaß und einer Ordnung, die ihm gefiel, als hätte er sie erfunden. Die Welt, in die er nun mit seiner Uniform eintritt, und Johann wundert sich, wie rasch und mit welcher Deutlichkeit sie vor ihm auftaucht, allein durch ein Stück Stoff, erschüttert etwas in ihm, ohne dass er es hätte formulieren können.

Der Weißbinderanzug ist ihm lieber.

Das ist alles, was er vorbringen kann, teils weil ihm die Worte fehlen und letzten Endes will er auch sich selbst nicht nachgeben und nicht zugeben, dass er sich von nun an fremd sein wird und nicht mehr sein eigener Herr ist.

Also los! Edith streicht sich das Kleid glatt, steht auf, um Anna zu holen, die unten bei Louise wahrscheinlich ein ums andere Mal ins Bonbonglas greift. Sein schöner weißer Anzug mit den bunten Flecken, die der Kleinen so gefallen, hängt am Haken der Schlafzimmertür und wartet auf Friedenszeiten.

So fängt es an, und nach ein paar Tagen der Gewöhnung meint Johann schon wieder, es hätte schlimmer kommen können. Was zu tun ist, gereicht bestenfalls einem Hilfspolizisten zur Ehre wie Johann einer ist, also einem Nichtskönner. Der Besitzer der kleinen Schuhfabrik, vor kurzem noch der Herr Direktor Meyer, hat alles für Nichts hergeben müssen. Paul erzählt es beim Nachtmahl und nennt eine Summe, die Louise gleich wieder vergisst, so klein ist sie, kaum mehr als ein gutes Paar Herrenschuhe heute kosten.

Mit ein wenig Glück wird er schon in Amerika angekommen sein, der Herr Direktor Meyer, da wollte er hin. Als Johann auf seiner Dienststelle die Liste der nichtarischen Mitbürger ausfüllen soll, setzt er eine gestochene runde Null in die entsprechende Spalte.

Seit Anna sprechen kann, und wie rasch sie sich in ganzen Sätzen versucht, wird in ausführlichen Briefen nach Hause der Schwester erzählt und in der Nachbarschaft bewundert, hat die Nähe zwischen Anna und Edith eine neue Tiefe erreicht, die Johann, der dem Schauspiel zuschaut, ein wenig verwirrt. Was die eine sagt, das wiederholt die andere und weder das Mündchen der einen noch das der anderen steht jemals still. Edith deckt den Tisch, heißt es, und gleich kommt der Satz als ein Echo zurück.

Mama deckt den Tisch. Komm Herr Jesus sei unser Gast und segne, was du uns bescheret hast.

Amen. Amen. Amen.

Schön kann sie das sagen, amen.

Anna legt den Kopf ein wenig schräg und lächelt Johann an.

Ja. Auch als sie anfängt Nein zu sagen und versucht, sich Edith in kindlichem Eigensinn zu entziehen, bleibt alles Spiel zwischen ihnen und heiter. Annalein will sich nicht anziehen lassen, um mit Edith auf den Friedhof zu gehen, die frisch gesetzten Primeln gießen auf dem Grab des Urgroßvaters.

Nö. Das Mädchen schiebt sein Gäulchen über den Küchenfußboden und schaut nicht einmal auf.

Bleibt es bei Oma Louise während Edith zum Bäcker läuft, Brot holen?

Nö, nö nö!

Die Kleine macht sich schwer wie ein Kartoffelsack und Edith muss lachen. Sie gibt nach und manchmal gibt auch Anna nach und darf zur Belohnung in eines der Bonbongläser greifen, die auf Louises Ladentheke stehen. Daran herrscht zum Glück noch kein Mangel, an diesen kleinen bunten Zuckerstückchen, nach denen jedes Kind schielt, wenn es neben der Einkaufstasche seiner Mutter die Verhandlungen abwartet, die dort oben über der Theke geführt werden.

Louise hat eine Plätzchendose von Bahlsen, die schon einiges andere hat aufnehmen müssen, Nähzeug oder Georgs Schrauben, mit einem feuchten Lappen ausgewischt, um die Marken aufzubewahren, denn jetzt geht es wieder los: Zuteilungen für Butter, für Milch, Mehl und Eier. An sich herrscht kein Mangel. Louise wundert sich, dass es in einem Land, in dem die Männer sich davon machen, keine anständige Arbeit mehr tun und kaum noch etwas herstellen außer Panzerschrauben und Patronen, nicht einmal am Zuckerwerk für die Kinder fehlt.

Dann verschwindet auch Johann. Schritt für Schritt, Etappe für Etappe. Seinen Posten auf der heimatlichen Polizeidienststelle soll er an einen Mann abtreten, der nicht einmal aus der Gegend stammt, sondern gleichfalls von seinem Heimatposten abkommandiert, nun hier seinen Dienst tut. Da herrscht also Unvernunft und Chaos. Johann überlegt, die Behörden auf diesen Unsinn aufmerksam zu machen. Sein Nachfolger könnte bleiben, wo er ist und Johann gleichfalls. Er könnte abends die Bücher führen, Georg zur Hand gehen, falls ein

Gerüst zu stellen ist zum Beispiel. Länger als ein paar Monate kann das ganze nicht mehr dauern. Wieder sagt er es sich, um die Übelkeit zu vertreiben, die die Angst aus der Magengrube hochsteigen lässt. Aber bloß nicht bis in die Augen!

Bloß Edith diese Angst nicht zeigen, die mit Anna auf dem Küchen-fußboden Bauklötzchen stapelt und inzwischen schon von Georg infiziert ist, der gleich sagt, das wird so schnell nicht gehen und schließlich schon einmal recht hatte. Der Schreihals ist noch immer am Ruder und hat doch das Schiff schon zum Kentern gebracht.

Jetzt heißt es, die Pflicht tun und sonst gar nichts.

Auf den Briefumschlägen aus Ediths kleinem Dorf hat der Post-mann diesen Satz schon neben die Marken gestempelt. Sie trägt ihn vor im Ton ihres Schullehrers und steht auf, um das Abendessen zu richten.

Johanns erste Station heißt Schopp. Er legt den Atlas auf den Küchentisch, um Edith die Entfernung zu zeigen, die in Zukunft zwischen ihnen liegen wird. Sein Finger ist viel zu dick, um eine so kleine Strecke überhaupt anzuzeigen. Das wäre ja etwas für Annas Finger, so klein ist dieser Abstand von hier nach dort.

Na bitte.

Wie lange wird es dauern?

Gar nicht lang. Auf der Obstwiese blühen bald die Bäume und zur Ernte wird er zurück sein. Das muss er ja, um die Pflaumen herunter-zuholen, damit sie ihr gutes Mus kochen kann.

Edith sieht einen ganz anderen Sommer vor sich liegen als Johann. Sie fühlt sich wieder fremd mit einem Mal und möchte nach Hause zur Schwester.

Und warum überhaupt er? Andere Männer seines Alters sind doch auch verschont geblieben. Der Wirt der Zwiebel kann daheim weiter-hin hinter dem Schanktisch stehen, wo kein Mensch ihn braucht. Einen Familienvater schicken sie fort und einen Wirt lassen sie zuhause die Füße unter den Tisch strecken.

In diesem Jahr heißen die Orte Schopp, Pirmasens oder Ottweiler, später werden die Namen immer fremder und für Edith kaum noch auszusprechen sein ohne Anleitung und meist zu winzig, wie ihr eigenes Dorf wohl so winzig, um sie im Atlas verzeichnet zu finden. Und wenn Johann zurückdenkt, eines Tages, wird er nicht mehr aus-machen können, wann genau er begriff, dass etwas Endgültiges geschieht und ihn aus seinem Leben so weit hinausschleudert, dass er nicht mehr wird zurückkehren können, selbst wenn er wieder seinen Farbeimer an die Lenkstange hängt, um aufzubrechen in der Früh. Er wird dann ein Mann sein, der weiß, dass sein Leben von Kräften bewegt wird, auf die er keinen Einfluss hat.

Aber vorläufig erwärmt sich die Luft erst einmal, die Landschaft färbt sich grün und die Reben schlagen aus. Grade wie in Friedenszeiten schreibt Johann an Edith, morgens halt exerzieren, das Gewehr reinigen und schießen üben, nachmittags Freizeit und dann Kameradschaftsabend. Sein schöner Tenor ist gefragt.

Auf den Landstraßen rollt die Wehrmacht auf den Rhein zu, zieht vorbei an Johanns abseitigem Posten und über den Rhein und immer weiter. Die Nachrichten könnten gar nicht besser sein, eine solche Armee hat die Welt noch nicht gesehen und schon heißt es, Luxemburg in deutscher Hand, Holland, Belgien, Dänemark, man kommt gar nicht mit, so rasch geht es vonstatten, schneller als die Briefe zwischen Edith und ihm hin und herwandern, fallen diese Länder und geben Johanns Optimismus neue Nahrung.

Es wird das erste und das letzte Ostern gewesen sein, das sie getrennt voneinander verbringen!

Das ist in die Hand und auf sein Briefpapier versprochen, und er unterstreicht es noch einmal, denn Edith sieht gar nicht so weit in die Zukunft, sie hat nur dieses Ostern jetzt und dieses Pfingstfest und nur diesen einen Geburtstag im Auge, als sei es der letzte überhaupt ihres Lebens.

Ach was! Arbeite nicht zu viel! Nimm dir jemanden zum Putzen und lasse die Wäsche lieber liegen. Er reiht seine Vorschläge aneinander und setzt Ausrufungszeichen.

Lieber Johann, Anna hält grade ihren Mittagsschlaf und ich habe Zeit, Dir zu schreiben. Das Kind fragt nach seinem Papa und wann er wieder kommt. Ich sage dann bald und möchte auch gerne selbst daran glauben. Hier sagen die Leute jetzt – vor allem Grete Schreiber, die jeden Tag zweimal herläuft, um ein Fläschchen Maggi zu kaufen und das nächste Mal eine Handvoll Graupen oder ein Päckchen Salz – dass die Männer wohl noch bis nach Kanada kommen. Ich habe kein Auge zugetan in der Nacht. Gebe Gott, dass es nicht so weit kommt. Georg hat nur den Kopf geschüttelt und gemeint, es sei Unsinn. Ich esse jetzt öfter unten, aber ich bin doch fremd dort und wäre lieber hier oben mit Dir und unserer Kleinen. Von Paul haben wir noch nichts gehört. Er ist jetzt in Leipzig stationiert. Alle vormaligen Polizisten dort sind wohl eingezogen, wie hier auch. Auch Hanna hat nichts gehört und Louise macht sich Sorgen, aber was soll ihm dort schon geschehen? Trotzdem: sie schläft nicht und Georg schweigt meist. Zum Glück ist Annalein da bei unseren Mahlzeiten, die sonst gar zu traurig wären. Vielen Dank für das Apfelsinenkistchen. Sie waren sehr sauer, aber wegen der Vitamine habe ich sie für Anna ausgepresst und nach einigem guten Zureden hat sie den Saft auch getrunken. Wann ist denn Dein nächster Urlaub? Der Mann von der Grete Schreiber hatte schon zweimal. Viele Grüße und Küsse, Deine Edith.

Teile seines Zugs beziehen Quartier in ehemals jüdischen Häusern. Johann kommt zuerst an, warum weiß er nicht, ein Zufall, er strebt immer rasch den jeweiligen Quartieren zu, meist will er Edith rasch einen Brief schreiben. Jedenfalls ist er allein, als er durch die niedrige Tür des Fachwerkhauses tritt und sich nach rechts wendet, wo er die Küche vermutet. Ja, da ist die Küche und Johann sagt ein Wort der Begrüßung, denn alles sieht aus, als werde hier gerade der Tisch gedeckt. Ein Stapel tiefer Suppenteller, Löffel daneben, in der Mitte des Tischs auf einem Brett ein rundes, schon angeschnittenes Brot. Johann lehnt seinen Sack an den Küchenschrank und schaut sich um. Überall trifft er auf eine peinliche Ordnung, die Betten sind gemacht, die Schränke geschlossen, ganz so, als sei gar niemand fortgegangen. Nur über den Nachtkästchen links und rechts der Ehebetten zeigt ein heller rechteckiger Fleck, dass etwas fehlt, eine Fotografie des jeweils anderen wohl, ähnlich den Bildchen, die bei ihm daheim auch hängen.

Johann geht durch die Stille dieses Hauses, dem er auf Anhieb keinen Berufsstand ansehen kann, zurück in die Küche und setzt sich auf einen der Stühle am Tisch. Obgleich hier nichts zu fehlen scheint und den Eindruck macht, als sei das Leben nur für einen kurzen Moment unterbrochen, weil die Hausleute vielleicht zum Markt gelaufen sind, um sich ein Huhn zu Mittag zu kaufen oder ihren Geschäften nachzugehen, überfällt ihn die gleiche Lähmung wie damals, im leeren Saal der Akademie. Er sitzt da und hört sein Herz schlagen. Er streckt die Hand aus, greift nach dem Brotlaib und zieht ihn zu sich heran. Ja, es ist trocken, die angeschnittene Stelle hat sich zu einer rauen, harten

Fläche zusammengezogen und nach innen gewölbt. Also sind die Leute schon länger fort. Seine Quartiergeber, sagt er sich. Obgleich er weiß, dass es nicht stimmt. Er steht auf, um mit seiner flachen Hand auf die Kruste des Brots zu drücken. Tatsächlich, es gibt nach, ist innen noch feucht und würde sich wohl auch durchschneiden lassen. Also seit einer Woche, dem Brot nach zu urteilen, sind sie fort. So ungefähr. Johann nimmt das Brett mit dem angeschnittenen Laib darauf, steht auf und sucht einen Platz dafür. Von diesem Brot geht eine Stille aus, die er nicht gut erträgt.

Die Mannschaft ist ins örtliche Kino einbestellt, um der Wochenschau zu applaudieren. Sonst gehört es zum Freizeitprogramm, am heutigen Sonntag ist es Pflicht, da heißt es, die Uniform tragen, die Rockschöße straff ziehen und die reservierten Reihen einnehmen bis auf den letzten Platz. Hinten drängeln sich die Zivilisten und schnattern, obwohl der Vorhang, schon zur Seite rutscht und die Trompeten blasen. Der Adler starrt auf das Publikum herab in seinem Lichtkranz und es kehrt Stille ein.

Dann fährt Hitler im offenen Wagen über die Champs Élysée dem Triumphbogen entgegen. Es werden Orden angesteckt, einer nach dem andern, für eine solch große Tat, bis hierhin gekommen zu sein. Links und rechts neben Johann johlen die Kameraden und stampfen mit ihren Füßen den Takt der Musik. Auch Johann entdeckt eine Neigung in sich, den Mann in seiner Limousine zu bewundern. Die ungewohnte Ferne von zu Hause, die Abwesenheit von allem Vertrauten lässt ihn manches denken, mit dem er nicht gerechnet hat.

Auf die Erfolge unserer Wehrmacht können wir stolz sein, schreibt er an Edith und: mit Frankreich werden wir bald endgültig fertig sein. Da wird er einmal hinfahren mit ihr, nach Paris, eines Tages, um durch den Louvre zu gehen und seidene Strümpfe für ihre schönen Beine zu kaufen.

Lieber Johann,

ist denn Dein Taschenmesser eingetroffen? Ich habe es gleich auf die Post getragen, aber so in Eile, dass der dazugehörige Brief erst jetzt folgt. Die Hochzeit soll auf den 30. September sein, Paul hat schon seinen Urlaub bewilligt bekommen, Hanna war hier und Louise ist beruhigt. Eine größere Feierlichkeit wird es ja nicht geben, aber Du kannst wohl auch einige Tage frei dafür bekommen. Er ist weiterhin in Thüringen, in Leipzig war er wohl nur sehr kurz. Martin ist nun auch eingezogen, zum Glück sind sie mit dem Einholen der Frucht soweit fertig. Anna schreibt, man kann Fremdarbeiter beantragen, aber ich weiß nicht, wie es damit steht. Die Kleine fragt nach Dir und übt fleißig ein schönes S auszusprechen, ohne mit der Zunge anzuschlagen, und wenn der Papa das nächste Mal heimkommt, wird sie wohl nicht mehr lispeln. Wann wird das sein? Beim Doktor bin ich gewesen, er hat die zweite Märzwoche als Termin angegeben. Für diese Auskunft hätte ich nicht hingehen brauchen, das habe ich selbst ja auch errechnet. Wer weiß, was bis dahin ist. Ich will noch die Rechnungen austragen. Viele Grüße von Deinen beiden Frauen, Edith und Anna

Da hat er wohl nicht fortwollen an Pfingsten und dann, bei seinem letzten Urlaub, hat sie an die gute Nachricht ihrer Schwangerschaft gleich ihre Zweifel angehängt. Ob es der geeignete Augenblick ist, er so weit fort und sie allein, und die Kleine braucht sie doch auch noch und die Unsicherheit vor allem. Da hatte er einiges auszuräumen und klarzustellen und wieder einmal auf den raschen Erfolg und das baldige Ende des Krieges hinzuweisen.

Bei ihm geht es jetzt noch mehr als im Frühjahr zu wie im Frieden.

Die Dörfler entlang der Saar sind zu großen Teilen schon wieder heimgekehrt und haben ihr altes Leben aufgenommen. Das heißt: noch weniger Arbeit für ihn und seine Kameraden. Sie helfen den Bauern bei der Ernte und gehen baden.

Daheim hätte er Besseres zu tun.

Georg meint, es geht noch nach Russland. Johann hatte aufgestöhnt und den Kopf geschüttelt, zu einem solchen Blödsinn fällt ihm ein Kommentar gar nicht mehr ein. Erst Kanada, jetzt Russland. Am besten sie hört auf niemand anderen mehr als auf ihn.

Er schreibt es Edith gleich in einem Brief und dem Vater wird er das nächste Mal Bescheid geben, dass er ein wenig Rücksicht auf Ediths Zustand nimmt. Russland ist nicht so weit wie Kanada. Ach was. Und dann, Ediths allerletztes Argument: sie will aber keinen Paul.

Sie will keinen Paul?

Johann hatte sich erschöpft zurückgelehnt in seinem grünen Sessel und zur Heuernte hinauf geschaut. Da steht sie mit ihrem Rechen über der Schulter und schaut keck auf ihn herab, das Mädchen, ganz anders als die wirkliche Edith, die trotzig unter sich sieht. Sie kommt mit dem Eigentlichen oft so spät heraus. Es wird ein Bub, das hat sie gleich schon gespürt.

Na also. Praktisch am nächsten Tag hat sie schon gewusst, dass sich da ein kleiner Bub auf den Weg macht.

Paul ist so altmodisch. Wer will schon Paul heißen.

Edith zuckt mit den Schultern, der Krieg scheint vergessen zu sein, der abwesende Vater, die Belastung des Haushalts und des Geschäfts. Von ihm aus braucht er nicht Paul zu heißen. Sie kann ihn ja Martin nennen nach dem eigenen Bruder oder Gustav nach dem Vater. Das wird er Louise schon beibringen, dass ihre Einmischung nicht erwünscht. Wenn er schon auf die großen Bewegungen des Lebens keinen Einfluss hat, hier kann er endlich einmal nachgeben und Klärung versprechen.

An einem Tag im September, Johann hat sich gerade einen Zug nach Hause ausgeschaut, drei Tage waren versprochen, heißt es plötzlich, jeder Urlaub ist abgesagt. Befehl, um 17.00 Uhr anzutreten. Und das nicht zum Singen oder zur Probe für den Spielmannszug. In voller Montur. Er steht auf der Ladefläche eines Lastwagens zwischen den Kameraden seines Zugs. Einige kennt er besser, den Berufsschullehrer natürlich, mit dem er sein Quartier teilt, vier, fünf andere noch, mit denen er seinen Dienst am ehemaligen Grenzposten abwechselt und dann eben die Sänger aus dem Chor. Wohin sie unterwegs sind, weiß keiner, jedenfalls Richtung Westen, dem abendlichen Horizont zu, der sich violett verfärbt. Die Farben der kahlen Felder spielen ins Grau, und dann kühlt der Fahrtwind empfindlich ab, und die Männer rutschen dichter zusammen.

Vielleicht nach Paris?

Sie werden einer langen Reihe von Mädchen zuschauen, die für sie die Beine schwingen.

Heute Nacht noch!

Johann sieht sich die Champs Élysée hinabfahren, wenn auch nicht in einer Limousine. Hier und da lacht einer der Männer auf, dann kehrt wieder Stille ein. Eine nervöse Stille, unter der die Unruhe eines jeden einzelnen dieser Körper lauert. Die Köpfe wenden sich in diese oder jene Richtung, drehen sich zum Himmel, der sich verdunkelt oder wenden sich einem Schild zu, das am Straßenrand auftaucht und wieder verschwindet. Plötzlich heißt es, es geht nach Metz.

Johann weiß nicht, ob es einer auf einem der Schilder hat entziffern können oder ob es dem Zugführer vielleicht jetzt, so kurz vor dem Ziel, erlaubt ist, den Namen des Ortes preiszugeben. Das Wort wird an allen Ecken der Ladefläche einmal ausgesprochen und ratlos hin und her gewendet. Die Stadt liegt im Dunkeln und deshalb kommen sie jetzt, um nicht gesehen zu werden. Als die Häuser schon dichter stehen und sich zu Vororten zusammenfügen, stoßen andere Lastwagen zu dem ihren, der schließlich nur noch Teil einer Kette ist, deren Anfang und Ende Johann nicht ausmachen kann. Dann heißt es absteigen, Essen fassen und sich einen Schlafplatz suchen im Refektorium eines ehemaligen Klosters oder auf den zugigen Gängen. Johann hat seine Arme unter dem Kopf verschränkt und schaut zur Decke, von deren schöner Wölbung der Verputz abblättert und hier und da weiße Kalkspuren auf dem Fußboden hinterlassen hat.

Schon wird zum Aufstehen gepfiffen und antreten, kompanieweise, volle Montur, Stahlhelm, geladene Gewehre und Abmarsch durch die noch dunklen Straßen. Johann fehlt jede Orientierung, nicht einmal die Himmelsrichtung hätte er zu nennen gewusst, in die sie marschieren. Erst später am Tag wird er verstehen, dass sie sich auf dem Messegelände sammeln, wo vielleicht hundert Omnibusse warten oder noch mehr, Johann kann es nicht so rasch schätzen oder durch das Zählen der ersten und zweiten Reihe ausrechnen, wie viele es sein mögen. Alles geht rasch vonstatten und so als sei es geprobt für diesen einen Auftritt. Sie sind Statisten eines Schauspiels, dessen Inhalt ihnen niemand erzählt hat. Von der anderen Seite des Platzes kommt Gestapo, Männer in langen Mänteln, und Johann scheint, als werde nun kein einziges Wort mehr gesprochen, als liefe alles vollkommen stumm und schweigend ab, als kenne jeder schon seinen Befehl, obwohl er von sich selbst weiß, dass ihm noch keiner einen gab. Sie verteilen sich zu jeweils acht Mann mit zwei Männern der Gestapo auf einen Omnibus.

Jetzt erst heißt es, dass die Abschiebung unliebsamer, und mehr als das, krimineller Elemente bevorsteht. Zwei, drei kurze Sätze genügen. Es wird keine Rede gehalten, sie werden nicht eingeschworen, nicht einmal ein Heil Hitler leitet die knappe Einweisung in das Geschäft dieses Tages ein. Die Busse verlassen den Platz und trennen sich an der nächsten Kreuzung, einige biegen nach Norden ab, Johanns Bus fährt in Richtung Osten, jetzt erkennt er es, denn der Himmel über den Dächern hellt sich auf.

Dann geht es folgendermaßen vor sich:

Der Bus hält, der Mann im Mantel gibt Hausnummer, Stockwerk und Personenzahl aus. Es sind Ehepaare darunter, es sind Kinder und alte Leute dabei. Die Menschen schlafen noch, sie liegen in ihren Betten, erscheinen im Schlafgewand an der Tür, zerzauste Haare, erschrockene Blicke. 50 kg Gepäck sind gestattet, für Kinder die Hälfte. Der Hausherr steht da, in seinem offenen, über die Hose herabhängenden Hemd, auf nackten Füßen. Ich bin Lehrer, sagt der Mann und zieht seine Schultern hinauf, am hiesigen Gymnasium, als könne diese Information eine alles entscheidende Wirkung tun. Aus dem Hintergrund taucht eine schmale, hochgewachsene Frau auf.

Was ist denn los?

Sie sind im Deutschen Reich nicht erwünscht. Es bleiben 30 Minuten für das Packen des einen Koffers, zum Anziehen, zum Auffinden ihrer Papiere. 30 Minuten, um Abschied zu nehmen von einem Leben, das, Johann nimmt es an, in dieser Stadt, womöglich sogar in dieser Wohnung, begonnen hat.

Kinder?

Die schmale Frau nickt.

Also dann.

Die Männer warten. Zwei im Hauseingang, zwei auf dem Treppenabsatz, zwei in der Wohnung zur Aufsicht, Johann ist einer von ihnen. Etwas von der Unruhe dieses Ehepaares, dem Schrecken, der ihnen beiden in den Augen steht und sie lähmt, überträgt sich auf ihn. Er sieht das schwere, geschnitzte Büfett mit gedrechselten Säulchen, die Chaiselongue mit den bestickten Kissen, auf dem Tischchen davor steht ein Nähkorb, Ediths Nähkorb nicht unähnlich, geflochtenes, dünnes Weidenrohr, farbig angemalt, rote und gelbe Streifen, bei Ediths Körbchen sind sie gelb und blau. Ihm liegt es auf der Zunge, dieser Frau etwas von Edith zu sagen.

Sie ist keine sehr große Näherin, nicht so begabt für die Handarbeit und lässt ihre Kleider jetzt machen, Gott sei Dank.

Etwas in dieser Art geht ihm durch den Kopf. Er will diesen Mann, der im Schlafrock neben dem Esstisch steht und nicht weiß, wohin er seinen nächsten Schritt lenken soll, ablenken von seinem Unglück. Ja und nein. Er will sagen: Ich bin ein Mann wie Sie, ich habe eine Frau wie Sie. Johann schweigt und zieht sich ein paar Schritte in Richtung des Fensters zurück, um nicht im Weg zu sein, weder den Eheleuten, die sich konzentrieren müssen, noch dem Gestapomann, der in der Tür zum Wohnzimmer steht und die Szene beobachtet.

Dann ist Stille für einen Augenblick, niemand bewegt sich, wie auf einer Bühne, bevor der Vorhang sich hebt. Es ist schließlich die Frau, die sich aus ihrer Erstarrung löst und auf eine Tür zugeht, hinter der das Schlafzimmer zu vermuten ist, die kleinen Kinder womöglich, die noch nicht aufgewacht sind.

Die Tür bleibt offen!

Der Gestapomann geht ein paar Schritte hinter der Frau her, hält dann aber inne, als wisse er genau, wie viele Meter Abstand nötig sind, um die Angst nicht in eine Panik zu treiben, die dieses Geschäft ja nur erschwert. Ob es Juden sind, kann Johann am französischen Namen nicht sehen, und auch aus diesem Raum hier, der ihm schon allein des Nähkörbchens wegen wie sein eigenes Wohnzimmer vorkommt, kann er keine Rückschlüsse ziehen. Edith hätte jetzt besser Bescheid gewusst. Die mosaischen Feiertage sagt sie her im Ablauf des Jahres, grade so wie die zwölf Stämme Israels, rattert sie die Namen herunter mit ihrem rollenden r, dass Johann sie im Einzelnen gar nicht mehr ausmachen kann. Ruben, Josef, Benjamin, schon muss er passen. Er steht in seiner Ecke und schweigt. Auch in den Schabbesvorschriften ist seine Frau daheim firm und weiß sogar recht gut, wie man sie umgeht. Zum Beispiel, indem man die kleine Edith ruft aus der Nachbarschaft, zum Holz nachlegen und Licht einschalten. Natürlich gegen fettgebackene Kringel.

Eine Geschäftsfrau schon als Mädchen, die Edith.

Hinter der Schlafzimmertür hat ein Kind zu jammern begonnen, aber gleich verstummt es wieder. Schließlich sind alle angezogen, der Lehrer, schon im Mantel, beginnt in den Schubladen des Büfetts nach Papieren zu suchen. Die Frau hält zwei Mädchen an den Händen, das eine in Annas Alter, das andere ein oder zwei Jahre darüber. Es wird nicht gesprochen oder wenn, dann nur einzelne kleine Worte, Buchstaben fast. Hier, sagt er, und reicht ihr eine Aktenmappe. Also. Der Gestapomann weist mit seiner Rechten zur Tür. Und so verlassen sie die Wohnung, Johann als letzter.

Wir waren für drei Straßenzüge zuständig, schreibt Johann anderntags an Edith, und innerhalb von einigen Stunden war unser Bus voll. Alles lief ganz und gar lautlos ab, niemand setzte sich zur Wehr. Es wurde abgewechselt, zwei blieben unten auf der Straße stehen, zwei im Hausflur, zwei hatten dem Gestapomann in die Wohnung zu folgen. Johann schaut von seinem Blatt auf und legt den Bleistift für einen Augenblick beiseite. Die Bilder in seinem Innern wechseln so rasch und so eilig, dass er kaum imstande ist, sie festzuhalten mit den Worten, die ihm zur Verfügung stehen.

Es waren Kinder dabei, Erwachsene und ganz alte Leute. Am Bahnhof, wohin die Omnibusse fuhren, wurde jeder noch einmal genau kontrolliert. Einige wurden zurückgeschickt, da offenbar ein Fehlgriff vorlag. Alle übrigen wurden nach dem Bahnhof gebracht und dort in einen Personenzug gesetzt. Wenn der Zug voll war, fuhr er gleich in das unbesetzte Frankreich ab und der nächste kam an die Reihe. Alles ging so schnell und ohne Zwischenfall ab, dass man staunen musste. Am Morgen haben wir die Leute ahnungslos aus ihren Betten geholt und am nächsten Morgen waren sie schon in Südfrankreich. Johann fließen die Sätze plötzlich nur so aus dem Bleistift auf die Linien seines Schreibpapiers. Es waren alte Leute dabei, Arme und auch besser gestellte, die auf diese billige Weise abgeschoben wurden.

Es wird der längste Brief, den Edith jemals von Johann erhält.

Louise liegt mit Fieber im Bett und die Kleine hat gleichfalls Klagen vorgebracht. Einen Tag lang hält sie das Händchen aufs Ohr und das Köpfchen schief, was ja zu ihren Verführungskünsten gehört, abgeschaut von der Mama. Dann sagt Anna, dass es da drinnen im Kopf schmerzt, hinter dem Ohr, sie steckt ihren Finger hinein, als sei das Störende herauszuholen. Und die Wangen sind heiß und rot und jetzt liegen beide flach, und Edith steht da mit dem Ladengeschäft, der Buchführung und natürlich ihrem schönen runden Bauch. Alles kurz vor Weihnachten. Da kann Johann seine Ratschläge gern für sich behalten, aber sie kommen seitenweise:

Lauf nicht so viel die Treppen, leg die Beine mittags hoch nach dem Essen, renne dich nicht ab, was du nicht schaffst, mag liegen bleiben. Kannst du das denn noch, in die Elektrische einsteigen, um in die Stadt zu fahren? Eigentlich kann Edith es nicht mehr, aber sie muss ja das Ohr der Kleinen noch einmal von einem Fachmann prüfen lassen, und die Briefe an Johann werden von Mal zu Mal kürzer und die Abstände dazwischen länger. Also war wieder die Arbeit schuld!

Und Johann sitzt in seinem verschlafenen Nest und hat nichts weiter zu tun als auf seinem Posten zuzuschauen wie die Zeit verstreicht. Wenn Edith noch mit der Elektrischen fahren kann, will sie dann nicht einmal im Präsidium vorbeigehen und ihr Leid klagen? Ein neuer Vorschlag. Manch eine Frau hat sich auf diese Weise den Mann schon nach Hause geholt. Jedenfalls hat Johann, gerüchteweise, davon reden hören. Edith? Wenigstens ein langer Urlaub könnte dabei herausspringen, vielleicht zwei Monate oder drei, bis zur Geburt. Von Edith kommen nach langer Pause nur ein paar Zeilen, dass es wahrscheinlich nicht möglich sein wird, die Nachbarin hat es ihr ausgeredet. Also Edith!

Ich bitte um einen langen Sonderurlaub.

Jetzt versucht Johann es selbst. Grund: Ich führe zusammen mit meinen Eltern ein Maler- und Weißbinder-, sowie ein Lebensmittelgeschäft. In den letzten Tagen haben sich in meiner Familie zwei schwere Krankheitsfälle ereignet. Meine Frau, welche sich in anderen Umständen befindet, ist durch die ernste Erkrankung meiner Mutter und unserer Tochter nicht in der Lage, allein die Arbeit der beiden Geschäfte zu bewältigen. Es ist mir auch nicht möglich irgendwelche Hilfe zu bekommen. Mein Bruder ist gleichfalls im Einsatz. Vermutlich dürfte es sich nur um ein paar Wochen handeln.

Und jetzt? Hochachtungsvoll?

Johann zögert einen Moment und dann:

Heil Hitler!

Er will seine Chancen verbessern. Er geht durch die Stunden seines Dienstes mit einer Ungeduld und inneren Unruhe, fast einem Zorn, der nach einer ständigen Bewegung verlangt. Nachts läuft er zu Fuß bis zum Waldrand und kehrt erschöpft zurück, um lange wach zu liegen. Wieder und wieder hat er Edith vorgerechnet, ausgemalt und in die Hand versprochen, dass es nicht länger als ein Jahr dauern wird, eher ein halbes denn ein ganzes, bis sie ihr altes Leben wieder aufnehmen. Dann wird es noch schöner als es schon war! In wie vielen Briefen hat er diese Sätze losgeschickt. Das erste und letzte Ostern und Pfingsten, der erste und letzte Geburtstag, die einzige Obsternte und zu welchen Anlässen noch, hat er die Formulierung leichthin und siegesgewiss niedergeschrieben.

Aber er wird sich wohl kaum noch trauen, das erste und letzte Weihnachten zu schreiben, so ratlos ist er inzwischen. Die Mutlosigkeit macht sich in ihm breit wie ein kaltes Fieber, das ihn frösteln lässt unter seiner wollenen Decke. Vergleichbare Gemütszustände sind ihm fremd gewesen bislang, da er seine nächsten Schritte immer so klar vor Augen gesehen hat. Alles lag so nah beieinander, seine Pflichten, seine Talente, seine Möglichkeiten und seine Wünsche.

Sogar dieser Dienst hier schien sich für eine kurze Spanne in dieses Leben einzufügen, solange er sich wie eine Aushilfskraft hat fühlen können, die einspringt, weil die richtigen Kräfte fehlen. Ein Ersatzspieler und Hilfspolizist eben.

Johann liegt da in der Dunkelheit, mit geöffneten Augen, die Arme im Nacken verschränkt und konzentriert all sein Hoffen auf den Antrag zur Befreiung vom Dienst.

Die Versorgungslage zu Weihnachten lässt Louise staunen. Sie dankt dem lieben Gott für jedes Detail ihres Festtagessens, sogar zwei Markknochen hat sie erwischen können, und Johann hat schon Wochen im Voraus Rotwein geschickt, verbunden mit dem Ratschlag, Edith solle jeden Tag ein Gläschen davon trinken, wenn möglich mit einem Eigelb. Aber da stehen sie noch in ihrem Kistchen, die sechs Flaschen und Edith fängt an, die eine hierhin, die andere dorthin zu verschenken. Louise schaut nieder auf ihre gefalteten Hände. Nicht einmal die Handschuhe hat sie ausgezogen, so eisig zieht es durch das Kirchenschiff, und sie lässt jeden einzelnen an sich vorbeiziehen, um gesondert für ihn zu bitten, für seine Gesundheit, sein soziales Wohlergehen, seine nähere Zukunft. An die weitere Zukunft mag sie jetzt nicht denken, da der Krieg in den zweiten Winter geht.

Die Juden sind die Zerstörer und gehören hinausgepeitscht! Nicht einmal zu seiner Geburt haben sie unserem armen Heiland einen würdigen Platz gegönnt.

Der Herr Pfarrer erhebt seine Stimme von der Kanzel und hat den Ton verschärft, obwohl doch heute die frohe Botschaft an der Reihe wäre, aber was bleibt davon ohne ein Hosianna und Halleluja. Louise zieht ihre Schultern zusammen und duckt sich unter ihren Hut.

Lass die Buben in der Nähe bleiben, Großer Gott, schicke sie nicht an die Front, vor allem verschone den armen Paul, der jetzt schon wie ein Gespenst aus seiner Uniform herausschaut, für die er doch gar nicht groß genug gewachsen ist.

Louise schaut auf, denn links und rechts erheben sich die Stimmen, um Stille Nacht zu singen, wenigstens das erregt noch keinen Anstoß, und Louise stimmt ein. Amen lieber Gott. Amen. Amen. Amen.

Es geht ans Auspacken, Kindchen!

Wie in Friedenszeiten warten die Päckchen unter den Tannenzweigen, ja genau, sogar einen Weihnachtsbaum hat Edith dank ihrer

Verwandtschaft mit dem Zug anreisen lassen, und trotz ihres dicken Bauchs hat sie sich zum Bahnhof geschleppt, um das Prunkstück nach Hause zu ziehen auf Georgs Handwägelchen. Und da, Kerosinknappheit hin oder her, beleuchten die kleinen Flämmchen Annas Kindergesicht und spiegeln sich in ihren dunklen Augen, dass einem das Herz aufgeht. Die Kleine ist aufgeschossen, seit Johann das letzte Mal daheim war, etwas zu schmal und blass noch von der fiebrigen Ohrentzündung und auch etwas stiller und weniger zutraulich. Johann spürt nicht nur daran, dass er lange fort war. Auch Edith scheint weniger zutraulich und weit von ihm entfernt, obwohl grade von ihr alles aufs Beste gerichtet ist für diese wenigen Urlaubstage, denn vor Silvester muss er wieder los. Also fünf Tage, statt der zwei Monate, die Johann sich mit seinem Gesuch zu schnappen gehofft hatte.

Wenn sie nun doch auf das Präsidium gegangen wäre? Edith?

Mit ihrem dicken Bauch und den Schatten um die Augen hätte sie wohl Aufsehen erregt und sicher mehr Aussicht auf Erfolg gehabt als seine eigenen dürren Zeilen. Wieder einmal hat Edith einen seiner Vorschläge ausgeschlagen und lieber auf die Nachbarin gehört, die womöglich aus Neid abgeraten hat, denn ihren eigenen Mann hat es nach Polen verschlagen, und der ist gewiss nicht so leicht zurückzuholen. Also warum hört Edith, die sonst auf niemanden hört, nicht einmal auf ihn, an dieser Stelle auf die Grete?

Johann bohrt und bohrt nach einer Antwort, aber Edith weiß es selbst nicht. Sonst marschiert sie wegen allem möglichen hierhin und dorthin. Als ihr der Sold zu niedrig erschien, der den Frauen der Reservisten gezahlt wird, ist sie gleich aufs Präsidium und hat Beschwerde eingelegt, weil die Frauen der Wehrmachtsangehörigen, also wieder Grete, so viel besser dastehen. Das hat sie durchgefochten. Also bitte, so schüchtern ist sie doch nicht, wenn es darauf ankommt!

Sie liegen da nebeneinander in ihrem Ehebett, alle drei. Das Schätzchen in der Mitte hat sich so an diesen Platz gewöhnt, dass es jammert und klagt und sein blasses Gesichtchen noch blasser aussehen lässt, bloß um das Gitterbettchen zu vermeiden. Also gut.

Und Johann gibt nach, weil er nun einmal nachgeben muss und ihn Ediths schwangere Mattigkeit erschreckt. Sie scheint davon zu treiben auf einer Welle aus Erschöpfung und Müdigkeit, und die Frage nach dem Urlaubsgesuch ist nicht dazu angetan, sie wieder zurückzuholen. Die Zeit verstreicht, die fünf Tage schmelzen dahin. Da ist die Inventur, da sind Georg, Paul und dann Louise, die sich augenblicklich umdreht und abwinkt, wenn er sein, es wird ja das letzte Weihnachten sein und so weiter, vorbringen will.

Nein danke.

Sie sitzt vor ihrer Bahlsenschachtel, verrechnet die Marken der Kundschaft mit ihren Zuteilungen. Bedanke dich bei dem Schreihals. Der kleine Kurt ist gefallen. Vier Tage vor Weihnachten haben sie der armen Frau Feller den grauen Brief gebracht. Ihr wird nichts mehr zu wünschen übrig bleiben für die heilige Nacht.

Paul rutscht auch immer weiter nach Osten. Deutsche Ostgebiete heißt es jetzt, für Louise bleibt es Polen. Sie hat gehofft, dass er öfter nach Hause kommt als verheirateter Mann, aber von Polen aus wird das ja wohl nicht möglich sein. Über Weihnachten haust er wieder in ihrem alten gemeinsamen Zimmer. Die beiden Betten hat er zusammengeschoben, so dass man wenigstens den Eindruck eines Ehebettes haben kann. Paul schaut ratlos an Johann vorbei aus dem Fenster, grau im Gesicht, grauer als Edith, die Uniform achtlos über das Bett geschmissen. Was für Aufgaben hat er denn, sein Dienstgrad ist ja der gleiche wie Johanns. Wachtmeister der Reserve.

Und weiter? Grundausbildung. Schießen, exerzieren, marschieren, strammstehen und möglichst nicht auffallen. Ducken braucht er sich nicht bei seiner Körpergröße, nur einfach gradeaus schauen, niemandes Blick begegnen, möglichst. Hoffen, übersehen zu werden. Naja, so ungefähr. Paul zuckt mit den Schultern.

Zum Hundeführer wird er ausgebildet. Hundeführer!

Paul wiederholt dieses Wort noch einmal, ein wenig höhnisch, Johann weiß nicht so recht, wem diese Verachtung gilt, ihm selbst oder denjenigen, die ihn ausgewählt haben, fortan Befehle an einen deutschen Schäferhund weiterzugeben. Dazu werden häufig die gemacht, die nicht so viel Eindruck schinden auf Grund ihrer Körpergröße. Na, also.

Paul schüttelt sich, er lässt sich zurückfallen aufs Bett und schaut zur Decke. Wie lange wird es noch weitergehen? Johann steht auf, um zum Fenster zu gehen und hinunter auf den kahlen Birnbaum zu starren. Ist die Werkstatt in Schuss? Wird alles am Platz sein, wenn sie zurückkommen? Nicht, dass sein Handwerkszeug rostet, die Tapetenschienen und Messer. Nicht, dass man die Pinsel nachher alle wegschmeißen muss! Sind die Gerüstleitern vorschriftsmäßig gestapelt, bei der Feuchtigkeit verziehen sie sich leicht?

Johann hat noch keine Minute Zeit gefunden, all diese Details zu prüfen und nötigenfalls Korrekturen vorzunehmen und ein wenig Ordnung zu schaffen. Er dreht sich wieder um zu Paul, der schweigend daliegt wie tot.

Johann hat Sorgen!

Er stellt sich vor, da anzufangen, wo er vor einem Jahr aufgehört hat. Das Messer an der metallenen Leiste des Tapetentischs entlang ziehen und dann ratsch, ein glatter Schnitt, und die Bahn mit glasig gerührtem Kleister einstreichen. Und so weiter. Denkt Johann das?

Ja, warum nicht. Daran denkt er oft, wenn er auf seinem Posten sitzt, malt er sich aus, was für Veränderungen er später mal einführen wird.

Neuerungen?

Ja, Neuerungen.

Sie könnten einen zweiten Lehrling aufnehmen, sie könnten den Handel mit Pinseln und Farben ausbauen, zum Beispiel.

Im Lebensmittelgeschäft? Das Terpentinkännchen neben dem Butterfässchen und Louise, die alles auf einer Waage abwiegt, Russisch Blau und Harzer Käse, ein Litermaß für Milch und Petroleum? Paul lacht und schaut zu seinem Bruder hinüber, der noch immer am Fenster steht. Sie könnten eine Theke in der Werkstatt aufbauen, links neben dem Eingang zum Beispiel, und diese Verkaufsstelle nur zu bestimmten Zeiten öffnen, gegen Nachmittag nach Feierabend, wenn ohnehin mindestens einer von ihnen anwesend wäre. Johann hat sich schon wieder alles ausgemalt bis ins letzte Detail. Die Nachkriegszeit. Paul selbst könnte nicht einmal sagen, ob ihn ein solcher Handel freut. Er sehnt nichts mehr herbei, als das Ende des Exerzierens, den letzten Befehl. Er hasst den steifen Stoff und die schweren Stiefel.

Wenn er zurückkommt, wird er ja wohl einen eigenen Hausstand gründen. Ja, schon. So begeistert klingt es gar nicht. Eine Wohnung für Hanna und ihn, zwei Zimmer mit Küche, wie Johann eine hat. Hanna hat es schon verlauten lassen, wie gut ihr gerade diese Küche gefällt. Wieder läuft es darauf hinaus, es dem Johann nachzutun und wieder ist er der Zweite.

Dann heißt es schon, das Wäschebündel schnüren, den Kuchen so verstauen, dass er nicht als ein Berg grauer Krümel ankommt. Das Taschenmesser bloß nicht wieder liegen lassen, die neue Feder, das Weihnachtsgeschenk von Edith für die Briefe an sie, mitsamt der schwarzblauen Tinte, in ein Läppchen gewickelt, liegt noch dort auf dem Tisch und wird als Letztes in der Brusttasche seiner Uniform verschwinden. Alles geschieht in einer nervösen und zugleich stillschweigenden Eile, die Johann nicht schätzt. Er wagt es diesmal nicht, Zuflucht in falschen Versprechungen zu suchen und rettet sich schließlich in eine Litanei letzter Ratschläge für Ediths Gesundheit, für das Anfeuern des Holzofens, für die Inventur.

Dass sie auch ja die offenen Rechnungen nicht vergisst! Wenn sie will und Zeit dafür findet, kann sie bei der Gelegenheit auch gleich an die säumige Klientel Mahnungen schicken, damit sie über ein wenig Bargeld verfügt. Und wenn es ihr zu viel wird, lässt sie es einfach alles liegen, es wird dann nachträglich von ihm selbst erledigt. Das Finanzamt wird ja wissen, dass Krieg ist. Na also.

Anna will den Papa auf ihrem neuen Roller begleiten, wenigstens bis zur Haltestelle der Elektrischen. Wofür hat es denn sonst den Roller gebracht, das Christkind, wenn Anna jetzt nicht damit fahren darf.

Also dann los!

Und zu der nervösen Unruhe jetzt noch das zappelige kleine Mädchen, das keine Mütze aufziehen will, trotz der gerade erst verheilten Ohrenentzündung und dem spitzen Gesichtchen. Edith schiebt ihre Hand unter Johanns, fast schmiegt sie sich an ihn und stellt in letzter Minute doch noch etwas her, worauf Johann während der Weihnachtstage vergeblich gewartet hat. Dann steht er auch schon auf der hinteren Plattform des letzten Wagens und schaut auf seine beiden Frauen hinunter, Ediths Gesicht ist wieder zu seiner erschöpften Traurigkeit zurückgekehrt, aber Anna lacht, fast kommt es Johann vor, als sei sie nun, aus Anlass seines Abschieds, zum ersten Mal ausgelassen, als habe sie erst jetzt, mit dieser Spazierfahrt auf dem Roller, die Krankheit vertrieben. Die dunklen Locken drängeln sich unter der roten Mütze hervor und die Bäckchen glühen vor Eifer, während sie Ediths Taschentuch auf- und niederschwenkt, wie eine Signalfahne am Bahndamm. So sieht er sie langsam kleiner werden und immer weiter winken, schon geschrumpft zu einem roten Punkt, kann er noch die Bewegung ausmachen, dieses Auf und Ab des kleinen Körpers.

Annas neuerliche Ohrenentzündung, dieses Mal auf der linken Seite und noch dazu hartnäckiger, ist das einzige Thema von Ediths nächsten Briefen. Schmerzen, hohes Fieber, eitriger Ausfluss und sie weiß nicht, soll die Kleine nun auf der Seite des schmerzenden Ohres liegen, damit der Eiter herauslaufen kann oder lieber auf der anderen, weil das die Beschwerden vielleicht lindert. Der Doktor sagt so herum, aber dann reist die Großmutter an und sagt andersherum, sie bringt Senfwickel und Ratschläge von daheim, wo man Krankheiten noch bespricht. Edith versucht es einmal so und dann wieder anders und überlässt es letzten Endes der Kleinen, die viel auf der kranken Seite liegt, als nehme der Druck aufs Kissen etwas von den Beschwerden. Anna hört auch schlecht, aber Edith weiß nicht, ob es das kranke Ohr betrifft oder nicht vielleicht das gesunde. Denn wenn es ans Vorlesen geht, dreht Anna sich um und legt sich auf das Ohr, von dem alle annehmen, die Entzündung dort sei längst verheilt.

Sie ist so tapfer, schreibt Edith und meint damit auch sich selbst, denn ihr fällt alles schwer inzwischen, diese Schwangerschaft verläuft nicht so leicht wie die erste. Die Inventur lässt sie liegen, alles lässt sie liegen, um mit der Elektrischen ans andere Ende der Stadt zu pilgern, weil dort eine Kinderärztin praktiziert, die wahre Wunder schon in anderen, noch schwereren Fällen, sogar in Fällen von Gehirnhautentzündung, bewirkt haben soll. Johann rät, wozu er auf seinem verlorenen Posten selbst auch verdonnert ist: abwarten.

Abwarten und ruhig bleiben und früh zu Bett gehen!

Aber dann, im nächsten Brief: die Kleine wird taub bleiben, die Wunderärztin hat es herausgefunden, mindestens auf dem rechten Ohr, und zwar als Folge der bereits kurierten Mittelohrentzündung, was die jetzige hinterlassen wird, das ist noch gar nicht absehbar. Da kann man nur beten und das ist es, was Edith sich nun vornimmt zu tun, zu beten und zwischendurch, den Rest des Tages, weint sie. Johann stöhnt auf und schüttelt den Kopf. Er stampft mit dem Fuß auf und schlägt mit der flachen Hand auf den Tisch. Nicht nur aus Ratlosigkeit, sondern auch aus einer Empörung heraus, die sich, es erstaunt ihn selbst, gegen sein Töchterchen richtet. Die Kleine hatte ihn doch verstanden an den Feiertagen, sie hat zu ihm aufgeschaut und das Püppchen hergegeben, wenn er darum bat. Sie hat seine Fragen beantwortet und ihre kleinen Geschichten erzählt. Johann steht auf und öffnet das Fenster, um die eisige Luft hereinzulassen.

Oder ist die Ärztin schuld? Und wenn nicht?

Die Kleine wird sich doch wohl daran gewöhnen. Sie wird mit einem Ohr schließlich ebenso gut hören wie andere mit beiden. Je länger er nachdenkt und aus dem Fenster schaut, desto weniger dramatisch scheint ihm die womöglich ja sogar falsche Diagnose der jungen Ärztin zu sein. Edith soll auch einmal bedenken, welches Glück sie haben, denn bei aller Last, die das getrennt sein mit sich bringt, so ist doch sein Posten im Hinterland dieses Krieges noch das Beste, was einem passieren kann. In anderen Familien müssen die Männer nach Polen, sogar der Paul ist auf dem Weg dorthin, und Johann kann schon jetzt ohne nachzudenken fünf Familien aufzählen, in denen die allseits gefürchtete Post eingetroffen ist: im Dienste des Vaterlands gefallen. Soll er ihr das nicht einmal schreiben?

Lieber nicht. Die kleine Anna ist schließlich kein Soldat und fürs Vaterland wird Edith grade im Augenblick wenig Neigung aufbringen. Er lässt es beiseite und beschränkt sich auf Annas Intelligenz, die diese kleine Behinderung doch rasch wird ausgleichen können. Man wird dem Mädchen gar nichts mehr ansehen und es wird wie alle anderen Kinder sein. Bis sie zur Schule kommt, ist das alles verheilt und vergessen.

Johann steht auf, verschraubt die Feder und schiebt das Papier zurück in die Lade. Er will am Abend seinen Brief noch einmal prüfen, nach dem Dienst oder morgen früh. Erst einmal eine Nacht verstreichen lassen und die Nachrichten auf sich wirken lassen. Johann zögert die Antwort an Edith schließlich noch einen Tag hinaus und als er sich schließlich niedersetzt und seine Feldpostnummer auf den groben Umschlag schreibt, trifft bereits das Telegramm ein:

Kind Diphtherie. Attest folgt.

II

Wie soll es denn jetzt heißen?

Johann schiebt die Decke ein wenig beiseite und setzt sich neben Edith aufs Bett. Sie sieht fragend zu ihm auf, scheu, fast ein wenig fremd, und schließt dann wieder die Augen, als müsse sie erst in ihrem Gedächtnis suchen, wer sich da über sie beugt. Wieder einmal hat sie Recht behalten mit ihrer Prognose, wieder einmal kann Johann nur darüber staunen, was Frauen mit ihrem Körper imstande sind zu erfassen. Er streckt seine Hand aus, um vorsichtig die Windel zurückzuschlagen und das Gesicht seines Sohnes zu betrachten.

Ediths Blick folgt dieser Hand und tatsächlich, dort liegt ein Bündel in ihren Armen, jetzt spürt sie auch, dass die Schulter schon ganz steif ist und angespannt vom verkrampften Halten.

Sie lässt locker und richtet sich auf, grade so weit wie es geht, ohne dass die Schmerzen Oberhand gewinnen. Ach ja, die Schmerzen, jetzt spürt sie auch die Schmerzen, die aus dem Unterleib an ihrer Wirbelsäule hinauf bis in den Kopf ziehen. Beide schauen jetzt hinunter auf das verknitterte rote Gesichtchen, Haare sind auch da, aber kein so dichter, glänzender Pelz wie die kleine Anna ihn vorzuweisen hatte. Und nun noch einmal zum Namen. Hat sie da etwas entschieden inzwischen? Johann fährt mit seinem Zeigefinger die kleine Stirn entlang, die sich so ernst in Falten legt, als wisse das Würmchen, dass es den Augenblick seines Erscheinens nicht grade günstig gewählt hat.

Paul ist mir recht.

Edith sinkt wieder zurück und schließt die Augen.

Aber Paul hatte sie doch so altmodisch gefunden. Was ist denn mit Robert oder mit Martin nach ihrem Bruder?

Edith schüttelt den Kopf, nicht sehr heftig, aber doch so, dass Johann weiß, dieses Thema ist abgeschlossen. Paul ist mir recht.

Johann nickt. Gut, dann also Paul. Mit Paul wird er dem großen Paul, wie er dann fortan heißen wird, eine Freude machen und natürlich der Mutter, die trotz der Umstände doch gestrahlt hat, als sie hörte, dass es ein Junge geworden ist. Johann würde gerne das Köpfchen des kleinen Paul in seiner Hand spüren, die pulsierende Wärme dieser kleinen Kugel in all ihrer Empfindlichkeit, aber sie ist in einem Tuch verborgen und so kühn ist er nicht, dieses Tuch wegschieben zu wollen und womöglich etwas zu beschädigen oder den Kleinen zu erschrecken. So beschränkt er sich darauf, noch einmal mit dem Finger die Stirn und dann hinunter über die Nase und das Kinn zu fahren, wo der Finger einen Augenblick innehält.

Sie muss jetzt aber rasch einmal nach der Anna schauen.

Edith richtet sich auf, als sei sie durch einen langen Tunnel des Vergessens endlich wieder im Licht der Wirklichkeit angekommen, und diese Wirklichkeit heißt Anna und liegt gar nicht weit entfernt, ein Stockwerk nur hinauf und dann den Gang auf der gegenüberliegenden Seite des Treppenhauses entlang, hinter der dritten Tür links. Ein paar Meter nur, fast könnte man hinspucken, so nah.

Edith lässt das Bündel aus ihrer Armbeuge in die Kissen gleiten, Paulchen heißt er nun also, der kleine Bruder. Johann sitzt da und sagt den vertrauten Namen schon zum wer weiß wievielten Mal vor sich hin, immer in Richtung des roten Köpfchens und wird ja einen Augenblick einmal mit dem Buben alleine sein können, der Papa. Sie schiebt die Füße aus dem Bett und sucht schon unter sich nach den Hausschuhen, als Johann sie an den Schultern zurückhält.

Zur Anna kann sie doch jetzt nicht. Edith!

Ediths Körper macht sich steif in der Brust und die Füße suchen noch immer ein paar Zentimeter über dem Boden, ob sich nicht doch ein Schuh erwischen lässt.

Warum denn nicht? Gestern war sie auch schon nicht dort.

Zur Anna kann sie jetzt nicht, und das war schon abgemacht vor der Geburt, dass sie nachher nicht hin kann. Er übernimmt das jetzt einmal, die Besuche bei der Kleinen, oder meint sie, das kann er nicht, aus einem Märchenbuch vorlesen?

Edith gibt nach und lässt sich in die Kissen zurückfallen, wenn auch die Beine noch immer neben dem Bett herunterhängen und Johann wissen lassen, dass die Gefahr noch nicht vorbei ist.

Sie könnte ja den kleinen Paul anstecken.

Edith nickt. Und so ein Neugeborener überlebt das nicht.

Edith lässt es zu, dass Johann ihre Beine ins Bett hebt und das Kissen mit dem Wickelkind darinnen so in ihrem Schoß platziert, dass

Edith sich ohne weiteres gar nicht mehr würde bewegen können, selbst wenn sie es wollte.

So! Jetzt muss sie halt einmal abwarten, auch wenn die Geduld nicht die oberste Charaktereigenschaft seiner Frau ist, das weiß er ja längst und lächelt ihr zu. Blass schaut sie aus, aber in wenigen Tagen wird sie sich erholt haben und dann kann sie hinauf und in der Tür zum Krankenzimmer stehen und zu Anna hinüberwinken. Die freundliche junge Ärztin hat eine Fotografie machen lassen von der kleinen Patientin.

Edith nickt wieder mechanisch, als seien die besänftigenden Nachrichten von Johann alle gleichermaßen wirkungsvoll.

Ja, das weiß sie.

Vorgestern war sie grade dort und hat den Fotografen gesehen. Ein wenig stolz war sie schon, dass ihr Töchterchen fotografiert wird, zum Trost für die Mama, die demnächst ein paar Tage nicht wird kommen können, weil sie selbst flach liegen muss. Sogar jetzt noch zeigt sich ein kleines Lächeln um Ediths Augen herum, Johann stellt es erleichtert fest, wenn sie an diese Geste der freundlichen Ärztin denkt.

Morgen wird er einen Abzug bringen, gleich in einem passenden goldenen Stehrahmen, das auf ihrem Nachtkästchen einen Ehrenplatz einnehmen kann. Morgen oder allerspätestens übermorgen, und dann darf sie auch bald wieder aufstehen und die Kleine in Augenschein nehmen und das Warten ist vorbei. Edith nickt, etwas unsicher allerdings, und die Anspannung, die vom unbändigen Wunsch aufzustehen und hinzulaufen herrührt, hält ihren Körper noch immer aufrecht und die Beine angewinkelt, als wolle sie augenblicklich noch einmal einen Versuch unternehmen, nur der kleine Bub auf dem Schoß verhindert diese Aktivität. Sie muss sich jetzt ausruhen. Sie muss sich ausruhen und stillhalten, auch wenn das Stillhalten ihrer Natur nicht entspricht.

Was macht er denn grade, der kleine Paul?

Edith lächelt jetzt oder jedenfalls deutet ihr Gesicht auf eine gewisse Beruhigung hin, als greife sie die Ablenkung dankbar auf und schiebt das Wolltuch ein wenig beiseite, um Pauls Köpfchen vorzuzeigen, das ganz friedlich mit geschlossenen Augen auf seinem Kissen ruht. Löckchen hat er keine. Das nicht. Aber niedliche, sehr lange Fingerchen.

Die hat er vom Papa. Oder?

Vorsichtig rollt Johann die niedliche Faust auf, um ihr inneres zu inspizieren und sie mit der eigenen Hand zu vergleichen. Wie bei Anna auch, kann Johann nur staunend den Kopf schütteln, dass trotz dieser winzigen runden Formen alles maßstabgerecht und genau zueinander passt. Und trinkt er denn vorschriftsmäßig?

Edith nickt. Jetzt schon, aber auf Anhieb hat es nicht klappen wollen, er hat sein Mündchen verschlossen, statt es aufzusperren. Aber seit dem frühen Morgen macht er es ganz richtig und wenn die Hebamme kommt, um die Kleinen anzulegen, ist der Paul als erster dabei und trinkt grade so viel wie er soll, und gleich schläft er wieder ein und verhält sich still und überhaupt erst einen heftigen Schrei hat sie von ihm gehört.

Das war gleich nach der Geburt, als die Hebamme ihn an den Füßen hielt und ihm mit einem Klapps auf den Rücken darauf aufmerksam machte, dass die veränderten Umstände nun auch ein verändertes Verhalten verlangen. Tatsächlich hatte er ein wenig gezögert, der kleine Paul, hing da mit dem Kopf nach unten in der Faust der guten Frau, verschleimt und blutig und still. Na? Erst dieser kleine Schlag hat ihn mit den dünnen Ärmchen zappeln lassen, und schließlich hat er auch seinen Mund aufgesperrt zu einem ersten Atemholen und, na also, augenblicklich Luft bis in die schlafenden kleinen Lungen gepumpt und nochmal und nochmal.

Na, also, es geht doch.

So schreit ein kleiner Bub, das hört man gleich.

Edith schweigt. Weiter hat sie nichts zu berichten, denn mehr haben sie ja noch gar nicht zusammen erlebt, sie und der kleine Paul. Johann schaut hinaus in einen der ersten wärmeren Tage des Jahres. Man meint grade den Bäumen dabei zuschauen zu können, wie sie ihre Kräfte sammeln. Diese Kastanie zum Beispiel, die da ihre Zweige so munter in das Rechteck des Fensters streckt. Gestern waren die Zweige noch grau und wie tot, heute schon umgibt sie ein grüner Schimmer, und morgen wird man wohl schon an den Blättchen erkennen können, dass dort im Hof vor der Station der Wöchnerinnen eine Kastanie steht.

Und wie geht es der Anna?

Edith fasst Johann so ernst und aufmerksam ins Auge, dass ihm die Naturbetrachtungen, mit denen er Edith abzulenken hoffte, selbst fad erscheinen.

Nur ja nichts Falsches sagen!

Johann zögert einen Augenblick, aber grade das Zögern ist falsch, schlimmer als ein falsches Wort ist dieses Schweigen, in das Edith hinein legen kann was sie möchte.

Also schlechter!

Ihr Zustand ist unverändert, sagt die freundliche Frau Doktor.

So, sagt sie das. Aber er selbst. Wie hat er sie denn vorgefunden? Sie schaut blass aus.

Johann hat sich letzten Endes von dem Anblick noch gar nicht ganz erholt, aber das ist das Allerletzte, was er Edith wissen lassen möchte.

Natürlich schaut sie blass aus. Edith holt ungeduldig Luft, das weiß sie selbst. Hat sie noch Fieber und wie hoch ist das Fieber denn heute Morgen gewesen und vor allem: in der Nacht. War eine Schwester bei ihr? Sie hat manchmal Sorge, dass die Kleine erstickt, wenn ein Anfall kommt, der ihr die Kehle zuschnürt und sie nach Luft schnappt wie ein Fisch auf dem Trockenen. Womöglich ist niemand da, um sie aufzusetzen und ihr das Köpfchen zu halten und Wickel aufzulegen.

Auf Ediths Gesicht breitet sich, ausgehend von ihren Augen, eine Panik aus, grade so als erwarte sie, dass ihr selbst sich die Kehle verschnürt. Doch! Johann versucht es mit mehr Festigkeit, grade so viel wie er aufbringen kann: Es ist eine Schwester bei ihr in der Nacht, die alle Augenblicke nachschaut und das Fieber ist keineswegs so hoch gewesen, dass Wickel gemacht werden mussten. Sie lag ganz still und friedlich da.

Fragt sie nach mir?

Johann nickt. Sicher fragt sie nach ihr. Wo ist denn die Mama, hat es gefragt, das Engelchen, grade als er sich auf den roten Stuhl neben dem Bett gesetzt hatte, wo sie ja wohl sonst immer sitzt. Oder hätte er das jetzt lieber nicht sagen sollen? Dass Anna nach ihr gefragt hat? Gestern auch schon. Obwohl, gefragt hat sie eigentlich gar nicht, genau genommen hat sie es nur festgestellt, die Mama war heute nicht da, und dann eine traurige kleine Pause gelassen.

Johann weiß nicht, wie er es richtig macht, es stehen nur gleichermaßen falsche Alternativen zur Verfügung. Nein, die Anna hat es ruhig hingenommen, dass ihre Mama nun heute schon den zweiten Tag nicht erschienen ist, wo sie doch vorher alle Tage da war? Ach, was! Das würde Edith ohnehin nicht glauben, also diesen Versuch kann er sich ersparen.

Hat er mit der Ärztin gesprochen?

Freilich hat er mit der Ärztin gesprochen, gleich gestern früh ist er hingegangen, um sich vorzustellen und nach dem Stand der Dinge zu fragen. Und? Anna ist tapfer. Noch nie hat sie so ein tapferes und freundliches kleines Mädchen gesehen, die Frau Doktor.

Edith schüttelt den Kopf. Das weiß sie selbst, dass die Kleine tapfer und freundlich ist, dafür braucht sie keine Frau Doktor.

Einen Augenblick herrscht Stille zwischen ihnen und Edith sieht Anna vor sich, wie sie da mit ihren Kopfverbänden, den Ohrenschmerzen und dem geschwollenen Hals in den Kissen liegt und Holzperlen auf eine Schnur aufzieht. Zum wievielten Mal wohl hat sie sich nun schon mit diesem kleinen Spiel trösten lassen und immer wieder neue farbliche Muster ausprobiert und gelächelt, wenn Edith die schöne Kette bewundert hat. Die wird sie ihr umlegen, wenn sie wieder ausgehen zusammen.

Wohin denn?

Anna hatte sich schon gar nichts mehr vorstellen können unter dem Wort ausgehen, so lang ist sie nun schon ans Bett oder jedenfalls an ein Zimmer gefesselt.

Vielleicht in den Zoo?

Erinnert sie sich noch an ihren Ausflug in den Zoo, mit dem Papa, im vergangenen Herbst? Ja natürlich, Anna erinnert sich an die Giraffe mit ihrem langen Hals und an den großen grauen Elefanten. Edith lächelt und Johann kann sehen, dass Edith nicht anwesend ist, nicht hier in diesem Wöchnerinnenzimmer bei ihm und dem frisch gewickelten Paul. Er hat die Ärztin noch einmal in der Frage der Medizin angesprochen. Augenblicklich kehrt Ediths Blick zum ihm zurück, als erwache sie aus einer Trance.

Ja? In dieser Hinsicht hat sie große Hoffnungen auf Johann gesetzt. Auf seine Anwesenheit, seine Bestimmtheit und letzten Endes auch auf die Tatsache, dass er ja nun Lothringen heim ins Reich geholt hat, wenn auch nicht an der Front, wohin die Medikamente wandern. Aber so eine junge Ärztin wird das vielleicht auch nicht so genau wissen. Komm in Uniform, hatte sie gleich ausrichten lassen, und er hat sich daran gehalten, auch wenn es eine ganz andere Uniform hätte sein müssen, oder jedenfalls sollten andere Applikationen auf den Schultern sein, wenn sie eine wie geringe Wirkung auch immer haben sollen. Johann schüttelt den Kopf. Nein, nichts.

Nichts? Warum fängt er dann an davon und schürt Hoffnungen, wenn er doch nichts erreicht hat.

Sie bemüht sich aber weiterhin.

Johann hatte sich vorgenommen, diese Bemühungen der Ärztin und vor allem die Aussicht auf ihren Erfolg so farbig zu gestalten, dass Edith einige Hoffnung und Kraft daraus würde schöpfen können. Aber Ediths Ängste sind derart raumgreifend und geben ihrer Aufmerksamkeit eine Klarheit und zielgerichtete Bestimmtheit, dass gar kein Platz bleibt für Ausschmückungen irgendwelcher Art.

Und wenn er jetzt in der Partei wäre? Das ist eine der Phantasien, die sie so vor sich herträgt, wie die Überlegung, seine Uniform könne vielleicht bewirken, dass die Kinderstation als Teil der Front angesehen wird, für die entscheidende Medikamente bestimmt sind. Johann schüttelt so heftig und nicht nur verneinend, sondern auch unwillig den Kopf, dass Edith zusammenzuckt und sich Annas kleinem Bruder zuwendet, der still und unwissend seinen ersten Lebenstag verschläft. Sie schält das klene Köpfchen aus den Wolltüchern und schaut sich genau die Ohren des Buben an, winzige rote Muscheln.

Sie hat es aber gehört.

Was denn? Was hat sie gehört?

Dass die Ärzte mal diese und mal jene Medikamente hatten beschaffen können für die Frau eines Parteimitglieds, die gleichfalls an Krupp erkrankt war.

Johann glaubt das nicht.

Dann glaubte er es halt nicht, aber sie weiß es bestimmt, dass für die Frau eines Parteimenschen alles bereitgestellt wird, und für so ein kleines Wesen wie die Anna gibt es nichts.

Wer war denn diese Frau? Johann sucht nach einem Weg zu Edith, nach irgendeiner Art von Verständnis, und er nimmt sich vor, den Fall bei der Ärztin zu erfragen. Wie die Frau hieß, weiß Edith aber nicht. Sie hat sie ja nicht selbst kennen lernen können, weil der Fall sich vor Annas Einweisung ereignet hat, aber es wurde darüber gesprochen, sie hat es erzählen hören. Eine andere Mutter, die gleichfalls um ihren allerdings schon älteren Sohn bangt, hat es herausgefunden.

Das sind doch Gerüchte! Sie verlässt sich da auf das Geschwätz einer gleichfalls nervösen und besorgten Mutter, die hat es dann wieder von einer anderen gehört und so geht das immer weiter.

Nein. Nein. Edith spürt die kleinen Knorpel des winzigen Ohres zwischen Daumen und Zeigefinger, grade wie bei der Anna früher, das beruhigt den Säugling, jedenfalls nach Meinung der Hebammen, und hier wäre es eigentlich gar nicht nötig, denn ruhig ist er ja, der kleine Paul.

Sie hat es aus einer sicheren Quelle.

Johann kann es sich trotzdem nicht denken. Und wieder herrscht für einen Augenblick Schweigen, während Edith sich mit dem Ohr ihres neuen Sohnes vertraut macht.

Vielleicht war es ein hohes Parteimitglied?

Edith zuckt mit den Achseln.

Was weiß denn sie, was es für einer war.

Das könnte Johann sich vielleicht doch vorstellen, wenn es ein hoher Parteifunktionär gewesen sein sollte. Ein Gauleiter vielleicht?

Edith reibt Pauls Ohrläppchen zwischen Daumen und Zeigefinger, länger und schmaler scheint es ihr zu sein im Vergleich zu Annas neugeborenen Ohren, die ihr jetzt wieder deutlich vor Augen stehen, wie überhaupt die neugeborene Anna, mit ihrem dunklen Lockenköpfchen. Anna wird staunen, wenn sie den kleinen Bruder sieht, strahlen wird sie und ihr Näschen krausziehen, wie sie es manchmal tut, um dem höchsten Entzücken Ausdruck zu geben.

Wird sie denn heimkommen bis Ostern? Wenn ihr Zustand doch stabil ist, wie Johann sagt, dann wird ja eine Besserung zu erwarten sein. Es sind noch gute vier Wochen bis dahin, da wird es ihr doch vielleicht besser gehen und sie kann ein paar Eier verstecken, selbst wenn sie noch würde liegen müssen, so wäre doch alles besser als hier zu sein. Heute ist es schon der dritte Tag, dass sie nicht dort war.

Johann weiß es, aber Edith wird nicht müde, es wieder und wieder vorzurechnen. Vorgestern früh hat sie sich noch einmal hinaufgeschleppt, trotz der Wehen, aber da hieß es, jetzt ist Visite, die Kinder werden grade untersucht und versorgt, da kann sie nicht einfach stören und dazwischenfunken, als sei sie die einzige hier. Durch das runde Fenster in der Tür hat sie hineinschauen können und die Ärztin mit den Schwestern am Bettchen stehen sehen. Aber Anna lag ja und mehr als die Stirn und ein paar dunkle Locken hat sie nicht ausmachen können und vor allem, was womöglich noch wichtiger ist, Anna hat auch sie nicht erkennen können.

Aber das hätte sie doch ohnehin nur unnötig beunruhigt, die Mama in der Ferne hinter einer Scheibe zu sehen.

Edith nickt. Vielleicht. Aber trotzdem.

Nachmittags dann war schon das Fruchtwasser abgegangen und sie hat trotzdem hinauf wollen, und es wäre auch gar kein Schaden gewesen, denn die Wehen kamen so regelmäßig und absehbar, dass ein kleiner Spaziergang niemandem geschadet hätte, auch nicht dem kleinen Buben. Aber sie haben sie nicht hinauf gelassen. Die Hebamme hatte sie festgehalten und auf ihr Bett gesetzt und geheißen, sich zu legen oder im Zimmer auf und abzugehen zwischen den Wehen. Sie hat sich gefügt und noch gar nicht absehen können, wie sehr dieser Schmerz jetzt in ihr bohren würde, nicht wenigstens das tägliche Ritual ihrer Vorlesungen absolviert zu haben. Und grade jetzt, wo sie zur Untätigkeit verdammt hier liegt und nichts weiter zu tun hat, als den Handgriffen der Hebamme zuzuschauen, die sie ohnehin alle in- und auswendig kennt, anders als bei den anderen jungen Frauen im Zimmer, die zum ersten Mal niederkommen und auf die geschickten Hände der Hebamme starren, als sei es Zauberei, eine Windel so falten, dass sie sich kreuzweise auf dem Säuglingsbauch zusammenstecken lässt.

Edith winkt ab.

Wenn sie sich gut hält und brav liegen bleibt, wird sie in einigen wenigen Tagen hindürfen.

Was heißt das denn? In einigen wenigen Tagen? Morgen?

Nein, morgen noch nicht. In drei Tagen frühestens. Nur wenn sie liegen bleibt und den Anweisungen folgt. Edith nickt. Sie folgt den Anweisungen, sie richtet sich nach jeder noch so kleinen Vorschrift. Heute ist Montag, dann darf sie also am Mittwoch hin. Nicht am Mittwoch, am Donnerstag. Am Donnerstag darf sie hinauf, und einstweilen wird der Papa diesen Dienst am Krankenbett übernehmen. Das macht er doch sicher gut, der Kleinen vorlesen und Händchen halten. Schließlich hat er Sonderurlaub bekommen für das Hin- und Hertragen der Nachrichten und guten Wünsche zwischen Mutter und Kind. Johann lächelt über die ernste Aufgabe und nickt so eifrig, dass Edith sich schließlich mit einem kleinen Lächeln in ihr Schicksal fügt. Noch dreimal schlafen! Das kann der Papa auch der Anna weitersagen.

Für einen Augenblick tritt eine gewisse Erleichterung ein, weil die Zeit so genau bemessen vor ihr ausgebreitet liegt, und eigentlich sind es nur zwei Tage, denn der heutige ist schon fast vergangen und den dritten wird sie auch nicht bis zum Abend durchstehen müssen. Mit einem Mal schlägt Ediths Stimmung ins Optimistische und Heitere, noch dreimal schlafen und dann wird Anna schon aufwachen mit dem Gefühl, heute ist Weihnachten. Und sie selbst kommt als

Christkind. Wird Johann ein wenig Schokolade auftreiben können und eine Orange?

Die Schokolade bestimmt, die wird er ihr morgen schon bringen, mit der Orange sieht es schlecht aus, aber er will es versuchen.

Vielleicht kann er in diesem Geschäft auf der Großen Bleiche vorbeischauen, wo sie Bilderbücher anbieten, deren Seiten sich zu einer Szenerie aufklappen lassen. Erinnert er sich? Rotkäppchen hat sie ja schon zu Weihnachten bekommen und wie herrlich man da die Zunge des Wolfs herausschieben kann, rot und leuchtend, jedes Mal muss die Mama bellen, wenn sie an dieser Stelle anlangen, Anna und sie.

Freilich erinnert er sich, er hat es ja selbst schon vorgelesen und gebellt, wenn der Wolf kam und am roten Pfeil in der vorgegebenen Richtung gezogen bis die Zunge heraussprang. Edith nickt. Johann will gerne alles besorgen, wenn Ediths Gesicht nur den friedlichen Ausdruck der Erwartung nicht verliert.

Kann er fragen, ob sie ein solches Schneewittchen Buch vorrätig halten. Edith lächelt. Wird er das entsprechende Buch besorgen und der kleinen Anna sagen, dass es die Mama schickt.

Johann greift nach Ediths Hand, die ihm heiß vorkommt, fast als hätte sie Fieber vor Erregung und er nickt, um alles in der Welt möchte er Edith besänftigt wissen. Er wird es dem Mädchen morgen als einen Gruß von der Mama bringen und dann heißt es ja schon, nur noch zweimal schlafen.

Edith setzt sich ein wenig auf, denn da kommt die Hebamme und reicht ihr das frisch gewickelte Bündel mit dem roten Gesichtchen. Der kleine Bub soll noch einmal angelegt werden, obwohl er nicht hungrig zu sein scheint. Aber trotzdem. Sie sind hier auf eine Ordnung aus, die bei den Kleinsten schon anfängt. Edith nickt und setzt sich zurecht. Wenn sie bedenkt, wie viele Tage sie errechnet haben, als das Christkind sich angekündigt hatte. Wie viele Male schlafen hat abends die eine die andere gefragt. Edith die Kleine oder umgekehrt. Bei zehn Mal schlafen haben sie schon angefangen. Beide Hände in die Luft und dann jeden Tag einen Finger weniger. Wie harmlos war es doch schon, wenn nur noch drei und dann sogar nur noch zwei Finger übrig geblieben waren und alle andern sich schon verstecken durften. Edith nickt dem kleinen Paul aufmunternd zu und für einen Augenblick scheint alle Angst einer ruhigen Gewissheit gewichen zu sein.

Die kleine Anna stirbt in der Nacht zum Mittwoch nach einem heftigen Krampfanfall, der die Nachtschwester in Alarm versetzt und veranlasst, die Lehrschwester nach der Frau Doktor zu schicken, die am hinteren Ende des Gangs in ihrem Konsultationszimmer schläft und gewahr wird, dass das Mädchen in Zimmer 11 mit blauen Lippen nach Luft schnappt und im Bett aufgesetzt wird, den Kopf nach hinten, feuchte Tücher auf die Stirn und dann mit beruhigenden Worten zum langsamen Atmen aufgefordert wird.

Das Mädchen schluckt und der Schmerz zieht sich von den Mundwinkeln über die Wangen hinauf bis zu den halb geschlossenen Augen und der feuchten Stirn. Langsam. Einatmen und Ausatmen, beides wird gleichermaßen zu einer Aufgabe, die den kleinen Körper auf das Äußerste anspannt. Als sei die Luft ein dickflüssiger Brei und der Rachen nur noch ein nadelfeines Röhrchen, das augenblicklich verstopft, statt sich bereitwillig zu öffnen, um die kleinen Lungen versorgen zu lassen. Die Anna zittert ein wenig und röchelt, und dann geht es wieder besser, und das Röcheln nimmt den leiseren und regelmäßigen Ton ihres gewöhnlichen Atems an. Die Nachtschwester wischt ihr noch einmal den Schweiß von Stirn und Wangen und bettet die Kleine ein wenig tiefer, nicht zu flach, aber doch auch nicht sitzend, so wie sie es für vergleichbare Fälle gelernt hat und wie Anna schon seit zwei Wochen nachts gebettet wird, in der Hoffnung, ihr das Atmen zu erleichtern. Sie öffnet die Fenster und später wird sie meinen, grade das sei ein Impuls für die kleine Seele gewesen zu entweichen und sich aufzumachen in eine Region, in der kein Atem mehr zählt. Als sie wieder nachschaut, es mögen kaum zehn Minuten vergangen sein, sie hat sich nur einen Tee aufgebrüht, da läuft sie schon wieder hin, doch noch ein wenig unsicher über den Zustand der Kleinen. Da hat Annas Seele sich schon davon gemacht, und für den Moment scheint es, als sei es zum Guten des Mädchens geschehen, denn jede Anstrengung und jede Unruhe sind aus dem Gesichtchen gewichen. Anna lächelt, wie sie für jede kleine Geste gelächelt hat, für eine Grimasse, die die Putzfrau im Vorbeigehen für sie zog, für ein Stückchen Schokolade, das die Frau Doktor ihr nach der Untersuchung gebracht hat.

Johann will erst einmal nichts sagen.

Oder? Besser wäre es.

Er nickt, um sich selbst Mut zu machen, um das aufsteigende Gefühl großer Ratlosigkeit niederzuhalten. Denn gleich wird er an Ediths Bett treten. Noch steht er im Treppenhaus zwischen der Kinderstation und den Zimmern der Wöchnerinnen. Draußen sind tatsächlich die Blattknospen der Kastanie aufgebrochen. Ein rot blühender Baum wird es werden, grade so einer wie er auch im Hof der *Goldenen Gerste* steht, wo Anna vor ein paar Monaten noch die glänzenden dunklen Früchte gesammelt hat. Es wird besser sein, erst einmal nichts zu sagen, für einen Tag oder zwei einfach nur die Zeit verstreichen lassen. Und hoffen, dass Edith vielleicht etwas ruhiger wird. Vor allem er selbst wird vielleicht etwas ruhiger sein und es ganz anders vorbringen können als jetzt, wo er grade erst das Kleidchen abgegeben hat und die Schwester kurz das Laken von diesem stillen Gesicht gezogen hat.

Er wusste gar nicht genau, ob er Anna hat sehen wollen, aber die Schwester hatte ihn ganz wortlos hingeführt, das Kleidchen schon in der Hand, und da im Badezimmer das Laken fortgezogen, mit einer etwas zu schnellen Bewegung, als wolle sie sagen, bitte, falls Sie irgendwelche Zweifel an unseren Auskünften hegen. Aber dann war sie still und blieb schweigend eine Weile neben ihm stehen, um dieses schlafende Mädchen zu betrachten, das ohne den Verband da lag, fast heiter, mit seinen dunklen Affenschaukeln.

Aber morgen wird Edith ja hinwollen, das ist ja eine abgemachte Sache, dass sie am Donnerstag hinauf darf, sogar die Ärztin hat zugestimmt, und Edith liegt da und zählt die Stunden, und all ihr Sinnen und Trachten richtet sich auf diesen Krankenbesuch, von dem sie sich wohl sogar eine heilende Wirkung verspricht.

Wenn es die Mama erst wieder sieht! Wie oft hat sie das jetzt in den letzten Tagen unwidersprochen sagen können. Zur Ärztin, zur Hebamme und auch zu ihm selbst.

Wenn es die Mama erst wieder sieht, wird es gleich besser gehen, noch besser also jetzt schon.

Johann wendet sich vom Fenster ab, nimmt ein paar Stufen hinauf, dritte Tür rechts, das wäre dann Ediths Tür. Er zögert wieder, kehrt um und schaut wieder zur Kastanie hinaus, um sich zu fassen. Er wird es ihr morgen sagen. Morgen wird er ein wenig früher kommen, am Vormittag schon. Er wird nicht warten wie heute, wo er nun schon zwei Stunden in den Straßen unterwegs war, um die gewöhnlichen Besuchszeiten heranrücken zu lassen. Um weniger aufzufallen und seinem Erscheinen die Besonderheit zu nehmen. Wie immer, wie alle anderen Väter und Schwiegermütter und Schwestern kommt er eben am frühen Nachmittag und reiht sich in diesen Strom ein wie alle Tage. Morgen wird sie wohl ein wenig kräftiger sein. Und er auch. Wird er das? Jeder Tag mehr, der von den Anstrengungen der Geburt wegführt, wird ja gut sein. Sein Herz schlägt in einem Tempo und vor allem, wie ihm scheint, in einer Lautstärke, die Edith augenblicklich verraten wird, was er verschweigen will. Erst einmal muss er sich selbst beruhigen! Er sagt es sich nun schon seit dem frühen Morgen, seit er den Hörer wieder auf die Gabel zurückgelegt und in seinem Innern nach einer Orientierung gesucht hat.

Kann er ein Kleidchen mitbringen, wenn er kommt?

Johann hatte genickt. Ja, ein Kleidchen wird er mitbringen können. Es ist also eingeschlafen, sein Töchterchen. Wenn Edith daheim wäre, wüsste sie gleich, welches Kleidchen jetzt angebracht wäre und wo sie es findet, sie hat ja viele Kleidchen gehabt, die kleine Anna.

Und Strümpfe? Strümpfe auch?

Johann sagt ja, Strümpfe kann er heraussuchen, da ist die Auswahl nicht so groß. Aber ein Laibchen wird nicht notwendig sein?

Nein, ein Laibchen braucht es jetzt nicht mehr.

Für einen Augenblick hatte Schweigen geherrscht auf beiden Seiten der Leitung, nur ein leises Knirschen zwischen der Ärztin am anderen Ende und ihm.

Das Herz war also schon angegriffen. Sie hatte es ja schon gesagt, dass es dieses Herz wohl nicht mehr schaffen würde, ein so kleines Kind in seinem Wachstum zu begleiten. Versteht er das?

Johann schüttelt den Kopf. Nein, er versteht es nicht. Die Ärztin schweigt wieder, hinter dem leisen Knirschen der Leitung hört sie vielleicht sein Kopfschütteln, das sich noch einige Male wiederholt. Sein Atmen hört sie jedenfalls nicht, denn er atmet so kurz und so vorsichtig, als könne ein entschiedenes Einziehen der Luft eine Auskunft, die vielleicht doch etwas Licht ins Dunkel bringt, von seinem Geräusch erdrückt und unverständlich werden.

Wann denn genau?

Schließlich sagt er doch ein paar Worte. Solange das Gespräch noch nicht zu Ende gebracht ist und Worte, und seien es noch so wenige, von der einen zur anderen Seite der Leitung gewechselt werden, liegt womöglich noch alles in der Schwebe zwischen Wirklichkeit und Traum. Noch ist es nicht recht hell vor den Fenstern und nur seine Gewohnheit erlaubt es ihm, die Gegenstände seiner Umgebung, die Fotografie über dem Tisch, die Schachtel auf dem

Küchenschrank, in der Edith seine Briefe aufbewahrt, voneinander zu unterscheiden und als einzelnes wahrzunehmen.

Um 4.20 Uhr in der Früh.

Die Ärztin sagt es ihm und so genau sagt sie es, auf die Minute genau, da bleibt ihm nichts mehr übrig zu fragen, und ohne ein weiteres Wort zu sprechen oder eines abzuwarten, legt Johann den Hörer auf die Gabel und bleibt stehen und wartet ab, ob sein Herz sich beruhigt, ob Gott der Herr ihm vielleicht ein Zeichen gibt, was zu tun sei und welcher Sinn sich hinter dem Vorgang verberge, dieses Kind auf die Welt zu schicken, um es nach einer so knappen Frist schon wieder heimzurufen.

Aber Gott gibt ihm kein Zeichen. Von der Kirchturmuhr schlägt es sechs, und Johann steht noch eine Weile neben der Küchentür, wo der Telefonapparat hängt. Schließlich fällt ihm Edith ein. Edith. Er muss sich nach Edith ausrichten. Jetzt geht er hinauf und biegt auf die Station der Wöchnerinnen ein, klopft und tritt ein.

Auch in Edith hält etwas an, und für einen kleinen Augenblick meint sie, es sei ihr Herz, das zu schlagen aufhört, wie das Herz von Anna einfach keinen weiteren Schlag mehr getan hat, so scheint plötzlich auch ihr eigenes Herz keinen Schlag mehr zu tun. Vielleicht erlaubt ihr der Herrgott Anna zu folgen, einfach hinterher, um sie wenigstens jetzt nicht mehr alleine zu lassen. Obwohl sie gar nicht mehr ihres Schutzes bedarf. Und deshalb schlägt es auch weiter, ihr Herz, tut einen Schlag und dann noch einen. Sie liegt hier auf der Wöchnerinnenstation im ersten Bett links, gleich wenn man die Tür öffnet, liegt Edith im Blickfeld und auch umgekehrt hat Edith jeden gleich vor Augen, der zur Tür hereinkommt.

Und Johann hat noch keinen Schritt ins Zimmer getan, da scheint ihr Herz schon auszusetzen und als er dann sein, na wie geht es heute, hervorgebracht und sich über das leere Körbchen neben Ediths Bett gebeugt hat, um ihren Blick von sich ab und zu einem anderen, eben sehr hübschen Gegenstand, hinzulenken.

Wo ist er denn, der kleine Paul?

Edith schließt die Augen, um Anna genauer vor sich zu sehen, wie sie daliegt, mit diesen Tüchern und dem Verband um das rechte Ohr, dem linken war ja nicht mehr zu helfen. Hat sie vielleicht gedacht, die Mama hat sie vergessen, die Kleine? Diese Rabenmutter, die vier Tage nicht kommt und ihr Mädchen dort liegen lässt. Edith nickt, das wird es wohl gedacht haben, das Kind. Die Mama hat es vergessen. Da kann ich ja auch fort gehen, wenn meine Mama nicht mehr kommt. Das hat sie gedacht. Wenn meine Mama nicht hier ist, brauche ich ja auch nicht zu bleiben. So wird es gewesen sein. Ediths Herz schlägt wieder, ein wenig schneller vielleicht, aber es schlägt.

Sie hätte hingehen müssen, sie hätte sich nicht abhalten lassen dürften. Von nichts und von niemandem. Edith öffnet die Augen und schaut Johann an. Auch nicht von Johann. Sie schüttelt den Kopf und wendet sich ab. Was weiß ein Mann schon. Was versteht ein Vater schon davon, was in einem kleinen Kind vorgeht. Das da liegt und nach Luft schnappt. Edith schweigt. Ihr Herz schlägt aber noch. Sie kann ihr nicht nachgehen, um wenigstens das eine noch zu sagen: Ich liebe dich. Du bist mein Ein und Alles. Ich habe auf die falschen Menschen gehört. Auf eine Ärztin, die selbst gar kein Kind hat, auf eine Hebamme, deren Denken sich ganz auf das Neugeborene richten muss, und die deshalb keine Gewährsperson ist. Aber das sieht Edith jetzt erst. Jetzt erst und noch lange nicht mit voller Wucht trifft sie diese Welle aus Scham und Schuld und dieses Niemals mehr ist es wieder gutzumachen, niemals mehr wird sie wenigstens zu der Kleinen sagen können:

Es tut mir leid! Mein Schatz, es wird nicht wieder passieren. Ich bleibe bei dir, es kommt nicht wieder vor. Edith!

Johann sitzt am Bettrand und spricht ihren Namen aus. Leise zwar aber zugleich doch so, als rufe er von einem anderen Planeten zu ihr herüber. Wieder und wieder. Edith!

Auf ihn hätte sie auch nicht hören sollen. Erst recht nicht. Was weiß der schon, ein Papa, der grade aus dem Krieg kommt. Sie war ja mit der Kleinen alleine schon ein ganzes Jahr.

Der liebe Gott hat sie erlöst.

Erlöst? Was redet er denn da von erlöst?

Er hat sie heimgeholt, Edith.

Was auch immer Johann meinen könnte, Edith kann den Sinn seiner Worte nicht erfassen.

Sie hätte sie erlösen sollen. Nicht der liebe Gott.

Edith schweigt wieder, aber dass sie überhaupt ein Wort gesagt hat, scheint Johann Zeichen genug für ihre Lebendigkeit und Widerstandskraft, die man ohnehin nicht hoch genug einschätzen kann.

Das Herz war doch so schwach. Sie hat ja gar nicht überleben können, mit diesem vom Krupp zerfressenen Herzen.

Was? Sie hat nicht überleben können?

Ediths Blick klärt sich plötzlich und fasst Johann ganz deutlich ins Auge.

Hat er ihr nicht vorgestern gesagt, dass sie zu Ostern sogar daheim nach den Eiern wird suchen können? Hat er das nicht grade vorgestern zu ihr gesagt.

Johann schweigt. Das hat er doch gesagt?

Edith wendet ihren Blick wieder ab und schaut nach innen, wo die kleine Anna in ihrem Bettchen liegt mit geschlossenen Augen. So liegt sie manches Mal da, wenn die Mama hereinkommt, mit ihrem neuen Buch unter dem Arm. Gleich wird sie die Augen aufschlagen und lächeln, und Edith wird sagen, dass sie eine Überraschung hat. Die Kleine wird staunen und noch bevor Edith den Mantel ablegt, setzt sie sich nieder und schlägt das Buch an einer Stelle auf, die für alle Zeiten Annas Lieblingsbild sein wird, auf die sie von der ersten Seite an wartet und der sie entgegen zittert. Die Mama zieht den Pfeil auf der rechten Seite und die feuerrote Zunge des Wolfs springt heraus, während sich zugleich das Weiß seiner Augen gefährlich ausdehnt.

Edith?

Aber sie will nicht zurück, die Edith. Sie will hinter ihren geschlossenen Augen bei ihrem kleinen Engel verharren, der die Zunge herausstreckt wie der Wolf, die belegte, vom Krupp wunde Zunge. Wie oft hat die Frau Doktor gesagt, seit Wochen schon, streck mal deine schöne kleine Zunge heraus und sage einmal Ah. Und wie brav sie das alles gemacht hat und immer wieder und wieder und auch, als das Schlucken schon kaum noch möglich war und jede Bewegung im Rachen mit Schmerzen verbunden, hat die Kleine brav ihr Ah hervorgestoßen und jetzt kommt dieser Wolf und tut es ihr gleich. Edith lächelt und will nicht zurück. Zurück zu Johann und zum kleinen Paul, den die Hebamme gleich hereintragen wird, ein ungenaues Bündel aus Windeln und Wolltüchern.

Edith? Er hat nicht gesagt, dass sie wird Ostereier suchen können daheim.

Edith schlägt die Augen nun doch auf, aber kommentieren will sie das nicht. Sie meint, schon, dass er das gesagt hat und wenn nicht, dann war sein Satz halt so ähnlich. Sie wird wohl heim können, so ähnlich war er doch der Satz, in dessen Licht sie sich schon gesehen hat mit der Kleinen im Garten. Johann greift nach Ediths Händen, die ineinander geschlungen auf der Bettdecke liegen, mit weißen Knöcheln, so stark presst die Linke die Finger der Rechten. Bewegungslos liegen die Hände da, starr und verkrampft, als wollten sie nie mehr voneinander lassen, und es entspannt sich auch kein Muskel, als Johann nach ihnen greift.

Er hat sie nicht noch mehr beunruhigen wollen.

So? In Ediths Körper scheint nun doch etwas in Bewegung zu geraten. Er hört ihren Atem, tief holt sie Luft, als wolle sie sich zurück ins Leben bringen und schlägt die Augen auf.

So? Er wollte sie also nicht beunruhigen? Er hat ihr also verschwiegen, wie es um Anna tatsächlich steht.

Johann schweigt.

Und Anna?

Wenn er gewusst hat, dass es so schlecht steht und die Prognosen das schlimmste befürchten lassen, dann. Edith zieht ihre Hände fort. Ach so. Er hat halt an sie gedacht. An Edith. Er hat sich auch der Frau Doktor nicht widersetzen können.

Aber vor allem: er hat an sie denken müssen, an Edith zuallererst. Er will sie nicht auch noch verlieren.

Edith will alles ganz genau wissen jetzt, jedes Detail soll Johann ausbreiten. Um wie viel Uhr genau? War einer bei ihr? Wieder und wieder kommen ihre leisen Fragen nach den Umständen des Anfalls, und wer genau bei ihr war, und ob die Ärztin nicht gleich zur Hand war und wie denn der Pulsschlag nach dem Anfall gewesen ist, ob anders als vorher oder gleichermaßen rasch, wie er eben häufig war seit der Krankheit, durch das Fieber auf eine ungute Weise beschleunigt. Auf die Antworten, die von Johann kommen, so gut es eben seiner Kenntnis und seinem Gemütszustand entsprechend geht, zeigt Edith aber gar keine Reaktion. Sie scheint immer weiter in die Kissen zurückzusinken, bleich war sie vorher auch schon, aber jetzt scheint sie zu verschwinden im Weiß der Laken, der Haaransatz weicht zurück, scheint Johann, die Augen verschwinden in ihren Höhlen und nur, wenn Johann nicht rasch und genau genug bei der Hand ist mit einer Antwort, richtet sich ihr Blick einigermaßen fest auf ihn, dann zieht er sich wieder zurück, Johann weiß nicht wohin, und so sehr er sich wünscht einen Kontakt zu Edith zu finden, so wenig weiß er, wie er ihr folgen könnte.

Wo sind denn Annas Spielsachen?

Edith steht in der Küchentür und schaut in die Ecke unter dem Fenster, wo der kleine, von Georg in einem frischen Rot lackierte

Kindertisch fehlt, an dem die Kleine ihre ersten Bilder für die Mama gemalt hat. Und dort saß ein Affe aus Holz und hat ihr dabei zugeschaut. Klaus hieß der nach einem Nachbarsbuben, der ein ähnlich vorspringendes Kinn vorzuweisen hatte wie diese Holzfigur.

Wo ist denn der Klaus hingekommen?

Edith dreht sich um und schaut ihre Schwester an, die mit dem kleinen Paul auf dem Arm hereinkommt. Johann steht auch da und keiner sagt ein Wort und beide wünschen sich wohl, gar nicht hier zu sein, denn sie bewegen sich wie in Watte, zeitlupenartig langsam und geräuschlos, als könne jedes kleine Lebenszeichen hier ein furchtbares Unglück auslösen, dabei ist das Unglück längst schon geschehen. Wo sind denn Annas Sächelchen? Wo ist denn der Puppenkalender, der über dem Tischchen hing, die kleine Ente aus Blech, die sie Tag für Tag um den Tisch herum hinter sich hergezogen hat, nur um ihr diese scheppernden Laute zu entlocken, die mit dem Geschnatter einer Ente keine Ähnlichkeit haben. Die Bilderbücher?

Bei jeder Gelegenheit hat sie der Anna ein Bilderbuch geschenkt, grade weil sie selbst gar keine hatte als Kind, hat sie ihrem Mädchen eines nach dem andern angeschleppt und die harten kartonierten Seiten mit einer Begeisterung aufgeschlagen, als sei sie selbst wieder ein Kind. Und das war sie ja auch in diesen Momenten, nichts anderes als die große Schwester, grade wie in der Kindheit auch, als sie sich mit ihrem Schwesterchen abgab, hinten im Hof, hinter der Mistgrube sitzend, wo der Gemüsegarten anfing und sich hinunterzog bis zum Bach. Und wie die Schwester hat auch die kleine Anna an ihren Lippen gehangen und jedes Wort erwartet, von Prinzessinnen, dem Kobold im dunklen Wald und den Sieben Zwergen, denen der Großvater Gustav beim Holz schlagen im Wald gewiss eines Tages einmal wird begegnen müssen. Die kleine Schwester mit den fest geflochtenen Zöpfen, die bei jeder Erwähnung eines unheimlichen Ereignisses zusammengezuckt war und nach Ediths Hand griff, steht jetzt dort und legt den Säugling auf dem Esstisch ab.

Der Bub ist still und hält die Augen geschlossen, trotz der Bewegung, die das Auspacken verursacht und Annas leisen Sätzen, die ihm klarmachen wollen, dass er nun daheim ist und vollends angekommen im Leben und dass dort bei der Tür sein Papa steht und die Schritte, die sich gerade die Treppe hinauf nähern, das wird wohl die Oma sein, die zu seiner Begrüßung erscheint.

Wo sind denn die Bilderbücher?

Edith hat der Szene eine Weile zugeschaut, den Bewegungen der anderen, hin zu dem kleinen Buben inmitten seiner Decken auf dem Tisch. Louise lächelt, sie streckt den Zeigefinger in Richtung dieses winzigen Gesichtchens und wird ihn wohl noch aufwecken, den neuen Erdenbürger. Passt sie selbst überhaupt noch ins Bild? Gehört sie noch dazu, zu dieser Szene, die sie da vor sich sieht? Edith weiß plötzlich nicht sicher, ob sie selbst anwesend ist, so fern scheinen ihr die andern.

Hund und Katze und Maus waren die ersten Wörter, die Anna nach dem allfälligen Mammama und Pappapa ausgesprochen und immer gleich auch aus der Tierwelt dieser Bücher herausgefischt und gezeigt hat. Wieder und wieder und wieder wurden die Seiten umgeblättert, der blonde Schäferhund und die getigerte Katze gesucht und mit einem dadada begrüßt. Dann kam schon bald der Elefant dazu, der vielleicht wegen seines lustigen Rüssels beeindruckt hat und dessen langer Name von der Kleinen so lange auf die zweite Silbe beschränkt worden war, bis Edith schließlich selbst nur noch vom Fant gesprochen hatte.

Anna hat die Spielsachen eingepackt und weggestellt. Johann steht hinter Edith, um ihr aus dem Mantel zu helfen und nimmt ihr die Tasche aus der Hand und den grauen Schal vom Hals.

Ach, so? Sie folgt Johanns vorsichtigen Bemühungen und hebt den Arm, wenn es verlangt ist, um aus dem Ärmel zu schlüpfen.

Warum hat sie das denn getan, die Anna?

Edith lässt Johann mit dem Mantel stehen und läuft hinüber ins Schlafzimmer. Wenigstens das Bettchen steht noch dort. Annas frisch lackiertes Bettchen mit dem heiteren Sommerstrauß aus Kornblumen und Getreidehalmen über dem Kopfkissen. Da soll jetzt wohl der kleine Paul schlafen, deshalb steht das Bettchen noch dort. Denn das Körbchen fehlt. Das Babykörbchen, das Edith für den Säugling vorgesehen hat, war doch wohl groß genug für so ein Würmchen.

Und die rosa Jäckchen und Hemdchen?

Selbst die Röckchen, die Anna gar nicht mehr gepasst hatten und die nur noch im Schrank lagen, um später einmal zu ihr zu sagen, schau dir an, wie winzig du warst. Für diesen Satz werden sie ja nun nicht mehr gebraucht. Aber trotzdem. Das blau-weiß gestreifte Sommerkleidchen, das die alte Frau Pfarrer geschickt hat und Anna über die Schulter hing wie ein Fastnachtskostüm. Alles hat gelacht, nur die Anna war etwas unsicher, ob sie einstimmen soll oder ausgelacht wird. Im nächsten Jahr passt es, hat es dann geheißen, die alte Frau Pfarrer weiß halt gar nicht mehr, wie groß ein Kind im vierten Jahr ist.

Wo ist denn das Kleidchen? Die Frau Pfarrer hat es doch sehen wollen, das kleine Matrosenmädchen. Edith zieht die Schublade ihrer Kommode auf, aber wo grade noch die Jäckchen und Blüschen ihres Mädchens lagen, hat Anna frisches, buntbedrucktes Papier ausgelegt.

Warum denn? Sollen dort in Zukunft die Windeln des kleinen Paul liegen? Anna zuckt mit den Schultern. So genau hat sie darüber nicht bestimmen wollen. Für den kleinen Paul war doch anderswo Platz. Edith dreht sich zum Kleiderschrank um und öffnet die Tür. Hier! Hier hatte sie schon ein Fach freigeräumt. Mehr braucht die Wäsche eines Säuglings doch gar nicht. Anna schweigt.

Sie hat doch für alles gesorgt und das Notwendige im Auge gehabt. Oder? Anna nickt. Ja, gewiss hat sie das. Sie hat der großen Schwester auch keine Vorschriften machen wollen mit dem Forträumen der Sachen, sondern erleichtern wollen hat sie es ihr. Das Heimkommen. Sie hatten gemeint, Johann eben auch, dass es ihr noch schwerer falle, wenn jeder Gegenstand an die Kleine erinnere.

Ach so. Edith lässt sich vorsichtig auf der Bettkante nieder und sucht nach etwas Vertrautem, so fremd wirkt dieses Zimmer mit einem Mal, ihr eigenes Schlafzimmer. Sie hat es gut gemeint, die Anna, und auch beileibe nichts hergegeben, alles liegt säuberlich gefaltet im Koffer, und später einmal, vielleicht wenn der erste Schmerz vorbei ist, wird sie ihn öffnen können und ganz allein darüber befinden, wie mit dem Nachlass des kleinen Engels verfahren werden soll. Edith nickt, so war es also gemeint, sie versteht jedes Wort ihrer Schwester und Johanns Nicken versteht sie auch.

Kann er das Körbchen wieder herauf holen? Aus dem Keller, denn dort steht es doch wohl inzwischen wieder.

Johann zuckt mit den Schultern, als wisse er nicht so genau. Wozu denn das Körbchen, man könnte den Buben doch ins Bettchen legen.

Nein. Edith schüttelt den Kopf. Nicht ins Bettchen. Sie hat ja vorgesorgt für das Neugeborene und rechtzeitig das Körbchen gereinigt und frisch bezogen und den Himmel darüber gehängt. Es war Platz für beides, für das Bettchen und das Körbchen, es war nicht zu eng! Nein, das war es nicht! Also kann er hinunter gehen und das Körbchen holen und unter das Fenster stellen, wie sie es vorgesehen hat.

Als Erstes möchte sie jetzt hinauf zum Friedhof laufen und ein paar Blumen hintragen.

Was gibt es denn in den Geschäften? Sind schon Narzissen zu haben, bestimmt sollten Narzissen und Osterglocken da sein, die hat die Kleine immer so gerne gehabt.

Will sie nicht lieber abwarten und ein wenig zu sich kommen und neue Kräfte sammeln. Das lange Stehen ist doch von der Ärztin noch gar nicht erlaubt.

Nein, abwarten will sie nicht mehr, das weiß er doch. Sie möchte jetzt hinauf gehen und möglicherweise will er sie begleiten. Edith greift nach dem Mantel, und ohne sich noch einmal umzuwenden und bis später oder ähnliches den Zurückbleibenden zuzurufen oder auf Johann zu achten, der nicht rasch genug seinen schwarzen Rock überstreifen kann, läuft sie die Treppe hinunter und aus dem Haus hinaus wie auf der Flucht. Wie bei der ersten Nachricht von Annas Tod überfällt sie jetzt wieder die Angst, nicht zur Stelle zu sein. Nicht an Annas Bett, als ihr kleines Herz seinen Rhythmus verlor, nicht hier, als der leichte Sarg in dieser Grube verschwand, über der sich die Erde wölbt.

Alle andern waren da! Das kann sie an den Blumen erkennen, an den Kinderkränzen und Blumen bestickten Herzchen und den Nelkensträußen in Einweckgläsern, die jemand in die lockere Erde gesteckt hat. Die Blumen lassen noch kaum die Köpfe hängen, dank des kühlen aber trockenen Wetters der letzten Tage, grade so, als sei dieses Grab heute früh erst geschlossen worden, als käme sie nur eben um ein, zwei Stunden zu spät zur Beerdigung ihrer Tochter. Einfach ein kleines Versäumnis, sie ist aufgehalten worden oder hat die Uhrzeit verschlafen und jetzt steht sie dort und schaut sich an, wie pünktlich alle andern waren und wie liebevoll sie der Kleinen gedacht haben. Edith kniet sich nieder, um die Hand auf die groben Krumen der hellen Erde zu legen, viel heller und lehmiger ist der Boden hier als bei ihr daheim. Wie kühl er unter ihren Handflächen liegt.

Was wird er sich gedacht haben, ihr kleiner Engel, als er von oben herab auf diese Versammlung geschaut hat und wieder die Mama nicht fand?

Edith will Johann diese Frage stellen und schaut zu ihm auf, er hat sie nicht abhalten können, sich hinzuknien, aber dann schweigt sie doch, sie weiß ja was er sagen wird. Wenn die kleine Anna heruntergeschaut haben sollte, dann wird sie auch gewusst haben, wo Edith liegt und warum sie nicht hier sein kann. Sie schweigt lieber und wendet sich den Gestecken zu, deren Blütenpracht so frisch aufleuchtet. Sie studiert die Namen auf den Schleifen, in ewigem Gedenken, in liebem Erinnern deine Großeltern, deine Tante Anna, deine Oma und Opa.

Was für ein Holz hat er denn gewählt, der Johann.

Eine rötliche Buche.

So? Und das Lied? *Oh, Haupt voll Blut und Wunden*?

Johann nickt. Ja, das wurde gesungen, wie von ihr gewünscht, er hat alles dem Pfarrer ausgerichtet, wie aufgetragen und der hat diesem Wunsch schließlich zugestimmt, obwohl es nicht gesungen wird bei diesen Anlässen normalerweise.

Was weiß der denn schon.

Edith schüttelt den Kopf. Dieser Parteigenosse. Hat nicht der alte Herr Pfarrer kommen können für die Anna, er hat sie doch so gut gekannt. Wie oft hat er Annas schöne Aussprache gelobt und ihr freundliches Wesen.

Johann nickt. Ja das hat er.

Edith steht auf, und ohne sich den Lehm von den Knien zu wischen, geht sie um den Hügel herum, den sie am liebsten aufkratzen möchte mit ihren Händen, um den kleinen Sarg zu berühren, um den Deckel aufzuschlagen und das Gesicht noch einmal zu sehen, dass sie jetzt schon so vermisst, und wie sehr wird sie es erst vermissen, wenn die Zeit vergeht und Anna nicht wiederkommt. Sie wird ja nicht wiederkommen, da mag soviel Zeit verstreichen wie auf der Welt nur vorhanden ist. Edith kann sich nicht vorstellen, dass es leichter wird, sondern nur schwerer. Die Zeit wird darüber hinweggehen und Ihnen helfen zu vergessen, so hat es auf der Kondolenzkarte des neuen Pfarrers gestanden, das hätte er sich sparen können, dafür war ja die Tinte zu schade, für einen solchen Satz.

Edith steht am Kopfende des frischen Grabs, wo bislang die Gravur auf dem Stein kundtat, dass hier Georgs erste Frau begraben liegt. Wenn er wieder aufgestellt wird, soll ein Schriftzug die kurze Spanne von Annas Leben bezeichnen, 6. Juni 1937 bis 26. Februar 1941. Edith wünscht sich etwas Besonderes für diese Schrift, in Gold soll er gemeißelt werden, dieser Name und Annas Besonderheit Rech-nung tragen, obwohl sie schöner und liebreizender war, als es noch der dunkelste Granit und der strahlendste Schriftzug wird darstellen können. Das Gold wird sich auswaschen und nach kurzer Zeit schon wird man die Schrift kaum noch erkennen können.

Trotzdem. Edith sucht nach einer Spur, einem Faden, der sie zu ihrer Kleinen hinführt. Und noch einmal muss Johann aufzählen, wer alles gekommen war, alle Nachbarn die Straße hinauf bis zu ihrem Ende, Louises Kundschaft und sogar aus dem Krankenhaus waren, wenn auch nicht die Ärztin, die im Dienst war und ihre Patienten nicht hatte alleine lassen können, doch zwei Schwestern angereist, mit ihren weißen Hauben standen sie da, etwas abseits von all den fremden Leuten, und hielten rote Nelken in der Hand.

Nur die Mama hat gefehlt. Edith hat die beiden Brokatbänder des üppig geschmückten Kranzes ausgebreitet. In tiefer Trauer steht auf der einen, dein Vater und deine Mutter auf der anderen Seite.

Nur die Mama hat gefehlt.

Sie spricht es noch einmal aus, zu Johann hinüber, der zu ihr herüber zuschaut, reglos und ein wenig ängstlich. Lieber würde er rasch heimgehen. Ediths Hand nehmen und lass uns gehen sagen. Nicht um seinetwillen, er war jeden Tag hier, abends war er noch hinaufgelaufen, nach seinem Krankenhausgang, um die vom Wind aufgeworfenen Schleifen neu zu ordnen und verwelkte Blumen aus den Vasen zu ziehen und um einfach nur dazustehen und nach einem Sinn zu suchen, einer Erklärung für diese Abwesenheit.

Hätte man die Beisetzung nicht doch noch verschieben können?

Ja, davor hat er sich gefürchtet und da ist sie auch schon: Ediths Scham. Sie schämt sich dafür, nicht da gewesen zu sein. Aber Johann sagt nein, wie schon zuvor, als das Thema darauf kam.

Ein paar Tage nur, bis sie aus dem Krankenhaus entlassen und wieder zu Hause wäre?

Nein. Johann sagt wieder Nein, auch dann nicht, auch wenn sie daheim gewesen wäre und dann wäre es ihr ja noch schwerer gefallen. Aus einem Grund, den er selbst nicht hätte genauer beschreiben können, schien es besser, Edith fernzuhalten. Er meint sie zu schonen, wenn er es alleine auf sich nimmt. Und vorläufig wäre es auch gar nicht möglich, kein Arzt würde dem zustimmen, dass Edith eine Woche nach der Geburt an einer Beerdigung teilnimmt und sei es an der ihres eigenen Kindes. Gerade an der ihres eigenen Kindes hatte die Ärztin gesagt und ihm recht gegeben, sollte eine Frau in ihrem Zustand nicht teilnehmen. Da seien Schäden zu erwarten, gerade auch im Hinblick auf die Milch für das neue Baby. Die Milch könne wegbleiben, zum Beispiel oder der Vorgang dort auf dem Friedhof könnte sie in einen Schock versetzen, der es ihr unmöglich macht, den Neugeborenen zu versorgen. Johann stimmt dem zu.

Er meint, Edith könne so vielleicht schneller vergessen und in einen Alltag zurückfinden, in dem nun ein kleiner Bub statt eines Mädchens den Ton angibt. Er schiebt seinen eigenen Schmerz beiseite in der Hoffnung, Edith damit ein wenig von dem ihren zu nehmen. Zuhause haben sie, Anna und er, mit der Unterstützung von Louise, die rosa Jäckchen und Schürzchen beiseite geräumt, und die Püppchen in einen Karton mit der Aufschrift „Das gute Sonnenmehl" verpackt. Nur diese Fotografie hat er hängen lassen, auf dem ihre beiden Gesichter in die Kamera leuchten, das Mädchen mit einer weißen Schleife in seinen dunklen Locken, lächelnd in der Erwartung wahrscheinlich des Vögelchens, das jeden Augenblick aus der Linse des Apparats auffliegen wird. Und Edith hinter ihm, an das Töchterchen geschmiegt und gleichfalls lächelnd. Noch kein Jahr ist vergangen, seit sie ihm dieses Bildchen geschickt hat, zu Pfingsten war es, als er nicht hatte heimkommen können, und mit welchem Stolz hatte er es den Kameraden und Wirtsleuten gezeigt. Seine schöne junge Frau und ihr kleines Mädchen.

Und jetzt? Wenn er früher da gewesen wäre, wenn er rechtzeitig erkannt hätte, dass es daheim auf Leben und Tod geht und nicht dort, auf seinem Posten auf der Saarbrücke? Wenn er Ediths Schilderungen nicht für übertrieben in ihrer mütterlichen Sorge gehalten hätte.

Ja, das hatte er.

Wie konnte er annehmen, dass ein Kind an Ohrenschmerzen stirbt? Wie oft hatte Paul als Kind zusammengedrückte kleine Baumwollkügelchen in den Ohren stecken und die Mütze drüberziehen müssen und wie oft mit schief gehaltenem Köpfchen gejammert. Johanns Fehleinschätzungen häufen sich. Dass der Krieg nur ein halbes Jahr dauern würde, ist auch ein Irrtum, an den er nicht gerne erinnert wird. Nun dauert er schon dreimal so lang und Johann will keine Prognosen mehr abgeben, obwohl Louise bald täglich danach verlangt.

Wie soll das weitergehen?

Johann weiß es nicht.

Hat das mal ein Ende? Wann kommt er wieder nach Hause?

Johann weiß es nicht.

Und der Paul? Wird er auch fortbleiben?

Ein ums andere Mal fällt Johann nichts Genaueres ein, und Georg murmelt in Richtung seines Suppentellers, als Nächstes kommt der Russe.

Ach, was! Johann schüttelt mit einer Heftigkeit den Kopf, als sei er sich an dieser einen Stelle jedenfalls sicher.

Na, mal abwarten.

Louise schaut Johann an, als habe er Einfluss auf den Lauf der Geschichte, mehr noch, als sei er verantwortlich für die Unabsehbarkeit dieses Krieges. Weil er eine Uniform trägt. Deshalb. Aber er fühlt sich nicht zuständig, ganz und gar nicht. Er hat auf die ersten Siege vertraut wie Louise auch, das ist alles.

Georg hat es ihnen gleich gesagt!

Wenn dieser Satz vom Kopfende des Tisches herüberschwebt, leise, wie Georg seine Sätze häufig von sich gibt, fast so, als sage er sie nur zu sich selbst, dann steigt der Zorn in Johann auf. Er schiebt den Stuhl über den Küchenboden, dass er umzukippen droht.

Mahlzeit, ihm reicht es.

Er läuft hinaus in den Hof, durch die Werkstatt in den Garten und wieder zurück und das ganze von vorn, oder er springt die Treppe hinauf und lässt sich aufs Bett fallen. Er wartet bis sein Atem sich beruhigt hat, bis er wieder klarer sieht. Aber er sieht nicht klarer, er will sich zu keinem Satz die Zukunft betreffend mehr hinreißen lassen. Nicht einmal über seine eigene Zukunft könnte er eine Aussage machen und alles darüber hinaus, kann ihm, er sieht das jetzt deutlicher, als er es sich zu Anfang des Krieges hatte eingestehen wollen, gestohlen bleiben. Er braucht den Lebensraum im Osten nicht und kann auch nur auf einen winzigen Bruchteil des deutschen Volkes seine Aufmerksamkeit richten und dieser Bruchteil heißt Edith. Paul haben sie nicht einen Tag Urlaub gegeben, um an Annas Beerdigung teilzunehmen.

Nur bei nächsten Familienangehörigen heißt es, bei Vater und Mutter, der Frau oder den eigenen Kindern. Paul bleibt nichts übrig, als in seiner ungeschickten Handschrift ein paar Zeilen auf eine Karte mit schwarzem Rand zu kritzeln.

Mit großer Trauer habe ich gehört, dass Gott der Herr Euer und unser allerliebstes Annalein von seinen Schmerzen erlöst hat.

Der Paul. Von sich selbst schreibt er nichts. Seit Monaten nicht,

Louise hat noch kein einziges Mal einen Brief von ihm erhalten. Zwei Postkarten mit Fotografien der Landschaft darauf, einer etwas ungenauen Bergkette und auf einer anderen ein Wasserfall in Schwarz-Weiß. Damit Ihr einen Eindruck von der Gegend habt, in der ich nun stationiert bin.

Das sind seine Auskünfte, und das Einzige, was sie wissen und schon dem Absender hätten entnehmen können, ist, dass er immer weiter in den Osten rutscht. Johann atmet tief durch, er schluckt, er starrt zur Decke. Dieser Umstand könnte vielleicht seinen neuerlichen Antrag begünstigen. Das sagt er sich jetzt, und jeden Tag aufs Neue sagt er es auch Edith: Diesem Antrag wird sicher stattgegeben und die Leitung hat ein Einsehen damit, dass weder Geschäft noch Familie ohne Mann sein können.

Ediths Tapferkeit.

Johann weiß nicht: soll er sie bewundern oder. Oder tut sie sich zu viel damit an. Mit diesem stoischen Rückzug in sich selbst, diesem majestätischen Schweigen, das er bislang gar nicht kannte an ihr. Als der Stellungsbefehl kam, der ihn zu einem Dienst fern von ihr verpflichtet hatte, hat Edith geweint und durch deutliches Klagen und nächtliches Jammern zu verstehen gegeben, dass sie leidet und keineswegs wie andere Frauen bereit ist, ihren Mann dem deutschen Volk zu überlassen. Sie ist auch das deutsche Volk, hat es geheißen und was für schöne Tränen da geflossen sind, wie sehr sie ihn zum Trost aufgefordert hatten. Johann sehnt die Zeit herbei, in der er über Ediths Tränen lächeln konnte.

Jetzt weint Edith nicht oder jedenfalls nur dieses eine Mal hat er sie weinen sehen. Als sie am Grab standen, als jedes Detail der Beisetzung von ihm vorgetragen und von ihr mit einem unbeweglichen Gesicht entgegen genommen worden war, dann schließlich, als sie sich gerade umwenden wollten, um endlich heim zu gehen, denn sie konnten ja nicht bleiben bis ans Ende aller Tage, da erst brachen die Tränen und ein tiefes Schluchzen aus Edith hervor. Sie hat überhaupt nicht mehr fort gehen wollen und sich an ihn geklammert, dass er auch bleibt und sie hier die Dunkelheit abwarten. Dann erst liefen sie am Pfarrhaus vorbei nach Hause und bis sie dort ankamen, war Edith schon wieder in diese Starre gefallen, in dieses Schweigen. Sie hatte den kleinen Paul aus Louises Obhut mit hinauf genommen und sich ihm ganz und ausschließlich zugewandt, als sei Johann nicht mehr anwesend.

Alle Welt nennt es jetzt tapfer, wie sie sich um den Säugling kümmert und sich zurückhält mit ihren Tränen, auch Louise hält der Schwiegertochter diese Tapferkeit zugute, denn die Klagen wird ja doch keiner erhören und ändern lässt sich nichts.

Aber Johann weiß nicht so recht.

Anfangs hat er sich gefürchtet vor Ediths Lamento, vor einem Ausbruch ihrer Gefühle, den er gewiss weder hätte trösten noch eindämmen können. Aber jetzt wünscht er sie sich manchmal herbei, Ediths Tränen, ihren Gefühlsausbruch, ihre Klagen um Anna. Mit rotgeweinten Augen hatte sie die Taubheit Annas zur Kenntnis genommen, obwohl, wie er damals nicht müde wurde und es wieder und wieder in seinen Briefen zu schreiben: nur auf einem Ohr. Das vergeht wieder. Später wird keiner es mehr merken selbst Anna nicht. Jetzt fehlen alle Verweise auf später.

Also muss er wieder fort? Aha.

Edith holt Luft, mehr als man braucht, wenn man gar kein Wort sagen will, so wie es jetzt manchmal ihre Art ist, einzuatmen und sich ein wenig aufzurichten als wolle sie etwas loswerden, aber dann beugt sich ihr Rücken wieder, ihr Oberkörper neigt sich etwas zu, das in ihrem Innern stecken bleibt und sie schweigt. Sie schaut Johann an.

Er hat es wirklich versucht.

Ja. Edith nickt, da kann sie nicht widersprechen.

Er hat ihr sogar seinen Antrag zur Prüfung vorgelesen. Der Tod seiner Tochter, die Krankheit seiner Frau, der Bruder praktisch an der Front, die alten Eltern, das Geschäft ohne Männer, der Lehrling gefallen, die Gesellen im Feld, der gebeugte Vater. Er hat alles aufgezählt, und am Ende nochmals auf seine Frau verwiesen, die zurzeit nicht die Geschäfte verwalten kann.

Abgelehnt! Spende auch Du für die Büchersammlung der NSDAP für unsere Wehrmacht, hat einer auf dem Umschlag des Bescheids gestempelt. Letzten Endes erreicht Edith die Nachricht nicht bis ins Innere wie nach seiner Einberufung, als sie drüben auf dem Bett lagen nebeneinander, er in seiner Uniform, und zur Decke schauten.

Wie sehr sie ihm damals hatte glauben wollen. Bis zur Ernte wird er womöglich schon wieder da sein und sie könne heimfahren zu ihren Leuten und Garben binden und Erntedank feiern. Wenn nicht zur Ernte dann im Herbst und spätestens Weihnachten werden sie zusammen unter dem Baum sitzen und mal sehen, was Anna vom Christkind bekommt.

Diesmal liegt die Landschaft also etwas weiter entfernt. Johann holt schon den Atlas, um es vorzuzeigen, dieses Jugoslawien. Sogar er weiß sich davon keine Vorstellung zu machen und zieht mit dem Finger eine direkte Linie zu einem grünlichen schmalen Streifen, der so nah am Reich gar nicht liegt. Aha. Da glänzt auch gleich die lustige blaue Fläche des Meeres. Edith lächelt.

Das Mittelmeer. Da hat sie einmal hinwollen, mit der Anna.

Aber Edith! Das Mittelmeer ist doch hier, jenseits des italienischen Stiefels, was sich an Jugoslawien drängt, heißt Adria. Johann zieht den Atlas zu sich heran und versucht die Bilder eines Meeres in sich aufsteigen lassen, dass er noch niemals gesehen hat.

Blau, aber was für ein Blau?

Nur den Ostseestrand ist er einmal entlang gewandert, an einem recht trüben Tag noch dazu, im Schlepptau natürlich den Liederkranz und leider nicht Edith. Alles war bleiern und schwer, der Himmel grau und das Wasser mit seinen weißen Kronen gleichfalls, wie eine sich bewegende Decke aus Blei. Dass dieser Ostsee im Atlas die gleiche Farbe gegeben wird wie dieser Spiegelung eines ultramarinen und lichten Himmels scheint ihm falsch, wie übrigens das Beige von Jugoslawien gleichfalls falsch erscheint, denn es rückt die Landschaft weit in die Ferne einer Wüste, dabei heißt es für Jugoslawien jetzt heim ins Reich. Johanns Finger liegt noch immer auf der Karte. Mehr weiß er nicht zu zeigen, denn seinen Einsatzort wird er morgen erst erfahren.

Morgen? So rasch?

Edith greift nach einem Bilderrahmen, sie will schon lang dieses Bild auswechseln, auf dem sie strahlt, hinter Anna sitzend.

Ach, nein! Johann nimmt es ihr aus der Hand.

Das doch nicht! Das wird sie hängen lassen, denn es ist ja jetzt nicht weniger wirklich. Er wird ihr einen neuen kleinen Rahmen besorgen, und so kann sie Annas letzte Fotografie gleichfalls aufhängen, über ihr Nachtkästchen oder im Wohnzimmer neben das Buffet, wo immer sie möchte, wird Anna ihr abwesendes Lächeln von der Wand herunterschicken. Aber er will sie beide auch so im Gedächtnis behalten und sich erinnern können, daran wie schön sie waren, wie heiter und hingewendet zu einer strahlenden Zukunft, von der er ein Teil war.

Edith nimmt ihre Hände fort und lässt Johann gewähren. Sie lächelt fast über seine vielen Worte, das war fast schon eine Rede, die er da für Annas und ihre Schönheit gehalten hat. Da wird sie nachgeben und ihm das Bildchen überlassen.

Wie lange wird es dauern? Also was meint er denn? Wie lange wird er noch dauern, der Krieg?

Johann zuckt mit den Achseln.

Bislang ist ja alles so schnell gegangen, Polen, Belgien, Elsass-Lothringen, Holland, Frankreich. Wenn es so weiter geht, dann.

Was denn dann? Warum bringt er den Satz nicht zu Ende?

Dann wird er spätestens zu Weihnachten wieder daheim sein.

Das hat er doch vor einem Jahr auch schon gesagt:

Johann nickt. Danach werden sie einmal eine Reise machen. Die Reise ans Meer wie von Edith gewünscht. Nach Italien! Sie nehmen den Zug und fahren durch und über die Schweizer Berge drüber, vorbei am Vierwaldstättersee. Edith?

Sie lächelt ein wenig, tatsächlich lässt sie ein schüchternes, kleines Lächeln sehen und so winzig es ist, es befeuert Johann augenblicklich im Ausmalen dieser Reise, da können sie doch Station machen, am Vierwaldstättersee. Mal sehen, ob es dieses kleine Hotel noch gibt am Ufer, wo sie so feinen Fisch serviert haben zum Nachtessen. Den können sie wieder speisen und sich an damals erinnern, an die Hochzeitsreise und dann weiter bis nach Venedig. Was meint Edith denn zu Venedig. Eine Stadt auf dem Wasser.

Edith nickt und scheint ganz bei der Sache zu sein, hinter dem Krieg angekommen und letztlich, wenn er zu Weihnachten daheim ist, könnten sie das sogar schon für den nächsten Sommer ins Auge fassen, vielleicht im August, zum Hochzeitstag.

Das wäre doch was?

Grade zum Hochzeitstag wieder dort zu sein, am Vierwaldstättersee und dann weiterzureisen. Johann scheint alles so nah plötzlich, so greifbar, das Ende des Kriegs, seine Rückkehr, Italien. Der Sommer. Den Buben lassen sie in Louises Obhut, auf den kann die Großmutter Acht geben, die kann ja so gut mit kleinen Buben und bis dahin läuft er schon und das wird ihr ja Freude machen, den Kleinen auf ein oder zwei Wochen zu versorgen.

Johann greift nach Ediths Hand, um sie ein wenig zu sich heran zu ziehen und diese Pläne zu besiegeln und beizeiten ein Versprechen daraus zu machen, etwas worauf sie beide in den nächsten Monaten zu leben können. Und sie beugt sich zum ihm hin und nickt, um anzudeuten, dass sie Johann folgt in seinen Phantasien und später eben auch nach Italien folgen wird.

Da fällt ihr diese große Leere wieder ein: und Anna?

Liebe Anna,

ich lege Dir zwei Bildchen bei, damit Du eines an die Großmutter weiter geben kannst, ich komme nicht dazu, ihr zu schreiben, meine Müdigkeit lässt mich abends augenblicklich umfallen, auch wenn ich nicht schlafen kann, so kann ich mich doch kaum aufrecht halten. Schau nur, wie gleich sie Dir sieht! Grade gestern habe ich alle Fotografien herausgeholt, die in meinen Schachteln waren und sie vor mir ausgebreitet, um mich noch einmal zu vergewissern. Die Schwiegermutter sagt, ich soll es bleiben lassen und mich nicht wieder und wieder in diesen Schmerz hinein stürzen. Du würdest wohl das Gleiche sagen und mir die Bildchen wegnehmen wie die Spielsachen. Jedenfalls war ein kleines Bildchen dabei, dass der Paul einmal unten im Hof neben der Haustür gemacht hat. Annalein steht auf der Bank und trägt Louises Hut und die Handschuhe hat sie sich übergestreift bis zu den Ellbogen hinauf und winkt dem Paul zu wie eine kleine Dame. Wie aus dem Gesicht geschnitten schaut sie Dir ähnlich, grade mit den gleichen dunklen Locken wie Du sie als Kind hattest und das gleiche Lachen.

Meine liebe Anna, was soll jetzt noch werden? Ich nehme unten das Mittagessen und das Nachtessen ein, fühle mich aber ganz fremd, auch weil ich der Louise so wenig helfen kann, wegen dem kleinen Paul, der mich ja auch braucht. Dann geniere ich mich auch zu essen, wenn ich ihr gar nicht zur Hand gehen kann, obwohl der Johann mir in jedem Brief schreibt, ich soll bloß tüchtig essen und spazieren gehen. Mit dem Spazieren gehen weiß ich auch nicht, wie ich es halten soll. Am meisten oder überhaupt nur zieht es mich auf den Kirchhof, aber da kann ich den Buben nicht mitnehmen, weil ich den Wagen nicht vor dem Tor stehen lassen will. Und ihn zum Grab zu schieben, traue ich mich erst recht nicht mehr. Manches Mal habe ich noch daran gedacht und werde womöglich immer dran denken müssen, wie die Schwiegermutter mich angehalten hat, nicht das Kinderwägelchen auf den Friedhof zu schieben und die Kleine nicht mitzunehmen. Sie hat es nie mehr erwähnt seit die Anna tot ist, aber ich denke halt oft dran, wie ich es als Aberglauben abgetan habe, dass man die Kinder nicht auf den Friedhof lässt, bevor sie vier sind. Manchmal denke ich, dass ich doch hochmütig war.

Was schreibt der Deinige? Und wie geht es auf dem Hof ohne die Männer? Hier heißt es jetzt, zur Ernte werden sie Fremdarbeiter anweisen, aber keiner glaubt so recht daran außer halt die, die es verkünden. Und der Wald? Wird denn überhaupt Holz gefahren oder liegt das alles brach.

Liebe Anna, ich weiß gar nichts mehr von der Welt daheim, und auch von der hiesigen komme ich mir manchmal wie abgeschnitten vor. Es gab ein paar Einquartierungen in den Nachbarhäusern, von Städtern, die wegen der Bombardierungen heraus kamen, aber jetzt sind die Nächte wohl wieder ruhig, jedenfalls bis hier heraus haben wir nichts gehört. Und wenn es sich ein paar Tage ruhig hält, glaubt man schon daran, der Krieg sei vielleicht bald vorbei. Dann sagt aber die Grete – Du weißt schon, die Mutter von der kleinen Erika, sie hat das schöne Gesteck für die Anna gebracht – ihrer kommt jetzt nach Russland. Der Schwiegervater sagt, sie soll nicht die Leute mit diesem Geschwätz erschrecken, obwohl er selbst ja der größte Pessimist ist. Gebe Gott, dass es bald vorbei ist. Sag auch der Großmutter herzliche Grüße von mir,

Deine Schwester Edith

Der kleine Paul entwickelt sich prächtig, wie er da so ausgepackt auf dem Küchentisch liegt, mit seinen stämmigen Beinen strampelt und mit den Fäustchen fuchtelt. Ganz so, als wisse er nicht das geringste von den Umständen seiner Geburt und von Ediths kleiner Reserve, die sie ihm gegenüber hat. Sie weiß es selbst nicht so genau, was anders ist als bei der Anna. Manchmal meint sie, sie hat ein wenig Angst vor dem Paul, obwohl er doch so ein winzig kleines Wesen ist und ihr anempfohlen vom Herrgott.

Nein, also das stimmt gewiss nicht, dass sie sich fürchtet vor dem kleinen Strolch. Sie lächelt zu ihm hinunter und hält die Füße fest, damit er dagegen treten und seine Kräfte messen kann. Aber immerhin hat er sie davon abgehalten, bei der Anna zu sein. Obwohl er nichts dafür konnte. Das hat schließlich der liebe Gott so eingerichtet, dass es den Kleinen grade in diesem Augenblick auf die Welt drängt, wo die Anna nach ihr ruft.

Das hört Edith jetzt manchmal, wie Anna nach ihr ruft. Jetzt hört sie es, damals nicht. Nachts plötzlich schreckt sie aus dem Schlaf auf, weil sie Annas Stimmchen hört. Es ist dunkel um sie herum, auch im Traum, eine nicht ganz schwarze Nacht, wie an einem späten Sommerabend, und von weit her hört sie Anna Mama rufen, nicht einmal verzweifelt oder ängstlich, sondern wie in einem Spiel, in dem die Kleine davongelaufen ist und Edith nun informieren will, in welche Richtung sie laufen und schauen soll. Edith sucht eine Weile den dämmrigen Horizont ab und meint plötzlich, sie steht am Feldrand daheim im Schuhgrund, und die Frucht steht schon so hoch, dass ihr die Spitzen der Halme die Handflächen kitzeln.

Mama, Mama.

Die Kleine muss sich dort am anderen Ende des Ackers versteckt haben, ganz schwach kann sie plötzlich die Konturen einer Landschaft ausmachen, die ihr doch so vertraut ist: Der schwarze Streifen am oberen Bildrand jedenfalls ist ein dichter Nadelwald, aus dem der schwere braune Gaul die Bäume herauszieht wie dünne Stecken.

Mama!

Edith wagt sich nicht aufs Feld aus Furcht die Frucht niederzutreten, aber dort hinten am anderen Ende, wo der Weg hinauf zum Wald läuft, dort duckt sich die Kleine zwischen den Halmen. Edith will jetzt ihrerseits rufen, um diesem Spiel ein Ende zu machen, aber aus ihrer Kehle kommt kein Laut. Nichts. So sehr ihr Atem, aus dem Innern aufsteigend, sich auch dagegen presst, wenn sie den Mund aufsperrt, ihr Hals, wie abgeschnürt, lässt keinen Ton durch. Bis Edith in lodernder Panik erwacht. Da liegt ein Säugling neben ihr mit seinen kleinen Schlafgeräuschen und Anna hört auf zu rufen.

Paulchen quietscht vor Vergnügen und stößt seine Füße gegen Ediths Handflächen, die Ärmchen rudern in der Luft. So stark ist er also schon, so wild, ein richtiger Bub ist er schon und was für einer wird er erst noch werden, wenn seine Zähnchen gewachsen sind, vorne kann man schon zwei lustige weiße Spitzen erkennen, die sich täglich ein Stückchen mehr durch den Oberkiefer bohren und etwas von dem Lausbub erkennen lassen, der er später einmal sein wird. Edith hält ihm den Daumen hin, damit er sich daran in die Höhe ziehen kann, mit gerunzelter Stirn vor Konzentration und Anstrengung. Wie fein das schon alles geht, und wie gut er das macht, und schon kann man auch sein freundliches Wesen erkennen, einfach daran, dass er so gut wie nie schreit. Auch wenn er Hunger hat, meint Edith, hält er sich vornehm zurück und wartet, bis die Mama ihn aufnimmt und anlegt. Der liebe Paul. Edith lächelt. Was die Anna wohl dazu sagen würde, zu einem Brüderchen. Sie nimmt den Buben auf und dreht sich zum Fenster. Immer wieder zieht es sie dorthin, auch wenn sie es sich zu verbieten versucht, bleib da weg, schau es dir nicht alle Tage an. Sie geht doch hin, stellt sich hinter den Vorhang und natürlich, sie weiß es ja schon, grade um diese Zeit, am frühen Nachmittag nach einem Mittagsschlaf, zu dem sie ihr Töchterchen auch überredet hätte, spielt sie im Hof, die kleine Erika.

Schau da unten.

Edith schiebt die Gardine ein wenig beiseite und zeigt mit dem Finger hinunter auf das blonde kleine Mädchen, das seinen Roller auf und ab schiebt, unermüdlich, bis zum Hoftor und dann wieder zurück in den Garten. Für einen Augenblick verschwindet es aus dem Blickfeld und da taucht es auch schon wieder auf.

So groß wäre die Anna jetzt also auch.

Und manchmal, wenn Erika zum Garten hin verschwindet, meint Edith, sie müsste doch mit der Anna zusammen wieder in den Hof zurückrollen, auf diesem kleinen Tretroller, der unterm Weihnachtsbaum lag. Mühsam hat sie ihn so einzuwickeln versucht, dass er nicht gleich zu erkennen war, aber die Form ist ja so speziell, jeder hat es sehen können, was sich unter dem Papier verbirgt, nur Anna hat ihre Augenlider prinzessinengleich aufgeschlagen und was ist denn das gefragt. Die kleine Erika tritt und stößt sich auf dem Pflaster ab, wieder in den Garten und wieder zurück, und wieder ist Anna nicht dabei. Edith vergisst ganz den Buben auf ihrem Arm, so sehr konzentriert sie sich auf die Bewegung von Annas Freundin, sie wird ganz starr und selbst das Gezappel, mit dem Paul auf sich aufmerksam machen will, erreicht ihr Innerstes kaum, sie schiebt ihn ein wenig hin und her, wechselt ihn vom rechten zum linken Arm, aber ihr Blick bleibt auf dieses hin und her im Nachbarhof konzentriert. Nirgends spürt Edith den Schmerz so tief wie hier, und nirgends zieht es sie so deutlich hin wie zu diesem Wohnzimmerfenster, das den besten Blick bietet auf dieses Geschöpf dort unten, das schon wieder aus seinem Kleidchen heraus gewachsen ist. Im letzten Herbst haben sie diese Kleidchen doch erst machen lassen, Mina hatte den Stoff beigebracht, blauweiß und grünweiß kariert. Wie zwei Schwesterchen sahen sie aus, die eine blond gelockt, die andere dunkel, fast gleich groß, die Anna um eine winzige Spur größer als die Erika. Und jetzt rutscht die Taille schon beinahe unter die Achseln und der Stoff spannt bei jeder Bewegung, das sieht Edith sogar von ihrem entfernten Posten aus, wie der spannt, wenn die kleine Erika den Oberkörper vorbeugt zum Lenker ihres Holzrollers. Das wollte sie der Anna gar nicht mehr anziehen, ein solch enges und kurzes Kleidchen. Paul schlägt mit seiner flachen Hand auf die Fensterscheibe. Er ist schließlich auch noch da. Und gleich schlägt er nochmals und nochmals, als wisse er, dass sich dort Entscheidendes abspielt.

Heil Hitler!

Louise könnte gar nicht mehr sagen, wann es ihr zur Gewohnheit geworden ist, so selbstverständlich geht der Arm in die Höhe, wenn die Ladentür schellt, und sie hinter ihre Theke tritt. Als sei nie etwas anderes gesagt worden, kommen die beiden Worte aus ihr heraus wie früher ein ebenso gleichmütiges Grüß Gott gekommen war. Die Frau Pfarrer spricht es leidenschaftlicher aus als jemals das Grüß Gott, jedes Mal so, als hebe sie zum ersten Mal ihre Rechte, in der die Frauen ja für gewöhnlich ihre Körbe und Einkaufstaschen tragen. Nicht so die Frau Pfarrer, sie ist ganz und gar auf Links abonniert, damit die Rechte frei bleibt und jederzeit parat ist zur allfälligen Übung.

Nur das Schlechte bleibt, das Gute geht dahin.

Louise schlägt ein Stückchen Käse ein und wartet ab, bis die Frau die entsprechenden Marken aus ihrem Bogen gebrochen und auf die Theke gelegt hat, erst dann schiebt sie ihr das Päckchen zu. Nur nichts sagen, nur keinen Anlass geben für überflüssige Worte, schlicht und einfach nur: Darf es sonst noch was sein.

Die Frau Pfarrer fragt, ob es noch von dem guten Kraut gibt, von dem sauer eingelegten Kraut will sie dem Herrn Pfarrer ein Essen richten. So? Louise bleibt einen Augenblick unschlüssig stehen. Sie möchte nein sagen, tut mir leid, das Fass ist ja schon lange leer, der ewige Winter und die schlechte Lage, was glaubt denn sie. Warum soll sie dieser Frau von einer Sache abgeben, für die sie ja gar keine Marken vorweisen kann. Als sie die Kohlköpfe von den Strünken geschnitten hat, war die kleine Anna noch dabei und hat kräftig mit angepackt und die weißen duftenden Kugeln über den harten erdigen Pfad zu ihrem Korb gerollt. Den Essig hat sie selbst angesetzt, obwohl die Ernte so schlecht war und die Apfelbäume kaum mehr getragen hatten als von Motten zerfressene Blätter. Und jetzt soll sie dieser Frau, die nichts ist als Bosheit und Gehässigkeit, von ihrem Sauerkraut über die Theke reichen. Die Frau Pfarrer lächelt und lässt den Käse auf der Theke liegen, weil sie den Einkauf noch nicht als abgeschlossen ansehen möchte.

Aber ja. Sie nickt. Sie riecht es ja, dass von dem guten Kraut noch zur Verfügung ist, denn das wird doch nicht geselchtes Fleisch sein, was da seinen Duft verbreitet. Heimlich geselchtes Fleisch.

Die Frau Pfarrer lächelt nun etwas deutlicher und winkt ab, um zu sagen, dass sie der guten Frau Ritter so etwas gewiss nicht zutraut, heimlich geschlachtetes Fleisch einzulegen. Gewiss nicht. Womöglich von der Verwandtschaft der Schwiegertochter, die halten doch Schweine daheim. Oder? Louise hat sich schon umgewandt und den Deckel von ihrem schönen Fässchen gehoben, da unten liegt es, das feine Kraut, das ihre Männer so gerne haben, alle drei.

Hat sie denn eine Schüssel dabei, die Frau Pfarrer, oder will sie es auf der Hand heim tragen. Louise dreht sich herum, wo die Frau sich noch immer bei den zwei Schweinen aufhält, die Annas Mutter daheim im Stall hat. Also was ist jetzt? Es wäre tatsächlich noch ein wenig Kraut da und prompt kommt da auch ein Topf zum Vorschein.

Das freut sie aber sehr, dass der nicht wieder leer nach Hause getragen wird, und wie sehr wird sich erst ihr Mann freuen, wenn er das duftende Sauerkraut auf dem Teller sieht. Ein wenig Geselchtes dazu hat sie nicht? Louise hat, ohne zu fragen ein Pfund abgewogen, womöglich heißt es sonst noch ein Kilo, bitte schön.

Jetzt geht es also endlich in den Osten!

Louise nickt und schiebt wortlos den Topf über die Theke zurück und schaut zu, wie er auf dem Boden der Einkaufstasche platziert wird.

Also dann: Heil Hitler.

Auf Wiedersehen. Meinetwegen.

Louise bleibt einen Augenblick reglos hinter ihrer Theke stehen. Sie weiß manchmal nicht mehr, wohin sie sich wenden soll, was als Nächstes zu tun ist. Als sei alles, was sie seit Jahren unternimmt, bis hinein in die selbstverständlichen kleinen Handreichungen, mit denen sie ihr Leben in Bewegung hält, zu einer ungewissen Angelegenheit mit einem ungenauen Ausgang geworden. Sie dreht sich zu ihrem Holzfass um, schiebt den Deckel ein paar Mal hin und her, um seine endgültig richtige Position zu finden und wartet dann wieder still ab, ob nicht vielleicht vom Himmel ein Zeichen käme. Aber vom Himmel kommt nur Schweigen. Seit die kleine Anna fort ist, schweigt dieser Himmel und der Herrgott verschließt sich. Wie oft hat sie Worte der Fürbitte gesucht und nach oben geschickt, und wenn sie sich jetzt, wie seit jeher, vor der Nacht in die Dunkelheit ihrer Küche setzt und ihr Vater unser, der Du bist im Himmel spricht, dann bleibt es reglos und kalt in ihr, als habe sich in ihr tiefstes Herz, aus dem heraus diese Worte kamen, ein Eiskristall versenkt.

Dein Reich komme, Dein Wille geschehe, im Himmel wie auf Erden. Annas Abschied scheint ihr ein schlechtes Omen zu sein, das seinen Schatten auf alle Abschiede wirft.

Er geht jetzt los.

Da steht Georg in der Tür zur Wohnung, im braunen Rock, die weiße Arbeitshose hat er anbehalten.

Er geht los? Wo will er denn hin?

Na, wo wird er schon hinwollen, dahin halt, wo er um diese Zeit doch häufiger hingeht. In der *Goldenen Gerste* will er vorbeischauen und hören, was es Neues gibt.

Louise nickt und streift sich mit beiden Händen über die Schürze hinunter zum Saum, als sei dort etwas zu glätten, was in Unordnung war oder als suche sie einen Weg heraus aus ihrer Erstarrung wieder zu sich selbst, zu Georg, zurück in ihr Ladengeschäft, wo sie hinter ihrer Theke vor den leeren Regalen steht, ganz wie gewöhnlich.

Sie kann schon schließen.

Georg weist zum kleinen Schaufenster hin, hinter dem die Dämmerung aufzieht. Louise nickt wieder.

Freilich, sie wird gleich den Riegel vorziehen, wozu sollte sie das elektrische Licht einschalten, das ja nicht auf Marken zu haben ist. Sie zieht die Schublade auf, nimmt die Kasse heraus und hebt den Deckel. Nichts als Marken und ein paar Pfennige für das Sauerkraut und ihre eingelegten Gurken.

Will er nicht doch lieber dableiben?

Georg schaut auf und versucht Louises Frage zu verstehen.

Er steht noch immer da, die Rechte auf dem gedrechselten messinggefassten Griff schaut er zu den unsicheren Bewegungen seiner Frau hinüber.

Sie soll doch erst abschließen und dann die Kasse herausholen, nicht umgekehrt.

Louise lacht leise auf. Wer könnte es wohl auf dieses wertlose Papier abgesehen haben. 10 Gramm Fett, 500 Gramm Mehl. Wird er wenigstens oben herum gehen, durchs kleine Gässchen, am Pfarrhaus und der Apotheke vorbei, wieder die Hauptstraße hinunter? So kommt er doch auch in die *Goldene Gerste*. Georg nickt.

Na, mal sehen.

Was heißt denn das jetzt: mal sehen.

Wenn er zum Hoftor hinaustritt und links abbiegt, wird Louise seinen Schädel im Ausschnitt ihres Schaufensters vermissen, also sagt er es lieber gleich, dass er doch unten herum geht, und zwar grade um an der Polizeidienststelle vorbeizukommen und an der Zwiebel, wo diese Kandidaten sitzen. Grade deshalb geht er ja vorbei, um zu wissen, wer sich da versammelt.

Dass er bloß nicht hineingeht. Georg? Das wird er doch nicht tun, da hineingehen, aus reiner Neugier womöglich und sich dann mit dem Zwiebel-Wirt anlegen, wegen nichts und wieder nichts.

Georg schüttelt den Kopf. Was ist denn los?

Louise hat ihre Marken auf der Theke in gleichformatige Päckchen sortiert und lässt ein Gummiband über das flache Bündel schnippen.

Nichts ist los. Gar nichts. Sie will nur nicht, dass er sich in einen Streit hineinziehen lässt. Jetzt wo die Buben fort sind.

Aha. Daher weht der Wind also. Georg zögert einen Augenblick und schaut Louises Fingern zu, die noch einmal rasch die Marken zählen. Nein, ganz gewiss wird er nicht hinein gehen, er sieht es ja von außen schon, durch die Scheiben kann er erkennen, wer dort an der Theke steht und sich versammelt hat. Da braucht er nicht einmal stehenzubleiben, er kann das Gleichmaß seines Schrittes einbehalten und trotzdem erfasst er auf einen Blick, was vor sich geht.

Louise lässt die Päckchen in ihrer Schürzentasche verschwinden und zuckt mit den Schultern. Ihr ist letztlich auch das schon zu viel, sie möchte gar nicht dort unten vorbeigehen zwischen der Zwiebel und der Polizeidienstelle. Da muss sie auf zehn Metern dreimal Heil Hitler sagen und dann geht es doch nicht mehr automatisch und ihr Arm will sich plötzlich gar nicht mehr heben, ganz schwer hängt er da neben ihr herunter wie ein Balken.

Louise schüttelt den Kopf.

Da geht sie doch lieber oben herum, durchs Gässchen und an der Apotheke vorbei. Und das rät sie auch dem Georg, dass er lieber einen großen Bogen macht. Also. Na, mal sehen.

Der Paul ist nun auf dem Weg nach Moskau.

Hanna hat einen entsprechenden Zettel vorbeigebracht, einen Brief will Louise das gar nicht nennen, eine kurze Nachricht halt, dass Paul auf dem Vormarsch ist. Nun hat es ihn also doch an die Front verschlagen, den ungeeignetsten Mann überhaupt. Mit seinem

Leichtsinn und seiner übertriebenen Gutmütigkeit, wird er womöglich mehr Eifer an den Tag legen, einfach weil er nun einmal gefragt ist. Es wäre doch besser man bringt so einem gar nicht erst das Schießen bei.

Oder? Wenn einer schießt, kann er auch getroffen werden.

Louise darf diesen Gedanken nicht weiter denken und legt ihr Besteck beiseite, um sich zu beruhigen.

Dem passiert nichts.

Georg schüttelt den Kopf, tagein tagaus wird sie einmal von ihm verlangt, diese Rede der Beruhigung. Er hat es lieber, Edith sitzt mit am Tisch. Da schweigt Louise, um die Schwiegertochter nicht aufzuregen, sie ist ohnehin seit dem Tod des Mädchens so leicht zu erschrecken. Aber manchmal bleibt sie oben, und dann schlägt die Stunde für Louises ängstliche Litanei.

Warum Russland?

So fängt es jetzt an, seit Neuestem, und Georg hat gewiss keine Antwort parat und referiert bloß, was aus dem Radioempfänger der *Goldenen Gerste* herausschreit, und das verspricht schon wieder einen tollen Sieg.

Was sagen denn die Männer?

Georg zuckt mit den Achseln und schaut sie sich mit seinem inneren Auge noch einmal ein: diese alten Männer, wie sie da um den runden Tisch herum vor ihren Gläsern sitzen und darauf warten, dass die Zeit verstreicht.

Der junge Weitzel hat sich einen Volksempfänger gekauft.

Zum fünften Hochzeitstag hieß es, hat seine Frau den Radioapparat bestellt und in der Backstube aufhängen lassen, über den Mehlsäcken auf einem Brett an der Wand, damit er schon in der Früh, wenn er das letzte Blech in den Ofen schiebt, verfolgen kann, wie es in der Welt jetzt zugeht. Georg lacht. Und die Helga kommt die Treppe herunter und macht die Morgengymnastik, denn um 5.35 Uhr heißt es: halte dich gesund durch Bewegung. Georg streckt plötzlich seine zwei Arme in die Luft und bewegt den Oberkörper wie in einem plötzlichen Überschwang.

So? Louise schaut auf, für einen Augenblick abgelenkt von der Lebensgefahr, in der sie die Buben schweben sieht. Die hat doch genug Bewegung, die Helga, vier Kinder, zwei alte Leute, der Vater am Krückstock, die Lauferei von der Backstube vor ins Ladengeschäft, das schwere Backblech.

Es heißt ja, dass es jetzt schnell geht und bis zum Winter Moskau erreicht ist und die Männer wieder daheim sind, auch der Johann und schon gar der Paul. Georg fällt es schwer, diese Worte auszusprechen, einen ganzen langen Satz hintereinander lauter Wörter, die er selbst ja nicht glaubt. Louise hält einen Augenblick lang still und wartet ab, ob diese Nachricht vielleicht etwas in ihr zu beruhigen im Stande ist. Aber nein, sie bleibt irgendwo auf der Oberfläche liegen und dringt nicht vor in die Schichten ihrer Seele, wo die Angst sich breit macht, seit Georg vor sieben Jahren, so lange ist diese Szene nun schon her, diesen kleinen Satz hat fallen lassen: da kommt ein Krieg.

Liebe Anna,
Johann war ganz überraschend doch noch auf Urlaub gekommen, am ersten Weihnachtstag, obwohl es ja vorher hieß, alle Urlaube sind abgesagt wegen Moskau, wo er ja gar nicht ist, Gott sei Dank. Jedenfalls heißt es am Heiligen Abend schon, der Sohn vom Schlosser Schad ist heimgekommen und der war ja auch in seiner Einheit und tatsächlich, am andern Tag steht er vor der Tür, sodass ich nun doch am ersten Weihnachten ohne die Anna nicht so ganz alleine und für mich war. Wie hat sie sich über den roten Roller gefreut im letzten Jahr! Aber ich darf nichts sagen, grade jetzt, wo alle ihr Kreuz zu tragen haben und bald jeder einen vermisst und ich froh sein muss um den kleinen Paul und dankbar, dass Johann für ein paar Tage hier war. Und deshalb komme ich auch jetzt erst dazu, Dir und Euch allen ein gesundes neues Jahr zu wünschen. Vor allem möchte man sich wünschen, dass die Männer wieder heimkommen, vor zwei Jahren war es schon auf Weihnachten versprochen, vor allem von Johann. Jetzt sagt er gar nichts mehr zu diesem Thema, nur, so und so lang hat er Urlaub, bis gestern eben, da saß er noch hier am Küchentisch, wo ich Dir jetzt schreibe und hat in aller Eile die Inventur gemacht und die Abrechnung für das letzte schlimme Jahr geschrieben.

Also, er hat was gesagt? Was denn?
Georg will es lieber nicht wiederholen. Besser, sie weiß es nicht, die Louise. Hinter ihrer Theke fühlt sie sich manches Mal zu sicher, ganz so, als sei sie hier die Herrin über ihr kleines Reich, und sagt, was womöglich besser ungesagt bliebe, und das könnte dazu gehören, was Georg selbst auch nur aus Gerüchten kennt. Nur vom Stamm-

tisch. Nur von den Skatbrüdern. Er hält still. Sie hat es ja selbst auch schon gehört. Was denn? Louise schüttet die Bohnen aus ihrem Korb in den Spülstein. Sie hat schon gehört, dass der Bäcker Weitzel an den Sieg nicht mehr glaubt.

Ach, was! Georg winkt ab. Darum geht es doch gar nicht.

Sie hat es aber gehört. Seit er den Radioapparat in der Backstube hat, nicht in der Wohnstube wie andere Leute, wo man schon von der Straße aus das Programm verfolgen kann, sondern in der Backstube, wo kein Mensch hinkommt.

Louise schweigt und hebt mit den gespreizten Fingern die Bohnen unter den Wasserstrahl. Mehr sagt sie nicht, aber ihr Schweigen hört sich an, als könne sie noch das ein oder andere anfügen über das Radioprogramm, das dort empfangen wird, während der junge Herr Weitzel den Brotteig knetet. Louise schließt den Mund, der Satz ist noch gar nicht ganz draußen. Jetzt schweig aber still.

Was wird er da schon hören können, wenn er backt. Das macht er ja mitten in der Nacht.

Der Bohnenhügel aus dem Spülstein wandert, Handvoll für Handvoll, in die weiße Emailschüssel mit ihren angeschlagenen Rändern. Sie sagt nichts mehr.

Um 6.00 Uhr beginnt das Programm ja erst.

Sie sagt nichts mehr. Wenn er nichts redet, gibt sie auch nichts mehr preis. Ohnehin ist sie gar nicht angewiesen auf seine Verlautbarungen aus der *Goldenen Gerste*. Im Allgemeinen schlagen die Neuigkeiten erst einmal hier auf, bei ihr, vor dem Ladentisch, und so war es letzten Endes auch heute, als die kleine Weitzel kam, um, wie alle paar Tage, einen Laib Brot gegen Louises Gartengemüse zu tauschen.

Was macht die Mutter?

Bis zu der Frage lief alles ab wie gewöhnlich. Die Bohnen in Zeitung einschlagen, über den Ladentisch schieben, das Brot kommt ihr aus der anderen Richtung entgegen. Louise sieht kaum mehr als den Kopf des Mädchens über die Theke ragen, mit seinen strohblonden dünnen Zöpfen. Die kleine Bäcker Liesel. Gut, heißt es sonst einfach auf Louises Frage, und das Geschäft gilt als abgewickelt. Heute sagt das Mädchen statt des einzelnen Worts einen ganzen Satz:

Der Vater ist fort.

Louise beugt sich vor, um aus den Bewegungen der Kleinen eine genauere Information herauszulesen. Die Bohnen verschwinden in der Einkaufstasche, grade so wie immer.

Der Vater ist fort? Aber die Kleine gibt keine Antwort mehr, sondern wendet sich ab. Wer backt denn dann heute Nacht?

An der Ladentür, die Klinke schon in der Hand, sie reicht dem Mädchen grade auf die Höhe des Scheitels, dreht es sich noch einmal kurz um. Vielleicht ist er bis dahin wieder daheim. Louise hat ein Handtuch über ihrem Schoß ausgelegt, putzt die nass glänzenden Bohnen und schweigt.

Ein cholerischer Mensch, der junge Weitzel. Aha.

Dem Georg dauert das Schweigen zu lang. Mit solch allgemeinen Bemerkungen lockt er aber gar nichts aus ihr heraus. Er hat halt London gehört in seiner Backstube. Louise nickt und lässt die geschnitzten Bohnen in die Schüssel zurückfallen. Das weiß sie ja schon, das hat er schon vor Wochen erzählt, dass es heißt, in der Backstube wird Radio gehört, obwohl es um diese Uhrzeit gar kein Programm gibt. Andere waren wohl auch dabei, der alte Schmidt aus der Apotheke, Georgs Skatbruder und angeblich auch der Zwiebelwirt. Louise schüttelt den Kopf. Das will sie nicht glauben, dass ein Parteigenosse sich mitten in der Nacht in die Backstube setzt, um verbotenes Radio zu hören.

Die waren doch Freunde, die zwei, der Weitzel und der Zwiebelwirt. Die längste Zeit ja, aber jetzt war es der Zwiebelwirt, der den Weitzel angeschwärzt hat.

Ach ja? Louise schaut auf und die Rechte mit dem Kneipchen zwischen Daumen und Zeigefinger sinkt in den Schoß.

Der Klopfler war es?

Er hat ihn wohl vorher schon verwarnt. Und ihm mehrmals Bescheid gegeben, dass er ja seinen Mund hält und das Radio vorne in die Wohnstube stellt, wie alle Welt. Schon alleine die Position dieses Apparats hätte ja ein Stein des Anstoßes sein können. Und dann auch noch das. Das? Louise schüttelt den Kopf. Da fängt er an zu erzählen und lässt dann doch alles im Rätselhaften.

Ihr wollt doch auch lieber amerikanischen Weizen fressen. Das hat er gesagt. Louise greift nach ihren Bohnen und lässt diese paar Wörter noch einmal in ihrem Innern vorbeiziehen. Von amerikanischem Weizen hat sie eine ebenso ungenaue wie leuchtende Vorstellung goldener Felder.

Mehr war es nicht?

Louise lacht trocken auf, kopfschüttelnd lässt sie die Messerspitze durch den kleinen Berg gleiten, der sich in ihrem Schoß gesammelt hat.

Ihr würdet doch auch lieber amerikanischen Weizen fressen? Dann wird er ja gewiss schon wieder da sein und in der Backstube seinen Brotteig für morgen kneten, eingeschüchtert vielleicht und womöglich hat er keinen Volksempfänger mehr, gewiss hat er keinen mehr in der Backstube.

Georg sagt, nein, er ist noch nicht zurück und es heißt, sobald wird er auch nicht wiederkommen. Louise schaut nicht einmal auf, und mit einem Mal herrscht eine Stille zwischen ihnen, grade wie sie auch am runden Tisch der *Goldenen Gerste* geherrscht hat. Nach dem Zusammentragen der Details und den Debatten kreuz und quer und bis zum Schanktisch hinüber war mit einem Mal ein ängstliches Schweigen eingekehrt. Ist es Furcht oder einfach Unglaube?

Einer muss ja das Brot backen, schließlich.

Nach der langen Pause kommt Louise grade zum selben Schluss wie der Gerstenwirt auch. Wir können das Mehl nicht roh fressen. Er hat zu lachen versucht und manch einer war ihm gefolgt bei der Vorstellung, das staubige Mehl werde auf den Holzbrettchen verteilt in weißen Häufchen, und langsam war wieder etwas Leben in die Runde eingekehrt, wie jetzt auch in Louise, die aufsteht und ihre Schürze über dem Eimer ausleert, den sie am Abend hinunter in den Garten tragen wird, wo ihre Hühner gackern. Mal abwarten.

Edith macht sich auf. Anderes bleibt ihr auch gar nicht übrig. Oder? Soll sie etwa hier stehen bleiben und abwarten, bis die Nacht kommt? Ganz gewiss nicht. Wenn sie abwarten wollte, dann hätte sie gleich in der Obhut der Schwiegereltern bleiben können, in ihrer kleinen entvölkerten Wohnung, oben am Tag und nachts halt im Keller.

Nein und nochmals nein!

Sicherheitshalber der Keller, heißt es, obwohl in der Gegend weit und breit nichts zu finden wäre, was eine englische Bombe wert sein könnte, aber wissen das die Piloten so genau? Sie hat genug! Edith ordnet ihre Siebensachen, knöpft den Mantel zu, zieht dem Kleinen die Mütze über die Stirn und bindet die beiden gehäkelten Schnüre unter dem Kinn zu einer festen kleinen Schleife, damit auch nichts verrutscht und womöglich die Ohren frei liegen. Also dann: erst einmal tief Luft holen und auch den kleinen Paul auffordern, es ihr nachzutun. Tief einatmen! Merkt er schon, wie gut die Luft hier ist? Der reine Sauerstoff! Paul zuckt mit den Achseln und hält den Sauerstoff in seinem Innern fest. Ausatmen!

Edith schaut auf ihr Söhnchen hinunter, das sich befehlsmäßig aufpumpt mit der klaren Luft, aber ganz zu vergessen scheint, dass man sie aus dem Körper auch wieder entlassen muss. Durch die Nase tief einziehen, bis in die unteren Spitzen der Lunge und dann langsam durch den Mund wieder herauslassen. Das kann er ruhig ein paar Mal wiederholen, um seinen Körper von der schlechten Stadtluft zu reinigen, während Edith den Koffer auf den Wagen hievt und insgeheim dem Schwiegervater einen kleinen Dank zuruft, denn es war ihr wenig elegant erschienen, diesen abgetakelten Kinderwagen mit dem aufgerissenen Flechtwerk vor sich herzuschieben. Aber bitte, er erweist sich doch als sehr nützlich, und wer schaut ihr schon zu, an diesem gottverlassenen Bahnhof. Allerorten kann man jetzt auf Flüchtlingsströme treffen, die sich, wer weiß wo im Osten aufgemacht haben, die Bahnhöfe, Züge und Straßen verstopfen, in alle Richtungen sind die Leute unterwegs und suchen nach einem Dach über dem Kopf und einem Plätzchen für ihre letzten Habseligkeiten. Nur hierhin hat es noch niemand verschlagen, in Ediths schöne Heimat, so abseits und verwunschen liegt sie da unter dem Himmel, mit ihren geduckten Dörfern und dunklen Wäldern. Und wie still.

Hört er das, wie still es hier ist?

Paul schaut sich um, nach allen Seiten dreht er sich, ob man die Ursache dieser Stille vielleicht aus etwas ablesen kann. Der Zug pfeift noch einmal in der Ferne und dann ist aber auch gar nichts mehr zu hören außer dem Knirschen ihrer eigenen Schritte. Paul ergreift die Lenkstange, um kräftig zu schieben, jetzt wo seine Lungen und überhaupt sein ganzer Körper schon gereinigt und umgestellt sind auf die gute Landluft, hat er Kraft und packt an, vom Bahnhof fort und die Anhöhe empor, wo sie gleich einen herrlichen Blick haben und einen Augenblick rasten werden, um sich ganz in die Schönheit dieser Täler zu versenken.

In welche Richtung man seinen Kopf auch wendet, überall trifft das Auge am Horizont auf einen dunklen Streifen, wie ein Bildrand liegt der Wald da in der Ferne und setzt eine Grenze, über die man doch eigentlich gar nicht hinaus will. Oder? Edith schreitet aus, der kleine Paul hält tapfer mit, und wer weiß, wenn sie gleich hinuntersehen, können sie zwar ihr Ziel noch nicht erkennen, das hinter einem weiteren Hügel verborgen bleibt, aber doch das schmale Band der

Schotterstraße, das sich Ediths Dorf entgegenschlängelt, wird schon über weite Strecken sichtbar vor ihnen liegen. Und dann, wer weiß, wer weiß, da wird womöglich doch irgendwo eine Staubwolke aufwirbeln. Denn was heißt das schon, für private Fahrten darf kein Benzin mehr verschwendet werden, jeder Tropfen wird an der Front gebraucht!

So ein Lastwagen weiß das ja gar nicht, ob er an der Front unterwegs ist oder zwei Heimkehrer vom Bahnhof abholt. Der rollt einfach, wohin man ihn lenkt.

Edith nimmt den kleinen Paul an die Hand, denn die Lenkstange hat er schon losgelassen und seinen Trott deutlich verlangsamt.

Also Paul, mal sehen, er ist doch sicher gespannt, ob der Großvater sich etwas hat einfallen lassen und womöglich sehen sie den Opel Blitz, wie er sich aus der Ferne nähert, um sie hier aufzufischen. Pauls Neugier lässt sich zwar anstacheln, für ein paar Meter jedenfalls zieht er das Tempo so weit an, dass er knapp Schritt hält mit Edith, aber gleich werden die Schrittchen wieder kürzer und der kleine Körper zieht Edith nach hinten, während sie doch gleichzeitig den Kinderwagen den Berg hinaufschaffen muss. Edith lässt den Buben los, um ihre ganze Kraft auf das Schieben zu verwenden, und grade als der Paul ganz und gar ins Trödeln verfällt, erscheint oben über der Höhe der schöne Kopf der braunen Berta und, Paul schau einmal her, wer da kommt, gleich ist auch schon ihr gleichmäßiger vertrauter Hufschlag zu hören. Auf dem Kutschbock zieht Tante Anna die Zügel stramm und hinten hält Rudolph sich an den hölzernen Stangen fest. Zu ihm wird Paul gleich aufgeladen, mitsamt dem Kinderwagen, jetzt erweist er sich wieder als weniger praktisch. Die beiden Frauen haben ihre liebe Not, aber schließlich heißt es zu den Buben, haltet den Karren fest, und insbesondere der Rudolph wird dazu aufgefordert und dann geht es heimwärts. Edith sitzt neben Anna und schweigt.

Sie geht nicht mehr zurück.

Dieser kleine Satz kommt schließlich doch, als sie schon eine halbe Stunde bald unterwegs sind und Anna wartet vielleicht auf einen weiteren. Hört man die Flieger hier?

Als Anna nickt, will sie es genau wissen, wie laut und wie regelmäßig und sind es einzelne oder ganze Geschwader und wie hoch fliegen sie denn. Annas Sätze bleiben so ungenau, dass Edith sich beruhigt zurücklehnen will und herauszuhören meint, dass sie weit genug fortbleiben, spürt aber plötzlich eine Angst in sich, die ja gar nicht mehr angebracht ist. Aber sie steigt wie ein Zittern in ihr auf und lässt ihren Atem aus seinem gleichmäßigen Rhythmus geraten. Sie will etwas sagen, aber es kommt bloß ein wiederholtes Kopfschütteln.

Nein. Sie geht hier nicht mehr fort. Sie bleibt hier, bis zum Ende aller Tage, denn so lange wird dieser Krieg noch dauern.

Sie schüttelt noch immer den Kopf, sanft jetzt, als wiege sie ihn hin und her zu ihrer eigenen Beruhigung, aber die Panik steigt immer deutlicher auf, am liebsten würde sie abspringen, vom Kutschbock herunter und querfeldein über die herbstbraunen Äcker laufen und sich davon machen ins Nichts.

Edith? Anna schaut herüber, die Zügel lose zwischen ihren Händen im Schoß, heimwärts findet die Berta von überall her. Was hat sie denn, die Edith? Ist ihr nicht gut? So bleich wie sie da hockt und die Hände am Sitzbrett festkrallt, als wollte sie einer vom Kutschbock herunterziehen und wieder zurückschicken. Edith?

Sie geht hier nicht mehr fort! Anna nickt. Sie bleibt.

Freilich, sie kann ja bleiben. Bis der Johann wieder da ist, wird sie einfach bleiben und die hintere Stube beziehen. Keiner will ja mehr in einer Stadt ausharren und sich das Dach über dem Kopf zerschlagen lassen. Sie bleibt da, bis es vorbei ist und dann sieht man weiter.

Edith schüttelt noch immer den Kopf, ganz versunken in ihre inneren Bilder. Glaubt sie, dass das jemals vorbeigeht? Glaubt sie das? Sie wendet sich Anna zu, die ihr die kleine Stube schmackhaft machen will und auf sie einredet wie auf ein krankes Kalb. Glaubt sie das? Dass es jemals endet, dass Johann wieder heimkommt, der Karl? Glaubt sie das?

Edith kann gar nicht damit aufhören, die immer gleiche Frage noch einmal zu stellen, den Kopf dabei zu schütteln und Anna mit leicht abwesendem Blick anzuschauen. Anna zuckt mit den Schultern, was soll sie denn sonst machen, als daran glauben. So oder so wird es ja irgendwann ausgehen, ob gut oder schlecht.

Aber Anna! Das endet doch nicht mehr! Dieser Krieg wird weiter gehen bis an das Ende ihrer Tage, bis die Buben groß sind und gleichfalls eingezogen werden und wer weiß wohin verschwinden und, naja, weiter will sie es gar nicht ausführen. Sie wendet sich ab von Anna, die so geduldig diesen alten Gaul durch die graue Landschaft lenkt. Ihr scheint sie mit einem Mal gar nicht mehr schön, sondern dürftig, und wie steinig dieser Boden ist fällt ihr ein. Wie mühsam, ihm ein wenig Frucht abzuringen. Wie wenig die Schnitter da zu bündeln haben.

So darf sie nicht denken! Was? Anna hat sich wieder zu Wort gemeldet, ein wenig in Alarm versetzt durch Ediths harschen und bestimmten Ton. Man darf doch den Glauben nicht verlieren, gerade um der Buben willen, die sich in ihrem Rücken auf der Ladefläche des Leiterwagens festklammern und durchschütteln lassen.

Ach, was! Glauben! Edith schweigt. Glauben. Woher kommt denn das mit einem Mal alles, was da in ihr aufsteigt, diese Bitterkeit kennt sie selbst gar nicht von sich. Gerade war es noch ihr festes Ziel, einfach nur diesen Ort zu erreichen, einen Koffer zu packen, sich nicht davon ablenken lassen. Sich bloß nicht überreden lassen.

Und wenn sie dem Johann nun doch Urlaub geben? Es geht ja auf seinen Geburtstag zu. Wäre es da nicht doch besser, sie bleibt?

Louise hat sich den Mund fusselig reden können, einmal entschieden hat Edith nur noch wenig Zeit verstreichen lassen, bis es dann endlich Richtung Bahnhof ging, in aller Herrgottsfrühe, damit sie auch ja vor der Nacht ankäme, heutzutage weiß man nicht, was für Überraschungen einen erwarten. Auf der Strecke können die Gleise aufgerissen sein oder die Züge sind für das Militär reserviert oder von Flüchtlingen okkupiert, da heißt es reichlich Zeit einplanen. Georg hat ihr schließlich beigestanden und den Kinderwagen zum Bahnhof geschoben, mitsamt dem kleinen Paul, der sich hat hineinsetzen dürfen. Edith dreht sich um nach den beiden Buben, die da hinter ihnen sitzen, jeder schaut in eine andere Richtung, als sähen sie sich grade zum ersten Mal und wüssten nicht, was sie voneinander halten sollten.

Anna glaubt also an einen Sieg?

Anna schweigt einen Augenblick, was soll sie dazu sagen. Über eine Alternative zu diesem Glauben hat sie noch gar nicht nachgedacht.

Also? Edith will es genau wissen und vor allem drängt es sie danach, mitzuteilen, dass sie selbst daran nicht mehr glaubt, an diesen Sieg. Den Endsieg. Wie Edith das Wort schon ausspricht, mit einem höhnischen Vergnügen an dieser unsinnigen Wortschöpfung. Anna holt Luft. Sie weiß es auch nicht. Sie denkt nicht so viel darüber nach wie vielleicht Edith darüber nachdenkt. In der Stadt macht man sich womöglich überhaupt ganz andere Vorstellungen.

Und was sagt der Karl? Der große Hitlerjugendführer? Der wird doch mehr wissen als sie beide zusammen. Die Erwähnung des Namens lässt wieder etwas Leben in Anna zurückkehren.

Da kommt noch was!

Was soll das denn heißen? Da kommt noch was?

Das sagt der Karl, das geht auch wieder andersherum. Das Blatt wird sich schon wieder wenden.

Edith stöhnt höhnisch auf. Eine Weile herrscht Stille und Edith hört Bertas gleichmäßigen Hufschlägen zu, dem Quietschen der Deichsel und dem Knirschen der Holzleitern. Gleich sind sie da. Edith wendet sich um und ruft es dem Paul zu. Gleich sind wir daheim und können uns aufwärmen am Herd. Anna hat keine Meinung. Sie hofft einfach, dass Karl heimkommt und sie heiraten können und der kleine Rudolph nicht ohne Vater aufwachsen muss. Edith nickt. Freilich.

Bestimmt wird er heimkehren, und alles kommt wieder ins Lot und sie wird auf den Hof der Schwiegerleute wechseln und einer schönen Landwirtschaft vorstehen. Edith nickt. Und auch der Martin wird heimkommen und der Johann. Die alte Berta nimmt die letzte kaum merkliche Steigung und da liegen schon die ersten schwarz geduckten Häuser und gleich, an Adlers altem Haus vorbei, wird sie abbiegen und die Gasse hinunter ein wenig Vorsicht walten lassen, damit ihr der schwere Wagen nicht ins Kreuz rollt.

Edith? Anna schlingt die Zügel zu einem lockeren Knoten und hängt sie an der Seite des Kutschbocks ein.

Was denn? Es wäre besser, sie spricht im Dorf nicht alles aus, was sie ihr auf dem Weg vorgetragen hat. Auch wenn manch einer womöglich nicht anders denkt, wäre es doch besser, sich nicht mit solchen Reden aufzuhalten.

Nach einigen Tagen heißt es schon, fast könnte man meinen, sie sei gar nie aus dem Haus gewesen, die Edith, so rasch wie sie sich wieder einlebt und weiß, was getan werden muss und auch wie man es tut. Wie man die Zitzen mit einem von oben nach unten leicht abnehmenden Druck so abstreift, dass ein spitzer Strahl die blecherne Wand des Melkeimers streift, das könnte sie auch noch und würde sogar gern zeigen, wie gut sie es fertig bring. Aber melken will die Mutter selbst und Edith fügt sich, auch das eben wie früher, und gießt die Milch durch das Sieb in die Kanne, diese Art Hilfsdienste lässt die Mutter gern zu und vor allem das Hinaufschaffen der schweren Kanne an die Hauptstraße, bevor der Milchwagen kommt. Edith wartet ein wenig ab, grade so wie sie als Mädchen auch abgewartet hatte, ob noch jemand anderer kommt mit seiner Milchkanne, die Schulfreundin vielleicht, die gleichfalls ihre Kanne herbeischafft. Manche haben sogar ein halbes Dutzend Kannen zu bringen mit dem Leiterwagen und hinten sitzt die Tochter und lässt die Beine herabbaumeln. Dann halt abladen und ein paar Worte wechseln.

Weiß sie schon, dass der und der sich verlobt mit der Blonden aus dem Nachbardorf auf die es doch auch der schmale Franz abgesehen hat. Wird es Tanz geben am Samstag beim Hirschwirt und wird sie dabei sein? Also da muss sie aber kommen und darf es sich nicht von der Mutter untersagen lassen. Alles Gespräche aus einem anderen Leben, denn Tanz ist ja abgesagt. Bis auf Weiteres. Bis die Männer wieder daheim sind. Alle Tanzveranstaltungen sind für die Dauer des Krieges gestrichen. Und Verlobungen finden auch nicht mehr statt, wer es vor dem Krieg nicht noch rasch hat erledigen können, der wartet halt ab wie die hübsche Ria, die sich nicht rasch genug hat entscheiden können und jetzt zittert, ob der Försters Sohn ihr überhaupt die Treue hält. Ihr bleibt kaum etwas anderes übrig, denn alle andern sind gleichfalls im Feld.

Es schickt sich nicht, an der Milchstelle herumzustehen als verheiratete Frau und nach allen Seiten Ausschau zu halten, ob Nachrichten vorbeifliegen.

Man stellt die Kanne ab, lädt die leere auf und kehrt heim.

Ach was! Da kann Edith nur lachen. Man könnte tatsächlich meinen, alles sei wie vormals! Das kann sie selbst beurteilen, was sich schickt für sie und was nicht.

Sie dreht sich weg von der Mutter und weiß wieder einmal ganz genau, warum sie hatte fortwollen mit ihrem aufgesteckten Haar und ihren Ideen von der Selbständigkeit. Eben grade, um sich diesen Sätzen nicht mehr fügen zu müssen und dem Willen der Mutter, der störrischer und bestimmender ist als der des Vaters. Dem scheint es recht zu sein, dass die Töchter daheim sind, auch wenn er den Sohn besser brauchen könnte. Edith nickt.

Ja, beinahe ist es wie früher. Wenn man einmal übersieht, dass sie ihr Brot aus grauem Staub backen, Jenny fort ist und die Freuds gleichermaßen, und die Familie des Viehhändlers Goldberg, dann könnte man es fast meinen.

Zum ersten Mal fällt Edith auf, dass die Jenny fehlt. Obwohl sie ja schon seit Jahren fehlt und die vorgedruckte Hochzeitskarte das letzte war, was sie von sich hat hören lassen. Die besten Wünsche zur Trauung hatte da in einer schicken Goldprägung über drei weißen Nelken gestanden: von deiner Jenny Adler und ihrem Zukünftigen, Gustav Goldstein.

Edith weiß gar nicht, ob sie sich überhaupt bedankt hat. Als sie jedenfalls im Winter danach auf ein paar Tage heim kam, schon in anderen Umständen mit der Anna, hieß es, die Jenny ist fort mit dem Gustav. Da gab es also keinen rechten Anlass mehr, die Gasse hinauf zu Adlers zu laufen, wie sie es als Mädchen alle Augenblicke getan hatten. Immer war etwas zu erledigen dort, etwas abzuholen oder hinzubringen oder auszurichten. Und besonders, als sie die ersten Male aus der Stadt heimkam, war sie hinauf, hinten herum durch den Hof in die Küche wie üblich, um zu berichten, wie ihre neuen Pflichten ausschauen und vorzuführen, was aus Jennys Schnittmustern geworden war. Viel war es nicht, und Fräulein Adler hat gelacht, weil der Bund so weit absteht. Wie kann denn das sein? Der Rock sitzt genau bis zur Taille hinauf und dann steht der Bund ab wie eine Halskrause. Hat sie eine solch verwachsene Figur oder sich verschnitten. Das Papier nicht genau auf den Stoff gelegt? Nicht festgesteckt, sodass es verrutscht ist? Da nutzt freilich die beste Nähmaschine nichts, wenn die Bahnen verschnitten sind.

Jenny hatte das Bündchen in Ediths Taille zusammengerafft und mit einer Stecknadel die richtige Stelle für einen Abnäher festgelegt.

Na, und die Nelken? Da hat sie sich wohl zu viel zugemutet und hätte wohl besser einen klein gemusterten Stoff ausgesucht, als gleich mit solchen Schwierigkeitsgraden zu kämpfen. Das lässt sich freilich nicht durch einen Abnäher richten, jetzt muss sie halt tun, als sei grade das der letzte Schrei, geköpfte Nelkensträußchen.

Jenny hatte gelacht und eine duftende Wolke weißen Tafts so auf dem Tisch ausgebreitet, dass Edith es grade hat erkennen können, ein Brautkleid wird es und jetzt natürlich die Frage: für wen? Jenny hatte hier ein wenig gezupft und dort ein Bändel langgezogen und schien selber zu staunen, wie feierlich dieser glänzende Stoff ihre Nähstube beleuchtete.

Für die Tochter des Schuldirektors aus der Kreisstadt. Aha.

Kennt sie das Mädchen?

Nein. So weit hatte Ediths Radius gar nicht gereicht, bis in die

Kreisstadt und jetzt ist sie trotzdem weit darüber hinaus. Jenny hatte gelächelt und ihren Taft zusammengerafft.

Dort will sie einmal einen Salon aufmachen, in der Kreisstadt. Wie der Vater von Kunde zu Kunde zu wandern, um schlecht sitzende Anzüge zurechtzusticheln, daran hat sie keinen Spaß.

Jenny hatte sich die Hand vor den Mund gehalten und verschmitzt die Augenbrauen gehoben. Über den Vater will sie nichts Schlechtes gesagt haben. Aber trotzdem! Sie denkt an ein eigenes Geschäft mit zwei, drei Nähmädchen und sie selbst macht die Entwürfe. Modesalon Jenny Adler. Sie hatte die Augen zum Himmel geschlagen, sich den weißen Stoff keck vor ihren Körper gehalten und war für einen Augenblick in dieser Pose erstarrt, wie die Mädchen in ihrem Schnittmustermagazin.

Was sagt sie dazu, die Edith?

Dann wird sie freitags vor die Tür treten und ihr Emailleschild mit einem feuchten Tuch polieren, bis es glänzt, wie die Mutter es freitags als letztes tut, bevor sie den Riegel vorlegt, um grade bei der geschlossenen Tür darauf hinzuweisen, was es zu erwerben gibt: Kurzwaren, Stoffe und Wäscheartikel.

Na, mal sehen!

Jenny hatte den Stoff zusammengeschlagen und glattgestrichen. Ihr Schild wird ja oben über die Tür angebracht. Und Jennys Hände waren hoch über den Kopf geschwebt und immer weiter auseinander geglitten, um der staunenden Edith eine Vorstellung von der Größe dieses Schriftzugs zu geben. Sie dachte an eine Leuchtschrift.

Edith merkt, dass sie lieber einen Bogen um das Adlersche Anwesen macht, was insofern nicht weiter schwer ist, als ihre täglichen Geschäfte sie kaum zur Hauptstraße hinaufführen. Sie bereitet die Mahlzeiten zu, sie bringt samstags das Brot zum Backhaus, sorgt für die Hühner, das Kälbchen und die zwei Schweine. Viel ist nicht zu verfüttern, denn es kommt nicht viel auf den Tisch, aber dennoch nimmt der Alltag eine solche Regelmäßigkeit an, als sei sie nicht fortgewesen.

Wieder nichts?

Anna zittert jeden Tag, ob ein Feldpostbrief kommt. Sie macht sich in der Küche zu schaffen und weiß ganz genau, wann der alte Jokel sich aufmacht. Sie sieht ihn vor ihrem inneren Auge seine Tasche umhängen und die Tür der Poststation schließen. Sie weiß genau, welchen Weg er einschlägt, wo er einkehrt und einen Schnaps zu sich nimmt, bei wem er stehen bleibt und schwatzt. Wenn im Haus etwas abzuliefern ist, kommt er hinten herum und reicht es zur Küchentür herein.

Für die Damen, heißt es dann, was Edith den Kopf schütteln lässt und trotzdem muss sie lachen. Obwohl er also gewiss nicht vorbeigeht und sie vergisst, trocknet sich Anna ihre Hände an der Schürze ab und geht zur vorderen Haustür, genau im richtigen Augenblick, wenn er von der Hauptstraße herunter einbiegt. Sie öffnet die Tür nicht, sondern streckt sich zu den oberen Scheiben empor und kann von hier aus einsehen, wohin der Postmann sich gleich wenden wird.

Nichts. Sie sieht ihn davonziehen.

Es hat keinen allzu großen Einfluss auf Annas Ritual, ob nun gestern ein Brief da war oder ob es schon zwei Wochen her ist oder länger. Meist ist es halt schon länger her, denn der Karl hat sich als ein nicht ganz zuverlässiger Kandidat erwiesen. Nur im Hinblick auf das Briefeschreiben allerdings. Er schreibt schon, kommt aber nicht immer dazu. Und dann weiß man auch nicht, wie lange so ein Brief braucht, bis er hier ankommt. Kommt er überhaupt an oder geht womöglich der ein oder andere verloren.

Feldpost wird bevorzugt befördert!

Was heißt das schon? Daran glaubt Anna nicht. An solche Meldungen. Das mag gegolten haben, als es noch munter vorwärtsging und die Fronten sich in alle Himmelsrichtungen ausgedehnt haben. Aber jetzt, wo die Zeichen nicht mehr auf Sieg stehen? Kann denn da nicht leicht ein Postzug von der zurückweichenden Front überrollt werden? Oder? Genauer gesagt, er wird vom Feind überrollt und der wird wohl anderes zu tun haben, als die Briefe des Hitlerjugendführers Karl zu befördern.

Anna reflektiert den Vorgang jeden Tag aufs Neue und insbesondere, seit der Vater gesagt hat, der Rückzug sei deutlich gefährlicher als der Vormarsch, kommt noch die Angst dazu, er könnte womöglich. Anna mag es nicht aussprechen das Wort, aber im Kopf kreist es trotzdem, hin und her dreht es sich und beschleunigt ihre morgendlichen Bewegungen von der Küche zur Haustür und wieder zurück.

Stimmt das?

Was denn?

Dass der Rückzug gefährlicher ist als der Vormarsch.

Edith weiß keine Antwort darauf. Ja, es scheint ihr einzuleuchten, weil man nun einmal die Kontrolle aufgegeben hat. Aber sie schweigt, zu Anna will sie lieber gar nichts sagen, was in diese Richtung weist. Anna möchte nur, dass er endlich vorbeigeht, dieser Krieg. Dass er einfach endet. Schluss aus. Von ihr aus mit Schrecken. Verloren oder gewonnen, was spielt das für eine Rolle, hier zwischen ihren Wäldern. Seit Ediths Ankunft hat sich Annas Einschätzung der Lage geändert, sie denkt immer seltener, dass das Blatt sich noch wenden wird, ihre Parole heißt jetzt: Hauptsache Frieden. Edith wartet auch, aber anders. Stiller. Erwachsener halt, meint Anna. Wie eine verheiratete Frau. Die schon einiges hinter sich hat. Wie jemand, der schon weiß, dass dieses ganze Zittern nichts fruchtet. Wem Gott der Herr dieses oder jenes bestimmt hat, den wird es erreichen.

So, meint Anna, sieht es Edith und deshalb schweigt sie oder zeigt nichts von sich und wartet geduldig ab, ob der Briefträger sie meint, wenn es heißt: für die Damen. Sie dreht sich nicht einmal um, wenn sie am Herd steht, sondern fährt in ihren Verrichtungen fort und greift so gelassen nach dem Umschlag, als seien es Urlaubsgrüße, die verteilt werden. Danke schön. Und dann abwarten, bis der Mann sich wieder um die Ecke entfernt hat, auch wenn er zögernd noch ein Weilchen stehen bleibt und abwartet, ob er nicht die ein oder andere Nachricht gleich weiter tragen kann ins Nachbarhaus. Aber da ist er an der falschen Adresse. Edith lässt den Umschlag in der Schürzentasche verschwinden. Was geht es diesen Menschen an, der seinen weitgehend zahnlosen Mund aufsperrt und hofft, dass gebratene Tauben hineinfliegen. Anna schaut noch immer zu ihm hin, als könne er jetzt, wo doch die Geschäfte erledigt sind, doch noch in seine Tasche greifen und, also fast hätte er diesen Umschlag übersehen, der da von der zerbröckelnden Ostfront herüber geflattert ist. Aber nein, nichts.

Johann hat es beibehalten, das Briefeschreiben, wenn auch nicht mit dem gleichen kurzen Rhythmus wie bei seinem ersten Einsatz, als es noch hieß, dieses war der erste und letzte Geburtstag, den wir getrennt usw. Aus Mangel an solchen Sätzen hat sich der Rhythmus, in dem die Nachrichten eintreffen, schon lange auf einen weit größeren Abstand eingependelt, alle drei, vier Wochen kann Edith mit einem grauen Umschlag rechnen, mit Johanns gestochener Schrift, und sie kann ihn aus der Schürzentasche ziehen und weiß, er lebt noch. Obwohl sich in der Zeit seines Transports daran auch schon wieder etwas geändert haben könnte, wie es im Nachbarhaus der Fall gewesen war. Da liest die Frau die Zeilen des Sohns, bei bester

Gesundheit sei er und Sorgen soll sie sich nicht machen, auch wenn jetzt viel vom Rückzug die Rede ist, sie werden gewiss auch wieder vorwärts marschieren und anderntags, keine vierundzwanzig Stunden später, bringt der alte Jokel die Todesbotschaft. So rasch kann es gehen und so ungenau sind all diese ungelenken Sätze, die schon längst denjenigen aus dem Auge verloren haben, an den sie sich richten. Das denkt Edith manches Mal, wenn sie sich beiseite setzt und den Umschlag aufschlitzt.

Achte auf dich! Ziehe dich warm an und gehe nicht ohne Schal aus dem Haus.

Edith kann die Entfernung, aus der Johanns Vorschläge zu ihr herüberreichen, gar nicht mehr ermessen. Wie unwichtig sie geworden sind. Wie fremd. In Johanns Quartier herrschen eisige Temperaturen. Das kann sie sich gar nicht ausdenken, wie kalt es in Italien sein kann, wo man doch an Orangen denkt. Weit gefehlt. Edith faltet die Seite zusammen, die nicht einmal bis herunter beschrieben ist.

Hat sie eine Nachricht von der Mutter, wie es dem Paul geht? Er hört nichts von ihm. Sei herzlich gegrüßt und gib dem Buben einen Kuss von mir, dein Johann.

Edith schiebt den Umschlag zurück in ihre Schürzentasche und bleibt einen Augenblick auf der Ofenbank sitzen, den Rücken an die warmen Kacheln gelehnt. Sie wartet darauf, dass ein Gefühl in ihr aufsteigt. Sie schließt die Augen und schaut in ihr Innerstes, um es sich nur ja nicht entgehen zu lassen. Aber nichts. Da ist nichts. Außer einer kleinen, bei jedem Brief neu sich einstellenden Genugtuung, dass Johann lebt. Das schon. Aber nichts, was sich mit Annas inneren Aufständen vergleichen ließe, mit ihrer Furcht, die sich mit einer plötzlich aufflammenden Gewissheit abwechselt, dass Karls Tapferkeit womöglich ausschlaggebend für eine Wende im Kriegsverlauf sein könnte. Oder?

Dann lacht sie, wie eine kleine Schwester eben lacht. Sie beneidet Edith um ihren Gleichmut und hält es für eine Sicherheit, die ihr noch abgeht. Manchmal lachen sie beide wie sie als Mädchen gelacht haben, wenn die Kleinere sich wieder etwas herausgenommen hat, was ihr doch eigentlich nicht zusteht, also noch nicht jedenfalls. Hat sie sich am Anfang auch so oft gefragt, ob der Johann auch wirklich der Richtige ist, ob das alles gut gehen wird und so weiter.

Na, hör mal, das wird sie doch wissen inzwischen, die Anna, wo sie schon einen Buben hat.

Edith legt ihre Hände für einen Augenblick in den Schoß, die Ecken ihres Briefes stechen durch den Stoff ihrer Schürzentaschen in die Handflächen ihrer Linken. Manchmal meint sie, dass etwas in ihr angehalten hat, wie eine Uhr auf einen Schlag anhalten kann, obgleich sie noch aufgezogen ist, bei einem Gewitter oder jedenfalls einer elektrischen Spannung in der Luft. Das Pendel hält an, grade ist es noch ausgeschlagen und letztlich wäre auch noch Kraft da für den nächsten und viele weitere Schläge. Und trotzdem steht es still und erschreckt die alten Weiber.

Grad stirbt einer, heißt es dann und keine will gleich aufstehen und das Uhrwerk in Gang setzen. Grade so geht es Edith auch, wie einer solchen Uhr, bei der im Inneren etwas anhält und darauf wartet, wieder angestoßen zu werden. Sie wartet darauf seit jenem Augenblick, als Johann das Leintuch von Annas zartem Gesichtchen zurückschlug und selbst ganz erschrocken schaute, als erwarte auch er etwas anderes zu finden. Dieses Sommerkleidchen! Wie sehr sie das beschäftigt hat, dieses viel zu große Kleidchen.

Hat er denn gar nichts anderes finden können? Also Johann!

Dabei war es doch ohne jeden Belang gewesen. Heute kann sie nur noch den Kopf schütteln darüber, wie sehr sie sich festgebissen hatte an dieser Nebensache. Sie kommt zu spät! Das war die Hauptsache. Sie kommt zu spät! Der Herrgott hat es ihr anempfohlen, dieses Geschöpf, und sie kommt zu spät. Edith?

Hinter allem, was ihr seither vor Augen war, sieht sie noch immer dieses stille Gesicht aufscheinen und sie fragt sich, ob das Pendel in ihr noch einmal anschlagen wird.

Edith? Anna steht an den Spülstein gelehnt, die Hände in den Seiten und will wissen, was Johann schreibt.

Sie haben kein Holz zum Heizen.

Ach so. Anna zuckt mit den Achseln über solche Kleinigkeiten.

Er hat trotzdem ein Scheit abzweigen können, um eine Eisenbahn für Paul zu schnitzen.

Hat sie denn nie einmal etwas gehört von der Jenny?

Edith stellt das Plätteisen auf die Herdplatte und breitet die blaue Schürze vor sich auf dem Tisch aus, die Bändel noch ganz verdreht von der Wäsche.

Nein, nichts mehr seit sie mit ihrem Koffer zum Bahnhof marschiert war, dem Gustav hinterher, er hat sich ja zwei Wochen früher schon davon gemacht, um alles vorzubereiten, die Schiffspassagen und so weiter.

Anna zögert, denn sie weiß ganz und gar nicht, was es da alles vorzubereiten gilt, wenn man eine Auswanderung anstrebt und dann noch unter diesen Umständen. Sie schaut zu, wie Edith ein wenig Wasser auf den trockenen Stoff sprenkelt, das Plätten gehört zu den Aufgaben, die wie von selbst wieder an sie zurückgefallen sind, als seien sie von Anna nur vertretungsweise übernommen worden. Das war bald drei Jahre vor den andern, vor den alten Adlers, den Freuds und dem Goldstein. Der Stoff ist hart wie ein Brett.

Dieser Stoff hält ein Leben lang, hatte Frau Adler gejubelt, als sie die schweren Ballen aus dem Regal auf die Theke gehievt und aufgerollt hatte. Bitte sehr!

Edith nimmt das Eisen vom Herd und presst es auf die blaue Schürze. Wer hat das schon haben wollen, einen Schürzenstoff fürs Leben. Edith, im Gegenteil, träumte damals noch von einem Leben ganz ohne Schürze, und der erste Schritt in diese Richtung würde bald folgen, eine Stellung in der Stadt würde sie antreten oder doch jedenfalls beinahe in der Stadt und einem Pfarrhaushalt vorstehen, da werden ja wohl weiße Schürzen getragen, wenn überhaupt. Sie hatten vor dem Ladentisch gestanden, Anna noch mit ihren glänzenden Zöpfen, denn es war gewiss aus Anlass ihrer Konfirmation, dass sie mit einem halben Dutzend neuer Schürzen ausgestattet werden sollte. Die Adlerin ließ die blauen Bahnen durch die Hände und am Maßband entlang gleiten, das ihr Mann ellenweise ins Holz der Theke geritzt hat. Sie hatte lachend ihren Satz wiederholt, ein Leben lang hält dieser Stoff, mit der Schere einen kleinen Schnitt gesetzt, um dann, mit einer einzigen raschen Bewegung die Stoffbahn durchzureißen. Sie wird womöglich Recht behalten, die Adlerin mit ihren Qualitätsstoffen. Mehr als zehn Jahre sind schon ins Land gegangen seither, und die Schürzen sind an keiner Stelle fadenscheinig oder gar gerissen. Das Blau leuchtet wie am ersten Tag.

Färberwaid gefärbte Baumwolle! Sie hatten wohl sehr wenig Begeisterung an den Tag gelegt, sodass die Adlerin meinte, in immer höheren Tönen ihr Lied auf diese herrliche Qualität singen zu müssen und schließlich das Etikett, das am hölzernen Kern des Ballens hing, mühsam herausgezogen und vorgezeigt hat.

Amerikanische Baumwolle! Cotton!

Frau Adler hatte jedes Wort mit dem Ausrufungszeichen des

höchsten Lobs versehen und plötzlich mussten alle drei lachen. Amerikanisches Cotton.

Da liegt er jetzt und wird von Edith mühsam ein wenig geglättet und gleichgültig zusammengefaltet zu einem ungenauen Rechteck. Kann Anna sich an den jungen Weitzel erinnern?

Edith stellt das Eisen zurück auf den Herd und greift nach der nächsten Schürze. Den Bäcker ihrer Hochzeitstorte.

Nein, Anna kann all die Fremden nicht unterscheiden, denen sie an diesem Abend zum ersten und einzigen Mal begegnet ist. Ein großer Bursche, einige Jahre jünger als Johann, ihr eigener Jahrgang vielleicht, er hat das Brautpaar aus Marzipan gestiftet.

Vielleicht. Anna nickt und schaut ein wenig erstaunt, weil gar nichts mehr folgt, grade als sie sich ein etwas undeutliches rotwangiges Gesicht vorstellt, schweigt Edith und macht sich mit ihrem Eisen zu schaffen. Hebt es an, um ein paar Tropfen Wasser auf den Boden zu träufeln, aber es zischt nur träge auf und sie stellt es zurück auf die heißen Platten, ohne sich wieder umzuwenden. Etwas in ihr stockt und zieht sich oberhalb ihres Magens zusammen, grade so geht es ihr manchmal, wenn sie an ihr Mädchen denkt, ein Schmerz ist es aber nicht. Eher Angst. Edith dreht sich zu Anna, die noch immer da sitzt und auf die Geschichte des Bäckers Weitzel wartet, und zieht die Handkante ihrer Linken mit einer kurzen, erschrockenen Bewegung am Hals vorbei, selbst überrascht, als begreife sie grade jetzt zum ersten Mal. Anna schaut verständnislos drein, bis sie den Sinn dessen versteht, was Edith andeutet und erschrocken den Kopf senkt. Sie fragt gar nicht nach den genaueren Umständen, und für eine Weile herrscht Stille in der düsteren Küche mit ihrer nieder hängenden Decke. Edith selbst trifft ihre eigene Geste so tief, dass es ihr schwerfällt, Luft zu schnappen.

Tatsächlich hat sie nicht ein einziges Mal mehr an den jungen Fritz Weitzel gedacht, seit sie auf dem Weg zum Bahnhof an der Zwiebel vorbeigehen mussten. Einem plötzlichen Impuls folgend, wollte sie die Straßenseite wechseln, als käme der Zwiebelwirt jeden Augenblick herausgestürmt, um mit dem Finger auf sie zu zeigen und sie eines Unrechts zu bezichtigen. Aber Georg war so stoisch und ungerührt hinter dem Kinderwagen hergeschritten, dass Edith nichts anderes blieb, als ihm zu folgen und schon waren sie auch vorbei und abgebogen und schon war die Brücke zu sehen und dahinter das freie Feld.

Eins, zwei drei, vier, Eckstein, alles muss versteckt sein. Rudolphs Stimme, überlaut und zugleich ein wenig abgedämpft durch seinen

Körper, denn er steht mit dem Gesicht zum Scheunentor und ruft in die angewinkelten Arme hinein, jagt die Nachbarskinder auseinander in alle Himmelsrichtungen. Hinter mir, vor mir, gilt es nicht.

Edith atmet tief ein, um die Bilder vor ihrem inneren Auge zu zerstreuen, nimmt das Plätteisen vom Herd und wendet sich ihrer amerikanischen Baumwolle zu.

Mehl aus amerikanischem Weizen hat er haben wollen.

Anna hat gar nicht gefragt und auch sonst noch kein Wort von sich gegeben, aber Edith sagt es jetzt trotzdem:

Feindsender hat er gehört und, Edith zuckt mit den Schultern und schüttelt den Kopf, verbreitet hat er auch, was da so aus dem Apparat kam. Unter Freunden wie er meinte, hat er wohl mit seinen Informationen ein wenig geprahlt womöglich, was er alles erfährt in der Nacht, wenn die andern schlafen und er seinen grauen Teig walkt. Edith nimmt sich die Sonntagshemden ihres Vaters vor und presst, Ärmel, Rücken und Brust, ganz wie sie es gelernt, ihr Eisen auf den Stoff. Die Kragen liegen extra, verdreht wie die Schürzenbändel und steif von der Stärke.

Der Zwiebelwirt hat ihn angezeigt.

Anna will gar nichts wissen, scheint es, jedenfalls zeigt sie kein deutliches Interesse und schaut aus dem hinteren Küchenfenster, als geschähe dort wer weiß was. Der Zwiebelwirt hat es wohl selbst nicht geglaubt, dass es so ausgeht. Die längste Zeit waren sie ja Kameraden und der junge Weitzel verkehrte in der Zwiebel wie die andern Hitlerfreunde auch. Große Töne gespuckt, was aus Deutschland wieder werden wird, wenn sie es erst in der Hand haben.

Edith, vielleicht grade, weil Anna schweigt und keine Richtung vorgibt, redet sich allmählich in eine Wut, die Anna früher nie an der großen Schwester bemerkt hat, ein Zorn, der wer weiß woher kommt, vielleicht von der Mutter, die gleichfalls aus der Haut fahren kann, dass man sich besser davon macht und in Sicherheit bringt. Niemand hat es glauben wollen, als es hieß, den Weitzels wird die Bäckerei abgenommen, die Frauen müssen das Haus verlassen innerhalb von zwei Tagen mit ihren Habseligkeiten. Den Fritz hat das Fallbeil erwischt.

Edith lässt noch einmal Ihre Linke am Hals vorbeiziehen, fast erleichtert es sie jetzt, diese Geste noch einmal nachzuvollziehen, die sie in den Tagen nach dem Ereignis, hier und da gesehen hat, bei Nachbarn und auch bei Louise.

Todesstrafe für das Abhören der Feindsender und das Untergraben der deutschen Kampfmoral.

Edith lacht höhnisch und schüttelt den Kopf.

Was gibt es schon noch zu untergraben.

Die Hintertür geht auf und der kleine Paul stapft herein mit herunterhängenden Mundwinkeln und einem raschen und kurzen Atem, der wohl ein paar Tränen ankündigt. Er kann nicht mithalten mit den großen Buben, findet nicht rasch genug ein Versteck und schon heißt es wieder: er ist dran mit suchen, dann weiß er erst recht nicht, wohin sich wenden. Auf den Heuboden oder im Stall hinter den Futtertrog. Kaum hat er sich entschieden und einen Schritt getan, hört er hinter sich schon das jubelnde frei, frei, frei und einer nach dem anderen hat sich abgeschlagen. Er spielt nicht mehr mit, kriecht auf die Ofenbank und schaut seiner Mutter und Tante Anna zu, die Laken spannen und sich hin und her durch die Küche ziehen, wie zwei Schulmädchen.

Wenn der Großvater aus dem Wald heimkommt, wird er ihn vielleicht auf den Gaul setzen und über den Hof führen, dann kann er von oben herab auf die großen Buben herunterschauen und Grimassen schneiden.

Edith liegt in der Finsternis ihrer Mädchenkammer und lässt die Wochen an sich vorüberziehen, die sie nun schon daheim ist. Tag für Tag will sie sich vor Augen führen, um zu begreifen, wo die Zeit bleibt. Nichts beängstigt sie mehr als das Verstreichen der Zeit. Edith wird bald 33, kaum ein Jahr trennt sie noch von dieser, wie sie meint, magischen Zahl. Mit 33 würde sie einer großen Familie vorstehen, das war es, was ihr als junges Mädchen vor Augen stand, und zwar grade aus diesem Bett heraus, in dem sie jetzt wieder liegt, waren diese Bilder aufgestiegen. Wie die Orgelpfeifen hatten sie sich dort aufgereiht vor ihr und ihrem Mann, der damals noch gesichtslos war, aber doch stattlich und in gesicherten Verhältnissen, kein Bauer jedenfalls, mindestens drei rotwangige kleine Racker, in hübschen karierten Hosen und gerüschten Kleidern die Mädchen. Alles hatte einen so soliden Eindruck gemacht auf diesen Bildern, die sie vor sich sah, grade in demselben Bett liegend, in dem sie auch jetzt die Decke hochzieht und trotzdem noch friert. Und im Stall hatte die alte Beta randaliert, grade wie jetzt, und trat mit den rückwärtigen Hufen an die Stalltür, dass der Riegel kracht. Nun werden wohl bald alle wach liegen und nicht nur hier, auch im Nachbarhaus werden die

Augenlider aufgeschlagen und dann weiß sie schon, was kommt. Und tatsächlich, ein lauter Fluch aus der Nachbarstube, und schon poltert der Vater schlaftrunken die Treppe hinunter und führt sein Pferd aus dem Stall. Edith liegt mit offenen Augen da und weiß seit ihrer Kindheit wie jedes Geräusch auf das andere folgt, die schweren Schritte folgen dem Fluch, das Quietschen der Stalltür dem Knirschen des Riegels und jetzt folgen Schritt für Schritt Bertas Hufe aufeinander und die gleichfalls eisenbeschlagenen Stiefel des Vaters, erst auf dem weichen ungepflasterten Teil des Hofs und dann auf dem holprigen Kopfstein der Gasse mit einem weit lauteren klackernden Ton. Hin und her. Hin und her. Unter diesen Geräuschen hatte Edith sich ihre Zukunft erträumt und beschlossen fortzugehen, entschieden, eine Stellung in einem Pfarrhaus anzunehmen, an einem Ort, dessen Namen sie auf Anhieb gar nicht hatte schreiben können. Meist war sie wieder eingeschlafen, wenn die Schritte der beiden Nachtwanderer im Hof ihren gleichmäßigen Rhythmus angenommen hatten und es wohl eine gute halbe Stunde so fort gehen konnte, bis Berta sich beruhigt und ihren Hafer verdaut hat.

Jetzt schläft sie nicht ein und schließt nicht einmal die Augen, sondern starrt mit unverwandtem Blick in die schwarze Leere. Je mehr Zeit verstreicht, desto weiter führt das Leben sie von Anna fort. Das vor allem.

Die Zeit wird darüber hinweggehen, sie heilt die Wunden, heißt es.

Aber nein. Edith schüttelt den Kopf. Sie meint fast, es sei umgekehrt. Die Leere wächst ja mit dem Vergehen der Zeit, denn jeder Tag ist einer, der sie von Anna weiter entfernt, also ein Tag, der ihr fehlt, von dem sie nicht weiß, was Anna wohl gesagt und gefragt, was sie gelernt und wie sie gemeinsam das Leben gemeistert hätten. Ihr Schulheft. Edith fehlt Annas Schulheft, denn jetzt wäre sie ja wohl schon bald in der zweiten Klasse. Hand in Hand wäre sie mit der kleinen Erika die Straße hinauf gelaufen, den neuen Ranzen auf dem Rücken. Grade dieser Anblick der kleinen Erika war wohl neben den Ereignissen in der Bäckerei ausschlaggebend für Ediths Entschluss, sich heim zu machen.

Wie kann das Mädchen sich da alleine auf den Weg machen, ohne sich einmal umzudrehen und nach Anna zu fragen?

Wo bleibt denn die Anna, wir kommen ja zu spät, gleich schlägt die Schulglocke an.

Nichts. Erika war munter weitergegangen bis sie außer Sichtweite war. Edith hatte am nächsten Morgen wieder bereitgestanden, um die gleiche Szene noch einmal zu sehen und wieder und wieder und wieder. Edith verschränkt die Arme im Nacken und schließt die Augen. Die gleiche Schwärze, die sie umgibt, empfängt sie auch in ihrem Innern. Unten noch immer das Hin und Her des Vaters mit seinem kranken Gaul. Klack-Klack, Klack-Klack, Klack-Klack. Aber die zwei nehmen ja einen ganz anderen Weg als früher in ihrer Kindheit. Edith hört jetzt ganz genau zu. Einen kürzeren Weg nehmen sie, nur durch den Hof und ein paar Schritte auf dem Pflaster und schon drehen sie um und kehren zurück. Sie gehen gar nicht mehr die Gasse hinauf bis zur Hauptstraße, wo die Schritte deutlich leiser wurden. Edith konzentriert sich auf die Schritte im Hof. Sie kann den Atem des Pferdes hören, sein leises dankbares Schnaufen, so nah führt der Vater die Berta an ihrem Fenster vorbei. Bleib mit deinem Gaul vor meinem Fenster weg in der Nacht! Eines Morgens war der Nachbar erschienen. Seine Frau tut kein Auge zu, wenn der Gaul ihr ins Ohr bläst. Lauf die Straße hinauf, die Adlers schlafen nach dem Hof zu.

Jetzt schläft dort niemand mehr und trotzdem geht der Vater nicht hinauf, sondern kehrt lang vorher schon um. Unser Dorf ist judenfrei. Edith sieht es vor sich, dieses Banner. Ach so? Ganz überrascht hatte sie die Wörter entziffert, für einen Augenblick mit einem rascheren Herzschlag, grade wie jetzt auch, hatte ihr Herz sich beschleunigt. Auf einem schmalen Streifen weißen Stoffs hatten sie gestanden, einer nach dem anderen, von einem Fachmann ausgeführt, exakt gleich groß waren die Buchstaben und noch gut zu erkennen, als sie im Juni heimkam, um Anna im Kindbett beizustehen.

Wo sind denn die Freuds? Sind die auch fort? Neben einem verwelkten Maibaum hing das verwitterte Banner herab. Und die Adlers? Das erste Dorf im ganzen Gau. Anna hatte genickt und sich schwerfällig die Treppe heraufgezogen. Da wird der Johann wieder staunen, wenn sie ihm erzählt, wie genau seine Frau den richtigen Zeitpunkt für die Reise hat abschätzen können. Kaum hat sie den Koffer abgestellt und der Kleinen das Mäntelchen ausgezogen, da hatte Anna die ersten Wehen gespürt und am Abend musste Edith schon nach der Hebamme schicken.

Was sagt sie dazu? Edith hatte gar nichts gesagt.

Haben die Adlers denn das Geschäft aufgegeben?

Anna hatte gelacht.

Aber ja. Mitnehmen konnten sie es ja nicht. Es steht noch leer, alle andern Häuser hat im Nu einer in Beschlag genommen, als erstes das alte Schulhaus, wohin die Männer am Freitag gelaufen sind, der alte Adler immer zu spät, mit fliegenden Rockschößen. Da hat am nächsten Tag schon der Sohn vom Holzhändler das Gestühl herausgeschafft und mit einem Umbau begonnen. Alle Häuser sind vergeben, nur das Geschäft der Adlers steht noch frei.

Und der Viehhändler Höchster?

Auch weg.

Anna hatte mit einer ungenauen kreisenden Bewegung den Arm über Schulter und Kopf gezogen. Wo sie doch sonst in allem hinterher hängen! Einmal sind sie vorne dabei und es gab höchstes Lob von der Gauleitung für jeden im Dorf praktisch, angefangen vom kleinsten BDM über den Hitlerjugendführer, den sie ja nun inzwischen schon besser kennt.

Anna war in der Küche auf und ab gegangen, leicht gebeugt, die Hand auf der Hüfte. Schade, dass er keinen Sonderurlaub hat bekommen können, wo es doch das erste Kind ist und er sich so freut. Aber er ist ja noch nicht fertig mit seiner militärischen Ausbildung, und wer weiß was dann ist. Was soll denn dann sein? Edith hatte die kleine Anna zur Hintertür in den Hof hinausgeführt, um ihr die stolzen Gänse zu präsentieren, die dort auf und ab marschieren.

So eine hübsche Herde weißen Federviehs hat die Großmutter Louise nicht vorzuweisen!

Die Kleine hatte in die Hände geklatscht und gack-gack gerufen, gleich von Edith korrigiert, das sind doch keine Hühner, schnatter-schnatter machen die Gänse, und Annalein war augenblicklich gefolgt und hatte Edith von unten herauf angeblinzelt mit einem verschmitzten Gesicht, wie immer, wenn sie der Mama hatte zeigen wollen, wie gut sie versteht: schnatter-schnatter.

Die große Anna hatte in der Küchentür gestanden, etwas aufrechter schon wieder, aber doch noch ein wenig die Beugung ihres Körpers beibehaltend, die anzeigt, dass etwas bevorsteht. Wenn es ein Mädchen wird, soll es Edith heißen, dann bilden sie ein Viererkleeblatt, die zwei Schwestern mit ihren Mädchen. Edith hatte gelacht. Das wird doch ein Junge und Karl wird Kopf stehen vor Begeisterung und sogar der Vater wird sich beruhigen.

Ihr Wort in Gottes Ohr!

Anna schickt einen bittenden, wenn auch schon etwas belustigten Blick zum Himmel hinauf. Mit dem Stecken hatte er sie über den Hof verfolgt und geschrien, dass die Gasse hinunter und hinauf bekannt war, was bevorsteht. Sie hat sich gar nicht mehr hinausgewagt, bis

Karl auf Urlaub kam und dann hieß es, nur die Umstände verhindern die fristgerechte Heirat und alles wird nachgeholt, und so schick hat er ausgesehen in seiner Uniform. Da war dann sogar der Vater still und hat nachgegeben.

Wird es denn gar nicht besser mit der Berta?

Edith richtet das Frühstück für die Mannschaft, die Mutter wird gleich vom Melken kommen, die Buben sitzen da mit verschlafenen Gesichtern, allen voran der Rudolf, der doch eigentlich wach sein sollte, denn er muss sich auf den Schulweg machen. Bei einem so alten Gaul, wie Berta einer ist, wird doch niemand mehr auf eine Besserung warten. Ein Gaul, der zu Koliken neigt, wird eben dazu neigen, bis einer ihm ein Gewehr an den Schädel setzt und den Gnadenschuss abgibt. Das wird er doch nicht tun? Rudolf ist mit einem Mal hellwach und starrt seinen Großvater an wie ein Ungeheuer. So? Na, wer weiß? Gustav lacht. Vielleicht wird er es doch tun, eines Nachts, wenn sie wieder diesen Zirkus veranstaltet, wird er aufstehen und sein Gewehr holen und dann. Gustav reist die Augen auf, als wolle er der nächtlichen Störung wenigstens ein Vergnügen abgewinnen und das ist die Furcht seines Enkelsohns.

Und warum geht er nicht mehr bis zum Adlerschen Haus hinauf? Edith lässt den kleinen Rudolf ohne jede Tröstung seine Tasse Milch trinken, und dann wird er die Angst vor dem Großvater mit in den Tag nehmen.

Woher weiß sie das denn?

Na, sie hört es ja in der Nacht. Gustav greift nach einer Scheibe Brot, die Edith abgeschnitten und in der Mitte des Tischs aufeinander gelegt hat und schweigt. Warum denn nicht? Der Vater schüttelt unwirsch den Kopf. Nur so halt. Der Vater bricht das Brot in mundgerechte Stücke und taucht sie in einen Teller mit Rahm. Rudolph schaut ängstlich von einem zum andern, ob nicht vielleicht doch noch ein Wort zu Berta fällt, aber nichts.

Es wäre besser, es zöge einer dort oben ein, auf die andern Häuser haben sie sich gestürzt, und um das Häuschen des Viehhändlers Höchster, eigentlich nicht mehr als ein besserer Stall, war ein Streit entbrannt wie auch um das Lehrhaus.

Ach, was. Der Vater winkt ab. Das weiß sie ja.

Nein, davon hat sie nicht gehört, allerdings kann jeder sehen, wie der Streit sich entschieden hat, denn heute wohnt der Sohn des Bauern Mechsner im Haus von Höchster und der Sohn des Holzhändlers hat sich die Schule zurechtgeschustert. Wieder Schweigen.

Sie fragt sich, wo die Jenny ist.

Der geht es besser als ihnen, die ist doch in Amerika.

Und die Eltern? Der Vater schiebt seine Tasse über den Tisch und steht auf. Sie standen vor seinem Bett in der Nacht. Die Anna wird es doch erzählt haben oder die Mutter. Der alte Adler und der Viehhändler Höchster. Gustav! Der Vater gibt ein krächzendes Flüstern von sich. Gustav. Du musst uns fahren. Gustav. Als erschrecke ihn dieser Ton noch immer, wiederholt er seinen eigenen Namen wieder und wieder. Gustav. Er schlägt die Augen auf, da stehen die zwei am Bett. Gustav, du musst uns fahren. Frag die Mutter, die hat einen Schrei getan, als sie die zwei Gestalten am Bett sieht.

Sie meint, es schon gespürt zu haben, aber genau hätte sie freilich nicht sagen können, was diese Unruhe in ihr auslöst, wahrscheinlich, dass der Rhythmus von Johanns Briefen durcheinandergeraten war. Aber auch nicht so stark, dass man direkt Angst hätte bekommen müssen, eine Woche länger als gewöhnlich, dann zwei Wochen länger. Zu Neujahr gab es, beinahe pünktlich, einen Brief mit dem Versprechen, die Geschenke werden nachgereicht, wie im letzten Jahr auch schon. Dann kam die nächste Nachricht Mitte Februar: Sie haben Johann geschnappt, mitsamt seinem Bataillon, und jetzt heißt das Wort, auf das sie sich einzurichten versucht: Gefangenschaft.

Im Dorf zwei Schulkameradinnen von Edith, grade aus demselben Jahrgang, die eine saß neben ihr vom ersten Tag bis zum letzten, hören seit Monaten nichts von ihren Männern, die eine seit dem Herbst, die andere schon seit dem Heu machen. Sind sie tot? Dann müsste aber doch eine Meldung kommen: gefallen für Deutschland. So haben sie es aus dem Nachbardorf gehört, wo eine junge Witwe sich sagen muss, dass es fürs Vaterland geschehen ist und nicht umsonst war. Also wird das Schweigen der zwei andern wohl heißen, dass sie irgendwo in Russland festsitzen. Alle Männer sind plötzlich in Russland, und dieser Krieg bekommt ein ganz anderes, ein leeres Gesicht. Sibirien. Das ist ein Name, der gleich nach Russland fällt und keine hat eine Vorstellung davon, denn kalt ist es daheim ebenfalls. Sibirien. Was wird der Feind anstellen mit den Bauernburschen aus einer so ärmlichen Gegend wie der ihren. An einem Tag heißt es, der Russe wird alle an die Wand stellen, dafür hat er grade noch

Munition. Am nächsten Tag heißt es, dafür wird er keine Kugel hergeben, die verhungern doch sowieso.

Die jungen Frauen schweigen, und beide hatten so hübsch ausgesehen in den blauen Röcken und weißen Blusen, eine war so verliebt in die Kluft, dass sie darin zum Traualtar ging. Jetzt tropft das Schweigen aus diesem fernen Russland heraus und Edith kann von Glück sagen. Am 5. Februar in Gefangenschaft geraten, steht in ihrem Brief. Sie kann zwei Vaterunser zum Herrgott beten und sich bedanken, erstens für die Gefangenschaft und zweitens für Italien.

Und dann geschieht, wovon sie schon manches Mal gehört hat, aber jetzt erlebt sie zum ersten Mal, wie die Leben von Zwillingsgeschwistern miteinander verwoben sind und auf geheimnisvolle Weise parallel verlaufen, denn grade als sie ihren Umschlag zuklebt und dem Jokel eine Münze reicht, damit er sie auf der Post in eine Marke tauscht und ihre Nachricht an Louise freimacht, holt der Alte einen Umschlag aus seiner Tasche, und gleich erkennt sie die senkrechte Handschrift der Schwiegermutter.

Meine liebe Edith wir haben nun schon eine so lange Zeit keine Nachricht von Paul, seit November, um genau zu sein, dass wir meinen, er wird wohl in Gefangenschaft geraten sein, denn so heißt es in der Nachbarschaft, dass sich ganze Kompanien auf einmal ergeben. Wie genau und glaubwürdig das ist, wissen wir nicht und es gibt jetzt keine Stelle, wo man eine Auskunft einholen könnte und deshalb klammern wir uns daran, denn sich anderes vorzustellen, hat keinen Sinn. Auch die Postwege sind abgeschnitten, wie Georg gestern aus der *Gerste* heimbrachte, kommt grade aus dem Osten kaum noch ein Zug durch, aber jedenfalls wollen wir an das Schlimmste nicht denken. Schreibe mir gleich, wenn du Nachricht von Johann hast, wir warten alle Tage. Hier haben die Bombardierungen in den letzten Nächten nicht nachgelassen, auch wenn wir unmittelbar verschont sind bis jetzt, sehen wir den Himmel erleuchtet und verbringen die Nächte im Keller. In der Stadt muss es verheerend aussehen, die Leute kommen zu Fuß heraus, denn eine Elektrische fährt nicht mehr. Wenn ich es von heute aus bedenke, hast du doch recht getan, zu deinen Leuten zu fahren und den Buben mitzunehmen. Habt ihr zu essen? Ich mache den Laden nur noch zwei Stunden in der Früh auf, denn es gibt kaum etwas, selbst auf Marken ist nichts Rechtes zu haben, und meine letzten Gläser Eingewecktes will ich nicht hergeben, damit etwas da ist, wenn Ihr wieder heimkommt und für Johann und Paul. Richte allen meine besten Wünsche und herzlichen Grüße aus und schreibe gleich über jede Nachricht von Johann, Deine Mutter.

III

Paul wird noch immer vermisst, als Johann plötzlich im Hof steht. Einen Moment zögert er, beim Birnbaum stehend, mit Blick zur Werkstatt hin, ob dort vielleicht der Vater oder womöglich gar der Paul zugange sei, damit beschäftigt, Kalk zu löschen und Leim einzurühren. Dann dreht er sich um und sein Blick trifft auf Edith, die von der Waschküche aus zu ihm hersieht. Für alle Zeiten wird sie wissen, dass es ein Montag war, als Johann aus der Gefangenschaft heimkommt, denn in ihrem Rücken brodelt der Waschkessel. Grade hat sie die Weißwäsche umgerührt und mit dem Stampfer wieder und wieder zurück in die Lauge gestoßen, während der Schweiß ihr über Schläfen und Wangen schließlich den Hals hinab in den Kragen ihres Sommerkleides läuft. Gleich will sie hinaufgehen, um für sich und den Buben Kartoffeln zu kochen.

Da sieht sie Johann, der Werkstatt zugewandt, als wolle er gleich dort hinein verschwinden oder doch jedenfalls rasch nach dem Rechten sehen und kontrollieren, ob auch Ordnung herrscht und das Werkzeug an seinem Platz und die Pinsel in Reih und Glied in ihren jeweiligen Flüssigkeiten stehen. Dann schaut er doch auf, lässt im selben Moment seinen Sack fallen, und Edith tritt aus der Waschküche heraus und geht auf ihn zu.

Alles geht viel stiller vonstatten, als sie es sich vorgestellt hatte. Obwohl, jetzt, zum ersten Mal seit zwei Jahren wieder neben ihrem Mann liegend, und damals waren es nur drei Nächte Fronturlaub gewesen, also nichts anderes als ein angespanntes Abwarten auf den erneuten Abmarsch, jetzt könnte Edith gar nicht sagen, wie sie es sich vorgestellt hat, das Wiedersehen. Johanns Heimkehr. Vielleicht hatte sie aufgehört, es sich vorzustellen. Zwischendurch vielleicht schon.

Anfangs hatte sie jeden Abend mit der kleinen Anna die Hände gefaltet, so überhaupt hat sie dem Schätzchen das Beten beigebracht, das Hände falten. Müde bin ich geh zur Ruh, schließe beide Äuglein zu. Und genau an der Stelle hatte Annalein dann etwas theatralisch ihre Augenlider heruntergeklappt und Edith musste lächeln. Und dann, wenn die letzten Worte gefallen waren, gingen die Augen wieder auf, als sei der neue Tag schon da und Edith hatte noch eigene Worte gefunden, aber die waren allabendlich so ähnlich, dass die Kleine sie auch bald mitsprechen kann. Beschütze unseren lieben Papa und mache, dass er bald nach Hause kommt. Und dann Amen und Gute-Nacht-Kuss und träume etwas Schönes und ein letztes Mal schmusen und unter die Decke kuscheln.

Mit Paul hat sich das in dieser Weise nicht wiederholen lassen. Anfangs war er noch ein Säugling und dann, als er in das entsprechende Alter kam, hat sie *Ich bin klein mein Herz ist rein* ausgewählt und auf die Sätze am Schluss ganz verzichtet. Der Junge kannte den Papa ja nicht, die Erinnerung war nichts Gemeinsames, und ein Wiedersehen nichts, worauf sie sich mit ihm zusammen hätte freuen können, wie mit der Anna. Da hieß es auch tagsüber ständig, das machen wir, wenn der Papa wieder da ist. Zur Tante Anna fahren wir, wenn der Papa wieder da ist, einen Ausflug in den Zoo machen wir, wenn der Papa wieder da ist, mal sehen, ob sie noch einen Elefanten dort haben, der mit seinem langen Rüssel ein Stückchen Zucker von Annas kleiner Hand entgegennimmt. Da hat sie gestrahlt und abends inbrünstig Ediths Worte wiederholt und Amen, Amen, Amen gesagt, jedes Mal mit dem Kopf genickt dazu, um dem Wort Nachdruck zu verleihen, und wahrscheinlich hat sie den Elefanten vor sich gesehen und ihr Zuckerstücken auf der Hand.

Paul hatte diese Erinnerungen nicht, aus denen heraus er die Vorstellung von einem Ausflug mit Johann hätte füttern können. Also hatte Edith alleine gebetet für Johann, aber später, insbesondere daheim in ihrer alten Mädchenkammer, hatte sie es mehr oder weniger ganz eingestellt und der Schwester gesagt, wenn er nicht wiederkommt, bleibe ich hier.

Edith dreht den Kopf zu Johann hin, der da neben ihr so gleichmäßig und ruhig atmet, als sei er niemals fort gewesen. Sie streckt die Hand nach ihm aus, um zu prüfen, ob dieses Geräusch sie nicht täuscht. Nein, tatsächlich, anstelle des kleinen Köpfchens von Paul, mit seiner heißen verschwitzten Stirn, trifft ihre Handfläche auf das Rund von Johanns magerer Schulter.

Er hat noch kaum etwas gesagt heute, nur manchmal stumm und ernst den Kopf geschüttelt, Edith weiß nicht recht, ob aus einem Staunen heraus, hier zu sein und alles mehr oder weniger vorzufinden, wie er es verlassen hat oder war es doch ein Zeichen des Erschreckens, weil Paul vermisst ist.

Hast du Wäsche, hatte er Edith gefragt, als sie da im Hof standen und er sie für einen Augenblick an sich gedrückt hielt, grade so wie früher. Dann kam schon Paulchen aus dem Garten herauf gelaufen mit seiner kleinen Schippe und sandigen Knien und sie hatten sich voneinander gelöst.

Weiß er, wer das ist, der kleine Paul?

Nein, wohl nicht. Der Junge schüttelt den Kopf und fährt sich mit der metallenen Kante seines Schippchens den Oberschenkel entlang. Sonst nie um ein Wort verlegen, weiß er jetzt nicht so recht was er sagen soll, angesichts dieses kurz geschorenen Mannes, der da so dicht bei seiner Mutter steht.

Johann ist keine vierundzwanzig Stunden zu Hause, da schnürt er schon seine schweren Arbeitsschuhe, für die nicht einmal mehr Senkel da sind, um in einen der entfernten Nachbarorte zu laufen.

Aber dort fährt doch noch gar keine Bahn hin. Das sind drei Stunden zu Fuß! Vielleicht mehr. Edith steht in der Küchentür und sieht Johann zu, der eine Kordel durch die Löcher zieht, immer schön kreuzweise.

Muss das denn heute sein? Louise will eines ihrer beiden Hühner opfern, die sie mühselig großgezogen hat, heilige Tiere sozusagen, und steht wahrscheinlich schon in der Küche und heizt den Herd ein. Sie hat Hanna einbestellt, damit über die Anzeige gesprochen werden kann, mit der das Rote Kreuz bei der Suche nach Paul unterstützt werden soll.

Das machen wir später. Johann lässt sich nicht dabei stören, die Schnur durch die Löcher zu schieben und dann stramm zu ziehen, damit der Fuß einen festen Halt hat.

Er will einen Kameraden aufsuchen, das muss heute sein, er will wissen, ob dieser Franz schon zurück ist und wenn nicht, muss er der Familie Auskunft geben, wann und wo sie getrennt worden sind.

Ach was, Johann schüttelt den Kopf, um sich ganz und gar auf seine Schuhe zu konzentrieren. So genau braucht das gar nicht erklärt zu werden. Er hatte auch gedacht, dass es noch Zeit hätte, dass er im Lauf der nächsten Woche oder noch später, vielleicht mit der Elektrischen einmal hinfahren könnte. Aber heute Morgen, nach seiner ersten Nacht neben Edith, war er mit dem Gedanken erwacht, als allererstes müsse nun das erledigt werden, diese Pflicht. Zur Familie von Franz hinüber zu laufen, es scheint ihm gar nicht weit zu sein, gemessen jedenfalls an den Entfernungen, die er hinter sich gebracht hat, ein Katzensprung. Er hatte die Augen aufgeschlagen und sich fremd gefühlt. Gar nicht gewusst wo er war.

Ach so, das sind ja Ediths gelbe Gardinen dort, die kleinen blauen Papageien fliegen darüber hinweg wie ehedem oder haben sich auf einem Bambus niedergelassen, auf dünnen, grünen Stängeln jedenfalls, die wohl einen Bambus vorstellen sollen. Johann wundert sich, dass diese Papageien noch da sind, diese Gardinen. Nicht einen Riss haben sie bekommen, während doch die Welt in Flammen stand. Plötzlich muss er raus.

Er springt aus dem Bett, als sei er falsch hier, als habe er lediglich den Appell überhört, als ginge irgendwo etwas ohne ihn weiter. Er streift sich die Hose über und nichts wie raus an die Luft und durchatmen. Der Himmel steht hoch und wolkenlos über der Werkstatt, dem verwilderten Garten, dem windschiefen Hühnerhäuschen. Er läuft an den Hühnern vorbei, die noch auf ihren Stangen hocken, so früh am Morgen ist es, er reißt die Werkstatttüren auf, er zieht drei, vier Mal diesen Kreis, über den Hof durch die Werkstatt, vordere Tür hinein, hintere wieder heraus, dann am Hühnerstall vorbei in den Garten und wieder zurück. Er weiß selbst nicht warum.

Dann bleibt er endlich stehen. An der alten Mauer, die den hinteren Teil des Gartens von der Scheune des Nachbarn trennt, liegt das Gerüst im hochgewachsenen Gras. Johann fährt mit der flachen Hand über das graue, verwitterte Holz. Zentimeter genau liegen sie da aufeinander, zwei, drei Dutzend Gerüstleitern, die Bretter daneben, zwei kniehohe Stapel. Er hat alte Frauen gesehen, die ihre Ofenbank haben klein hacken lassen, um die Temperatur in ihren Stuben über den Gefrierpunkt zu heben und hier fehlt keine einzige Sprosse. Sie könnten gleich anfangen, wenn Paul da wäre. Johann wundert sich, dass er damit nicht gerechnet hat, dass Paul nicht da sein könnte. Warum denn nicht?

Wenn er an zu Hause gedacht hatte, und er hatte bis zum Schluss an zu Hause gedacht, dann hatte er sich Paul vorgestellt. Paul ebenso wie Edith, wie die Mutter oder den Vater. Ihm schien sicher, dass Paul als erster wieder daheim wäre.

Und wo ist der große Paul, hatte er auch gleich gefragt, noch während sie im Hof standen, Edith und der kleine Paul mit seinen kurzen Hosen, und Ediths verständnislosen Blick gar nicht verstehen können.

Aber der ist doch vermisst! Das hat sie ihm doch geschrieben.

Der Paul wird vermisst? Seit November schon hat Hanna nichts mehr gehört. Sein kleiner Sohn steht noch immer dort und schaut lächelnd zu ihm auf. Er hat sein Schippchen wieder aufgenommen und wartet vielleicht darauf, entlassen zu werden, um sich seinen eigenen kleinen Abenteuern zuzuwenden.

Geh nur, will Johann sagen, aber er bringt kein Wort über die Lippen. Er will dem Buben über den Kopf streichen, er hat ihn so freundlich empfangen, spürt aber eine Schwere in sich aufsteigen, vom Knie an höher, bis in die Leisten und darüber hinaus, dass er seine Hand gar nicht heben kann. Wenn er nur nicht noch einmal diesen Sack aufnehmen muss, der neben ihm auf dem Boden steht, aber Edith greift schon danach und Louise steht in der Haustür und gibt einen kleinen Schrei von sich. Dann geht es wieder, wenn auch schwer, kann er einen Fuß vor den andern setzen, und Schritt für Schritt zwischen den beiden Frauen die Treppe hinauf und durch den Hausflur Louises Küchentisch erreichen. Er kann wieder atmen, die Lähmung verfliegt. Diesen Brief hat er jedenfalls nicht bekommen, der muss verloren gegangen sein.

Wann denn? Wann hat sie ihm geschrieben, dass die Nachrichten von Paul ausbleiben? Also dann wird er ja bald kommen, er nickt es zu Louise hinüber, die zusammengesunken auf ihrem Küchenstuhl kauert. Und jetzt sagt er es sich auch, während er da dem frühen Morgen zuschaut, auf seinen Gerüstbrettern im Garten. Nie war er einem Menschen so nah wie Paul, auch Edith nicht. Ihm scheint, dass seine Nähe zu Edith wesentlich von der Existenz Pauls abhängt. Ohne Paul wüsste er gar nicht, was das bedeutet: jemandem nahe zu sein. Er hält es nicht für möglich, dass einer von ihnen lebt und der andere nicht. Edith meint wohl, diese Möglichkeit müsse man in Betracht ziehen, aber nein, das glaubt er nicht. Der Russe hat ihn geschnappt wie so viele, bis nach Sibirien wird manch einer da verschleppt, also schlimmstenfalls könnte Paul dabei sein. Edith hatte skeptisch geschaut, und Georg wollte seinen Kopf gar nicht von den Kartoffeln heben, nur Louise hatte fleißig genickt und ihren Blick gar nicht von Johann abwenden können. Ihr leuchtet es ein und sie ist froh, froh, dass wenigstens der Johann wieder da ist und solche Sätze zu ihr sagen kann.

Der Johann, ihr Großer! Wenn der etwas Derartiges sagt, wird es Hand und Fuß haben, und letztlich geht es ihr wie ihm. Sie kann die beiden Buben nicht getrennt denken, und weil jetzt der Johann wieder da ist, ist auch der Paul nicht weit. So wird es von Louise gesehen, an diesem Abend von Johanns Rückkehr, als sie bei offenem Fenster um den Tisch herumsitzen und zu allem Überfluss kommt auch noch Hanna über den Hof, mit der Zeitung winkend. Sie hat schon gehört, dass Johann da ist, und das hier hat heute in der Zeitung gestanden, wenn das kein gutes Zeichen ist. Louise schlägt das Blatt auf.

Die ersten deutschen Kriegsgefangenen, die aus sibirischen Gefangenenlagern östlich des Uralgebirges entlassen wurden, sind in Berlin eingetroffen. Na also. Hört euch das an. Es befinden sich zahlreiche Kranke und Invalide unter den Rückkehrern aus Sibirien. Louise schaut auf, als sei er schon daheim angekommen, ihr Sohn. Warum hat der Georg das nicht gelesen, ganze Abende studiert er die Zeitung und etwas so Wichtiges übersieht er. Also bitte, jetzt mal abwarten in wenigen Tagen werden sie schon wissen, ob der Paul dabei ist. Alle hatten schließlich genickt und selbst Edith hat sich ein hoffnungsvolles Lächeln abringen können, die große Zweiflerin vor dem Herrn.

Die Hühner sind von ihrer Stange gehüpft und haben sich aus der Klappe hinaus ins Freie gezwängt, wo sie gackernd und nervös scharrend auf der bloßen Erde picken. Johann steht auf, um sich die beiden anzusehen, mager sind sie, aber doch mit einem glänzenden braunen Gefieder. Wie in Friedenszeiten. Solche schönen Hühner hat Johann zuletzt am Anfang des Krieges gesehen, als es noch nach einem Ernteeinsatz ausgesehen hatte, bemessen auf ein halbes Jahr. Er hatte noch nichts Fremdes empfunden damals, schon gar nichts Feindliches. Es war ihm auch nichts Feindliches entgegengekommen. Nicht einmal an jenem Morgen, als sie eine Gruppe von mehreren hundert Menschen, Familien, alte und junge Leute abgeschoben hatten, in Züge gesetzt und ab. Johann bückt sich, um ein wenig Löwenzahn auszurupfen, der in der Mauer neben seinem Gerüst wächst und steckt es den Hühnern durch den Maschendraht. Gleich wird das Gegacker lauter und mit jedem Picken werfen sie ein Blättchen in die Luft, als spielten sie damit. Nicht einmal in Italien habe ich Hühner gesehen wie ihr zwei welche seid. Er schlägt mit der Faust gegen den Draht und das Federvieh flattert erschreckt auf.

Johann? Edith kommt vom Haus heruntergelaufen, im Nachthemd noch, nur eine Strickjacke hat sie darüber gezogen, obwohl es doch Sommer ist und schon warm. Da steht er mit nackten Füßen am Hühnerstall.

Was macht er denn hier in aller Herrgottsfrühe?

Einen Augenblick weiß es Johann selber auch nicht mehr, den Hühnern zuschauen vielleicht, sehen, ob das Gerüst noch vollständig ist. Aber da fällt es ihm wieder ein. Seine Arbeitsschuhe sucht er, die werden ja wohl in der Werkstatt stehen.

Seine Arbeitsschuhe?

Festes Schuhwerk halt, Johann schaut an seinen Hosenbeinen hinunter. Und Strümpfe natürlich. Edith sagt, ja, Strümpfe sind oben, aber wozu braucht er jetzt festes Schuhwerk an seinem zweiten, also eigentlich an seinem ersten Tag daheim.

Johann schüttelt den Kopf, geht an ihr vorbei auf die Werkstatt zu und tatsächlich, im unteren Regal gleich neben der Tür stehen die verstaubten Stiefel, wenn auch ohne Schnürsenkel, aber gut. Johann lässt sich nicht abhalten und viel sagt Edith auch gar nicht, weil sie die Zielstrebigkeit, mit der er vorgeht, ein Hemd sucht, sich anzieht und eine Kordel aus irgendeiner Schublade zieht, einfach erstaunt und verstummen lässt. Aber frühstücken kann er doch noch. Also gut.

Mittags wird er wieder da sein.

Er ruft es noch vom Hoftor her, auch Louise steht ratlos an ihrem Küchenfenster. Wo will er denn hin?

Die größte Überraschung für Johann ist der kleine Paul. Sicher, damit war insofern zu rechnen, als er seinen Sohn überhaupt nur als Säugling gesehen hatte, wo er ihn noch kaum von andern Babys hätte unterscheiden können, und natürlich bleibt es notgedrungen abstrakt, wenn man an einen Buben denkt, von dem man nichts weiter in Erinnerung hat als ein Glatzköpfchen.

Dann steht er da im Hof und gleich denkt Johann, den kennt er schon, und auch Paul kommt ihm mit dieser Offenheit entgegen, die, wie Johann später wird feststellen können, zu Pauls Wesen gehört. Er hält sein Sandschippchen ein wenig verlegen lächelnd und von einem zum andern schauend, von Edith zu ihm und wieder zurück.

Das ist dein Papa.

Da hatte er sein Schippchen neben sich auf den Boden gelegt und war zwei, drei Schritte auf Johann zugekommen, um ihm die Hand zu geben. Ein kleiner Diener war gefolgt, ein freundliches zu ihm Aufschauen und ein Lächeln. Die Geste hatte etwas so feierliches und war zugleich zutraulich, dass Johann etwas in sich aufsteigen spürte, was vielleicht Tränen hätten sein können, wenn nicht gleich alles weiter gegangen wäre und gar keine Zeit blieb. Es war aber auch die Art, wie der Junge sein Schippchen neben sich ablegt, mit einer solchen Sorgfalt und ohne sich aus der Ruhe bringen zu lassen, unaufgeregt und gewissenhaft, an der Johann seinen Sohn als einen der ihren erkennt, also als einen Menschen, der weiß, was ein Werkzeug ist.

So fängt es an zwischen ihnen. Noch am Abend seiner Ankunft, noch vor Louises Nachtmahl holt Johann die Eisenbahn aus seinem Mehlsack. Da steht sie auf dem Küchentisch. Eine herrliche Lok mit allen Schikanen. So etwas kratzt er aus einem Stück Brennholz heraus, wenn man ihm nur einen kleinen Holzmeißel überlässt und eine Feile. Zwei Schornsteine ragen aus einem runden Korpus heraus, ein hochgestelltes, offenes Führerhäuschen, zu dem ein paar Stufen hinaufführen, lädt den kleinen Eisenbahner ein.

Paul schaut verwundert von einem zum andern und streckt vorsichtig die Hand aus, um einmal mit dem Finger vom vorderen Puffer bis zum Ende des Kohlewagens die Oberfläche zu ertasten.

Ist die für mich? Johann nickt und na ja.

Plötzlich spürt er, die Lok ist für sie beide und in den nächsten Tagen wird das Holz lackiert, ein bisschen schwarze Farbe wird sich ja finden lassen und unten den Boden machen sie rot, wie bei der richtigen Dampflokomotive.

Wie bei der K4!

Aha! Paul scheint ja ein Sachverständiger zu sein. Woher kennt er denn schon die Namen der Lokomotiven. Na, von seinen Sammelbildchen, die den Haferflocken beigelegt sind. Und gleich kommt der kleine Stapel mit den farbigen Zeichnungen. Lokomotiven, Flugzeuge und Schiffe werden vor Johann auf dem Küchentisch ausgebreitet, und da findet sich gleich die K4.

Also die wollen sie sich mal zum Vorbild nehmen und ihre genau so streichen und die Puffer vorne, die man auf der Zeichnung nicht sieht, weil die Lok im Augenblick der Beschleunigung dargestellt ist, also grade davonfährt, die machen sie rot. Und wenn sie es ganz genau wissen wollen, können sie zum Bahnhof fahren und kontrollieren, ob sie es richtig machen. Paul ist einverstanden und schiebt die Eisenbahn von der einen Ecke des Küchentischs zur andern, um zu sehen, wie die Räder sich langsam drehen, in der Reihe gehalten durch die Querstange, ganz wie beim Original, und jetzt hebt die Stange sich langsam und dann senkt sie sich wieder ab, und der kleine Paul lächelt und duckt sich ein wenig, um mit den Augen ganz genau auf der Höhe dieser Räder zu sein. Und dann das Führerhäuschen, zu dem die Stiege hinaufführt! Paul fährt mit seinem Finger über die winzigen Stufen und drückt sein Auge an das Fensterchen, um zu sehen, ob da nicht vielleicht sogar einer drinsitzt, und gleich pfeift es und der Dampf zischt aus den Schornsteinen und los geht die Fahrt.

Die Tage nach Johanns Rückkehr gehen dahin wie in einer Trance. Als rudere er unter größter Kraftanstrengung ohne voranzukommen. Er nimmt Wege auf sich, die seiner Erschöpfung gar nicht angemessen sind, nur um nach zwei, drei Stunden Fußmarsch den Eltern eines Kameraden die Nachricht zu überbringen, ihr Sohn sei in Port Said, eine Information, die ohnehin schon angekommen war.

Trotzdem, diese Leute freuen sich, einen Mann am Tisch sitzen zu sehen, der ihrem Franz vor noch gar nicht langer Zeit nahe gewesen war. Sie wollen ihn gar nicht wieder fortlassen und schütten ihn zu mit ihren Fragen nach den Details ihrer Gefangennahme. Man versteht die Sprache nicht und doch macht man es richtig, wenn es darauf ankommt. Waffe weg und die Hände über den Kopf. Johann lacht plötzlich auf. Das braucht einem keiner zu sagen. Aufstellen, Uniformjacken ausziehen. Hemden gleichfalls. Man versteht das auf Anhieb. Die einen nach links und die andern nach rechts. In der letzten Gruppe ist er selbst, der Kamerad muss nach links und eben am selben Tag noch ein Schiff besteigen und dann ab, ohne dass sie damals schon gewusst hätten, wohin es steuert.

Nach Afrika hieß es vage, und sie hatten gezittert vor Glück, nicht auf diesem Schiff zu sein. Also wieder einmal der Zufall. Johann sitzt auf einer abgeschabten Couch, eine Feder sticht links neben seinem Oberschenkel scharf unter der Wolldecke hervor, die das verschlissene Polster verdecken soll, und philosophiert über den Zufall. Den einen lässt er an den Ufern des italienischen Stiefels hängen, den andern spült er an die Küste Afrikas. Er sitzt hier an diesem Küchentisch und seinen Bruder hat es bis hinter den Ural verschlagen.

Für einen Augenblick herrscht Stille zwischen ihnen, und die

Mutter des Kameraden beugt sich ein wenig vor, mit rot geränderten Augen schaut sie herüber, als warte sie auf eine genauere Auskunft. Johann öffnet auch den Mund, holt Luft und sieht sich hinter Franz in der Schlange stehen. Vorne sitzt ein amerikanischer Offizier hinter einem Tisch und lässt die Männer mit erhobenem Oberarm an sich vorbeiziehen. Johann nickt und schließt seinen Mund wieder. Soll er dieser Mutter sagen, wie diejenigen aussortiert werden, die eine Tätowierung tragen. Also auch Franz. Johann nickt und schweigt, sein Blick wandert durchs Zimmer auf der Suche nach einer Ablenkung, und tatsächlich, dort über der Kommode trifft er auf eine Fotografie des Kameraden, in seiner schmucken Polizeiuniform. Jugendlich und frisch lächelt er aus dem Rahmen heraus.

So sieht er noch immer aus, genauso.

Johann will der fremden Frau eine Freude machen und tatsächlich kommt für einen Augenblick wieder so etwas wie Kraft in ihm auf, eine Kraft allerdings, die ihm nachher für seinen Heimweg fehlt, und er muss sich immer wieder hinsetzen, nach Luft schnappen, und zu Hause gerät Edith schon wieder in Angst. Er hätte lieber daheimbleiben sollen, um sich an Louises Suppe zu stärken, auf der die Fettaugen des mageren Hühnchens schwimmen.

Johann macht sich auf, die Stadt zu erkunden, wieder und wieder muss er in Augenschein nehmen, was davon noch übrig ist. Als er zum ersten Mal die Straßenbahn nimmt und in die Innenstadt fährt, ein Wunder überhaupt, dass die Schienen schon freigelegt sind, so hoch schichten sich an manchen Stellen die Steine und aufgeworfenen Mauerreste zu beiden Seiten, und zum ersten Mal suchend zwischen den Schutthaufen umherirrt, überfällt ihn eine so tiefe Erschöpfung, dass er sich alle Augenblicke hinsetzen muss und ausruhen. Am Tag seiner Ankunft, gleich vor dem Bahnhof und letztlich natürlich auch drinnen, wo die Nordfront mit einem Bretterzaun abgesperrt ist, hatte er schon erkannt, dass kein Stein auf dem andern liegt. Sein Ziel stand ihm aber so klar vor Augen und seine Aufregung war derart, dass er kaum ruhig durchzuatmen vermochte, also lieber nicht nach links und rechts schauen.

Fährt eine Elektrische? Tatsächlich fuhr eine, drei- oder viermal umsteigen, was spielt das für eine Rolle so kurz vor dem Ziel und bloß nichts wahrnehmen, was von diesem Ziel ablenken könnte. Alles wird sich einrenken lassen, wenn er dort ankommt, von wo er aufgebrochen war, für ein paar Monate höchstens. Und wenn man einmal davon absieht, dass Anna und Paul fehlen, dass Haus und Werkstatt heruntergekommen und Louises Ladenregale leer sind, scheint tatsächlich alles seltsam unversehrt.

Fast so, als sei die Zeit stehen geblieben damals, als er aufbrach, und nur die Jahre sind darüber hinweggegangen, aber kein Krieg. Der Putz an der Werkstattmauer schlägt Blasen, hier und da sind handtellergroße Stücke heruntergebrochen, na und. Johann lässt sich durch die Straßen treiben. Hier und da haben schon ein paar Eifrige, vor allem Frauen, wie er zu erkennen meint, damit begonnen, brauchbare Ziegelsteine aufeinander zu stapeln, oft scheinen sie gar nicht zu wissen, wo einst der Straßenverlauf war. Da wo die Schienen der Bahn liegen, gewiss, aber sonst? Johann hat zerstörte Städte gesehen. Es ist nicht der erste wüste Anblick, der sich ihm bietet. Abgesehen vom letzten Kriegsjahr waren die meisten Orte, durch die sie auf dem Rückzug kamen, ja alle zerstört und dem recht ähnlich was ihm hier vor Augen kommt. Aber keine dieser Städte war seine eigene und zudem zerstört durch eine Armee, der er selber auch angehörte und die ihn voran- und wieder zurücktrieb, und er kam den einen Tag an und am nächsten würden sie weiterziehen.

Hier wird er nun bleiben. Er sucht ein paar Adressen auf, Eckpunkte seines früheren Alltagslebens und manches Mal kann er kaum noch ausmachen, wo die entsprechenden Häuser wohl gestanden haben. Die Handwerkskammer. Johann hat nichts zu erledigen und keinen Anlass jemanden aufzusuchen und trotzdem schaut er vorbei in dem Wunsch vielleicht, sich seiner Geschichte zu vergewissern. Die vordere Fassade steht noch, und durch die hohen Bogenfenster strahlt das milde Blau des frühherbstlichen Himmels. Wir arbeiten wieder, verkündet ein exakter Schriftzug auf einem schräg gegen die Treppe gestellten Schild. Sie finden uns in der Soundso Straße, Öffnungszeiten wie gehabt. Johann lässt sich auf der Bordsteinkante nieder, die Füße im Rinnstein und versucht durch ruhiges Ein- und Ausatmen wieder zu Kräften zu kommen. Aber so einfach lässt sich der Atem gar nicht bis in die Lungen und dann wieder den Körper hinauf und hinaus transportieren. Augenblicklich scheint in seinem Inneren ein Vakuum zu entstehen, als fielen die Organe im Bruchteil einer Sekunde in sich zusammen, wenn der Sauerstoff nicht rasch genug eintrifft und alles wieder ins Lot bringt. Johann atmet zu rasch ein und wagt es aus Angst vor dem Schmerz nicht, ausreichend auszuatmen.

Was ist mit dem Mann?

Eine Frau mit zwei Mädchen im Schlepptau, eines in dem Alter, in dem Anna jetzt wohl wäre, schaut sich nach Johann um.

Ist er krank?

Nein, die Mutter schüttelt den Kopf und wendet sich, schon im Fortgehen, noch einmal um. Johann meint, sie schaut auf ihn herab wie auf einen Trunkenbold.

Nichts weiter, nur der Kreislauf.

Er schüttelt den Kopf und dann, als die drei außer Sichtweite sind, rappelt er sich auf, um die Schutthaufen seines Pinselgrossisten zu besichtigen, überhaupt den Domplatz. Da ist kaum zu erkennen, wo die verwinkelten Gassen mit ihrem Kopfsteinpflaster von den geduckten Fachwerkhäuschen begrenzt waren, und er steht lange an einen Pfosten gelehnt, um die Abfolge, die Höhen und die Fassaden der einzelnen Gebäude vor seinem inneren Auge zu rekonstruieren. Der Fotograf, die Apotheke, die Samenhändler, der Herrenschneider, bei dem Johann seinen Hochzeitsanzug hat machen lassen. Am Eck die Hutmacherin mit ihren bunten Kreationen, die keine Frau aus Johanns Lebenskreisen jemals gewagt hätte zu tragen. Schließlich gibt er auf, läuft hinunter bis er am Wasser ist und tatsächlich steht da, auf der anderen Seite des Flusses, ganz und gar unversehrt, das Gebäude der Akademie.

Auch Edith scheint nach Anlässen zu suchen, ein wenig von ihm abzurücken, jedenfalls nachts, wenn er seine Hand nach ihr ausstreckt. Was ist denn?

Ach nichts.

Na, wenn nichts ist, kann sie ja ein wenig näher zu ihm heranrücken oder er rückt näher an sie heran, so geht es auch. Johann wartet einen Augenblick. Mal sehen, was sie sich jetzt ausdenkt.

Gab es denn andere? Aha! Andere was? Na, andere Frauen natürlich, das hat er doch verstanden, oder? Jetzt ist Johann zwar herangerückt und spürt Ediths schöne Wärme durch ihr geblümtes Nachthemd hindurch, aber nun steht die Frage zwischen ihnen.

In Italien?

Ja, in Italien, zum Beispiel. Johann schüttelt den Kopf. Da war er doch in Gefangenschaft die längste Zeit und hat die Eisenbahn machen müssen für den Buben.

Jetzt lacht Edith trocken auf, weil die Lokomotive herhalten muss.

Nicht nur die Eisenbahn, alles Mögliche hat er gemacht, Schachfiguren dutzendweise, drei, vier Spiele mindestens, das war seine Währung, vor allem die Schachfiguren und kleine hölzerne Schalen, die waren auch sehr beliebt. Dafür hat er Werkzeug bekommen, kleine Feile, Hobel, alles halt, was er gebraucht hat. Das hat er ihr doch schon alles erzählt oder nicht? Edith nickt. Ja, das hat er.

Na, also. Und was war vorher? Vorher? Vor der Gefangenschaft, gab es da jemand, ein Mädchen? Sie gibt keine Ruhe, die Edith, und Johann spürt allmählich eine Ungeduld in sich aufsteigen, von den Fußspitzen steigt sie auf, und er hat seine liebe Mühe sich ihrer zu erwehren.

In Italien war nichts. Nicht das Geringste war in Italien. So viel Angst wie in Italien hat er überhaupt noch nie in seinem Leben aushalten müssen. In diesen kurzen Monaten hat er mehr gezittert als in all den Jahren davor.

Und Johann braucht die Augen gar nicht zu schließen, um den Kameraden zu sehen, zwei Meter zu seiner linken, wie er in die Knie sinkt und vornüberkippt, grade so, als hätte ein Puppenspieler oben die Fäden durchgeschnitten und der Kopf dreht sich nach hinten, fällt dann vor und aus ist es. Partisanen.

Johann schüttelt den Kopf in der Dunkelheit. Ohne einen Ton geht es vor sich, ohne Schrei, ohne einen Schlag. Nicht einmal einen Schuss hat er gehört. Johann folgt wortlos diesen Bildern auf seiner inneren Leinwand. Jetzt, da sie nun schon einmal aufgetaucht sind, lässt es sich ohnehin kaum vermeiden, dass sie, eines nach dem anderen, aufeinander folgen. Wie er sich hinwirft und umdreht und das gleiche Schauspiel noch einmal folgt, diesmal in seinem Rücken.

Und vorher?

Was denn vorher?

Johann dreht sich von seinen Kameraden fort, um Ediths dunkles Haar auf dem Kissen zu suchen. Was will sie noch?

Na vorher halt, in der Ukraine? Während des Krieges überhaupt?

Er war ja nicht nur einige Monate fort, im Grunde ist es das erste Mal seit drei oder vier Jahren, dass sie wieder miteinander sprechen. Seit Annas Tod. Deshalb fragt sie halt jetzt. Früher war ja keine Gelegenheit dazu.

Johann holt Luft, und was er jetzt in sich aufsteigen spürt, ähnelt schon allmählich dem Zorn. So schnell jedenfalls kann er den Vorhang seiner Erinnerungen gar nicht auf- und zuziehen, wie Edith die Szene wechselt. Er schweigt, und Edith ergreift die Gelegenheit, ein wenig von ihm abzurücken. Ach Edith. Er schweigt weiter, aber natürlich ziehen jetzt ganz andere Bilder auf. Diese Landschaften, diese ungeheuren Felder, keine so schmalen, steinigen Handtücher wie bei ihr daheim. Bis zum Horizont senkt und hebt sich der Weizen wie ein gelbes Meer, und zwar in alle vier Himmelsrichtungen.

Also ja!

Was denn, ja?

Also da gab es eine andere Frau. Oder andere Frauen.

Johann schweigt. Er war ihr also nicht treu. Treu wie ein Veilchen am Wegesrand. Das hat er doch gesungen, oder? Geschworen und versprochen hat er es. Edith sagt es auf dem Rücken liegend in die Dunkelheit hinein, gar nicht einmal böse, aber doch wie jemand, der eine Feststellung macht, die Konsequenzen haben wird. Welche auch immer.

Ja, Johann nickt. Damals hat er das gesungen. Jetzt ist er es, der ein wenig abrückt und sich auf die Seite dreht, um genauer ins Auge zu fassen, was er trotz der Dunkelheit von seiner Frau noch erkennt.

Am Anfang waren sie ja noch die Sieger. Fast hat er den Satz schon ausgesprochen, aber dann lässt er ihn doch lieber in seinem Innern. Was sollte Edith damit anfangen können? Die Sieger. Was heißt das schon? Wieder tauchen die Bilder vor ihm auf, wie sie da mit ihren Motorrädern dieses gelbe Weizenmeer durchkreuzen, von Hof zu Hof, um sich einen Überblick zu verschaffen. Da waren keine Männer mehr auf diesen Gehöften, entweder sie waren, Johann zögert einen Augenblick, entweder sie waren verschleppt, um bei Edith daheim die Frucht einzubringen.

Was?

Da waren doch Ukrainer, oder? Na also, dann können sie ja nicht daheim gewesen sein, oder sie waren selbst Soldaten, und wenn beides nicht der Fall war, dann hielten sie sich versteckt. Das kann sie sich ja denken, dass diese Männer nicht gerne gesehen sein wollten, besonders die jungen Männer nicht.

Ediths Atem scheint versiegt zu sein, vielleicht hat sie einfach aufgehört Luft zu holen, um ihn nur ja nicht zu stören, bei den wenigen Sätzen, die da kommen. Und tatsächlich. Johann schweigt schon wieder und behält für sich, was er da vor sich sieht.

Was heißt das denn: Sie waren die Sieger?

Johann schüttelt den Kopf. Nein. Sie kann sich das doch sowieso gar nicht vorstellen. Wie das ist. Johann will seiner Ratlosigkeit darüber Ausdruck geben, wie sie hier nebeneinander liegen, wortlos und einsam, aus zwei völlig fremden Welten kommend.

Wie was ist? Edith lässt nicht locker. Sie will es genau und genauestens wissen, obwohl, wie ihm plötzlich scheint, nichts besser wäre, als die letzten Jahre in Louises schwarzer Kochkiste zu verschließen und über das Brückengeländer zu werfen. Na, wer weiß, welcher Fluss da tief genug wäre, aber jedenfalls: alles auslöschen und sich lieber daran erinnern, dass einmal eine Hochzeitsreise an den Vierwaldstättersee stattgefunden hatte und die Bewegung eines Ruderboots Ediths geblümtes Kleid auf der Oberfläche hatte erzittern lassen, all die in der Mitte zerschnittenen Sträußchen und wie herrlich das aussah, Edith gegenüber in dieser Nussschale von Boot und gleichzeitig noch als Bild auf dem Wasser, eingerahmt von Schäfchenwolken, die lustig dahin ziehen.

Wovon macht sie sich keine Vorstellungen?

Was meint er denn damit?

Ach Edith.

Da steigt schon wieder diese Ungeduld in ihm auf. Was will sie denn? Vom Krieg. Sie macht sich keine Vorstellung vom Krieg. Sie weiß gar nicht, wie es da zugeht, im Krieg. Einen Augenblick lang herrscht Stille zwischen ihnen, aber das schöne Sommerbild ist schon reichlich verwischt und Johann schüttelt den Kopf, weil er es immer weiter entschwinden sieht und die dunkle Ratlosigkeit wieder die Oberhand gewinnt.

Edith bleibt einen Augenblick stehen, bevor sie die Hauptstraße hinunter weitergeht. So hat sie es sich jetzt seit einer Woche eingerichtet. Auf dem Hinweg bleibt sie stehen und wechselt weiter unten hinüber auf die andere Seite der Straße, gleich vor dem hölzernen Hoftor, wo sie einen viertel Liter Milch erhoffen kann.

Was? So wenig? Da kann sie ja den Boden der Milchkanne noch hindurchschimmern sehen.

Edith schüttelt den Kopf und legt den Deckel gar nicht erst auf, bevor die Bäuerin noch einmal den Eimer gehoben und unwillig ein paar Tropfen nachgegossen hat. Sie darf ja gar nichts abgeben, privat.

Es ist halt für den Buben. Edith nickt. Von wegen. Für den Buben ist es doch nicht, sondern für das Petroleum gibt es die Milch, das Louise aus einem unerschöpflichen Fass zapft, damit die Bäuerin ein wenig Licht hat beim Melken.

Edith schweigt aber still.

Ja, natürlich, das weiß sie zu schätzen, was für ein gutes Herz hier regiert.

Heimwärts bleibt sie dann auf der Seite des Bauernhofs bis auf die Höhe des Pfarrhauses. Sie hat es in den ersten beiden Tagen anders versucht und war auf der Seite der alten Schule hinauf wie üblich, weil dort das Trottoir ja bequemer ist. Ihr schien dann aber, dass sie nicht ein zweites Mal anhalten kann, grade nicht mit der Milch in ihrem Kännchen. Aber vorbeigehen kann sie auch nicht. „Diese Schandtaten – Eure Schuld". Die Lettern des Titels freilich kann sie auch von hier aus erkennen, auf diese Entfernung, so groß schauen sie herüber, dass es eine größere Nähe gar nicht braucht. Was aber von hier einer grauen Landschaft ähnelt, als wölbe sich eine Böschung grade am Wegesrand in einen nebligen Himmel, erweist sich aus der Nähe als ein Hügel aus toten Menschen.

Edith hat es im ersten Augenblick nicht erkennen können, selbst nicht, als sie unmittelbar davor angehalten hatte, um sich anzuschauen, was die Amerikaner bekannt machen wollen. Von Bildrand zu Bildrand liegen die Körper nebeneinander und aufeinander gestapelt, wie die Waldarbeiter daheim das geschlagene Holz schichten. Einmal sind es die Köpfe, die an der Front herausschauen, einmal Beine und Füße. Einmal kann man Reste von Kleidung ausmachen, andere Körper sind nackt. Edith war zurückgeschreckt und mit gesenktem Kopf weiter die Straße hinuntergelaufen, schneller als sonst. Nur fort. Nur nicht die anderen Bilder auch noch anschauen, es sind sieben, drei in der unteren Reihe, vier in der oberen. Heimwärts hatte sie stehen bleiben wollen, und sie blieb auch stehen, aber wieder nur, um sich dieses einen Bildes noch einmal zu vergewissern. Gleich zog sie wieder etwas fort, sie hätte nicht sagen können, ob es nun Angst war oder Scham oder sogar ein Anflug von Zorn. Sie hat Louise darauf hinweisen wollen und Johann wollte sie fragen, aber sie kam still heim und hatte nichts gesagt, und so verhält es sich bis jetzt. „Güterwagen vollgeladen mit Leichen wurden in Dachau von den amerikanischen Truppen entdeckt. Diese Körper liegen wie zufällig da, achtlos übereinandergeworfen wie Abfall." Edith zwingt sich, die Unterschrift zu lesen, einen Augenblick zu verharren, dann geht sie weiter, hinunter zum Gelber Hof, wo die Bäuerin schon hofft, sie kommt heute nicht, die junge Frau Ritter. Aber von wegen, da biegt sie auf den Hof ein und hält ihr Kännchen hin.

Sie müssen sich erst einmal aneinander gewöhnen.

Johann und Edith. Schritt für Schritt. Sie sagt es sich selbst und auch zu Johann lächelt sie es hinüber, wenn er mit einem leeren Blick in ihre Richtung starrt. Woran denkt er dann, wenn er so da sitzt mit leicht gespreizten Beinen, die Hände auf die Knie gestützt, als wolle er aufstehen und sei nur durch diesen einen Gedanken, der ihm grade durch den Kopf geht, für einen Augenblick zurückgehalten. Edith stellt sich alles Mögliche vor und gerade heute, nachdem sie wieder vor den Anschlagstafeln bei der amerikanischen Behörde gestanden hat.

In Polen war er ja nicht, der Johann. Und trotzdem. Sie möchte es verhindern, aber sie kann es nicht, stellt sich in ihrem Kopf eine Verbindung her zwischen Johanns Abwesenheit und dem Ausbleiben von Jennys Karte aus Amerika. Johann? Er hebt den Kopf und tatsächlich huscht ein kleines Lächeln über sein Gesicht, wenn er Edith ins Auge fasst. Ja? Edith schlägt die Strümpfe ineinander und wartet ab. Sie kann nicht in ihn hineinsehen und ebenso wenig weiß sie, was sie ihm sagen könnte und so schwingen sie sich in dieses Schweigen ein, dass sie von früher gar nicht kennt.

Woran denkt er denn?

Johann wartet einen Augenblick ab, als suche er nach einem Satz, der genau umfasst, was sich in ihm bewegt.

An die Handwerkskammer.

Was? Edith lacht. An die Handwerkskammer?

Sie hört auf, ihre Strümpfe zu sortieren und legt die Hände in den Schoß. Der Johann. Sie hat sich Wunder was vorgestellt und dann kommt die Handwerkskammer.

War sie denn schon einmal in der Stadt und ist durch diese Landschaft aus Bruchsteinen und Möbeln und einzelnen Hauswänden gewandert? Hat sie das gesehen?

Ja, Edith war dort, sie hat es sich angesehen, aber sie hat auch erlebt, wie es in verschiedenen Etappen entstanden ist.

Kann sie sich vorstellen, dass jemals wieder eine Brücke über den Fluss hinüberführt, dass das Theater wieder steht, die alte Klosterkirche? Wird man denn überhaupt wissen, wo die Straßen verlaufen sind, wenn nicht gerade die Straßenbahnschienen einen Weg durch die Trümmer weisen. Edith schweigt und schaut ihren Fingern zu, die sich da auf ihrer grün gemusterten Schürze ineinander falten. Er hatte hinüberlaufen wollen auf die andere Flussseite, aber so weit sein Auge reichte, war keine Brücke mehr zu sehen. Edith nickt.

Das war dein Herr Hitler.

Was? Johann kehrt aus seiner Trance zurück. Was heißt das denn jetzt? Sein Herr Hitler?

Na, ihrer war es ja bestimmt nicht.

Edith sagt sich, es wäre besser hier innezuhalten und diese Überlegungen nicht weiter zu verfechten, aber etwas treibt sie doch noch ein wenig voran, und womöglich sind es nur die wiederkehrenden Lebensgeister von Johann, die da aufflammen an dieser Stelle.

Seiner auch nicht!

Johann lässt es Edith mit einem Kopfschütteln wissen, wenn auch dieser Satz schon wieder mit weniger Energie gesprochen wird, ratlos. Er will noch etwas anfügen, Edith sieht wie die Muskeln in seinem Gesicht sich anspannen, er die Augenbrauen in die Höhe zieht, ein klein wenig, ein untrügliches Zeichen dafür, dass Johann ihr etwas Wichtiges mitzuteilen hat. Aber dann erschlaffen die Muskeln wieder und Johanns Blick senkt sich zur Seite, als sei auf dem Fußboden ein entscheidender Satz geschrieben. Aber nichts. Dort lässt sich nichts ablesen, auf Ediths geschrubbten blau-weißen Kacheln, höchstens, dass neben dem Herd wohl ein Topf abgestürzt ist und eine Kachel zerschlagen hat.

Wie ist denn das geschehen?

Johann sucht den Fußboden nach weiteren Schäden ab und Edith schaut ihm dabei zu, wie er nach einer Ablenkung sucht.

Wenn er zehn Jahre jünger wäre.

Der Halbsatz hängt wie eine Frage in der hereinbrechenden Dämmerung ihrer Küche.

Was wäre denn dann?

Dann könnte er rascher wieder Kräfte sammeln und die besten Jahre lägen noch vor ihm. Aber so! Johann richtet sich ein wenig auf und schüttelt den Kopf, als wolle er nein sagen und dann herrscht Schweigen zwischen ihnen während Ediths Hände wieder in Bewegung geraten und Wäschestücke von links nach rechts sortieren, nach einem System, das Johann nicht durchschaut.

Was war denn das Schlimmste?

Johann zögert einen Augenblick. Nicht sein eigener Herr zu sein. Nicht mehr daran zu glauben, dass dieser Krieg jemals enden wird. Zu glauben, dass es bis an sein Lebensende dauert.

Auch wenn er nochmals den Kopf schüttelt, als bewegten sich

dort Bilder und Sätze, die kurz davorstehen, ausgesprochen zu werden, versinkt er wieder in ein Schweigen und schaut zu Edith hinüber, diesem beruhigenden Bild einer friedlichen Ordnung der Dinge.

Und hat er etwas Schlimmes getan, der Johann.

Edith sieht gar nicht von ihrer Wäsche auf, sondern legt ruhig weiter die Handtücher und Kopfkissen auf den Stapel für Gottholds und den von Louise.

Schlimm? Johann schaut Edith fragend an. Was meint sie denn mit schlimm?

Ach nichts.

Edith hat sich so an ihre Ängste gewöhnt, dass Johanns etwas unsichere Anwesenheit kaum etwas an ihnen ändert, obwohl er es nun schon ein paar Mal betont hat, und sie dabei in den Arm nimmt und an sich drückt, dass es ihr fast schon zu viel ist: Ich bin wieder da. Wenigstens bin ich wieder da oder jedenfalls bin ich wieder da. Kleine Pause und dann: und das ist doch die Hauptsache. Edith?

Edith nickt dann, und wenn es gar nicht anders geht, sagt sie auch ja und schaut auf zu Johann, was ihr dann aber auch gleich Anlass gibt, sich aus seinen Armen ein wenig zu befreien und zurückzuziehen. Dann seufzt Johann und lässt es zu, dass Edith unmerklich wieder auf ihre Seite des Betts rutscht, und ein paar Minuten später schon kann sie seinen tiefen und gleichmäßigen Atem hören und sie selbst bleibt auf dem Rücken liegen und starrt in die Dunkelheit wie jede Nacht. Sie dreht sich nicht weg und rollt sich nicht auf die Seite, um es sich unter der Decke gemütlich zu machen. Fast ist es so, als dürfe sie gar nicht einschlafen, als müsse sie abwarten und ausharren, damit nur ja nichts Schreckliches geschieht in ihrer Abwesenheit. Anna zum Beispiel könnte aufhören zu atmen. Und wenn der Schlaf sie schließlich doch fortzieht, schreckt sie augenblicklich wieder hoch, weil sie das Röcheln der Kleinen gar nicht mehr wahrnimmt. Ach so! Da liegt ja gar nicht die kleine Anna, sondern ihr Mann liegt neben ihr und schläft den Schlaf der Gerechten. Wie kann einer nur aus einem Krieg heimkehren und so schlafen, so tief und so selbstvergessen, als sei er niemals fort gewesen. Morgens muss sie ihn wecken, er rührt sich nicht, trotz der Geräusche, die sie und der kleine Paul beim Anziehen machen, bis sie schließlich, der Katreiner ist schon aufgebrüht und das Brot aufgeschnitten, den Buben noch einmal zurückschickt ins Schlafzimmer. Weck mal deinen Papa.

Dann sitzt sogar Louise schon da, die allmorgendlich die Treppe herauftappt, als wollte sie sich vergewissern, ob ihr Sohn noch da ist oder womöglich wieder verschwunden wie eine Erscheinung im Traum. Immerhin ist schon für ein Frühstück gedeckt, sie kann sich beruhigt auf einem Stuhl niederlassen, ein klein wenig abseits des Tischs, nicht dass sie mitessen will. Stumm sieht sie eine Weile zu, wie Johann sich das Pflaumenmus aufs Brot streicht und die Scheibe in Hälften teilt, in Viertel und schließlich in Achtel. Wie für ein Kind eigentlich teilt er sich diese Scheibe ein, obwohl er sicher noch eine zweite haben kann. An Brot mangelt es nicht und am Mus auch nicht. Bald sechsunddreißig Stunden haben sie es kochen müssen, denn am Zucker hat es halt gefehlt.

Gut, dass er schlafen kann, der Johann, so kommt er wieder zu Kräften.

Edith will so früh am Morgen die Kommentare von Louise noch gar nicht hören. Und wenn sie ehrlich ist: später am Tag auch nicht. Denn seit dem Tag ihrer Rückkehr, und das war ja gleich Mitte Mai, hört sie sich nun an, welches Glück sie hat.

Du hast ein Glück, war schon der Spruch zu Hause gewesen, von den jungen Frauen aus der Nachbarschaft, da kannst du dich bedanken beim lieben Gott, dass deiner nicht in Russland steckt. Sie bedankt sich auch beim lieben Gott und trotzdem, diese leichte Abwesenheit grade während ihrer Gebete, grade wenn es ans Danksagen geht. Niemand weiß davon außer ihr selber, und nicht einmal mit der Schwester spricht sie darüber, weil sie auf gar keinen Fall als undankbar angesehen werden will. Ihr Haus ist unzerstört geblieben, der Mann kommt unverletzt zurück und nicht einmal besonders mager oder weißhaarig wie manch ein anderer, den sie in der Nachbarschaft selbst anschauen kann. Greisenhafte Gestalten, dürr bis auf die Knochen, dass die jungen Frauen sich fragen, ist das überhaupt der meine. Johann scheint nahezu unverändert, abgesehen von den Zähnen vielleicht, die hier und da dunkel sind und faulige Stellen aufweisen und abgesehen natürlich von diesen Zuständen, die einer Ohnmacht ähnlicher sind als dem Schlaf und die Johann auch tagsüber immer wieder aus der Wirklichkeit fortreißen. Sie weiß nicht wohin, denn er schläft ja nicht ein, während er mit ihnen am Tisch sitzt beim Essen oder an seinem Schreibtisch, um ein Formular auszufüllen, den Antrag zum Beispiel, wieder ein Gewerbe treiben zu dürfen. Dann plötzlich scheint er mitten in seiner Tätigkeit oder im Gespräch zusammenzusinken und wegzusacken, ohne dass er selbst es womöglich merkt. Als ziehe ihn etwas zu Boden, weicht für einen Augenblick die Spannung aus seinem Körper, das Kinn fällt auf die Brust. Johann? Was denn?

Gleich ist er wieder da, hebt den Kopf, und wenn es Edith war, die ihn ruft oder sein Blick auf den kleinen Paul fällt, der neugierig zu ihm herschaut, verbirgt er seine Unsicherheit gleich hinter einem Lächeln, atmet tief durch und weiter geht es mit dem Studium seines Formulars.

Liebe Anna, ich will Euch gerne Zwetschgen schicken, die Bäume hängen so voll, dass wir gar nicht genug Zucker haben, um sie alle einzuwecken oder Mus zu kochen. Und der Schwiegervater fährt gerne einen Korb zum Bahnhof, wenn ich weiß, ihr holt ihn ab an Eurer Station. Nach der langen Abwesenheit ist doch noch manches fremd hier, und ich bin gottfroh, dass Johann zurück ist. Gestern habe ich zum ersten Mal ein persönliches Wort mit dem neuen Pfarrer gesprochen, ein recht freundlicher Mann, der schon drei Monate im Amt ist, aber es hatte sich noch keine Gelegenheit ergeben. Der alte ist im Ort geblieben, was kaum jemand vermutet hat und am allerwenigsten Louise, die sich von seiner Heil-Hitler-Frau, wie sie noch jetzt sagt, schlecht behandelt sah. Er wohnt jetzt nicht weit vom Zwiebelwirt, in der kleinen Hofreite, na du wirst dich nicht erinnern. Von Paul gibt es noch keine Nachricht, es besteht eine gewisse Hoffnung, dass er vielleicht bei denen sein könnte, die jetzt aus Russland entlassen wurden. Der kleine Paul vermisst die Pferde und läuft auch hier manchmal zum Bauern und hat schon ein paar Nachbarsbuben eingeladen, einmal mitzukommen, zu seiner Tante und auf dem Feld zu helfen. Liebe Anna, gib mir bald Nachricht wegen der Zwetschgen und grüße alle Deine Lieben herzlich von Deiner Edith

Johann soll alles nochmals und nochmals erzählen. Jedenfalls Louise will es wissen, Edith weniger, sie ist überhaupt still und trägt noch immer schwarze Kleider und Schürzen, in denen sie ausschaut wie ein Strich in der Landschaft. Aber sie hört schon zu und bleibt dabei, wenn Louise wieder einmal dasitzt, nie direkt vorm Tisch, sondern eben eher parallel dazu, den einen Unterarm auf der Tischplatte, die andere Hand im Schoß.

Jetzt also, wo genau war er, der Johann. Er war doch auch in Russland. Oder?

In der Ukraine.

Er hat es schon ein paar mal gesagt und schließlich sogar auf der Karte gezeigt, nicht nur einmal hat er den Atlas hervorgeholt, Louise beugt sich drüber und auch sein kleiner Sohn, obwohl er noch nichts lesen kann. Jetzt ist sowieso alles ganz anders, die Grenzen stimmen ja nicht mehr.

Was hier steht, braucht er sich also nicht mehr zu merken, der kleine Paul.

Johann fährt mit dem Daumennagel an einer zarten blau sich schlängelnden Linie entlang. Hier war er, der Johann. Der Nagel hat schon Spuren auf dem Papier hinterlassen, und hier war der Paul.

Johanns Zeigefinger rutscht etwas weiter nach rechts, also nach Osten, und ein winziges Stückchen weiter nach oben, letztlich kaum wahrnehmbar. Man meint, sie hätten sich zuwinken können, ihre zwei Buben, und Johann muss es immer wieder sagen, es sind mehr als tausend Kilometer von seinem Posten nach Stalingrad. Louise schaut von dem harmlos blassen Grün auf, in dem der Deutsche Volksatlas die unübersichtlichen Weiten Russlands zeigt. Auch wenn ihr der Name dieses Ortes schon so lange vertraut ist, versetzt er sie jedes Mal aufs Neue in Schrecken.

Das Ohr an der Membran des nachbarlichen Radiogerätes hat Louise Pauls Marsch auf dieser blassgrünen Fläche hin zu jenem winzigen und letztlich ganz und gar unbedeutend aussehenden Punkt an der krakeligen Biegung eines Flusses verfolgt. So harmlos sah das alles aus letzten Endes, und als die Meldungen eine andere Färbung bekamen, einen Ton, an dem Louise mehr als an den Worten hatte erkennen können, dass Paul zum Anhalten gezwungen worden war, gegen den Winter hin war es, nicht einmal tiefer Winter, verwandelte sich diese Fläche in einen eisigen endlosen See, und irgendwo dort wird Paul erfrieren.

Aber es sind ja welche zurückgekommen. Louise schaut zu Johann auf, der langsam wie ein Kind seine Brotstücke in den Mund schiebt.

Johann nickt. Zu mehr fehlt ihm die Kraft.

Also? Louise schlägt den Atlas zu, faltet die Hände im Schoß und wartet.

Er wird schon noch kommen.

Er sagt es aus einem Pflichtgefühl heraus, weil Louise immer mehr in sich zusammenfällt, immer kleiner wird, klein und weißhaarig, und Johann hatte sie doch groß in Erinnerung, seine Mutter.

Um sie ein wenig aufzurichten, sagt er ihn halt, diesen Satz. Aber letzten Endes, seit er zwischen den Schutthaufen seiner Stadt saß und sich vorzustellen versuchte, wo die Breite Straße wohl verlaufen sein mochte, wo er mit Paul beim Grossisten Heller angestanden hat, um Pinsel zu besorgen, genau in der Auswahl, die von Georg auf langen Listen festgehalten war, scheint es ihm unsicher, ob Paul heimkehren wird. Ein Russe hat das Gewehr auf ihn gerichtet und Paul, mit weit aufgerissenen Augen, stürzt rückwärts in einen Graben am Straßenrand. Seit neuestem redet Louise sich ein, dass Johann es fühlen müsste, wenn Paul gefallen wäre. Sie hat von einem Fall gehört, in dem der eine Zwillingsbruder in der Todesstunde des andern im Traum ein genaues Zeichen sah, sogar über den Ort des Ereignisses hat es informiert.

Hat Johann etwas Vergleichbares gefühlt, oder vielleicht sogar geträumt?

Nein. Johann kann sich an Träume überhaupt sehr schlecht erinnern, sie werden aufgesaugt von der Tiefe seiner Erschöpfung.

Also bitte. Louise nickt und schlägt diesen nichtsnutzigen Atlas zu, der nicht das Geringste hergibt.

Ein Traum, in dem sich die Todesstunde seines Bruders anzeigt, womöglich sogar der Ort! Einen solchen Traum wird Johann doch nicht vergessen. Er hätte ihn aus dem tiefsten Schlaf herausgerissen und aufgeweckt! Oder?

Ja, vielleicht. Johann selbst möchte gerne daran glauben, und wenn sie an diese Stelle kommen, stellt sich eine Einigkeit zwischen Mutter und Sohn her, und wenn Edith, die dabeisitzt und dicke Bohnen aus der Schale löst, um sie auf der Fensterbank zum Trocknen auszulegen, die beiden mit einer skeptischen Bemerkung aufwecken will, fällt Louise dieser oder jener ein, der vor zwei Jahren schon verschwunden und gerade jetzt wieder aufgetaucht ist. Zu Hause hatten sie ihn schon aufgegeben und das Kreuz über ihm geschlagen und in Stein meißeln lassen: gefallen im Februar dort und dort. Das kommt nicht in Frage.

Johann hat sich in Pauls Zimmer gesetzt und sucht in der weißen, schleiflackpolierten Kommode, Pauls Gesellenstück, nach der Schachtel mit den Fotografien. Er zieht eine nach der anderen die Schubladen auf und atmet Pauls Geruch ein. Stärker als bei allen Beschwörungen, auf die Louise sich spezialisiert hat, meint Johann hier, angesichts dieses Kleinkrams, der im obersten Fach durch-

einander rutscht, Pauls Anwesenheit zu spüren. So waren sie fortgegangen, er selbst auch, als würden sie in ein paar Wochen dieses
Leben wieder aufnehmen, in dem ein kleines Maßband aus Metall
eine Rolle spielte, das im Innern einer flachen Dose an einer Feder
aufgehängt ist und augenblicklich zurückspringt, wenn man es
loslässt. Eine der Spielereien für die Paul immer etwas übrig hatte,
schickes Werkzeug. Neue Messer mit einem Schaft aus poliertem
Eichenholz und rostfreien Klingen, die kaum je geschliffen werden
müssen. Ein Satz kleiner Feilen in einem ledernen Etui, das sich zu-
sammenrollen lässt und mit einem geflochtenen Band verschlossen
ist. Johann lächelt, löst den Knoten, rollt das Etui auf und zieht den
Geruch aus Leder und geöltem Metall ein.

Was macht er denn da? Edith steht in der Tür und schaut hinüber
wie Johann da vor der Kommode hockt mit Pauls kleinen Feilen in
der Hand. Ach nichts. Er will eine Fotografie heraussuchen für die
Suchanzeige. Nichts mit Uniform hat es geheißen, denn wohin es ihn
auch verschlagen haben mag, eine Uniform wird er bestimmt nicht
mehr tragen. Nein, gewiss nicht.

Na also, hier sind sie ja. Feinste Pralinés. Johann holt die Schachtel heraus und Edith zieht die Tür hinter sich zu.

Paul im Hof bei der Werkstatt im weißen Arbeitsanzug. Wer hat
denn das gemacht? Paul mit dem Notenblatt in der Hand bei einem
Auftritt seines Maienquartetts, Paul mit einem Weinglas, mit einer
schrägen Kirmeskappe auf dem Kopf, Paul am Wörthersee, Paul bei
einer Wanderung im Gebirge. Paul lachend. Paul winkend und wieder
lachend, immer in der ersten Reihe, häufig vor der Gruppe auf dem
Boden hockend oder liegend, vielleicht um seine mangelnde Körpergröße zu überspielen. Johann weiß es nicht.

Einige dieser Szenen scheinen blass vom Boden seiner eigenen
Erinnerung auf, ganz so, als sei dies tatsächlich ihr Leben gewesen.
Er steht auf, geht hinunter, um sich Georgs Lupe auszuleihen, die der
Vater, in einen Leinenlappen gewickelt, aufbewahrt für die allfälligen
Kopien großer Meister.

Johann lässt sich auf dem Bett des Bruders nieder und nimmt
sich Bild für Bild vor, eines nach dem andern schiebt er die kleinen schwarz-weißen Formate mit ihren geriffelten Rändern hinter
das Glas, um Pauls Lachen um ein Vielfaches vergrößert vor sich zu
sehen. So war er doch gar nicht, der Paul. Immer fröhlich. Da war
doch etwas ganz anderes, immer zweifelndes. Wenn er nur an Hanna

denkt, wie lange hat er gezaudert und was nicht alles vorgeschoben. Die andern haben ihn vielleicht so gesehen, so heiter, seine Vereinsbrüder, die Turner und Sänger. Manchmal steht er selbst irgendwo hinten im Bild zwischen zwei anderen Köpfen, als sei er nur zufällig dabei. Ernster Stimmung meist, jedenfalls mit geschlossenen Lippen, damit die Zähne nicht so hervorspringen und alle gleich sehen, dass sie nicht so schön grade gewachsen sind, wie bei Paul zum Beispiel. Dann wieder Paul. In bester Stimmung. Paul, dem Fotografen zuprostend. Und hier. Paul neben Hanna an ihrem Hochzeitstag. Da ist sein Lachen schon erstarrt. Na, wer weiß, was er jetzt da wieder hineinlegt. Hanna im geblümten Kleid, ein paar Nelken vor sich haltend und mit einem derart erschrockenen Blick als erwarte sie gar nichts Gutes.

Warum hat Paul so lange gezögert?

Jetzt wartet Hanna wieder. Johann greift sich ein Passbild heraus, Paul im Anzug, zugeknöpfte Weste, gestreifter Schlips weißes Hemd. An diesem Nachmittag im Oktober, kurz nach dem Kriegsausbruch, waren sie zusammen die Straße hinauf zum Fotografen gelaufen, der neu eröffnet hatte, mit dem Versprechen, Passbilder innerhalb von 24 Stunden fix und fertig zu liefern. Und tatsächlich, Johann schiebt ein paar Bilder beiseite, hier ist auch seines. Er legt die beiden kleinen Abzüge nebeneinander und lässt seine Lupe von einem Gesicht zum andern wandern. Hinter den beiden Köpfen der gleiche Schatten auf der weißen Wand. Paul sieht so viel älter aus als er selbst. Ohne sein Lachen ist dieses Gesicht fremd und fern. Als wisse er, was ihnen bevorsteht. Johann steht auf, geht zum Fenster und schaut hinaus in den Hof. Wider alle Prognosen trägt der Weinstock, zu seiner Hochzeit gepflanzt, inzwischen schon reichlich saure Früchte. Auch jetzt kann er es schwarz zwischen dem Grün des Laubs leuchten sehen.

Er meint plötzlich, Angst in den Augen seines Bruders zu sehen und stellt fest, dass er von ihm in der Vergangenheit denkt. Paul wusste es schon damals, als sie nebeneinander die Straße hinauf gegangen waren in ihren Anzügen, Pomade im Haar, zwei Tage vorher waren die Einberufungsbefehle gekommen. Er kommt nicht mehr heim.

Edith hatte nicht erwartet an ihr altes Leben anknüpfen zu können. Das nicht. Ihr altes Leben, und, wie ihr häufig schien, ihr Leben überhaupt, hat sie mit Anna beerdigt. Sie hat dem kleinen Paul zugesehen, der, ohne viel Aufhebens von sich zu machen, größer und schwerer wurde. Er ist langsamer in seiner Entwicklung als Anna es war, wie könnte es anders sein. Seine Zähnchen kommen später, er rutscht lange auf der Erde herum, bevor er sich entschließt aufzustehen. Er sagt nicht gleich Mama, wie Anna es gesagt hatte, gleich, praktisch auf der Stelle, kaum dass sie die Mutter hatte erkennen können, hat sie schon Mama gesagt. Paul nicht, er wartet ab und schaut Edith lange zu, wie sie da mit ihren Verrichtungen den kleinen Haushalt regelt, und dann erst fängt er an und zwar gleich mit ganzen Sätzen, oder jedenfalls Wortfolgen, und alle schauen ihn an. Endlich. Endlich hat er etwas gesagt, endlich ist er angekommen in der Welt, und Louise denkt zum wer weiß wievielten Mal, gut, dass er kein Mädchen ist, dass er blond ist und nichts an ihm dieses Bild des dunkel gelockten Engels hervorruft. Außer natürlich die Tatsache seiner Existenz überhaupt. Die ruft ständig und immer wieder dieses Bild hervor. Jedenfalls in Edith. Jeder Entwicklungsschritt, jeder Ausdruck seiner Persönlichkeit, jede neue Verhaltensweise, alles wird verglichen, ob sie es will oder nicht. Es würde auch dann verglichen, wenn Anna die große Schwester wäre, wie es vorgesehen war, aber jetzt ist dieser Vergleich eben immer einer mit einer Leerstelle, einer Abwesenheit, einem schwarzen Loch. Insbesondere für sie ist es so, für die Mama, weniger für die Großeltern und insbesondere nicht für Georg, der in Abwesenheit seiner Söhne den Vater für den Jungen spielt und nur den kleinen Buben in ihm sieht, der er ist. Und Paul versteht es, sich beliebt zu machen. Mit seinen ganzen Sätzen, die da aus ihm herauskommen, nachdem so lange gar nichts kam, geht er auf jeden zu und strahlt, als wisse er schon, dass es seine Aufgabe ist, einen anderen vergessen zu machen.

Als Johann heimkommt, macht Paul einen Sprung nach vorn, als sei eine Energie in ihm explodiert, die gefangen war in Erwartung des Vaters. Er fremdelt nicht, wie Edith es von anderen Kindern gehört hat, die ihre Väter zum ersten Mal sehen, und das ist schließlich auch hier der Fall, mehr oder weniger. Seit der Geburt des Jungen und Annas Tod war Johann nur auf zwei kurzen Besuchen daheim gewesen und trifft nun, statt des dunkel gelockten Mädchens einen blonden Jungen an, und sie nähern sich einander rascher an als gedacht. Paul folgt aufmerksam jeder Bewegung des Vaters und beginnt augenblicklich, ihn nachzuahmen, in die Schuhe zu schlüpfen wie er, sein Glas zu heben wie er, den Bleistift zu halten, wie der Johann es ihm zeigt. Und wenn ihm in der Werkstatt gesagt wird, halte das mal, lässt er nichts fallen, keine Farbdose, kein Werkzeug, keinen Pinsel.

Paul ist jetzt grade in dem Alter, in dem Anna starb, und er überschreitet diese magische Grenze nicht nur, die Edith wie nichts anderes fürchtet, sondern es scheint, als werde er jetzt, nachdem kein Vergleich mehr möglich, kein Vorbild mehr Ediths Blick auf ihn verstellt, endlich er selbst.

Name, Geburtsdatum, Heimatadresse, Feldpostnummer?

Johann schaut von der roten Karte des Suchdienstes auf, Louise und Hanna sitzen ihm gegenüber und diktieren, was er nicht weiß. Aber er weiß ja alles und Louise ist froh, dass jetzt alles korrekt ausgefüllt und an die entsprechende Adresse geschickt wird und nicht bei irgendwelchen Scharlatanen verschwindet, an die Hanna 20 RM auszahlt. Die Hanna.

Wer hat ihr das denn erzählt?

Hanna weiß es auch nicht mehr, die Frauen der Vermissten tauschen sich halt untereinander aus. Alle sind verwirrt und jede hält einen guten Ratschlag bereit für die andern. Da heißt es, für 20 RM wird der Suchauftrag direkt an den Obersten Mamenko in Berlin geschickt.

Das hat sie gehört, von der und der, und in der Zeitung hat eine Anzeige gestanden mit der genauen Adresse, an die Geld und Antrag geschickt werden sollen. Nur falls es sich um Vermisste handelt, die zum Schluss an der Ostfront gekämpft haben, natürlich.

Das trifft auf Paul ja zu.

Johann schüttelt den Kopf. Hanna hat die Sache in Gang gebracht, aber doch unterstützt von Louise. Die will nichts unversucht lassen und wenn es mehr als 20 RM kostet, kann sie auch noch etwas mehr zahlen. Glauben die beiden denn, der Oberst Mamanko hat nicht besseres zu tun als Suchanzeigen durchzublättern.

Louise zuckt die Achseln. Wenn Johann so genau fragt, muss sie passen. Außerdem vergeht kein Tag, an dem nicht deutlich in der Zeitung steht, dass von der amerikanischen Militärregierung allein dem Roten Kreuz die Aufgaben des Suchdienstes übertragen worden sind.

Haben sie das nicht gelesen?

Doch schon. Louise winkt ab. Also weiter im Text.

Letzte Nachricht des Vermissten vom? ... Aus? ...

Hat Hanna sich das mal angeschaut auf der Karte, wo genau das ist? Kopfschütteln. Also weiter. Besondere Kennzeichen. Keine. Oder?

Johann sucht in den Gesichtern der beiden Frauen. Hat er viel-

162

leicht etwas übersehen an seinem Bruder. Hanna schaut ein wenig ängstlich, als stelle sich hier eine Prüfungsfrage.

Nein, sie weiß nichts. Eine Narbe am linken Mittelfinger.

Louise zeigt auf eine Stelle unterhalb des ersten Fingerknöchels.

Ach was! Die ist doch viel zu klein, um bei einer zufälligen Begegnung ins Auge zu springen.

Also was sonst noch?

Louise hält das kleine Passbild in der Hand, das Johann ausgesucht hat. Was heißt das schon, besondere Kennzeichen. Alles an Paul war besonders. Alles. Louises ganzer Stolz war es, ihn durchzubringen, der wie eine durchsichtige kleine Larve auf seiner Windel gelegen hat. Sie schaut zu Johann auf, ohne das Bildchen loszulassen. Vorstehende Zähne wären ein besonderes Kennzeichen, aber die hat ja Johann. Also nichts.

Und der Leberfleck?

Der Leberfleck auf der linken Wange, den haben beide, Paul und Johann, letzterer ein wenig höher, fast unter dem Auge und Paul weiter links.

Na also, da haben sie ja noch etwas gefunden. Johann hält das Mal zwar für so unauffällig, nicht mehr als eine Erhebung, deren Farbton sich kaum von dem der Haut abhebt, aber bitte. Er tut Louise den Gefallen, die vielleicht meint, Pauls Existenz hänge von einem besonderen Kennzeichen ab.

Sie finden ihn doch? Oder? Louise sieht Johann an und hält die Fotografie so fest zwischen ihren Fingern, grade als Johann danach greifen will, dass er sagen muss, ja, freilich, er kommt schon zurück.

Er war doch auf dem Rückzug. Hanna schüttelt den Kopf.

Alle waren auf dem Rückzug, Hanna. Johann hat es der Schwägerin schon einige Mal zu erklären versucht, aber etwas in ihr versperrt sich seinen Worten und sie will nicht einsehen, dass der Rückweg tückischer ist als der Vormarsch.

Er wollte doch nur heim.

Georg, der dem Vorgang bis dahin schweigend gefolgt ist, nimmt das ausgefüllte Formular in die Hand und studiert noch einmal die Angaben, als wolle er überprüfen, ob sich kein Irrtum eingeschlichen hat. Warum haben sie die Farbe Rosa gewählt, will er fragen, aber er unterlässt es, wie er das meiste zu sagen unterlässt, als sei es eine zu große Anstrengung für ihn, sich durch Worte bemerkbar zu machen.

Louise neigt dazu, sich Hoffnung zu machen, jedes noch so dünne seidene Fädchen greift sie auf und zwirbelt so lange daran herum, bis es ihr wie ein grobes Leinenseil erscheint, an dem sie ihren Paul aus dem sibirischen Sumpfland wird heimziehen können. Ein solches Fädchen ist die Rückkehr von Johann, das Ausfüllen des Suchauftrags, solche Fädchen sind die wöchentlich von Hanna aufgegebenen Anzeigen in Zeitungen und schließlich flackert die Hoffnung auf, als Heinrich Schwab um die Ecke biegt und ans Küchenfenster klopft.

Also bitte, sogar der Heinrich ist wieder da, von dem hat doch keiner geglaubt, dass er jemals wieder heimkommt. Er war doch auch in Russland. Und hat auf niemanden den geschicktesten Eidruck gemacht, als er noch ein Lehrbub war und zwei und zwei zusammenzählen sollte. Und jetzt steht er also am Küchenfenster und lacht. Gut schaut er grade nicht aus, bleich, hohlwangig, wie manch einer zurückkommt. Aber immerhin. Wie sieht es denn aus mit der Arbeit?

Louise meint: gut. Er soll erst einmal hereinkommen. Er hat schon gehört, dass Paul noch fehlt, aber der wird schon kommen. 3 Millionen hat der Russe noch irgendwo in seinen Lagern versteckt. Da wird er wohl dabei sein. Und so lange, bis der Paul wieder da ist, kann er ja mindestens helfen und den beiden anderen zur Hand gehen.

Edith gewöhnt sich daran, an der unteren Wohnungstür vorbei und gleich die Treppe hinauf zu gehen, wenn sie vom Einkaufen kommt, vom Friedhof oder sonntags nach der Kirche. Sie kann Louise nicht täglich aufs Neue Mut zusprechen, wo es ihr doch selbst häufig grade daran fehlt, an Lebensmut und dem Glauben, ihr Leben könne wieder ins Lot kommen. Dass Johann wieder daheim ist, könnte man als ein erstes Anzeichen dafür nehmen, und das möchte sie auch, aber Johann scheint immer noch abwesend zu sein, innerlich wenigstens, oder sie ist abwesend, genau kann sie es sich gar nicht erklären, dieses Schweigen zwischen ihnen.

Sicher, früher haben sie Pläne gemacht, besonders Johann war groß im Pläne schmieden, von Anfang an hat er sich mit all diesen zukünftigen Kleinigkeiten beschäftigt, welche Farbe die Polster eines Tages haben werden, wenn sie einmal verheiratet sind. Wie er einmal den Garten anlegen wird, falls Louise den Hühnerstall opfert und das Gerüst in einem Anbau der Werkstatt untergebracht werden kann. Rote Dahlien natürlich als Krönung der Pflanzung. Vom Frühjahr an aufwärts soll in jedem Monat etwas blühen, farblich aufeinander abgestimmt und alles ausgewählt im Hinblick auf den Weinstock.

Dann stellt er seine Staffelei an der Werkstatt auf und malt sein Gartenarrangement.

Das hatte dann der Paul gesagt, der Johanns Zukunftsmusik lachend beiseitegeschoben hat, so sehr hat er selbst in der Gegenwart gelebt. Naja, und jetzt. Trotzdem kann Edith sich nicht jeden Tag aufs Neue in Louises Küche stellen mit den immer gleichen Fragen.

Was gibt's Neues? War Hanna schon da?

Ja, Hanna war da. Ihr Antrag vom 15. September 1945 liegt vor. Die Nachforschungen werden eingeleitet.

Da liegt der Brief auf dem Küchentisch. Sie kann ihn lesen.

Über das Ergebnis werden Sie unterrichtet. Teilen Sie bitte hierher mit, falls sich der Gesuchte selbst meldet oder was sie sonst über seinen Verbleib in Erfahrung bringen.

So etwas kommt also vor, dass Gesuchte sich selbst melden. Das ist doch wieder ein Hoffnungsschimmer. Oder?

Von Erinnerungsschreiben bitten wir abzusehen.

Louise zuckt die Schulter. Immerhin weiß sie nun, dass der Antrag nicht irgendwo in einem Papierkorb liegt. Eben. Kopf hoch. Edith kann es nicht alle Tage sagen, zumal ihr eigener Kopf allzu häufig herunterhängt. Und so geht sie eben vorbei, und so war es ja auch von Anfang an so geplant. Unten Louise und Georg, sowie natürlich das Ladengeschäft, oben ihr kleines Reich und das Zimmer von Paul, jetzt hocken die Gottholds darin, und wenn Edith die Treppe heraufkommt, geht die Tür auf, sie kann so leise gehen wie sie nur will, und der kleine Herr Gotthold streckt den Kopf heraus. Kann er helfen?

Am meisten wäre ihr geholfen, wenn er seinen Kopf drinnen ließe im Zimmer und ihr das Gespräch erspart bliebe. Ohnehin ist sie ja nun oben angekommen an der Treppe und die Wäsche hat sie schon hinauf geschleppt oder die Kartoffeln, und ihr bleibt nichts übrig, als nein danke zu sagen.

Louise hatte augenblicklich zugestimmt, als es hieß, alle freien Zimmer müssen gemeldet werden, der Flüchtlingsstrom reißt nicht ab. Die Leute haben kein Dach über dem Kopf und sind seit Wochen unterwegs, einige kommen zu Fuß aus Ostpreußen, nur mit einem klapprigen Kinderwagen.

Angeblich! Georg will es nicht ganz glauben, denn dafür sind sie recht zeitig angekommen. Vor den kleinen Gottholds, von Edith weniger ihrer körperlichen Kleinheit so genannt, als vielmehr wegen ihrer unerschütterlichen und wie sie meint, schon übertriebenen, fast puppenhaften Bescheidenheit, waren die Städter herausgekommen. Anfangs kehrten sie tagsüber wieder heim, aber im letzten Winter blieben sie da, die meisten hätten nur in Ruinen zurückkehren können, und so haben zwei Frauen mit einer kleinen Kinderschar in Ediths hübscher Zweizimmer-Wohnung Quartier genommen. In Pauls Zimmer hockten zwei verängstigte alte Leute, die von Louise mit den letzten Resten heimlicher Reserven gefüttert werden. Und dann heißt es, vom Rhein herauf kommend, Tag für Tag, dort und dort sei es vorbei und lang kann es auch hier nicht mehr dauern, die jungen Frauen in der Nachbarschaft hängen weiße Handtücher vor die Fenster, gut, dass es nicht der Russe ist, auf den sie warten.

Jedenfalls ist das die allgemeine Meinung, der sich auch Georg anschließt.

Louise zuckt mit den Schultern. Sie kann nicht sagen, dass sie erleichtert wäre. Sie wartet zwei Tage lang, ohne das Haus zu verlassen und ohne ihre Ladentür aufzusperren. Ohnehin hat sie nichts mehr anzubieten und die Marken werden ja wohl auch ungültig sein. Anders kann sie es nicht denken. Die Nachbarinnen kommen hinten herum über den Hof, ob sie nicht ein wenig Mehl hat oder eine Handvoll Kartoffeln, vielleicht hat die Schwiegertochter welche gebracht. Louise hat kein Mehl und die Schwiegertochter war vor bald einem Jahr das letzte Mal hier.

Ein Ei? Wie sieht es aus mit ein wenig Grieß oder Graupen?

Nein. Sie hat gar nichts mehr. Sie lässt die Hände im Schoß liegen und wartet darauf, dass die Zeit verstreicht. Zwei Kriege hat sie hinter sich, wird sie morgen früh sagen können, weil niemand mehr die Handtücher abgerissen hat und eine seltsame Stille herrscht in den Straßen, die man nur an zwei, drei Stunden des Tages betreten darf. Aber Louise empfindet nichts außer dieser dumpfen Angst um ihre Jungen. Keine Erleichterung, nur Leere. Georg läuft in den Garten von Zeit zu Zeit, teils aus einer Unruhe heraus, die ihn hin und her treibt, teils weil er hofft, sich über den Zaun mit den Nachbarn zu verständigen und vor allem, etwas von ihnen zu erfahren.

Jetzt erweist es sich, dass ein Radioapparat eine sinnvolle Anschaffung hätte sein können. Aber es gibt doch gar keinen Strom. Louise will auch gar nichts hören. Sie wartet die Dämmerung ab und die

Dunkelheit, ohne von ihrem Küchenstuhl neben dem Fenster zum Hof einmal aufzustehen. Es wäre besser, sich hinzulegen. Nein. Georg kann ja schlafen, sie wartet ab. Sie hält die Augen offen. Oben huschen quengeligen Kinder durch Ediths Zimmer, dann herrscht auch im Haus Stille. Louise betet, wie sie es all diese Jahre getan hat, um das Leben von Paul und Johann, und wie immer schließt sie ihre Bitte mit einem Vater unser ab. Der Du bist im Himmel, geheiligt sei Dein Name, Dein Wille geschehe wie im Himmel so auf Erden. Amen. Dann herrscht wieder Stille, auch in Louise selbst. Einmal fällt ein Schuss, aber in einer so weiten Ferne, als käme das Geräusch nicht nur aus einer räumlichen, sondern auch aus einer zeitlichen Ferne zu ihr.

Der Krieg ist vorbei.

Gegen Morgen wird sie ein wenig eingenickt sein, denn plötzlich hat die Welt wieder Kontur, die Dinge stehen da wie am Abend zuvor, der Herd, der glatt polierte Küchentisch mit seinen tausend Kerben, der christliche Abreißkalender an der Wand zeigt noch das Datum von gestern, den 15. März. Louise streckt sich. Draußen fährt ein amerikanisches Fahrzeug vorbei. Die Städter schnüren augenblicklich ihr Bündel, um sich auf den Heimweg zu machen, sogar die zwei Alten hält es nicht mehr, obwohl doch keine Elektrische fährt. Sie meinen, den Plünderern zuvorkommen zu müssen, obwohl es nichts mehr zu plündern gibt. Louise streift einen Mantel über, greift nach ihrem schwarzen Hut und läuft hinunter zur Polizeistation, um zu erfahren wie es weitergeht.

„Zivilpersonen dürfen in der Zeit von 21.00 bis 06.00 ihre Wohnung nicht verlassen, Radioapparate müssen der nächsten amerikanischen Militärbehörde abgeliefert werden, jegliches Fotografieren ist verboten." Punkt für Punkt studiert Louise die Bekanntmachung, genau wie alle andern, die hinter ihr stehen.

„Deutsche Flaggen und Embleme dürfen nicht gezeigt werden. Das Spielen und Singen der Nationalhymne und patriotischer Lieder ist verboten. Dies gilt auch für die Flaggen und patriotischen Lieder der Länder, die sich noch im Kriegszustand mit den Alliierten befinden. Der Hitlergruß ist verboten."

Unterschrift: „Im Auftrag der Militärregierung."

Nicht einmal der letzte Satz, auf den sie doch so lange gewartet hat, löst ein Gefühl in ihr aus. Sie liest noch einmal von der ersten Zeile bis zu letzten, erst dann dreht sie sich um. Dreißig, vierzig Menschen haben sich angesammelt und schieben sie zur Seite, viele

Gesichter sind Louise vertraut, so lange sie denken kann, Kundschaft, Schulfreundinnen, mit denen sie zum Konfirmationsunterricht ging, meist sind es Frauen. In der hintersten Reihe sieht sie zwei Skatbrüder von Georg darauf warten, von der Menge nach vorne in Richtung des Anschlags geschoben zu werden. Sie nickt, wendet sich ab und geht heim.

Unter der Aufsicht des kleinen Paul bringt Johann die Werkstatt wieder in Schuss. Vorbereitungen treffen, wer weiß. Heinrich Schwab hat sich gemeldet, einen Gesellen brauchen sie also nicht mehr zu suchen und Kundschaft hat auch schon angefragt.

Macht Ihr wieder was?

Bis jetzt hat er mit den Schultern gezuckt und insbesondere Louise hatte darauf bestehen wollen: wenn der Paul wieder da ist. Nun plötzlich schwenkt sie um. Johann weiß nicht, liegt es an Heinrichs Arbeitswillen, an der Nachricht des Roten Kreuzes, die ihr immerhin versichert, es werde alles getan. Und jetzt heißt es: wir bereiten mal alles vor. Georg nickt und schaut zu. Nach dem was anstehen könnte, steht ihm ohnehin nicht der Sinn. Ausbessern der Fassaden, notdürftiges zusammen schustern. Wenn Johann den Zustand seines Ortes mit dem der nahen Stadt vergleicht, muss er sich immer wieder sagen, wie glücklich sie davongekommen sind. Eine einzige Bombe hat das Dach einer Scheune durchbrochen und die war ein Blindgänger und blieb senkrecht in einem Futtertrog stecken.

Johann stößt mit den Spitzen seiner Arbeitsschuhe an die Säcke mit Kalk, die aufeinander gestapelt bei der hinteren Werkstatttür liegen.

Wer hat die dort hingeschafft? Georg weiß es nicht, womöglich der Lieferant?

Das kann er sich denken. Da hätte er sie ja gleich vor die Werkstatttür stapeln können.

Georg nickt. Das wenigste davon wird man noch gebrauchen können, bestenfalls die oberen Säcke, unten ist alles hart wie Stein. Raus damit.

Paul sieht Johann zu, Säcke durch die Werkstatt ziehen, Kartons mit Tapeten aufeinander stapeln, Stragularollen von der einen Seite der Werkstatt in die andere schieben und hochkant in einer Ecke verstauen. Jetzt sind die Pinsel dran. Johann holt Luft, er atmet tief durch, um der Niedergeschlagenheit, die er in sich aufsteigen spürt, Paroli zu bieten. Er weiß schon, dass auf die Niedergeschlagenheit die Erschöpfung folgt, gegen die er sich nicht mehr wehren kann. Er räumt ein Regal leer, schiebt die Blechbüchsen beiseite, die er vielleicht noch brauchen kann, er nimmt jeden einzelnen Pinsel in die Hand, um zu prüfen, welcher eingetrocknet und welcher noch weich genug ist für einen neuerlichen Einsatz.

Er möchte sich setzen. Er hält sich am Arbeitstisch vor dem hinteren Fenster fest und starrt hinaus in den Garten. Louises letztes Huhn stolziert pickend von einer Ecke des Geheges in die andere, hin und her, mit seinen seltsamen rhythmischen Bewegungen, die den Kopf, als würde er von einem unsichtbaren Puppenspieler gestoßen, immer wieder niederfahren lassen. Plötzlich packt ihn ein heiliger Zorn, der ihn aufstampfen lässt, der seine Erschöpfung für einen Augenblick aus dem Körper treibt und ihm die Hitze in den Kopf schießen lässt. Zorn auf Paul.

Wo ist er denn jetzt?

Wo treibt er sich herum und lässt ihn hier alleine sitzen mit der heruntergekommenen Werkstatt, der ängstlichen Louise und seinen Erinnerungen, die er mit niemandem teilen kann. Mit Georg nicht, nicht mit Louise und selbst Edith hat in einer so fernen und fremden Welt die letzten Jahre verbracht, wie sollte er da mit ein paar Worten herüberreichen zu ihr.

Johann atmet tief durch und wieder und noch einmal. Er stützt sich auf den Arbeitstisch, auf dem Paul die Schubladen seiner Kommode geschliffen und lackiert hat, nochmals und nochmals, und kein Staubkorn durfte drauf fallen, und als Johann schon voller Bewunderung mit einem Finger über die spiegelglatte Oberfläche gefahren war, hieß es, das war noch lange nicht der letzte Schliff. So war er, der Paul. Immer ganz auf das Einzelne konzentriert, das Allgemeine war gar nicht seine Sache, das hat er eben dem Johann überlassen. Immer schon und jetzt auch. Wieder ist er es, dem die Pflichten zufallen. Wie es schon in der Kindheit war, als es hieß: nimm Rücksicht auf den Paul, er hat seine Erkältung noch nicht auskuriert, er hat es am Magen, er schwächelt wieder, sein Hals ist geschwollen und was es sonst noch so alles zu beachten gab. Trag ihm den Ranzen.

So ist es auch jetzt.

Wieder steht er da und trifft die Vorbereitungen für Paul. Wenn alles picobello ist und die Pinsel in Reih und Glied sortiert stehen, wird er im Hoftor stehen und nach seinem Werkzeug fragen. Johann hat nicht schlecht Lust, die Schaufel in die Hand zu nehmen, die unschuldig in der Ecke steht, und diesen Anflug von Energie, den er in sich spürt, dafür zu nutzen, die Werkstatt kurz und klein zu schlagen. Aber hinter ihm hockt der Kleine auf den rauen Dielen des Werkstattbodens und lädt die eingetrockneten Pinsel auf ein Leiterwägelchen. Wie Baumstämme stapelt er sie auf, wie er es bei seinem Großvater und Onkel gesehen hat.

Der Junge schaut auf und hat sich zu ihm gedreht, weil er den Zorn des Vaters gespürt und das Aufstampfen ihn aus der Versunkenheit seines Spiels reißt. Johann atmet tief durch und setzt sich auf einen Hocker, spreizt die Knie auseinander und stützt seinen Oberkörper auf die angewinkelten Arme. So geht es für einen Augenblick. Er nickt dem kleinen Paul zu. Alles in Ordnung. Er macht mal Pause für ein paar Minuten, dann geht es weiter.

Wenn Johann zurückschaut und manchmal schaut er zurück, auch wenn er es lieber vermeiden möchte, insbesondere durch diesen totengleichen Tiefschlaf, der ihn davonzieht sobald er die Augen schließt, dann sieht er diese Landschaft wieder vor sich, die ihm den Atem verschlägt, so schön und so beängstigend dehnt sich dieses Weiß, das nahezu übergangslos mit dem Weiß des Himmels verschmilzt. Nur ein dünner Bleistiftstrich trennt Himmel und Erde, in einer Ferne, die Johann niemals würde erreichen können. Alles was Johann kennt und wovon er jemals gehört hat, liegt jenseits dieses Horizonts.

Seine Landschaften hatten das Format einer Puppenstube verglichen mit diesen Weiten: sein Flüsschen, die Wiesen und Äcker. Er geht ein paar Schritte vor, in dieses Weiß hinein, ein Zufall hatte ihn als ersten aus dem Zug steigen lassen, und augenblicklich verschwinden die Geräusche hinter ihm und zu dem Weiß gesellt sich eine Stille, die er noch niemals gehört hat. Als seine Augen sich ein wenig an das Gleichmaß gewöhnen, nehmen sie hier und da eine Erhebung wahr, ein Gehöft vielleicht oder ein Hügel, Getreidevorräte oder Holz, aber nur ein einziges Mal sieht Johann in der Ferne, in einer Ferne, die abzuschätzen ihm die Erfahrung fehlt, Rauch aufsteigen. Mehr nicht.

So beginnt sein drittes Kriegsjahr, tausend Kilometer weiter östlich ist Paul schon der Rückweg abgeschnitten, in einer Wüste aus Schnee und mit einer inneren Unruhe, die sich zur Panik steigert bei jedem Schritt, den er vorwärtsgeht. Mutlosigkeit und Angst. Erschrocken dreht Johann sich um. Da sind seine Kameraden noch immer dabei, aus dem Waggon zu steigen und sich zu formieren. In ihren langen grauen Mänteln. Wenn er jetzt den Kopf hebt und sich umwendet, scheint es ihm für einen Augenblick, als sei er nicht zurückgekehrt aus dieser Leere, als sei der Horizont noch immer ein dünner, ungewisser Bleistiftstrich und sein Leben jenseits dieser Grenze, unerreichbar. Obgleich Edith dort steht und ein paar Zwiebeln hackt, mit ihrem eingeschlagenen, dunklen Haar, fast wie früher.

Er könnte aufstehen, hinter sie treten, die Haarnadeln herausziehen und das ganze Gebilde in eine glänzende, schwere Welle verwandeln. Aber er steht nicht auf und wird es niemals mehr tun, aus Furcht. Es könnte sich plötzlich doch erweisen, dass er nicht hier, sondern dort ist und dieses Weiß ihn verschluckt hat wie es auch Paul verschluckt hat.

Edith dreht sich um zu ihm und streift sich mit dem Handrücken eine Strähne aus der Stirn. Was ist denn?

Will sie eigentlich für alle Zeiten Schwarz tragen? Edith wendet sich ihrem Herd zu und schließt die Klappe.

Jetzt, wo sogar der Krieg vorbei ist und er wieder daheim.

Der kleine Paul macht seine Sache gut. Er steckt sich ein Stöckchen hinters Ohr, setzt sich eine alte, verstaubte Kappe auf, die er auf dem Abfall vor der Werkstatttür findet und baut sich vor Georg auf. Er schiebt das Kinn vor, wie der Heinrich Schwab es getan hat, um seiner äußersten Konzentration Ausdruck zu geben, wenn die Aufgaben schwierig wurden und gleich ein Kopfschütteln folgen würde.

Also bitte, woher weiß der Kleine das jetzt, er hat den Heinrich ja als Lehrling gar nicht gekannt!

So bringt Paul sogar Georg zum Lachen.

Wie der große Paul, heißt es dann, der hat ja auch gerne den Clown gespielt. Hat denn der Bub keinen Bleistift? Georg beugt sich zu Paul hinunter, um das Stöckchen zu prüfen, das den allfälligen Mangel überdeutlich macht.

Paul lächelt und schüttelt ein wenig schüchtern sein Köpfchen.

Na, mal sehen, und schon hat der Großvater einen kurzen Stift aus seinem Kasten hervorgekramt und angespitzt. Also bitte. Ein Bub braucht einen Bleistift, falls er sich eine Skizze machen will oder ein Maß zu notieren hat.

Und schon hat sich auch ein Stück vergilbter Tapete gefunden, und Paul steht auf einem Stuhl und zieht einen grauen Strich über die Rückseite. Seht euch das an! Der Kleine muss noch auf einem Stuhl stehen, um das Zeichenbrett zu erreichen, und schon hat er sein erstes Haus gebaut.

Ein spitzer Winkel auf einem Rechteck. Sieh mal einer an.

Georg nimmt das Blatt hoch, um es ausgiebig zu bewundern. Fenster gibt es keine? Ruckzuck hat Paul zwei kleine Rechtecke in das große gesetzt, und zum allgemeinen Vergnügen lässt er quirlig etwas grauen Rauch aus einem Schornstein aufsteigen.

Also bitte, der Bub kann was. Was will er einmal werden, wenn er groß ist? Bauer! Ach so.

Schon wieder sitzt Hanna da und lässt ihre Ratlosigkeit über Ediths Küchentisch fließen wie einen zu dünnen Kuchenteig.

Kann sie gar nichts selbst entscheiden? Muss sie sich denn jeden Handschlag, bevor sie ihn tut, von Johann absegnen lassen? Das kann ja heiter werden.

Ediths Bewegungen werden schnell und ein wenig eckig, wenn sie Hanna die Treppe hinaufkommen hört.

Jetzt also schon wieder die Anzeige. „Heimkehrer aus Russland."

Soll das fett gedruckt sein, soll ein Ausrufungszeichen dahinter gesetzt werden?

Nein, gar nichts. Der Satz geht doch gleich weiter: „die über Paul Ritter, Feldpostnummer … letzte Nachricht Dezember 1943 aus … Auskunft geben können, werden ersucht, Mitteilung zu machen. An: "

Genau! Da stellt sich gleich die nächste Frage.

Hanna möchte, dass hier Johanns Adresse eingetragen wird.

Warum denn das jetzt plötzlich? Bislang hat sie ja auch die ihre angegeben.

Edith neigt entschieden dazu, dabei zu bleiben. Hanna ist doch schließlich seine Frau. Oder? So wie Johann eben ihr Mann ist, Ediths.

Ist ja gut! Johann hält überhaupt nicht viel von Anzeigen dieser Art, die nur Geld kosten. Hanna zuckt mit den Schultern.

Hat er ihr denn nicht selbst dazu geraten, neulich?

Gut, aber jetzt hat er es sich anders überlegt.

Die Heimkehrer kommen doch stoßweise, nicht einzeln. Es wäre sinnvoller, abzuwarten, bis in der Zeitung steht, sie treffen demnächst in Berlin ein oder sind eingetroffen und auf diese und jene Rückkehrerlager verteilt worden. Sich dann also an diese Lager zu wenden. Hanna schiebt das Blatt mit ihrem Anzeigentext auf Ediths bestickter

Tischdecke hin und her.

Edith meint manchmal, dass die Abwesenheit von Paul alles andere wegwischt, und zwar insbesondere die Erinnerung an die kleine Anna. Weil bei Paul noch eine, wenn auch geringe, Hoffnung besteht, man könne ihn zurückholen ins Leben, weil es immerhin einen gewissen Sinn zu machen scheint, über Pauls besondere Merkmale nachzudenken, gerät Anna immer mehr aus dem Zentrum der Aufmerksamkeit. Jedenfalls aus dem von Louise und Georg und letzten Endes auch aus dem von Johann, wie Edith, fast ein wenig beschämt, immer mal wieder feststellen muss. Anna hat ein kleines Grab auf dem Friedhof, grade große genug, um der Kürze ihres Lebens auch zu entsprechen, und manchmal wünscht sich Louise das auch. Einen Ort an dem sie Stiefmütterchen pflanzen kann. Dann sagt sie sich wieder: bloß nicht. Lieber die Ungewissheit, als ein Grabstein auf dem gefallen am soundsovielten steht.

Die Zeit vergeht überhaupt nicht, scheint Johann. Genau wie im Krieg, als ginge die Schlacht noch immer weiter. Wie viele Male hatte er an manchen Tagen von dieser fremden Landschaft aufgeschaut zum Himmel, bis irgendwann endlich die Dunkelheit herabfiel und er sich sagen konnte, dass er einen Tag überlebt hatte und ihn dieser Tag vierundzwanzig Stunden näher an Zuhause gebracht hatte oder eben näher zum Tod. Es war nicht abzusehen, ob das Pendel seiner Stimmungen in diese oder jene Richtung schwang, hing kaum von der Wirklichkeit ab, sondern mehr von einem Gefühl, das vielleicht von einem Traum herrührte, den er vergessen hatte, oder von einem Brief, der zufällig an diesem Morgen verteilt worden war und der ihm etwas von Edith und dem kleinen Paul erzählte, der seine ersten Schritte tat.

Seine Aufräumungsarbeiten ziehen sich hin. Er schafft Terpentinfässer hinaus auf den Hof, Petroleumkannen, halbvolle Säcke mit Kalk, die Staffelei, die in der Ecke verstaubt, Bretter, Leitern, man glaubt nicht, was in einer solchen Werkstatt alles Platz hat. Georg meint, es sei nicht vonnöten, einen solchen Aufwand zu betreiben, denn schließlich wird es auch danach nur eine Werkstatt sein und für alle Zeiten ein fragiles Beisammensein des Handwerkszeugs und der Materialien. Täglich kommt etwas hinzu oder wird gebraucht, hier bleibt etwas Lack übrig und dort ein Rest gestreifter Tapete. Aber Johann lässt nicht mit sich reden, vielmehr antwortet er kaum auf Georgs Bemerkung.

Wäre das denn nötig? Braucht man da ein Regal?

Johann meint ja, und an der Wand, wo bislang nichts als ein langes Brett hing über dem Arbeitstisch, wird bald ein Regal mit tiefen Fächern für Tapete und Makulatur stehen.

Letztlich, da man ja mehr oder weniger neu anfängt, wäre es auch an der Zeit, das Geschäft auf Johann zu überschreiben. Meint Edith.

Solange Paul nicht zurück ist, sollten keine Entscheidungen von dieser Tragweite getroffen werden. Meint Louise. Eines Tages geht die Tür auf und Paul steht davor, und dann heißt es, das Geschäft gehört jetzt dem Johann.

Aber es war doch ohnehin abgemacht, dass Johann das Geschäft haben soll. Einer muss es ja machen. Das ist dann wieder Edith, und im Augenblick ist es ohnehin nicht mehr wert als die Schubkarre voller Abfall, die Johann abends auf die Müllhalde hinter dem Ortseingang fährt. Schließlich erhält er es ja auch für Paul. Schließlich hat er jetzt auch einen Sohn, und das Leben geht weiter, es muss weiter gehen und vielleicht hat er bald zwei Söhne sogar, denn Edith ist schwanger. Sie sagt noch nichts, denn wer weiß. Vielleicht ist es auch die schlechte Ernährung, die allgemeine Erschöpfung und Aufregung. Lieber noch einmal abwarten.

Georg steht am Küchenfenster, als er den blauen Rauch vor der hinteren Werkstatttür aufsteigen sieht. Paulchen steht dabei und lacht. Gleich folgt eine Wolke in Rot. Ist er übergeschnappt?

Louise sagt gar nichts dazu, kommt nicht einmal zum Fenster, um sich genauer über das zu informieren, was draußen vor sich geht. Sie raspelt ihren ersten Kohlkopf des Herbstes, um ihn sauer einzulegen. Draußen steigt eine dritte Wolke auf und Georg sieht zu, dass er hinkommt und rettet was zu retten ist.

Was macht er denn da?

Er räumt auf.

Aber Johann! Die Pigmente!

Alles muss raus!

Vor der Werkstatttür steht schon eine Reihe kleiner Holzfässchen, in denen Georg die Pigmente aufbewahrt. Der Junge steht daneben, angefeuert durch diese übermütige und farbenfrohe Aktion seines Vaters. Von Kopf bis Fuß rot eingestaubt. Edith wird sich freuen. Johann kommt mit einem Säckchen heraus und schon staubt es Gelb auf.

So steht das dort!

Ja, natürlich steht es so dort!

In einem offenen Sack?

Warum denn nicht? Die Pigmente stehen seit dreißig Jahren an Ort und Stelle und vielleicht noch länger, und einige hat er von seinem eigenen Lehrherren, und der hat sie vielleicht schon von seinem Meister.

Für einen Augenblick herrscht Schweigen. Johann lehnt an der Werkstattür und verschränkt die Arme vor der Brust, als sei er nun doch bereit, wenn auch trotzig, innezuhalten. Hier. Georg macht zwei Schritte in die Materialkammer ihrer Werkstatt und greift, ohne einmal zu zögern, ohne zu suchen, auf das Brett über den kleinen Holzfässchen, und greift zwischen zwanzig Papiersäckchen eines heraus, klein wie eine Tüte für Medizin. Er rollt den Rand ein wenig herunter und hält es dem kleinen Paul vor die Nase.

Was ist das? Das kräftige Leuchten der Farbe lässt auch in Pauls Gesichtchen ein Lächeln aufleuchten.

Blau. Georg nickt und schaut selbst hinein. Ultramarine.

Er greift ein paar Körnchen und zerreibt sie zwischen den Fingern.

Daraus sind die Kleider im Himmel gemacht.

Paul nickt, als hätte er grade davon schon einmal reden hören. Georg hält ihm das Tütchen wieder hin, und Paul steckt selbst seinen Finger hinein, um die Engelsfarbe auf der Haut zu spüren.

Teurer als Gold ist das. Georg macht es Vergnügen, auch diesen letzten Triumph noch auszuspielen. Allerdings auch etwas leichter. Johann schaut der Szene zu, ohne sich zu rühren. Plötzlich steigt wieder diese Müdigkeit auf, als verwandle sein Blut sich in Blei, von den Beinen aufwärts kriecht sie in seine Leisten und Hüften, er rutscht an der Tür entlang und hockt sich auf einen umgekippten Farbeimer.

Kennst du denn schon die Farben?

Paul sagt normalerweise ja, wenn gefragt wird, weißt du das schon oder kannst du das? Schon höflichkeitshalber sagt er ja, um den Großen die Mühe des Erklärens zu ersparen. Aber nach diesem Vortrag und angesichts einer Farbe, die anders heißt, es sie aussieht, weiß er nicht recht. Johann bleibt auf seinem Eimer hocken und schaut über die Schulter hinweg zu, wie Georg den Kleinen von Holzfass zu Holzfass führt, die lose aufgelegten Deckel abhebt und den Buben hineinschauen lässt. Und von Ferne sieht er sich selbst wieder dort, mit hängenden Schultern und offenem Mund, neben Paul.

Rot ja, aber was für ein Rot?

Paul hatte seine Nase kraus gezogen und die Lippen zusammengepresst, grade so, wie er es bei seinem Sohn auch schon manches Mal hat beobachten können. Faxen halt.

Feuerrot!

Georg hatte gelacht, grade so wie er jetzt über den Enkel lacht, der seine Antwort hinauszögert. Feuerrot? Tatsächlich war es ihnen erschienen, als schlügen züngelnde Flammen empor. Oh! Paul hatte dieses staunende Oh hervorgebracht und gleich die Hand ausgestreckt, um in das feurige Pulver zu fassen.

Zinnober. Georg sprach das Wort mit einer deutlichen Lippenbewegung aus, als hörten sie vielleicht gar nicht so gut und müssten vom Mund ablesen.

Zinnober. Sagt es nach! Johann hatte das Wort wiederholt, etwas unsicher, wie eine neue Zauberformel, und nun führt Georg den kleinen Paul von Fässchen zu Fässchen.

Karmesin. Roter Ocker. Kadmiumgelb.

Jedes Mal, wenn Georg einen Deckel hebt, schnellt Pauls Kopf hervor wie der einer Schildkröte, und dann folgt ein Oh oder ein Blinzeln, ein kleines Nicken oder das Krausziehen der Nase.

Ediths frohe Botschaft hilft Johann über ein paar Tage hinweg. In der tadellosen Ordnung seiner Werkstatt legt er ein Brett über zwei Böcke und fängt an, ein paar Stühle frisch zu leimen und hellblau zu lackieren. Für die Gottholds, sie haben nur zwei und wollen zusammen am Tisch sitzen. Er schleift die Beine ab, die Sitzflächen und die Rückenlehnen, rührt ein wenig Preußisch Blau ein, tropfenweise Terpentin hinterher, bis Ton und Konsistenz seinen Vorstellungen von einem ersten Anstrich entsprechen.

Am besten geht es, stellt Johann fest, wenn er sich ganz auf den Augenblick konzentriert, auf Edith, auf Paul, auf den Stuhl, der vor ihm liegt, auf seine Hand, die in einer gleichmäßigen Bewegung den Pinsel darüber hinweg zieht. All dies bringt aber nur ein fragiles Gleichgewicht zustande, das ihn augenblicklich wieder in Erschöpfung und Schwermut kippen lässt, sobald es zum Beispiel auf die Frage trifft, ob er Hanna nicht in eines der Heimkehrerlager begleiten will.

Es wäre doch besser, ein Mann wäre dabei. Kann sie da überhaupt alleine auftreten, mit einer Fotografie von Paul in der Hand.

Aber ja, das kann sie.

Diese Unternehmung hat er gerade erfolgreich abgewehrt, als Herr

Michels seinen Kopf durch die Werkstattür schiebt, der Bariton aus Pauls Maienquartett, ein so magerer, kahler Schädel, dass Johann den Mann nicht gleich erkennt, mit dem er damals auf die Ladefläche eines Lastwagens gestiegen war, nach der Aufstellung ihres Bataillons. Johann weiß gar nicht mehr, wann sie getrennt wurden, beizeiten jedenfalls.

Was will denn der Herr Michels hier?

Nichts. Besser kann es gar nicht kommen in Johanns Augen, als wenn einer nichts will.

Guten Tag sagen, Bescheid geben, dass auch er daheim ist.

Aha. Herr Michels geht ein paar Schritte in der Werkstatt auf und ab, die Hände in den Taschen seiner groben Hose. Johann schaut in seine Blechbüchse mit dem hellen Küchenblau und streift den Pinsel ab am Rand, bevor er ihn aufs Neue über die Stuhlfläche zieht mit einem leichten Strich, horizontal, dann vertikal.

Seit wann er wieder da ist, will Herr Michels wissen.

Johann antwortet, ohne seine Bewegung zu unterbrechen.

Und der Paul?

Johann lässt den Pinsel sinken. Das weiß er doch sicher?

Ja, schon.

Also? Warum fragt er dann?

Kommt der Johann denn wieder zum Singen?

Zum Singen? Johann lässt den Pinsel sinken. Ja, er hat richtig gehört. Sie wollen wieder singen.

Das kann Paul machen, wenn er heimkommt. Haltet einen Platz frei für den Paul. Johann nimmt seine Arbeit wieder auf und wendet sich ab. Er hat zu tun.

Singen! Er schüttelt noch einmal den Kopf, um zu zeigen, für wie abwegig er diese Vorstellung hält. Michels hat sich an den Arbeitstisch in Johanns Rücken gelehnt und möchte gerne etwas zum Zustand dieser Werkstatt sagen, im Verhältnis zum Zustand der übrigen Welt, aber Johann scheint so fern und versunken.

Was wollen sie denn überhaupt singen? Da schaut er doch noch einmal auf, die Hand mit dem Pinsel wartet in der Luft, auf dem Weg zur Dose.

Korngold? Das geht jetzt wohl wieder. Holländer? *Lang ist der Weg, bang ist der Weg. Wollen recht fest an was Schönes denken und an ein Schloss im Mond.* Johann lacht trocken auf, aber Herr Michels lässt sich nicht aus der Ruhe bringen. Weihnachtslieder. Sie wollen ein Konzert für die Christmesse ins Auge fassen. Johann richtet sich auf und lässt seine Hände sinken. Da haben sie also tatsächlich noch einen Acker gefunden, der ein paar Krümel übrig lässt. Trotzdem. Johann wendet sich wieder seinen Stühlen zu. Nein, singen wird er nicht mehr.

Wo hat sie das denn jetzt her?

Johann schüttelt den Kopf. Grade, wenn er sich darauf eingerichtet hat, dass alle Wahrheit seines Lebens in einer zielgerichteten Bewegung seiner Hände liegt, kommen falsche Nachrichten und Hilferufe, die ihn zurückreißen.

Es stand in der Zeitung. Louise hat Johann hereingerufen, grade als er wieder einmal hat vorbeihuschen wollen. Ab nach oben zu Edith, Paul und den Gottholds. Er soll sich setzen.

Ein Mann kommt nach Hause, vermisst seit 42, in der Gegend von, ja, das weiß sie nicht genau, aber er kann es nachlesen. Man hat ihn für tot erklärt, die Frau hat ein Schreiben von seiner Kompanie, Zeugenaussagen, alles fein säuberlich gesammelt, dass dieser Mann getroffen wurde und an seinen Verletzungen starb, sogar ein genaues Todesdatum haben sie genannt, alles ganz zweifellos. Die Frau hat den Bruder geheiratet. Und jetzt kommt der Mann nach Hause und sieht den Namen seines Bruders an der Tür stehen.

Louise macht eine Pause, um Johann Gelegenheit zum Kopfschütteln zu geben. Er hieß Manfred, der Bruder Kurt. Louise schaut Johann an.

Was sagt er jetzt dazu?

Nichts. Er schüttelt den Kopf, fährt mit der flachen Hand über die rissige Tischplatte und schweigt.

Die Frau hat den Mann nicht erkannt, den Manfred. Sie öffnet die Tür, da steht ein fremder Mann, sie sieht schon, ein Heimkehrer, mager und kahl. Kann ich etwas für Sie tun? Höflichkeitshalber, sie will dem Mann nicht die Tür vor der Nase zuschlagen. Erkennst du mich nicht?

Johann sieht die Hoffnung in Louises Augen leuchten, aber in sich selbst spürt er nichts dergleichen. Die Frau bittet den Mann schließlich herein und dann erkennt sie ihn. Sie holt die Papiere hervor, hier bitte. Zeugenaussagen, Sterbeurkunde, Abzeichen, alles Mögliche. Louise breitet die Arme aus, sie beugt sich vor und schaut Johann an, ganz so, als sei er der verspätete Heimkehrer und vorderhand für tot erklärt. Der Mann sagt, dann bin ich also tot, er geht wieder fort und anderntags finden sie ihn ertrunken in einem nahen See.

Johann schüttelt den Kopf.

Was sagt er denn jetzt dazu?

Johann fährt mit seinem Fingernagel die Spuren entlang, die die Messer über all die Jahrzehnte auf Louises Küchentisch hinterlassen haben, grade so, wie sie es als Kinder getan haben. Die Landkarte dieser Tischplatte zu erforschen war ihr schönstes Spiel während der Mahlzeiten. Die Teller hatten sie hin- und hergeschoben, entgegen Louises ständiger Ermahnung, und zuweilen natürlich hier und da durch einen geschickten Schnitt mit dem eigenen Messer Einfluss auf diese unwillkürliche Zeichnung genommen, auf diese oder jene Grenze, auf den Verlauf eines Flusses.

Johann?

Louise wird sich vielleicht doch an den Gedanken gewöhnen müssen, dass Paul nicht mehr lebt. Er sagt diesen Satz langsam, und erst danach schaut er Louise an, die sich vorgebeugt hat, als spreche er zu leise, als könne sie diese Worte gar nicht verstehen. Ihr Gesicht verschließt sich, sie lehnt ihren Oberkörper auf dem Stuhl zurück, als wolle sie eine Entfernung schaffen zu Johanns Worten.

Aber diese Frau hier, Louise steht jetzt auf, um Georgs Zeitung zu holen. Seit dem Winter 1942 hat diese Frau nichts mehr gehört. Seit mehr als drei Jahren.

Nichts Neues vom Roten Kreuz?

Louise schüttelt den Kopf. Das hätte sie ihm doch als erstem gesagt.

Johann fragt, um überhaupt etwas zu sagen, um den Dialog nicht an dieser dunklen Stelle versiegen zu lassen. Louise schlägt die Zeitung auf und faltet sie genau im Hinblick auf den gesuchten Artikel wieder zusammen.

Hier bitte. Da kann er es nachlesen. Kann er sich das vorstellen? Paul kommt zur Tür herein und er erkennt ihn nicht.

Johann versucht tief durchzuatmen, Luft zu holen und sie bis zu seinen Fußspitzen hinunterzupressen. Manchmal hat er schon den Eindruck gehabt, es hilft. Der Sauerstoff, so stellt er es sich jedenfalls vor, verhindert das Aufsteigen dieser Lähmung, also atmen, atmen, atmen. Louise schaut ihm zu und kontrolliert genau, bei welchem Absatz des Artikels seine Augen halten. Dieser Mann war auch in Russland, dieser Manfred.

Johann schiebt die Zeitung von sich. Die Gefahr, dass Hanna sich verheiratet, besteht ja wohl nicht. Oder hat er da etwas übersehen.

Louise schüttelt den Kopf.

Wenn Johann nach solchen Gesprächen hinauf zu Edith kommt, legt er sich aufs Bett, wie er es in den ersten Tagen seiner Rückkehr häufig getan hatte. Die Füße lässt er auf dem Boden stehen, um anzuzeigen, dass es sich nur um einen Augenblick handelt, den er verschnaufen möchte, dass er gleich wieder aufstehen wird und zur Verfügung steht. Und so starrt er in die abendliche Dämmerung und dann sieht er auch schon Paul vor sich, mit einem Gesicht, das er nicht mehr erkennt. Jemand sagt, da läuft der Paul. Geh hin und sag ihm, dass wir auf ihn warten. Aber Johann schüttelt den Kopf und lässt diesen Mann vorbeigehen und erst dann, als er sich schon entfernt hat, in einer Landschaft, wie auf einem Bild so glänzend, sieht er am Gang, an der besonderen Art aufrecht zu gehen, die kleinen Menschen manchmal eigen ist, dass es doch der Bruder war. Aber zu spät. Er ist winzig inzwischen wie ein Insekt, und Johann kann sich gar nicht vorwärts bewegen. Er schaut hinunter auf seine Füße, die in den Arbeitsschuhen stecken, aber es sind gar keine Schuhe, sondern es sind Gewichte, die ihn nach unten ziehen, während Paul am Horizont verschwindet.

Johann schlägt die Augen auf. Er träume nie, sagt er zu Edith, die ihn danach fragt, schon um sich die Schwere seines Schlafs zu erklären.

Nein, nie. An einen Traum kann er sich gar nicht erinnern. Höchstens eben an Paul, der davon geht, ohne von ihm erkannt zu werden oder an diese weiße Landschaft, aber davon will er Edith nichts sagen. Es scheinen ihm auch gar keine Träume zu sein, er meint, es seien Gesichte. Johann steht auf, zieht seine Arbeitsschuhe aus und geht hinüber in die Küche, wo die kleine Frau Gotthold am Herd steht und ihre Rüben kocht.

Aha, dann kommt er also zu früh, denn alles ist genau eingeteilt zwischen Edith und der Flüchtlingsfrau. Morgens, mittags und abends bereitet Frau Gotthold hier die Mahlzeiten zu, in einer von Edith genau bestimmten Zeit, also bevor sie selbst am Tisch sitzen, kocht Frau Gotthold, und wenn Edith bereits ihr Geschirr gespült und fortgeräumt hat, kommt sie dran mit ihrem Abwasch. Na, jetzt werden sie jedenfalls bald alle einen Stuhl haben. Johann weiß gar nicht, wie sie sich bislang arrangiert haben.

Abgesehen von diesem praktischen Dienst, den er ihnen auch deshalb tut, weil es ihn ablenkt und in eine Situation versetzt, die ihn, ein wenig jedenfalls, in sein früheres Leben zurückreichen lässt, nimmt er von diesen Leuten wenig wahr. Aha. Sie ist fertig und greift ihren Topf mit zwei Lappen an den Griffen, während Johann ihr schon die Küchentür aufhält, und da trippelt sie schon hinüber in Richtung von Pauls Zimmer, die kleine Frau Gotthold. Das ist nun wieder typisch Edith. Er hat sich so rasch daran gewöhnt, die kleinen Gottholds zu sagen, jedenfalls, wenn sie unter sich sind, wie jetzt und sich zum Abendbrot setzen vor ihre eigenen Rüben oder sind es heute Kartoffeln, und für einen Augenblick einmal wieder so etwas wie Humor zwischen ihnen aufleuchtet. Ein zartes Flämmchen, aber immerhin.

Paul lacht augenblicklich los, wenn die Stimmung auch nur ein klein wenig ins Heitere schlägt.

Worüber lacht er denn jetzt?

Paul hebt die Achseln und schiebt die Unterlippe vor.

Hat er denn verstanden was da gesagt wird bei Tisch?

Erst einmal versteht der Paul grundsätzlich alles was gesagt wird und deshalb nickt er auch jetzt. Aber nicht, dass er das einmal in Anwesenheit der Frau Gotthold sagt. Dass sie schon die Form einer Runkelrübe angenommen hat vom vielen Rüben essen. Edith hebt den Zeigefinger ihrer Linken und droht halbwegs ernst über die Teller hinweg, aber dann lachen sie alle und bilden plötzlich eine kleine Gemeinschaft, eine Familie mit Zukunft vielleicht und einem Leben, aus dem man noch etwas wird machen können, wer weiß.

So vergehen die letzten Herbsttage in einer schwankenden Stimmung zwischen einer kurz aufflammenden Heiterkeit und bodenloser Ratlosigkeit, als der Winter mit einer solch überraschenden Kälte anbricht, dass mit einem Mal doch das Gerüst!

Nein! Louise kann ihre Überlegungen gar nicht zu Ende bringen, da fällt Johann ihr schon ins Wort. Nein! Aber er weiß doch noch gar nicht, was sie sagen will.

Louise hat die Marken ihrer Kundschaft vor sich ausgebreitet und versucht, Anzahl und Wertigkeit der kaum lesbaren Zettelchen mit den Zuteilungen an Mehl und Zucker in Übereinstimmung zu bringen. Er kann es sich denken, was da kommt und muss es gleich abwehren. Das Gerüst ist ja sein Kapital.

Ach was! Louise winkt ab. Will er die Gottholds erfrieren lassen, die einen Kinderwagen von der Weichsel herunter durch die halbe Welt geschoben haben? Johann holt Luft.

Und Edith und den Buben?

Das Gerüst hat den Krieg überstanden, er wird es doch jetzt nicht opfern, wo alles vorbei und überstanden scheint und für das Frühjahr mit neuen Aufträgen gerechnet werden kann.

Er könnte den Birnbaum fällen. Johann bietet es achselzuckend an und tritt gleich ans Fenster, um die kahlen Äste mit einem raschen Blick zu prüfen. Nicht den Birnbaum!

Auf diese verkrüppelten kleinen Birnen könnten sie aber gut verzichten. Ohnehin hat er einen so schlechten Ertrag. Johann steht noch immer am Fenster, den Baum vor Augen. Georg hat ihn aus Anlass der Geburt seiner Söhne gepflanzt.

Das wäre ein schlechtes Omen, ihn gerade jetzt zu fällen.

Johann wendet sich ab. Was sagt denn Georg dazu?

Genau genommen wird ja um sein Eigentum verhandelt. Sein Kapital wie Johann es nennt. Georg? Johann kann sich an einen Streit mit seiner Mutter gar nicht erinnern, und dieser Disput erstaunt ihn zwar, aber gerade in diesem störrischen Beharren auf seinen morschen Leitern spürt er etwas von seiner alten Kraft aufsteigen. Ein Gefühl, auf das er nicht gleich wieder verzichten will. Georg schüttelt den Kopf.

Er braucht kein Gerüst.

Was? Er braucht kein Gerüst?

Sie könnten sich ganz auf Innenarbeiten konzentrieren. Fassaden ...! Georg ersetzt das Ende seines Satzes durch eine wegwerfende Handbewegung, und Johann spielt seinen letzten Trumpf aus: Was wird der Paul dazu sagen, wenn er heimkommt?

Die Frage klingt für einen Augenblick nach, und die Stille, die sich ihr anschließt, lässt Johann wissen, dass dieses Thema vom Tisch ist. Als er hinauf kommt, haben die Gottholds, mitsamt ihren frisch lackierten blauen Stühlen, in Ediths Küche Position bezogen, als hätten sie die Absicht, bis zum Ende ihrer Tage hier sitzen zu bleiben, in der freundlichen Nähe des knisternden Küchenherds.

Edith hat ein paar Schächtelchen vor sich auf dem Tisch geöffnet und hält einen Vortrag über die Dichte und Verlässlichkeit des heimatlichen Waldes. Was sie dort für herrliches Holz hätten sammeln können! Abgestorbene Tannen, vom Sturm verwehte Äste und abgestoßene raue Rindenstücke, die duftend und knisternd von den Flammen gefressen werden. Nichts geht über ein solches Holzfeuer, über seine weiche Wärme und sein freundliches gelbes Licht. Die Gottholds nicken dankbar, einer nach dem andern, als lodere augenblicklich etwas von der Gemütlichkeit auf, die da versprochen wird.

Dann herrscht wieder Schweigen und jeder hängt für eine Weile seinen Gedanken nach.

Herr Gotthold wird wohl an sein Lichtspielhaus in Königsberg denken, in dem er allerlei romantische Schmachtfetzen durchgenudelt hatte, um die Mädchen ein wenig über die einsamen Abende hinwegzutrösten, die ein Krieg nun einmal mit sich bringt. Jetzt herrscht Frieden, den Herr Gotthold sich von Herzen gewünscht hatte, denn die Mädchen könnten sich im flimmernden Dunkel an ihre Burschen schmiegen und das ergäbe noch einmal so hohe Einnahmen. Aber was nutzt der schönste Friede, wenn das scheene Lichtspielhaus, wie Edith es in seiner Abwesenheit gern in die Länge zieht, nun einmal perdu ist und mitsamt dem scheenen Keenigsberg nun dem Russen gehört.

Edith wickelt ein zinngegossenes Tannenbäumchen aus einer Lage zerknitterten Seidenpapiers, dann kommt ein durch die Luft rudernder kleiner Engel mit roten Apfelbäckchen zum Vorschein.

Fliegen. Edith hatte gelächelt und die Frage noch einmal wiederholt, was wünschst du dir denn vom Christkind? Aber darauf war genau das gleich noch einmal gekommen:

Fliegen. Und die Händchen waren in die Luft geflattert, als sollte es augenblicklich losgehen. Edith hatte die Kleine aufgenommen und hoch in die Luft halten wollen, wie Johann es noch im letzten Sommer getan hatte, wenn er zu seinen Urlauben herübergekommen war. Aber jetzt war Anna zu groß oder jedenfalls für Edith zu schwer, und sie hatten sich ein paar Mal im Kreis gedreht, und Edith hatte Schwung geholt, und sie hatten sich immer schneller gedreht, bis zu einem verwirrenden kleinen Schwindel, der die Papageien auf Ediths Gardine immer rascher hatte fliegen lassen, und dann hatten sie sich aufs Bett fallen lassen und Anna hatte gejubelt und nochmal gerufen.

Lieber nicht. Lieber wieder unter die Decke kuscheln und schön das Mützchen über die Ohren ziehen, damit ja kein Zug diese böse Entzündung aufs Neue entflammt. Wie oft ist ihr dieser Wunsch wieder durch den Kopf gegangen: fliegen. Sie wünscht sich zu fliegen. Jedes Weihnachten seither und insbesondere jetzt, da sie zum ersten Mal wieder mit Johann feiern wird und den Baumschmuck aus einem Schächtelchen herausholt. Fliegen hat es ja dann tatsächlich bald können, das Engelchen. Vielleicht sollte sie es ganz auf sich beruhen lassen, das Weihnachtsfest, einfach übergehen und so tun, als sei gar kein besonderer Tag. Aber so ist sie halt nicht, die Edith, und wenn der Bruder schon keinen Lastwagen voller Holz bringen kann, weil die Rationierung des Treibstoffs nun einmal solche Fahrten nicht vorsieht, kann sie doch wenigstens die Schwester um einen Baum bitten. Die Gottholds nicken und Johann schaut auf.

Einen Baum? Ist das denn gestattet, Bäume zu schlagen nur um ein paar Kerzen aufzustecken, falls man überhaupt welche hat. Ach, was! Edith schüttelt den Kopf. Was heißt das schon: gestattet. Ihr Dorf ist ja von Wald umgeben. Wohin man auch blickt, nach allen Seiten hin, wird das Auge schließlich an dunklen Tannen hängen bleiben. Da kann sie es sich gar nicht vorstellen, dass ihr ein Bäumchen verwehrt sein soll. Ohnehin hat sie alles schon arrangiert, eine hübsche Fichte wird es sein, von Anna selbst ausgesucht, vom Bruder geschlagen und zur Bahn gebracht.

So ganz dieselbe ist Edith aber auch nicht mehr.

Johann stellt es peu à peu fest, und zwar insbesondere in solchen Momenten, in denen er auf Ediths fix und fertig ausgearbeitete Planung stößt und für einen kleinen Moment nicht recht weiß, ob er nicht vielleicht doch nur ein Gast ist in diesem Haus, einquartiert wie die Gottholds, die sich Ediths Regeln dankbar fügen. Er weiß aber nicht einmal sicher, ob die Edith, an die er sich erinnert, nicht überhaupt nur das Gespinst seiner Vorstellung war, mit der er sich sein zuhause herbeigezaubert hatte in den Jahren des Kriegs.

Aber nein! Ein Gespinst ist es doch nicht. Da steht sie ja auf seinem Hochzeitsbild neben ihm, seine schüchterne junge Frau, ernst und sanft beugt sie sich zu ihm herüber, ein wenig fragend halt. So war sie doch! In Erwartung. In Erwartung einer Antwort, die ja wohl er in ihr Leben zu bringen hatte. Wie verhält sich das mit der Wolga? Wo genau fließt sie hin? Wird er demnächst vielleicht einen Wagen anschaffen, um der kleinen Anna etwas mehr von der Welt zu zeigen?

Das waren so Fragen, auf die er dann seinen neuen Atlas hervorholen und seine kleine Frau ein wenig unterrichten konnte.

Wie wäre es mit Neuschwanstein für die kleine Anna, dem weiß aufragenden Märchenschloss, vor dem Paul sich natürlich schon hat fotografieren lassen, wieder in der ersten Reihe hockend vor den Sängern des Liederkranzes oder des Maienquartetts oder war es der Turnverein. Na, jedenfalls lachend und alle andern lachen auch, und Edith hatte sich hineingeträumt in diese Märchenlandschaft, und fahren wir dort auch einmal hin gefragt, und es ihm geschenkt dieses: freilich, dorthin fahren wir einmal.

Manchmal hatte sie die Antwort schon im Voraus gewusst, ihm dann aber den Vortritt gelassen. Will er nicht ein paar Tage aufs Land fahren, um bei der Ernte zu helfen? Wie schön jetzt der gelbe Staub über den trockenen Äckern aufsteigt, wenn die Mädchen in ihren bunten Röcken die Ähren zusammenraffen. Was hält er davon?

Da hatte sie vielleicht schon längst zugesagt daheim, es ihn aber nicht wissen lassen. Und wie sie jetzt das entschieden und vorangetrieben hat, dieses Weihnachten mit und für die Gottholds, wie sie den Baum bestellt und obendrein auch noch Louises kinderlose Schwester einlädt.

Obwohl die Küche, ach so, das hat sie ja auch schon entschieden, dass die Stube geheizt wird, und wenn sich halt gar kein Brikett mehr auftreiben lässt und gar kein Brennholz und keine Kiste im Keller, dann werden vielleicht zwei oder drei Bretter dran glauben müssen. Was macht das schon, zwei oder drei Leitern mehr oder weniger bei einem so umfangreichen Gerüst, das man doch jederzeit wieder wird ergänzen können. Oder?

Das ist dann so eine letzte Frage, die übrig bleibt für Johanns Antwort. Dieses oder?

Johann nickt, um diese kleine Spur einer frohen Erwartung nicht zu stören, die sich an Ediths Weihnachtsschmuck knüpft, der da farbenfroh auf dem Küchentisch ausgebreitet liegt.

Wenn es sein muss, wird er ein paar Bretter opfern.

Georg wird beauftragt hinunter zum Bahnhof zu laufen, um den Tannenbaum abzuholen, falls er nicht unterwegs von einem Mitreisenden an sich genommen worden sein sollte oder der Bahnwärter womöglich ein schönes Geschäft damit gemacht hat. Der kleine Paul steigt auf den Handkarren, denn hinzu geht es abwärts, und da kann er sich leicht ausmalen, die kräftige rote Berta seines Onkels sei eingespannt, die auf jedes Schnalzen eines so geschickten Kutschers wie er einer ist, die Richtung wechselt. Hüüüh! Georg lacht und los geht es. Er hält die Deichsel aufrecht, um der Abwärtsbewegung des Gefährts das Tempo zu nehmen und lenkt es geschickt um die Ecken.

Auf der Brücke halten sie an, gerade da, wo das schmiedeeiserne Geländer sich so seltsam verbogen nach innen dreht, weil der polnische Fremdarbeiter des unteren Hofbauern hier den Blindgänger über das Geländer gehievt und hinunter hat fallen lassen. Dann aber nichts wie weg, die Beine unter die Arme genommen und gelaufen, bis es hinter ihm schon wieder still geworden war. Georg prüft das Geländer, und sie bleiben einen Augenblick stehen, um dieser großen Tat noch einmal zu gedenken. Eine Bombe aus dem Stroh aufzuheben und die Hauptstraße hinunter bis zur Brücke zu schaffen, dann die Brücke hinauf. Georg schüttelt den Kopf und macht es für den Kleinen vor, wie schwer ein solches Gewicht in den Händen liegt, dass selbst ein starker Mann wie der polnische Bauer in die Knie geht und nur kleine Schritte machen kann. Paul streicht mit seinen Fäustlingen über die verbogenen Eisenstangen, um der Kraft dieser Explosion nachzuspüren, die die Steine aus dem Brückenbogen hat auffliegen lassen. Sie beugen sich hinunter, um ins Wasser zu schauen, das sich über dem Krater zu einem Strudel dreht, obwohl von beiden Seiten des Ufers schon eine dünne Eisschicht überraschend weit in den Fluss hineinwächst. Da können die Buben schon einmal den Rost von ihren Schlittschuhen kratzen und die Eisen schleifen. Dann heißt es wieder aufsteigen und weiter gehts.

Georg dreht sich noch einmal um. Weiß er denn, was das ist, ein Blindgänger? Der kleine Paul nickt, und für die nächsten Meter schließt er die Augen und hört still zu, wie der Wind sein Lied über die reifgraue Ebene pfeift und die beschlagenen Räder über das Kopfstein kratzen, begleitet von den gleichmäßigen Schritten seines Großvaters, der nun doch die Deichsel mit beiden Händen umfasst und tüchtig zu ziehen hat.

Liebe Anna, für das neue Jahr schicke ich Euch allen die besten Wünsche, wollen wir hoffen, dass der Friede dauerhaft ist und alle gesund bleiben. Auf den Heiligen Abend waren die Gottholds eingeladen und Hanna, aber trotz meiner Bemühungen war die Stimmung wenig festlich. Der Mehltau der Traurigkeit lag über allem, und ich selbst habe wieder und wieder an Anna denken müssen, weil es halt das erste Fest hier zusammen mit Johann gewesen ist seither. Jetzt wäre sie schon acht und würde bald neun werden, und wenn es mir einmal einen Tag aus dem Sinn geht, wie sie jetzt wohl aussähe und was für gute Noten sie heimbrächte und welche Freude sie grade jetzt am Weihnachtsbaum ihrer Tante Anna gehabt hätte, und ich einmal nicht an sie denke, dann läuft mir die kleine Erika über den Weg und ich sage mir, dass sie grade so groß ist, wie Anna jetzt wäre und grade so einen schönen Zopf hat, wie sie einen hätte, und schon steht mir wieder ihr Bild vor Augen

Nur der Paul hat uns alle zum Lachen gebracht, wenn er seine Eisenbahn unter Stühlen und Tischen hindurchgelenkt hat und einer nach dem andern die Füße heben musste, um den Zug vorbeizulassen. Er war mit zum Bahnhof gelaufen und kam tüchtig schnaufend mit roten Backen wieder heim, wie der Weihnachtsmann persönlich, denn er hat hinterherlaufen und schieben müssen, und kam sich vor wie ein großer Waldarbeiter. Viele Kerzen hatten wir nicht, aber doch ein paar für den Heiligen Abend und Paul hat sich sehr an den Lichtern gefreut. Liebe Anna, ich hoffe, Dir und Deinen Lieben geht es gut und Ihr seid alle wohlauf.

Sehr herzliche Grüße an alle, Deine Edith

Wo bleibt er bloß?

Louise fragt es sich manchmal gerade so, als käme Paul nicht von seiner Singstunde heim, von den Proben, die wieder einmal ein Konzert vorbereiten sollen. Das Einstudieren dauert wieder länger als erwartet und auch das anschließende Einkehren in der Gaststube. Und sie sitzt hier und wartet mit dem Nachtmahl auf ihn. Sie könnte Johann schicken, der sich still über seine Zeichnungen beugt.

Lauf rasch hinüber und hole den Paul, die Kartoffeln werden kalt sein, bis er mit seinen Singbrüdern alles besprochen hat.

Georg? Sie sitzen in der abendlichen Dämmerung, die den Gegenständen allmählich ihre scharfen Kanten nimmt. Gleich wird sie aufstehen, um ein wenig Licht zu machen.

Warum lässt er nichts von sich hören?

Georg schweigt und nur sein rasch ausgestoßener Atem teilt Louise mit, dass er auf diese Frage keine Antwort parat hat.

Er wird sie halt nicht heim schreiben lassen, der Russe.

Vielleicht. Louise hat den Herbst über auf die Weihnachtstage hin gelebt, weil es hieß, an Weihnachten werden welche entlassen.

Gewiss wird man zu den Feiertagen die Leute heimschicken, und sie war zu jeder einzelnen Rundfunksendung des Suchdienstes die Straße hinauf zu ihrer Schwester gelaufen, um eventuell seinen Namen aus dem Empfänger zu hören.

Aus russischer Gefangenschaft heimgekehrt sind: Der Satz war tatsächlich gekommen, die ferne Stimme einer Frau hatte ihn so freundlich und weich ausgesprochen, dass ihr Herz augenblicklich schneller schlug. Aber der Name Paul Ritter war nicht dabei. Sie wurden alphabetisch aufgesagt, einer folgte dem andern, nach einer kleinen Pause jeweils, um den Angehörigen daheim, die ja überall vor den Apparaten sitzen, Zeit zur Konzentration zu geben, wenn die Stimme sich dem Buchstaben des eigenen Namens nähert. Ein Mann mit R war dabei. Aber nur ein einziger. Dessen Familie wird gejubelt haben, dass ihr alle weiteren Namen entgangen sind. Louise war sitzen geblieben, bis die freundliche Stimme zum Z gekommen war, bis zum allerletzten Namen hatte sie genau auf jeden einzelnen geachtet, um eine Verwirrung des Alphabets oder der freundlichen Dame gewärtig zu sein, aber nichts.

Und wieder blieb ihr nichts, als kopfschüttelnd aufzustehen und nach Hause zu gehen, wo sie gar nichts sagen musste, denn man konnte es ihrem Gang ansehen, ihrer Haltung, die sich Georg erst gar nicht zuneigte, um ‚nichts' zu sagen. Dann war wieder nur das Warten auf einen Brief geblieben, auf einen braunen Umschlag mit seiner kleinen Handschrift: Familie Georg Ritter.

Zu Weihnachten wird er sie doch schreiben lassen, der Russe. Eine Karte wenigstens mit einfachen Wünschen zum Fest. Ihr werdet schon lange auf eine Nachricht von mir warten. So würde er anfangen dieser Brief, mit dieser Zeile und letzten Endes: mehr braucht es auch gar nicht. Louise wäre mit dieser einen Zeile zufrieden, es hätte ihr das Jahr freudig zu Ende gehen lasse, wenn sie diesen einen Satz hätte lesen können.

Aber so wenig wie der Name aus dem stoffbespannten runden Lautsprecher herausgekommen war, so wenig war der Umschlag gekommen. Tag und Nacht sucht Louise mit der Kraft ihrer Vorstellung den Horizont nach ihrem Jüngsten ab. Die wenigen Bilder, die ihr zur Verfügung stehen hat sie aus allen Winkeln immer wieder neu zu beleuchten versucht. Die Panzer, die da, einer hinter dem andern wie Insekten, wie Ameisen auf dem Weg an die Zuckerquelle, gleichmäßig und völlig gefahrlos nach Osten gerollt waren. Dass es der Osten war, machten ihr die endlosen Steppenlandschaften deutlich, die die Wochenschauen zeigten, und schon damals hatten die Entfernungen sie erzittern lassen und in Angst und Schrecken versetzt. Warum so weit? Auch wenn manch einer, und darunter im Übrigen auch Paul selbst und teilweise sogar der Johann, damals, und dieses damals scheint ihr aus einem ganz anderen, fernen Jahrhundert herüberzuragen, noch an einen Sieg glaubten und diese rollenden Panzer für eine Landpartie hielt, so würde er doch auch nach einem Endsieg diese Wegstrecke wieder zurücklegen müssen.

Sie war erschrocken und bleich aus dem Dunkel des Kinosaals ins Freie getreten. Ein lauer Sommerabend war es und junge Burschen, Kinder noch, denn die größeren waren schon im Krieg, trugen einen geschmückten Baum hinunter zum Kirmesplatz bei der Bleiche. Bis in die Nacht hinein, und letztlich bis auf den heutigen Tag, sieht Louise diese Ameisenstraße aus Panzern vor sich, die den Staub der Felder aufwirbelt. Später waren andere Bilder hinzugekommen, die diese ersten vergleichsweise harmlos aussehen ließen, weite Landschaften aus Eis, vermummte Gestalten, die mit einem Mal nicht mehr auf Panzern fuhren, sondern zu Fuß gingen, in welche Richtung konnte Louise nicht ausmachen. Ihr schien, sie entfernten sich immer weiter von ihr, und wenn einer von ihnen die Kapuze einmal zurückschlagen wollte, könnte sie womöglich in das unrasierte Gesicht ihres Sohnes schauen.

Sie wird ihres Lebens nicht mehr froh werden, wenn der Paul nicht heimkommt.

Diesen Satz kennt Georg schon und er weiß auch, dass er von einem Kopfschütteln begleitet wird, und mit einem Ernst ausgesprochen wird, der nicht mit einem ach Louise oder so etwas darf sie doch gar nicht sagen, weggewischt werden kann. Warum sollte Gott ihr diesen Buben gegeben haben, nur um ihn ihr wieder zu nehmen.

Sie will es verstehen, aber sie kann es nicht. Sie schüttelt den Kopf, sie hebt ihre Schultern, ihre Hände drehen im Schoß die Enden eines Taschentuchs. Er war nicht erwartet worden, der Paul. Ein Geschenk des Herrn, eine Zugabe für die liebe Louise.

Weiß er noch, wie sie die kleinen Harlekinkostüme genäht hat, rotgelb karierte Pumphosen, wie aus dem Zirkus entsprungen sahen sie aus, mit einer gefältelten weißen Krause um den Hals und spitzen Hüten. Weiß er das noch? Aber ja, das weiß er noch. Aus einem Stück Karton hat er diese Hüte geschnitten und rot bemalt und oben dann eine kleine Bommel aufgesetzt und so standen sie Hand in Hand im Hof, die Augen nach oben in Richtung der Hüte gedreht. Paul hat eine Schnute gezogen, eine breite Grimasse, wie ein wirklicher Clown es vielleicht auch getan hätte, und Johann war ernst und ohne sich zu rühren neben ihm geblieben, denn jede Bewegung brachte seinen Hut ins Rutschen. Kein Kind war hübscher angezogen als ihre beiden Buben, wo sie hinkamen, haben die Leute gelacht, aus reiner Freude an diesen lustigen Burschen, und in der *Gerste* hat der alte Heinrich sie auf die Bühne gestellt in der Konzertpause und seine Scherze mit ihnen getrieben. Dem Paul sind schon die Tränen gekommen, es hat ihn erschreckt, aber der Johann hat alle Fragen tapfer beantwortet und laut genug, dass man schon seine schöne Stimme hat erkennen können. Werden sie denn auch einmal dem Gesangverein beitreten, wenn sie alt genug sind? Bis zu den letzten Tischen hat man seine Antwort verstehen können, und genickt hat er zusätzlich noch und den Paul angestoßen, dass er auch nickt.

Wie sieht es denn aus? Möchte der kleine Paul mal in die Stadt fahren, um die elektrischen Lokomotiven im Bahnhof anzuschauen. Hier tuckert die Dampflok über Ediths roten Teppich oder halt unter dem Küchentisch durch, aber eines Tages werden sie auch einmal modernisieren wollen und dann soll es ja wohl elektrisch weitergehen. Oder?

Paul sagt ja und so ziehen sie los, Bleistifte hinter den Ohren und ein zusammengerollter Bogen grauen Packpapiers, den Johann in seine Rocktasche schiebt. Mit Paul an der Hand übt die Wüstenei dieser Stadt nicht die gleiche verheerende Wirkung in seinem Innern aus. Das rasende Herzklopfen, diese Panik und Erschöpfung, die ihm jeden Gang zur Qual werden lässt. Paul schaut aus dem Fenster der Straßenbahn hinaus auf die vorbei fliegenden Schutthaufen, aufgestapelten Ziegelsteine und Absperrungen, als sei es nicht nur normal, sondern von höchstem Interesse. Er nimmt alles, wie es ihm da vor Augen kommt, ohne jede Vorbehalte in sich auf, und so kann Johann, obwohl er ja der Vater ist, allerlei von dem Kleinen lernen. Am Bahnhof nehmen sie Maß. Johann, wie er es gelernt hat, hält den Bleistift in der Hand, am ausgestreckten Arm.

So macht man das. Zeigen kann er es ihm ja schon einmal. Früh übt sich.

Der kleine Paul schiebt den Kopf ein wenig vor und lächelt. Johanns Daumennagel markiert eine Stelle am stumpfen Ende des Stifts. Das ist ein Zentimeter. Paul nickt und schaut zu seinem Vater auf, der das linke Auge bedeckt und den Zentimeter dieses Bleistiftendes auf die Maße der restlichen Welt überträgt.

Versteht er das? Paul lächelt und Johann auch. Natürlich muss man die Entfernung zum Objekt einkalkulieren. Einkalkulieren? Na, das Wort ist wirklich zu schwierig für so einen kleinen Buben. Von Johanns Auge jedenfalls bis zum Ende seines ausgestreckten Arms, also bis zur Bleistiftspitze, das hat er natürlich eines Tages einmal überprüft, beträgt die Entfernung genau einen Meter, und bis zur

Lokomotive, die dort auf den Gleisen an ihrem Puffer steht, kommen noch einmal fünf Meter dazu. Das weiß er, weil er es vorhin schon ausgemessen hat, als sie aus der Bahnhofshalle heraus zu den Bahnsteigen kamen. Denn einer seiner Schritte misst gleichfalls einen Meter. Paul hat seinen Blick abgewandt und schaut einer Gruppe von kleinen Mädchen zu, die offenbar einen Schulausflug machen.

Also gut. Es reicht für heute. Johann notiert sich seine Zahlen, Höhe, Breite, Länge. Und wie viele Räder brauchen wir. Paul zählt, indem er die einzelnen Finger seiner Faust öffnet. Eine Hand genügt nicht ganz. Sechs Räder brauchen wir. Genau. Johann zeichnet mit ein paar raschen Strichen die Lokomotive auf sein Blatt und hält Paul seine Skizze hin.

Und? Haben wir was vergessen.

Na, die Fenster hat er vergessen.

Ach so. Das schaut ja wie eine geschlossene Kiste aus.

Johann zückt noch einmal seinen Bleistift. Dann sind sie fertig. Sie bleiben noch einen Augenblick stehen, Hand in Hand und laufen dann zum Ende des Bahnsteigs, einem ausfahrenden Personenzug folgend. Reisende stehen am Fenster und Paul meint, sie winken ihnen zu. Und wie viele Waggons werden wir brauchen für den Transport der ausrangierten Pinsel und was sonst noch so anfällt?

Zehn. Paul sagt es, ohne nachzudenken und ohne die Finger zu nehmen oder es an einem der Züge zu überprüfen. Na, mal sehen.

Sie werden auch Güterwaggons brauchen und einen Puffer.

Johann nickt. Und vor allen Dingen: Sie brauchen Schienen. Worauf sollte eine Eisenbahn denn sonst überhaupt fahren. Wie er diese Schienen machen soll, das weiß er noch nicht. Da muss er sich was überlegen. Er hatte an einen dicken Draht gedacht, aber so dicke Drähte gibt es ja gar nicht. Na, gibt es vielleicht schon aber jetzt nicht grade für eine Spielzeugeisenbahn. Also mal sehen. Sie stehen da, Hand in Hand, lassen die Reisenden an sich vorüberziehen und träumen sich in die Zukunft ihres eigenen kleinen Bahnhofs hinein.

Alles einsteigen! Türen schließen! Der Schaffner pfeift und am Ende des Bahnsteigs springt ein Signal auf Grün.

Ein solches Signal brauchen sie auch. Na, mal sehen. Nicht gleich alles auf einmal! Auf der Heimfahrt holt Johann seine Zeichnung aus der Rocktasche und dort fährt sie schon über das Blatt, die B7, ein wenig Schraffur hier und da, ein kleiner Schatten, mehr braucht es gar nicht, um sich vorzustellen, wie sie eines Tages so weitläufige und verwirrende Kreise im Wohnzimmer ziehen wird, dass man von Ediths Teppich gar nichts mehr sieht.

Louise schaut von ihrem Kassenbuch auf und sieht Paul im Schnee stehen. Grade unten neben der Brücke auf den Bleichwiesen steht er in einem glitzernden Abendlicht einsam im Schnee. Wo kommt denn all der Schnee her? Die Weiden schlagen doch schon aus und zeigen schimmernde Kätzchen. Paul trägt seinen Frack, wie zu einem Chorkonzert oder Sängerwettstreit, und schon senkt er leicht das Kinn und lässt den Atem in sich aufsteigen für den ersten Ton. *Es löscht das Meer die Sonne aus. Kühlendes Mondlicht ist erwacht.* Louises Brust weitet sich gleichfalls, um einer überwältigenden Freude Raum zu geben, denn dort steht Paul. *Der goldne Adler lässt sein Haus müde dem Silberschwan der Nacht.* Offenbar hat er einen solistischen Auftritt, das sieht sie zum allerersten Mal. Aber da kommt, mit wehenden Frackschößen, der Sohn des Apothekers Fechter angelaufen und gleich hinterdrein der Erwin aus der Hintergasse und der Herr Michels, der erste Tenor. Louise lacht und winkt den Männern zu. Kommen also alle zu spät heute? Da eilt auch noch der zweite Erwin des Chores und Schulfreund ihrer Buben über die Brücke. Aber warum denn er? Sicher, er ist ein Bariton und wird gebraucht. Aber war er denn nicht im ersten Kriegsjahr schon gefallen? Louise weiß nicht, was sie davon halten soll und möchte Georg fragen, aber der Platz neben ihr ist leer. *Leise der Wind die Saiten rührt, die Liebe zieht ihr Segel auf, Sehnsucht das Ruder sicher führt.*
Die Männer auf der Bühne scheinen jedenfalls nichts Ungewöhnliches zu bemerken, sie stellen sich in der üblichen Formation auf, Paul schon wegen seiner Körpergröße wie immer in der ersten Reihe, und fallen, einer nach dem andern, an genau der richtigen Stelle ein, als sei das Ganze ein raffinierter kleiner Scherz, und während Louise nach links und rechts schaut, um Georg zu suchen und sich überhaupt fragt, ob denn sonst keiner gekommen ist zum Konzert. Da tritt aus dem weißen Hintergrund des Bildes heraus auch noch Adolf auf die Schneebühne, dicht gefolgt von Herrn Kräutler, der mit Schreibwaren gehandelt hatte. Die letzten fehlenden Männer des Maienquartetts und beide gleichfalls schon tot. Den grauen Briefumschlag der Frau Kräutler sieht sie vor sich, groß wie ein

Zeitungsblatt, mit dem blauen Stempel in der linken unteren Ecke: Unzustellbar! Adressat im Felde für Deutschland gefallen. Louise will aufspringen und hinlaufen, um Paul zu berühren und festzustellen, zu welcher Gruppe er denn nun gehört, zu den Lebenden oder den Toten, aber da stellen sie schon den rechten Fuß ein wenig vor, wie sie es normalerweise beim ersten Ton zu tun pflegen und lassen die Hand in einer einladenden Geste folgen. *Liebchen, so lass die Wangen mir.* Jetzt muss sie abwarten und zuhören, *und träume, dass dein Schifflein lind – ich durch das ganze Leben führ.* Hinter sich hört sie das Publikum mit den Füßen scharren und tatsächlich, der Saalhof ist bis auf den letzten Platz besetzt. Louise lässt ihren Blick durch die Reihen wandern, ob noch mehr Tote dort versammelt sind. Aber nein, sie kann keinen entdecken, hier und da fehlt einer, sie weiß dann, der Mann ist in Gefangenschaft, wird vermisst oder ist gefallen, und die Lebenden daheim feiern, wie es sich gehört.

Dort sitzt sogar die blasse Frau Weitzel mit ihrer kleinen Tochter und schaut recht munter zur Bühne hin, obwohl es doch kaum mehr als ein Jahr ist, seit sie ihrem Vater den Kopf abgeschlagen und sie aus der Bäckerei verjagt haben. Alle haben mehr als nötig ihre Köpfe in den Nacken gelegt und schauen so selig und beschwingt hinauf zur Bühne, dass Louise sich schließlich auch wieder dorthin wendet und glaubt, was alle glauben, dass dort oben der Paul steht und das Schifferlied singt und dann, als die letzte Zeile zu ihr herüberweht, springen alle auf um Applaus zu spenden, und im Rausch der allgemeinen Begeisterung wacht Louise mit dem sicheren Empfinden auf, heute wird er kommen, der Paul.

Der Glanz seines heiteren Auftritts scheint ihr so wirklich und ein gutes Omen und festes Versprechen seiner Rettung zu sein, dass sie wohl hundertmal zum Küchenfenster hinüberschaut und im Stillen lauscht, ob nicht das Hoftor sich öffnet und sein vertrautes Quietschen von sich gibt oder wird er nicht vielmehr durch die Ladentür hereinkommen, wo der eiserne Schlegel das Glöckchen über der Tür anschlägt. Jedes Mal gerät ihr Herz durch einen kurzen zusätzlichen Schlag aus dem Rhythmus, wenn sie auf das Läuten hin hinüber läuft. Dort steht dann die Nachbarsfrau oder die neue Frau Pfarrer mit ihrer zerknitterten Einkaufstasche und schiebt ihr die Marken für fünfzig Gramm Fett über die Theke. Darf es sonst noch etwas sein? Louise lächelt. Dieses Mal war es halt nicht der Paul, aber beim nächsten Klingeln wird er vor der Theke stehen und abwarten, bis sie aus der Küche herüberkommt, wie sie es als Buben manchmal zum Scherz getan haben, kleine Frechheiten halt, durch den Laden hereinkommen und abwarten, bis die Mutter, die womöglich grade beim Kartoffeln schälen war, alles aus der Hand gelegt hatte, um eine Kundin zu bedienen, und dann stehen ihre zwei kleinen Buben dort und sonst niemand. Ein Zuckerstückchen, hieß es dann, das war der Paul, der es zu sagen hatte, weil er wohl die größeren Chancen hatte bei ihr. Dann erst kam Johanns Satz, wenn sie grade schimpfen wollte, dass sie ihr den Weg nicht ersparen, hat Johann sich auf die Fußspitzen gestellt und seine Fäustchen hinaufgereckt und ein Kieselsteinchen über die Theke geschoben, was auch nicht viel weniger wert war als die Marken heutzutage. Sie hatte das Kieselsteinchen genommen und ihnen ein wenig braunen Zucker abgebrochen und hinuntergereicht. So wird er wohl wieder dort stehen und sie zur Begrüßung an ihre alten Spiele erinnern: ein Zuckerstückchen! Oder wird er doch lieber durch den Hof kommen, grade um niemandem zu begegnen und schon gar keiner Kundin, und an die Scherze seiner Kindheit wird er grade heute nicht denken.

Louise verfolgt jede Bewegung auf dem Hof und schaut in die Gesichter derer, die hereinkommen, der Postbote kommt, ihre Schwester Johanna kommt, der Johann, der Heinrich und jedes Mal das Geräusch und jedes Mal ein Blick in ihre Gesichter. Niemand hat ihn also die Straße herabkommen sehen, in keinem Gesicht leuchtet eine freudige Überraschung auf, da kommt der Paul die Straße herunter. Erst gegen Abend schmilzt ihre frohe Stimmung, und die unerschütterliche Erwartung weicht einem tiefen Ernst, und schließlich, aber erst auf die Nacht hin, wenn sie sich sagen muss, dass nun gar keine Bahn mehr fährt und dass sie es gewiss ja auch in der Zeitung hätten lesen können, wenn Heimkehrer aus Russland zu erwarten wären, wieder einer schweren, ernüchterten Traurigkeit.

Elisabeth, Elisabeth. Edith sagt den Namen ein paar Mal halblaut vor sich hin wie die Anfangszeile eines Gedichts, mit einer kleinen Melodie und einem Rhythmus, dass man meint, da müsste jetzt noch etwas kommen, was sich auf dieses *beth* reimt. Außer nett fällt ihr aber gar nichts ein, und Paul kichert schon wieder los, nur weil Edith ein kleines Schmunzeln hat erkennen lassen. Augenblicklich saugt das Kind jede freudige Regung auf wie ein trockener Schwamm.

Was gibts denn zu lachen?

Da bleibt dann vor allem ein Schulterzucken, und Edith beugt sich zu ihm hinunter, um ihm kurz über den Kopf zu streichen für dieses Strahlen, dass manchmal von ihm ausgeht und das ihr für eine kleine Sekunde wieder dieses andere Strahlen vor ihr inneres Auge führt, ob sie es nun will oder nicht.

Wie gefällt ihm denn das? Elisabeth?

Wieder ein kleines Schulterzucken, schon verbunden mit einem Nicken, also immer bereit freudig zuzustimmen, der kleine Paul, obwohl er doch nicht weiß, worum hier verhandelt wird. Der Papa soll seine Meinung sagen zu Ediths Namensvorschlag und der gibt sich wesentlich reservierter, zuckt zwar auch mit den Schultern, aber eben tendenziell skeptisch, weil dieser Name viel zu viel Spielraum für Abkürzungen bereithält.

Diese vielen Vokale! Elisabeth. Wie wird das arme Kind nachher heißen? Liesel? Johann ist mehr für Namen wie Emmi, Karl, Kurt, Paul, Louise, Anna. Das wäre nach seinem Geschmack. Anna kann das Schätzchen ja nun einmal nicht mehr heißen und auch Johanna nicht, wie Louise es vorschlägt, um der zweiten Schwiegertochter einen Gefallen zu tun und sie ein wenig näher an den Haushalt ihres vermissten Mannes zu ziehen.

Aber Hanna wäre doch wirklich zu nahe am Namen des kleinen Engelchens, das auf die Szene herunterlächelt aus seinem Goldrähmchen heraus. Elisabeth Ritter. Na?

Und wenn es ein Junge wird?

Johann scheint sich wieder einmal nicht festlegen zu wollen, obwohl es doch nur eine Kleinigkeit zu entscheiden gibt. Manchmal meint Edith, dieses Zögern und Ausweichen hat er aus dem Krieg mitgebracht.

Michael?

Gefällt ihr das, Michael?

Sonst würde sie es ja nicht vorschlagen, wenn es ihr nicht gefiele, oder?

Ist das denn nicht ein katholischer Name, Michael? In seiner Familie jedenfalls kann er sich an einen Michael gar nicht erinnern.

Falls diese Entscheidungsschwäche und dieses Ausweichen vom Krieg herrühren, wie Edith meint, wird es sich dann wieder verlieren? Wird aus dieser geschlossenen Schale eines Tages wieder der alte Johann seinen Kopf hervorstrecken und sagen: so und so machen wir es, das und das gefällt ihm und so und so sind die Dinge richtig.

Na, mal abwarten, noch ist es ja nicht so weit.

Genau das meint sie, dieses abwarten, die Dinge hinausschieben und die Fragen offenlassen, weil es ja ohnehin anders kommt als man denkt. Oder?

Johann nickt, da kann er nun erst recht nicht widersprechen, an dieser Stelle. Ediths Bewegungen werden etwas schneller, während Johanns, wie ihr scheint, immer langsamer und bedächtiger werden.

Wenn ihr Michael gefällt, dann wird er halt Michael heißen.

Aha.

Ihm liegt doch gar nicht so viel an den Namen, das weiß sie doch.

Ja, das weiß sie. Aber dieses Mal möchte Edith eben grade alles so genau wie möglich vorher festgelegt wissen. Sie möchte nicht warten bis auf einen Moment, an dem sie womöglich gar keine Entscheidung mehr treffen kann. Wie bei Paul.

Im Mai. Wieder im Mai. Wieder in der zweiten Hälfte des Monats. Genauer will der Arzt sich nicht festlegen, auch wenn Edith bohrt und nachhakt wie beim letzten Mal. Wie beim ersten Mal vor allem. Da hat sie alles ganz genau wissen müssen, um Johann dann en détail zu berichten und ihn einzustimmen auf ihr freudiges Ereignis. Überhaupt hatte das Datum damals eine allgemeine Heiterkeit und verschmitztes Kopfschütteln ausgelöst.

Man meint ja grade, dieses Kind sei in der Hochzeitsnacht gezeugt. Schon vorher womöglich?

Lässt es sich denn nicht etwas klarer bestimmen?

Um den zwanzigsten herum. Mit dem gleichen Satz hatte sie sich auch damals zufriedengeben müssen. Bei einem ersten Kind wird es leicht ein wenig übertragen und also tendenziell womöglich der Fünfundzwanzigste. Diese Ergänzung fehlt dieses Mal freilich, aber dann: Einen schöneren Monat für eine Geburt kann man sich gar nicht denken, sein Leben lang wird er sich freuen, im Mai Geburtstag zu feiern. Und falls es ein Mädchen wird, passt der Mai ja noch besser. Ein kleines Maiglöckchen wächst da in ihr. Sie wird schon sehen wie hübsch. Edith knöpft ihr Kleid zu und greift nach Tasche und Mantel. Gerade diese Wiederholung bringt sie aus dem Gleichgewicht. Selbst wenn sie es sich immer wieder vornimmt, nur nach vorne zu sehen, wo vielleicht etwas Besseres wartet, dreht sie sich um und schaut zurück. Insbesondere nachts, wenn der Alltag nicht sein Schlaglicht auf die Gegenwart wirft, dreht sich das Karussell vor Ediths Augen.

Dieser leuchtende Mai von Annas Geburt, ihr Stolz, die allgemeine

Heiterkeit. Sie hatte gar nicht mehr heimfahren müssen, so herrlich lagen die Tage mit einem Mal da im Glanz dieser kleinen Sonne. Selbst Louise konnte nicht umhin, Edith zu loben und das Ereignis zum Anlass zu nehmen, Paul daran zu erinnern, dass es nun auch für ihn an der Zeit sei. Das kann die Hanna der Edith doch einmal nachmachen! So schien dieses Geschöpf ins Lot zu bringen, was nicht ganz im Gleichgewicht war. An Pauls Geburt dagegen kann Edith sich kaum noch erinnern. Und sie will es auch gar nicht, denn augenblicklich schieben sich die anderen Bilder davor. Sie reißt die Augen auf und starrt in die Finsternis, nur um nicht dieses entrückte Puppengesicht vor sich zu sehen. Reglos liegt Johann neben ihr, und selbst wenn ihn hin und wieder eine Unruhe ergreift und er sich von einer Seite auf die andere wirft, so wird er doch nicht reagieren, wenn Edith seinen Namen sagt oder die Hand nach ihm ausstreckt. Sie wandert allein durch die Nächte, auf dem Rücken liegend, die Hände auf der Brust gefaltet, als sei sie ihrem kleinen Engel schon gefolgt. Und sie folgt ihm ja auch und läuft noch einmal durch dieses Labyrinth aus schwach beleuchteten Krankenhausfluren, um am Ende dieses Leintuch anzuheben.

IV

Als die kleinen Gottholds ihre sieben Sachen auf Georgs zuverlässiges Handwägelchen packen und von dannen ziehen, wird Paul im fünften Jahr vermisst. Ins scheene Keenigsberg geht es für die Gottholds nicht zurück, auch wenn grade die alte Frau nach dem Schock der Flucht und einer stummen Periode der Erholung davon, mit dem Verlust der scheenen Heimat hadert und immer wieder das stolze Lichtspielhaus des Schwiegersohns vor dem inneren Auge ihrer Zuhörer erstrahlen lässt, mit seinen gewölbten Decken und Kronleuchtern und roten Teppichen und samtenen Vorhängen. Wie diese schimmernden Stoffbahnen lautlos auseinander geglitten waren und das Geflüster vor der Leinwand verstummte! Dieser Palast muss wohl als verloren angesehen werden, und Herr Gotthold versucht sich hier und da, sogar unter Georgs Aufsicht hat er Hilfsdienste leisten wollen.

Aber mit zwei linken Händen!

Der Mann fällt schon über den Besen, wenn er ihn nur anschaut. Das Beste wird sein, er sucht sich einen Posten auf einem Amt, wo nichts weiter von ihm erwartet wird, als bis zum Ende der täglichen Dienstzeit ruhig auf einem Stuhl zu sitzen. Aber von wegen. Georg kommt aus dem Staunen gar nicht heraus, als es heißt, der Herr Gotthold lerne die Lage und Namen sämtlicher Straßen, Plätze und Brücken auswendig, um in Kürze eine Prüfung abzulegen und in Zukunft ein Taxi zu kutschieren. Vorläufig heißt es aber nur, die Deichsel nicht zu hochzuziehen und einschlagen halt, wenn das Gefährt um die Kurve dirigiert werden soll. Jetzt heißt das Ziel halt Neue Heimat und hat den entscheidenden Vorteil, nur einen Steinwurf weit entfernt zu sein. Grade über die nächste Häuserzeile hinaus, wo bis zum letzten Frühjahr in Zweierreihen die Pflaumen und Kirschbäume blühten, warten drei Zimmer mit Küche, Bad und, schau einer an, mit Balkon, auf die Ankunft der Flüchtlingsleute.

Und Edith jubelt. Innerlich jedenfalls. Endlich!

Sie schlägt die Augen auf und freut sich, denn auf ihrem Zettel steht für heute: Pauls Zimmer. Gardinen, Kommode, Sockel streichen, hinter letzteres hat sie ein Fragezeichen gesetzt, denn es handelt sich um ein Thema, das mit Johann besprochen sein will, dann folgt: Tapete aussuchen.

Nach vorne schauen!

Pauls Zimmer steht wieder zur Verfügung. Schon im Vorfeld erhebt Edith Anspruch darauf, und Louise lässt es still über sich ergehen, also jedenfalls ohne zu widersprechen. Manchmal scheint ihr, Louise rechne noch immer mit Paul! Edith schüttelt den Kopf, aber vorsichtshalber nicht in Gegenwart der Schwiegermutter, nur Johann gegenüber hält sie mit ihrer Meinung nicht hinter dem Berg, obwohl, wie ihr scheint, auch er nicht gerne zuhört, wenn sie vorschlägt, Paul für tot erklären zu lassen.

Geht das nicht? Das wäre doch auch einfacher für Hanna. Die Arme verbringt ihr Leben im Wartestand und zu Johann schaut sie auf wie ein verwundetes Reh.

Aber selbst Johann zuckt mit den Schultern an diesen Stellen ihrer Gespräche. Das Zimmer kann jedenfalls jetzt nicht wieder leer stehen.

Das soll es ja auch nicht. Louise wendet sich ein wenig ab an diesem Punkt, wie kann sie der jungen Familie das Zimmer verweigern.

Aber jetzt, und Edith scheint eben grade darauf wert zu legen, wird es für immer sein.

Den könnte sie doch auch weglassen, diesen letzten Satz.

Johann schüttelt den Kopf über Ediths Deutlichkeit.

Lass es gut sein.

Edith hat rascher als Johann ins Auge gefasst, was sie ihr Fortkommen nennt. Fort. Fort. Fort. Fort von diesem Morgen, als Johann über den Hof gekommen war, gar nicht so schlecht aussehend, aber eben doch überraschend fremd. Da hat er es ja grade noch geschafft, war das erste, was sie dachte, denn es fehlten nur wenige Tage bis zu ihrem Hochzeitstag im August, als er da mit seinem Mehlsack im Hof stand und nach der Wäsche fragte. Fort vor allem auch von allem was vorher war, möglichst weit fort von diesen Nächten der Angst um die kleine Anna, von diesem Scheitern und dieser Schuld.

Fort schon, aber wohin?

Das wohin liegt noch im Nebel, aber die Bewegung ist definiert und eine Hilfestellung auf diesem Weg bieten Edith ihre Listen. Garten,

Marmelade kochen, Kirschen pflücken, Flicken, und heute: Pauls Zimmer. Edith dreht sich zu Johann um, der schon aufgestanden und beim Anziehen ist. Kann er nicht vielleicht heute schon die Tapete ablösen? Am Ostersamstag?

Ach, das macht nichts. Sie wird es schon beiseite räumen, das kann sie zwischendurch noch einschieben, wenn der Kuchen im Backofen steht, hat sie ja doch nichts andres zu tun als zu warten. Sonst zieht sich diese Renovierung mindestens bis zum nächsten Wochenende hin. Es kommt doch auf eine Woche gar nicht an.

Ach doch! Edith meint schon. Auf eine Woche kommt es an, sogar auf einzelne Tage kann es ankommen. Nach den Osterferien wechselt Paul zur Mittelschule, das wäre doch ein schöner Termin, ein Datum, dass er sich merken wird sein ganzes Leben womöglich, am Tag seiner Umschulung hat er gleich auch sein eigenes Zimmer bezogen.

Na, mal sehen.

Johann möchte keine Versprechungen machen, aber kurz davor ist er schon, und diesen Augenblick will Edith nicht verstreichen lassen.

Das hat er doch schnell gemacht, der Johann. Jetzt kommt ihr noch die kleine Lisbeth zu Hilfe, hebt ihr Köpfchen, und im nächsten Augenblick steht sie schon in ihrem Gitterbettchen am Fuß des elterlichen Betts und lacht, und jeder, auch der Johann, kann sehen, dass ein Kind dieses Alters in einem solchen Bett keinen Platz mehr hat. Im Liegen stößt es oben mit dem Scheitel und unten mit den Füßen an, und das ist nichts für die Gelenke, wenn ein Kind sie ständig anwinkelt, denn die Beine wollen ja wachsen.

Also sicher, auf einen Tag kommt es nicht an, aber wer hat annehmen können, dass die kleinen Gottholds geschlagene fünf Jahre dieses Zimmer okkupieren.

Fünf Jahre waren es aber nicht.

Dann waren es viereinhalb. Also gut. Johann lässt sich die Hosenträger über die Schultern schnappen, bückt sich, um die Schuhe zu schnüren. Und Edith kann schon einen Punkt ihrer Liste abhaken.

Wie schön die Kleine jetzt spricht, fast so schön, wie Anna gesprochen hat. Mit ihren langen, geschwungenen Sätzen und immer klingen sie mit einem Fragezeichen aus und dann wird noch rasch ein warum hinterher geschoben.

Warum? Warum? Warum? Das war auch das Lieblingswort der kleinen Anna, und auch, wenn Edith inzwischen selbst in Serien schwarzer Nächte diese Litanei gebetet hat, ohne dass eine Antwort ihr vom Himmel herab ein Zeichen gegeben hätte, anders eben als Anna, die immer eine Antwort von Edith bekam, selbst dann hört sie es jetzt wieder gern. Sagt sie sich.

Warum ist der Morgen schön? Warum heißt es jetzt sich sputen, wo der Tag doch noch in seiner herrlichen Länge vor einem liegt? Warum keine Kniestrümpfchen? Edith lächelt. Was macht denn der Husten?

Jetzt stellt sie auch mal eine Frage, und die kleine Lisbeth sagt gut, zuckt mit ihren nackten Schultern und legt das Köpfchen schief.

Komm her, meine Liese.

Die Kleine streckt ihr die Arme entgegen, obwohl sie schon viel zu schwer ist, um von Edith aus dem Bettchen gehoben zu werden.

Heute Nacht war er aber nicht so gut, der Husten. Edith hat ein paar Mal aufstehen müssen, um ihr Tropfen einzuflößen und die Decke hoch über die Brust zu ziehen.

Weiß sie das denn gar nicht mehr? Lisbeth schüttelt die Zöpfchen. Nein.

Da war der Schlaf wohl doch stärker als das Keuchen und nach Luft japsen und husten, dass man meint, die Kleine erstickt. Edith hat das Mädchen aufs Bett gestellt und jetzt, ein Füßchen hoch und dann das andere, kommen die Strümpfe und das gefältelte Röckchen mit den breiten Trägern, die verhindern sollen, dass es über die Hüften hinunterrutscht. Lisbeth schlingt die Arme um Ediths Hals, um auf dem schwankenden Grund der Matratze Halt zu finden und dann kommt, einem kleinen Ritual folgend, dass sich seit einigen Wochen schon in diese morgendlichen Gesten eingeschlichen hat, Lisbeths Fingerzeig auf die Fotografie über Ediths Nachtkästchen:

Wer ist denn das?

Mit diesen vier Wörtern hat es angefangen, eines morgens zwischen Strickstrümpfen und Laibchen, und durch alle weiteren Fragen, die sich, scheint es, noch lange nicht erschöpft haben, schimmert diese erste wieder durch.

Das ist dein Schwesterchen.

Lisbeth hebt ihren Fuß für den Strumpf und zugleich den Zeigefinger, um das Gesicht zu erreichen, das da in Schwarz-weiß über ihr schwebt und lächelnd herabschaut.

Was hat sie denn da? Ohne dass Lisbeth mit ihrem Finger das Bildchen wirklich erreichen könnte, weiß Edith doch was gemeint ist.

Einen Umschlag hat sie da gegen die Ohrenschmerzen, wie ein weißes Käppchen sieht es aus, gar nicht gefährlich, sondern lustig wie ein Fastnachtsmützchen. Warum? Ja, warum.

Es hat halt helfen sollen, angefüllt mit allerlei Läppchen und Salben und heißen Kartoffeln und Senf.

Und dann? Lisbeth mag spüren, dass Edith an dieser Stelle nicht weiter weiß, und ihre Bewegungen werden eiliger und ein wenig eckig, und Lisbeth streckt wieder den Arm nicht, wenn sie ihr das Ärmelchen reicht. Anna hat immer den Arm hingestreckt und den Fuß gehoben, wenn der Strickstrumpf auch nur in Sichtweite kam.

Dann hat der liebe Gott sie zu sich geholt.

Lisbeth schaut an sich herunter, ob alles schon fertig ist und nur noch die Träger über die Schultern zu ziehen sind und dann noch die Schühchen, aber dafür muss sie sitzen und die Beine hochstrecken und nicht zappeln. Warum?

Sie war zu gut für diese Welt. Sie war ein Engelchen und deshalb hat der liebe Gott sie in den Himmel zu sich geholt, wo die Engel ja ohnehin ihren Platz haben. Oder?

Die kleine Lisbeth nickt, etwas anderes bleibt ihr nicht übrig. Diese Geschichte ist besser als die von Schneewittchen, denn die läßt Edith kalt und wird nur abgespult, wenn der Teller einfach nicht leer werden will und es dann heißt, ein Löffelchen für Vati und eines für Oma. Ediths Gefühle sind nicht bei Hänsel und Gretel und mag der Wald auch noch so dunkel sein, sondern hier, bei diesem Mädchen, das sein abwesendes Lächeln zu ihnen herabschickt aus dem Himmel. Lisbeth holt tief Luft und lässt die Beine baumeln über dem Abgrund, einfach runterrutschen kann sie noch nicht, noch muss sie sich auf den Bauch drehen und dann langsam hinab gleiten lassen, bis die Füße den Boden erreichen, wenn Edith nicht hilft, und die ist schon mit den Bettdecken beschäftigt und dem Strammziehen der Laken und Aufräumen der Wäsche. Lisbeth holt noch einmal tief Luft, als seien ihre Lungen gar nicht frei und sie müsse das immer wieder und wieder kontrollieren, ob sie auch genug Luft hereinschaffen in ihren kleinen Körper. Sie atmet wieder ein, dann hält sie die Luft an. Sicher ist sicher.

Sie war grade so alt, wie du jetzt bist, vier.

Edith hat es ihr gleich beim ersten Gespräch verraten, und Lisbeth blieb nichts übrig, als auszuatmen angesichts dieser ungeheuerlichen Nachricht und sich nach hinten aufs Bett fallen zu lassen, wo das

Federbett sich links und rechts über ihren Körper wölbte, um sie in einem schmalen dunklen Spalt einzuschließen. So? Da war also schon einmal jemand vor ihr da. Auch das noch. So alt wie sie.

Schön sieht es aus! Edith hat den Kaffeetisch gedeckt und tatsächlich werden echte Bohnen aufgebrüht und nicht halb und halb oder überhaupt nur Katreiner, wie bei Louise. Aber bitte! Am Tag der Auferstehung des Herrn! Johann sitzt da und dreht für Edith die Kaffeemühle. Zur Feier des Tages, aber vor allem, um Edith einen Gefallen zu tun, hat er seine Arbeitshose gegen ein braunes Vorkriegsmodell getauscht, und gleich wird er noch die weiße Jacke durch eine Strickweste ersetzen. Strickweste reicht doch, oder? Es muss ja kein Rock sein? Edith? Schließlich kommen keine fremden Leute.

Wie man es nimmt. Edith schweigt lieber und behält für sich, dass Hanna ihr schließlich immer fremd bleibt, und ohne Mann scheint sie erst recht nicht zur Familie zu gehören. Naja, schon gut. Jetzt hat sie doch was gesagt.

Edith nimmt es sich immer wieder vor: schweig still. Aber dann. Von ihr aus müsste Hanna nicht kommen am Ostersonntag, ihr reichen die Schwiegereltern. Johann dreht ungerührt die Kaffeemühle. Hannas Programm kennt sie eben schon. Johann zieht die Schublade heraus und drückt den kleinen Berg braunen Pulvers flach.

Reicht das?

Ja, das reicht.

Edith spült die Kanne aus, aufbrühen, umrühren, und da kommt die Mannschaft auch schon die Treppe heraufgestiefelt, Louise vorneweg und tatsächlich, aber das sollte sie doch nicht, balanciert sie einen Streuselkuchen auf der flachen Hand. Hanna, von der es heißt, dass sie weder kochen noch backen kann, hält immerhin ein kleines Sträußchen in der Hand, Forsythien, Weidenkätzchen und zwei Osterglocken.

Wo hat sie denn die her? Nirgendwo hat Edith schon Osterglocken in den Gärten gesehen.

Geheimnis.

Naja, also gut, dann setzt euch und nehmt Platz. Die kleine Lisbeth kann auf dem Schoß ihrer Mama sitzen, dann reichen die Stühle.

Also bedient euch!

Der Marmorkuchen aus Ediths Werkstatt glänzt mit seinem Schokoladenguss, wie es schöner nicht sein könnte, und der kleine Paul schiebt sich auf einmal ein halbes Stück zwischen die Zähne. Der

Junge hat ganz dünne Beine, er wächst so schnell, dass Edith gar nicht hinterherkommt mit dem Kochen. Einen Augenblick herrscht Stille am Tisch. Nur das leise Geklapper gibt zu erkennen, dass hier eine Runde auf etwas wartet und dieses gelegentliche, geräuschvolle Schlürfen verrät, dass auch Georg dabei ist. Sogar Annalein ist da und lächelt von ihrem Bildchen über dem Kopf von Louise hinunter, den Ball in den Händen, als wolle sie ihn gleich einmal über den Kaffeetisch rollen. Jetzt fehlt halt nur? Fragezeichen. Ja, genau! Man könnte über die Nachbarn sprechen, den neuen Pfarrer, die Auftragslage, die neuen Verordnungen für die Inventur, säumige Kundschaft in Louises Lebensmittelgeschäft. Aber.

Na, wie war es denn?

Die Frage ist unvermeidlich, und Johann schaut zu Hanna hin. Erzähl doch mal.

Edith spürt, wie die Hefe von Louises Kuchen in ihrem Magen zu quellen beginnt.

Möchte jemand noch Kaffee?

Das Thema lässt sich grade noch so lange aufhalten, wie es dauert, mit der Kanne um den Tisch herum die Tassen ein zweites Mal zu füllen.

Nichts! Hanna richtet sich auf. Niemand hat etwas anderes erwartet, höchstens vielleicht Hanna selbst. Wieder nichts.

So wird regelmäßig der Ergebnisstand eingeleitet. Ob es sich um die Anzeige handelt, die sie mit schöner Regelmäßigkeit in die entsprechenden Zeitungen setzt oder eben um einen Ausflug von der Art, wie sie ihn in der letzten Woche wieder einmal unternommen hat, ins Heimkehrerlager. Wieder waren ein paar Verstreute aus Russland angekommen, und Hanna, na wer weiß, sie will nichts unversucht lassen, steht wieder da mit ihrer Fotografie in der Hand.

Kennen Sie vielleicht den? Haben Sie diesen Mann schon einmal gesehen?

Kopfschütteln. Sie ist da aber nicht die einzige. Hanna wird nicht müde, es zu betonen. Nicht sie allein wird von der Ungewissheit getrieben und letzten Endes auch von den Schuldgefühlen, sich einzurichten in einem neuen Leben, das rücksichtslos nach vorne strebt. Aber nichts. Wieder geht sie von einem zum andern, schlecht sehen die Männer aus, grau, weißhaarig, dünn. Als sie zum ersten Mal ein solches Lager betrat, war sie sich gar nicht sicher, ob sie Paul überhaupt aus dieser Menge würde herausfinden können. Sie stand hinter dem Zaun damals, in einer Reihe mit anderen Frauen, alle mit Fotografien in der Hand, und im Innern des Lagers flanierten diese Männer an ihnen vorbei. Manche schauen, und das treibt Hanna noch in der wer weiß wie wievielten Erzählung davon die Schamröte bis in die Schläfen, mehr auf die Frauen, als auf diese kleinen schwarz-weißen Gesichter. Ganz so, als würden hier Angebote gemacht.

Aha, Ihr seid also auch allein. Na, mal sehen.

Aber einmal, wenn auch nur ein einziges Mal, war Hanna immerhin Zeugin eines Zögerns im Gesicht eines großen Kerls mit Mütze gewesen. Er war schon vorbei, gleichgültig wie es schien, routinemäßig, mit einem leeren Gesicht, dann plötzlich war er zwei Schritte zurückgekommen, hatte die Hand ausgestreckt und durch die Maschen des Zauns nach dem Foto gegriffen, das ein Mädchen direkt neben ihr hochgehalten hatte. Die Kleine war so jung, dass sie ein Kind hat sein müssen während des Krieges, und Hanna vermutet auch gleich eine schlechte Absicht in der Geste. Aber dann sagt er einen Namen, und das Mädchen fängt an zu zittern. Es war der Vater.

Also doch!

Es ist also doch möglich, auf diesem Weg zu einem Erfolg zu kommen, und für alle Zukunft wird Edith sich diese Episode anhören müssen, wie auch jetzt übrigens, am Tag der Auferstehung des Herren. Es könnte alles so schön sein!

Hanna verzeiht dem Mann, dass er nicht auf sie zugekommen war, dass er nicht nach dem Porträt von Paul gegriffen hat, denn von dieser Szene war ein solches Leuchten ausgegangen, und Hanna hatte in dieser Aura der Hoffnung gestanden. Selbst jetzt noch, wenn zum wer weiß wievielten Mal darauf angespielt wird, scheint sie Kraft aus diesem Glücksfall zu ziehen. Diese Wege sind also nicht umsonst, und wenn sie nichts unversucht lässt und schließlich das Glück und der Zufall und der Liebe Gott auch noch zur Stelle sind, dann wird Paul eines Tages wieder eine Radtour mit ihr unternehmen und zur nächsten Kirmes gehen.

Denkt sie das? Die Hanna? Naja, wir wollen es gut sein lassen.

Eine vergleichbare Szene hat sich jedenfalls nie mehr abgespielt, auch diesmal nicht.

Nimm noch ein Stück Streuselkuchen.

Hanna dreht die Zipfel des Taschentuchs zwischen den Fingern und schaut zu Johann hin, als sei aus dieser Richtung ein erlösendes Wort zu erwarten. Aber Johann kennt dieses Wort nicht. Manchmal schämt er sich für Hannas schale Hoffnung, dann beneidet er sie wieder darum, und schon deshalb sagt er nicht, worauf Edith wartet: Hör auf damit! Lass diesen Unsinn! Denn an die Stelle dieser Hoffnung ist bei ihm selbst eine derart bittere Leere getreten, die sich tiefer und tiefer bohrt, bis zum Rand gefüllt mit Schweigen.

Paul bekommt ein eigenes Zimmer!

Edith wirft es in die Runde, obwohl es jeder schon weiß.

Lisbeth auch! Ja, natürlich, die Lisbeth auch! Also die Kinder haben jetzt ein eigenes Zimmer, aber Paul ist halt der Große und deshalb wird er zuerst genannt, manchmal auch als einziger.

Und alle Gesichter wenden sich dem Jungen zu, seinen kurzen Hosen, seinem schmalen Gesichtchen, das so schmal grade im Augenblick nicht ist, denn links und rechts in den Backen staut sich Ediths Marmorkuchen.

Aber Paul! Nicht so gierig!

Edith weiß, dass das Fortkommen wesentlich auch mit gutem Benehmen in Verbindung steht, und was sie davon bei Pfarrers hat beobachten können, gibt sie in direkter Linie weiter. Gutes Benehmen und Bildung. In der Schule brilliert Paul nicht gerade, und wenn er in der ersten Reihe sitzt, wo sonst die Guten und Besten ihre Plätze haben, so weil der Lehrer versucht, die nervöse Zappeligkeit des Jungen durch eine größere Nähe zu Tafel auf das zu richten, was er hier zu lernen hat. Paul selbst glaubt häufig, dass er dieses oder jenes schon kann, dass er die Rechenaufgaben, die dort stehen, eigentlich längst gelöst hat und letztlich schon zur nächsten übergehen könnte, auf die er jetzt zu warten hat. Und dieser kleine Zwischenraum an Zeit kommt ihm gerade recht, denn er muss noch seine Initialen in die Tischplatte ritzen oder einen Segelflieger falten, und das kann er wirklich. Nachher heißt es wieder umkehren zur ersten Aufgabe, also alles noch einmal auf Anfang, und dann kommt diese Unruhe in seinem Körper auf, die scharrenden kleinen Füße unter dem Pult, die sorgenvolle Stirn und vorgeschobene Unterlippe. So verschusselt er manchmal die Unterrichtsstunden und nach der Schule lungern schon die Nachbarsjungen zwischen den Gerüststangen und Brettern des Großvaters herum, während er noch sein Essen herunterzuschlingen hat, und dann, alle andern sitzen noch am Tisch, ab durch die Mitte und los geht es dem Nachmittag entgegen, den brachliegenden Baugrundstücken, den selbstgebauten Hütten unten am Fluss, den Turnfesten und Freibädern. Und alle halbe Jahre heißt es dann eben genügend oder ausreichend, vielleicht auch einmal befriedigend, aber eben nicht: gut. Was die Kopfnoten angeht, auf die Edith den größten Wert überhaupt legt, so steht hinter Aufmerksamkeit schon einmal ungenügend.

Johann zuckt mit den Schultern und schüttelt den Kopf, aber so sehr interessiert es ihn auch wieder nicht, denn schließlich, was sind schon Noten, und besser als jeder Lehrer weiß letztlich er selbst, dass der Junge intelligent ist und etwas kann, wenn vielleicht auch nicht, was auf der Schulbank verlangt ist. Ohnehin wird, wofür er ihn bewundert, und zwar von dem Tag an bewundert hat, als er den vierjährigen Buben zum ersten Mal auf sich zukommen sah, in keinem Zeugnisheft einen gerechten Niederschlag finden: sein heiteres, offenes Wesen, seine Zugewandtheit und seine Begabung, sich Freunde zu machen. Denn in all dem ist er das genaue Gegenteil von Johann selbst. Kommt der mit seinen Eimern und Leitern, den Gesellen im Schlepptau, so bleibt alles im Sachlichen. Wie soll es denn sein, gut, machen wir es so und so.

Später dann schickt er den Paul mit der Rechnung, hier trag die mal da und da hin, und Paul kommt mit kleinen Geschenken zurück, das Geld hat er auch schon dabei, wenn Sie es mir mitgeben, sparen Sie sich den Weg ins Geschäft usw. Und alles, was Johann bei der Kundschaft übersehen hat, bekommt er beim Mittagstisch nachgeliefert. Die haben ein neues Auto oder demnächst wird eines angeschafft, die Tochter geht aufs Gymnasium und nächstes Jahr soll das Haus um einen Anbau erweitert werden. Dich kann man schicken, heißt es dann.

Was macht es da schon, wenn es an anderen Eigenschaften fehlt, an der Geduld zum Beispiel, darin ist er kein Meister, sondern reißt gleich das Blatt vom Zeichenbrett, wenn der erste Anlauf daneben geht, Stifte in die Ecke und raus aufs Fahrrad. Aber wozu braucht er Geduld, die hat Johann schließlich selber, und er heftet ein neues Blatt aufs Brett und macht die Zeichnung noch mal. Hier sieh es dir an, der Kopf misst immer ein Achtel des Körpers. So ergänzen sie sich, als sei der eine die helle Seite des andern, eben genau wie die Zwillinge sich ergänzt hatten. Damals war er der Stille von beiden und jetzt ist er es wieder. Tonangebend, wie es damals hieß, war der Bruder, und jetzt kommt der kleine Paul mit seinen Ideen: machen wir noch ein paar Zäune, damit die Kühe nicht davonlaufen können und zu jedem Bauernhof gehört schließlich ein Hund. Später wird er noch mit ganz anderen Vorschlägen kommen, aber vorläufig legt

Johann das Pauspapier auf eine Vorlage und los gehts. Erst haben sie ein Stück Holz vor sich liegen und auf der linken Seite des Tischs eine Zeichnung auf hauchdünnem Papier, und dann, wenn sie fertig sind, haben sie ein Pferd im Galopp und oder einen herrlichen Leiterwagen, der im Oval der Eisenbahn das Heu vom Bauernhof zu den Güterwagons trägt. So geht die Kindheit des Jungen dahin, von Jahr zu Jahr, von Weihnachten zu Weihnachten ergänzt durch ein neues Glanzstück der Laubsägearbeit, alles detailgenau und maßstabgerecht, alles ein Zeugnis dieser Liebe zwischen Vater und Sohn.

Louise schüttelt fassungslos den Kopf, grade kann sie noch verhindern, den Mund aufzumachen, denn wer weiß, vermutlich steht es ihr gar nicht zu, da einen Kommentar abzugeben. Aber Kopfschütteln wird sie ja können.

Drei Monate? Warum denn drei Monate? Hätten nicht vierzehn Tage auch genügt. Vierzehn Tage auf dem Land bei Ediths Schwester, davon schwärmt sie doch immer, von der guten, Luft.

Nein! Das taugt ja nichts, zwei Wochen, und dann gehört auch ein Arzt zur Genesung. Ein Arzt, eine ganz bestimmte Art der Ernährung, viel Obst wahrscheinlich, Südfrüchte, und das weiß Louise ja auch, wie viele Südfrüchte auf Annas Acker wachsen. Salinen, jedenfalls hat sie davon gehört, dass täglich um die Salinen gelaufen werden muss, um die mineralhaltige Luft einzuatmen, und zwar ganz nach Anleitung, tief einatmen und tief wieder ausatmen. Daran fehlt es ja wohl am meisten, am Ausatmen, und deshalb sind auch die Bronchien verklebt und daher kommt der Husten. Und mit diesem Husten kann es nicht weitergehen, er behindert das Wachstum, jedenfalls sagt das auch der Doktor, sie versteht nichts davon, aber auf ihn wird man sich ja verlassen können, den Fachmann.

Aber drei Monate?

Edith zuckt mit den Schultern, ihr erscheint es auch lange, aber wer weiß, sie können ja mal hinfahren zu einem Besuch, Johann und sie, ein Wochenende im Schwarzwald oder gar ein paar Tage länger würden ihr auch guttun. Louise schweigt.

Sie haben seit ihrer Hochzeitsreise keinen Tag Urlaub mehr gehabt, höchstens halt, wenn sie heimfährt und ihrer Schwester hilft auf dem Hof. Ernteeinsatz. So gern sie auch hinfährt und die Landschaft liebt, als Urlaub kann man es nicht ansehen, und Johann ist ja auch nicht länger als ein paar Tage fortzubringen. Vielleicht lässt er sich den Schwarzwald schönreden.

Edith nimmt ihren Wäschekorb, ohne Louise noch weiter zu beachten. Ende. Sie möchte das gar nicht besprechen und sich schon gar keine Ratschläge in dieser Sache anhören müssen, und Louises Gesichtsausdruck ist schon Ratschlag genug. Am selben Abend noch schreibt sie einen Brief an das Kinderheim im hohen Schwarzwald, um Lisbeth anzumelden.

Georg hat das Gerüst an seiner Werkstattwand hochgezogen, in tagelanger Arbeit hat der kleine Lehrling den Putz abgeschlagen, und jetzt strahlt die Wand wie Ediths Laken, die zum Trocknen in der Sonne hängen. Sie steht in Pauls Zimmer am Fenster und schaut dem Schwiegervater zu, der einen schmalen Streifen Papier auf das frische Weiß spannt, um dann, von links nach rechts, langsam, als sei der Tag ein ewiges Quantum an Zeit, das Kohlesäckchen auf nadelstichfeine Löcher presst und einen Schriftzug aus schwarzen Punkten überträgt. Edith weiß schon was kommt. Buchstabe für Buchstabe. Sie muss nicht warten, bis der Lehrling das Papier abnimmt und Georg beginnt, die Wörter mit roter Farbe auszumalen: Malermeister Georg Ritter.

Edith schließt das Fenster und steigt auf ihre Leiter. Röllchen für Röllchen schiebt sie die blau-weiß gestreifte Gardine auf die Stange. Dass er sich das bieten lässt! Dass Johann sich da nicht hat durchsetzen können.

Edith seufzt. Sie schüttelt den Stoff, bis der Vorhang, wie gewünscht, in schmalen Falten bis auf die Fensterbank fällt. Georg ist über sein M noch nicht hinausgekommen. Das wird Tage dauern, wenn nicht Wochen bis er den Pinsel nach dem letzten kleinen r beiseite legt. Geduld hat er, das muss man ihm lassen. Aber wer weiß, vielleicht ist es auch das Alter. Muss er noch einmal seinen Namen auf diese Wand schreiben?

Lass ihn doch.

Edith hört Johann schon, bevor sie auch nur den Mund aufmacht, diese drei Wörter sagen, und mehr als drei kommen auch nicht.

Manchmal sogar nur zwei: ach was!

Da hätte doch jetzt wohl Johann Ritter stehen sollen! Oder?

Ach, was! Johann winkt ab, wie er überhaupt häufig abwinkt, wenn Edith ihm mit ihren, wie sie meint, gerechtfertigten Ansprüchen kommt.

Ihr gehört doch alles! Ja, schon. Aber.

Na, also. Sie weiß auch nicht, was da vorgeht in ihr. Sie strebt eben nach einer Sicherheit, die größer ist als alles, was ihr geboten wird an Johanns Seite. Jedenfalls wäre es doch an der Zeit gewesen, das Geschäft zu überschreiben. Oder?

Das kostet nur Geld.

Johann arbeitet für zwei, für Paul noch mit, und dem langsamen Heinrich hinterher und Georg malt seine Buchstaben. Dann die Buchführung! Edith meint manchmal, dass der Schwiegervater gar keine Zahlen lesen kann. Außer beim Skatspielen vielleicht, da kann er sie wohl sogar zusammenzählen. Schließlich kommt von Johann dann gar kein Wort mehr, nur noch ein leises Stöhnen, ein etwas auffälliges Luftholen und Ausatmen, und dann schweigt sie meist still, denn es führt ja zu nichts. Höchstens, und das kann sie sich nicht wünschen, kommt als letzter Akt des Widerstands ein Scharren mit den Füßen, ein kurzes Aufstampfen, und dann steht er auf und geht raus in seine Werkstatt, räumt seinen Kram zusammen oder klopft ein paar neue Schienen zurecht für die Eisenbahn und das Thema ist abgeschlossen. Bis es halt wieder auftaucht.

Edith weiß es nicht, und so häufig sie darüber nachdenkt desto mehr verschwimmt es ihr: war Johann immer so oder erst seit er an jenem Tag im August 1945 über den Hof kam, den Blick zur Werkstatt erst einmal, dann auf sie, einen Mehlsack in der Hand, viel war nicht drin, das sah man gleich. Später stellte sich heraus, dass es eine Eisenbahn war, das erste Modell mit Holzrädern noch. Wie vorsichtig Paul diese Eisenbahn über den Tisch hin und her geschoben und immer wieder zu Johann aufgeschaut hat.

Manchmal scheint ihr, als habe Johann sich dem Buben näher angeschlossen als ihr. Vorher war er ihr näher. Näher jedenfalls als der kleinen Anna. Die war eben ein Mädchen und deshalb ihr näher. Das schien Edith ganz natürlich, jedenfalls zu Annas Lebzeiten. Jetzt denkt sie manchmal, dass sie der kleinen Anna vielleicht auch näher gestanden hat als dem Johann. Das Mädchen war eben Fleisch von ihrem Fleisch. Sie meint, sich an einen unternehmungslustigen Mann zu erinnern, der gern mit ihr ausging, der sie gern vorgeführt hat, bei seinen Vereinsfesten, den Konzerten, der Kirmes, dem Fasching und so weiter. Wie wäre es mit einem Ausflug, einer Radtour am Flüsschen entlang in Richtung ihres Heimatdorfs. Mal sehen, wie weit wir kommen. Jetzt kann sie ihn kaum dazu bringen, die Geburtstagsfeiern der Familie wahrzunehmen und aus einer Reise in den Schwarzwald, wie kurz auch immer, wird nichts werden.

Na, mal sehen, heißt es ein paar Tage lang, mal abwarten, wie die Auftragslage ist, in den Sommermonaten natürlich besser als im Winter, also lieber nicht.

Das weiß Edith schon, als sie mit der kleinen Lisbeth zum Bahnhof fährt, um das Mädchen in die Hände einer freundlichen Schwester zu übergeben, die eine Schar kleiner Kröten um sich versammelt hat, allerdings keine so klein wie Lisbethchen in ihrem karierten Sommerkleidchen.

Kinderlandverschickung. Eine Hilfsschwester sammelt die kleine Heerschar ein, mit ihren Rucksäckchen und Brotbeuteln und Namensschildern um den Hals. Die Mütter rücken alles ein letztes Mal zurecht, zupfen hier und dort an Rocksäumen und Zöpfen, fahren sich mit den Fingern über die Zunge, um den Scheitel glattzustreichen und schieben die Kleinen dann von sich. Die meisten stehen still da, suchen in den Gesichtern der Mütter nach einer Erklärung. Auch Lisbethchen steht ganz steif zwischen den erheblich größeren Kindern und hält sich an ihrem Namensschild fest. Bloß das nicht verlieren, sonst geht sie womöglich selbst auch noch verloren und findet nie mehr nach Hause zurück.

Warum ist sie denn so winzig, die Lisbeth?

Edith wundert sich ein wenig, wenn zwei andere Kinder sich vor sie stellen, verschwindet sie ganz und gar. Sie bewegt sich auch gar nicht, tritt keinen Schritt vor oder zur Seite, um Edith fröhlich zuzuwinken, hallo Mutti, hier bin ich und fahre jetzt in den Schwarzwald, um meine Bronchien auszukurieren. Edith ginge gern noch einmal hin, um ihr zuzureden, etwas Tröstliches zu sagen, etwas, das Lisbeth aus dieser Starre erlöst und ihr die Sache schmackhaft macht.

Wie schön es sein wird, mit all den anderen Buben und Mädchen zu spielen, Ausflüge zu machen und gemeinsam zu essen. Wie kräftig sie zurückkommen wird oder eben: Es dauert nicht lange, dann besuchen wir dich.

Aber grade das kann sie nicht sagen, denn Johann hat auf ihr neuerliches Drängen nur ein leises Stöhnen von sich gegeben. Edith kann schon froh sein, dass er, später am Abend, noch den Vorschlag macht: fahr doch alleine. Na, das will sie aber auch nicht, und plötzlich fragt Edith sich, ob es überhaupt angebracht wäre, dort einfach aufzutauchen. In einem Kinderheim, wo alles wie am Schnürchen ablaufen muss. Das würde doch den Rhythmus einer solchen Einrichtung ziemlich durcheinanderbringen. Ein solcher Besuch. Und vor allen Dingen: Wenn das alle Eltern machen? Dann würde der Tagesablauf dort völlig aus dem Ruder laufen, und wenn es nur einzelne machen, wäre es ungerecht, den anderen Kindern gegenüber, die keine Eltern zu Besuch haben.

Dies alles gegeneinander abwägend und sich vorsagend, kommt Edith zu dem Schluss, dass die kleine Lisbeth nun ungetröstet in die Kinderlandverschickung aufbrechen muss. Und da kommt auch schon die schmallippige Schwester und lässt die Kinder in einer ordentlichen Zweierreihe antreten, und dann geht es ab in den reservierten Waggon und wer am Fenster sitzt, kann sein Näschen noch einmal kurz an der Scheibe plattdrücken, die kleine Lisbeth gehört nicht dazu. Edith winkt trotzdem als der Zug anfährt, wer weiß, vielleicht steht sie weiter hinten und durch ein kleines Wunder kann sie doch über die größeren Kinder hinweg schauen. In diesem unwahrscheinlichen Fall würde sie Edith mit einem erschrockenen Ausdruck zwischen den andern stehen sehen, plötzlich doch entsetzt, dass die kleine Lisbeth einfach davonfährt.

Jetzt kommt schon zum vierten, nein sogar zum fünften Mal, diese wöchentliche kleine Meldung einer Hilfsschwester, und ein Bildchen ist dabei, von Lisbeth gemalt, ein Haus und dahinter ein Baum, der ganz einem Weihnachtsbaum ähnelt, na, da ist sie ja gewissermaßen in der Heimat der Weihnachtsbäume, um Edith mitzuteilen, dass alles seinen guten Gang gehe und der Husten nun schon nachlasse, vor allem wohl tagsüber sei gar nichts mehr davon zu hören, also kaum. Drei, vier Zeilen, das ist alles was Edith nun von Lisbeth hört. Dort sollen ja hundert Kinder und mehr sein, unmöglich, da jedem einen genauen Bericht zu liefern, wie Edith es sich wünscht. Lisbeths Abwesenheit beschwört natürlich diese andere große Abwesenheit herauf, deren Schatten Edith nicht wegwischen kann.

Sie liegt nächtelang, zum ersten Mal wieder seit Lisbeths Geburt, mit offenen Augen in der Dunkelheit und zählt sich die Versäumnisse ihres Lebens auf, zu denen in allererster Linie jene gehören, die sie sich Anna gegenüber hat zu Schulden kommen lassen. Und zwar gleich schon, als die elenden Ohrenschmerzen anfingen.

Welches Kind hat keine Ohrenschmerzen?

Das vergeht doch wieder. Die Kinder härten sich ja ab gegen spätere Krankheiten. Edith schüttelt den Kopf. Lisbeths Husten wird auskuriert, bis das Kind in die untersten Spitzen seiner Lungen durchatmen kann.

Also wird es nichts mit dem Schwarzwald?
Ein letzter Versuch kostet nichts, aber in der Art ihrer Frage liegt schon die Antwort für Johann parat.
Ich bin zu müde, es ist mir zu weit, was soll ich dort machen.
Wenn sie manchmal sagt: früher, da war es aber so und so, dann heißt es, da war ich auch jung. Gut, aber trotzdem. Und was war damals in den ersten Tagen nach seiner Rückkehr, da war er doch auch unterwegs, tagelang ist er durch die Stadt gestreift, gleich hat er sich aufgemacht zu fremden Leuten, sie war schon eifersüchtig, weil er gleich wieder fort ist. Johann schüttelt den Kopf. Um nicht sprechen zu müssen, deshalb war er fortgelaufen, um ihren Fragen aus dem Weg zu gehen. Wie war es denn?
Ordentlich. Ordentlich? Man hat sie ordentlich behandelt. Nur gefroren haben sie manchmal.
In Italien?
Ja, was meint sie denn wie kalt es da wird, nachts und im Winter.
Und vorher?
Was denn vorher?
Na, vor der Gefangenschaft.
Da haben sie eine Brücke bewacht. Auf der anderen Seite war der Engländer.
Edith kann es nicht fassen. So hat er doch auch angefangen, der Krieg, mit dem Bewachen der Brücke. Damals an der Saar. Hat er während des ganzen Krieges nichts anderes getan als Brücken zu bewachen?
Johann schüttelt den Kopf und wirft einen Blick an die Decke.
In der Ukraine auch?
Nein, in der Ukraine nicht.
Edith weiß nicht, was Johann jetzt vor sich sieht. Und die Art seines Schweigens sagt ihr, dass sie es auch nicht erfahren wird. Hatte er die Bilder gesehen, unten neben dem Quartier der Amerikaner in der Schule. Johann nickt. Diese Schandtaten! Eure Schuld!
Diese Bilder sieht Edith plötzlich wieder vor sich. Ja, da ist er vorbeigegangen, an diesen Anschlagtafeln. Und?

Aber das war doch in Polen. Da war er doch gar nicht.

Trotzdem.

Johann dreht sich zu Edith um. Denkt sie, er hat Juden erschossen?

Ach was. Sie weiß ja nichts, sie fragt ja nur.

Johann schüttelt den Kopf. Sie wendet sich ab um aufzustehen. Das traut sie ihm zu?

So war es ja nicht gemeint.

Johann verschränkt die Arme im Nacken und schaut zur Decke.

Er hat nichts Schlimmes getan. Er schüttelt den Kopf, schaut in ihre Richtung und wiederholt diesen Satz noch einmal.

Gut. Edith streift ihren Strumpf über den Fuß und rollt ihn langsam über die Wade aufwärts. So genau will sie es ja gar nicht wissen. Sie denkt eben oft an die Jenny. An die Jenny Adler aus dem Nachbarhaus. Aber das sagt sie dem Johann jetzt nicht, dann nimmt dieser Sonntag keinen guten Verlauf mehr, angefangen hat er jetzt ohnehin schon schlecht. Und nicht nur die Jenny, auch die Eltern von der Jenny haben noch gelebt, die Mutter vor allem mit ihrem schönen Schabbesleuchter. Edith steckt ihren Strumpf am Strumpfband fest und schweigt. Was mag aus diesem Leuchter geworden sein? Fettgebackene kleine Kringel hat die Frau Adler ihnen auf die offenen Hände gelegt. Achtung, heiß! In Annas Gesicht hat es gezuckt, aber fallen lassen hat sie es nicht, wann gab es schon etwas Gezuckertes.

Ob es die Jenny geschafft hat bis nach Amerika?

Jetzt lässt sie eben doch einen Satz fallen, ohne sich zu Johann umzudrehen. Das waren doch arme Leute, die konnten doch nicht einmal jemanden bezahlen, der ihnen am Schabbes die Kuh melkt. Woher sollte sie das Geld für eine Passage haben?

Johann weiß darauf bestimmt keine Antwort. Er hat Ediths langes Schweigen genutzt, um aufzustehen und sich anzuziehen.

Komm einmal her Edithchen, hat sie gerufen, die Frau Adler. Dann war ihr eine Schüssel aus der Hand geglitten oder die Fenster standen auf und hätten doch lieber zu sein sollen und Edith hat es gerichtet. Oder sie hat ein paar Scheite Holz nachgelegt. Dafür gab es dann später die Kringel oder auch vorher schon. Auf die Kringel haben sie gelauert, alle miteinander, aber besonders die Kleinen, die Anna und der Martin, die hatten eine so gute Nase, dass sie es vom Hof aus schon gerochen haben, wenn der süße Teig ins Fett fiel. Dann sind sie Hand in Hand an der hinteren Tür vorbeigeschlendert.

Mal sehen was passiert. Ach, die Naschkatzen schleichen ums Haus. Die Frau Adler hat gelacht und naja.

Du hast keine Schuld!

Johann dreht sich abrupt zu ihr um und schüttelt mit einer Heftigkeit seinen Kopf, die Edith innehalten lässt.

Davon war grade gar nicht die Rede gewesen. Sie hat ja nur von den Adlers erzählt, die ihre liebe Not hatten, den Schabbes zu halten.

Sie hat das doch geglaubt, oder?

Was denn geglaubt?

Das sie im Osten angesiedelt werden sollten.

Aber warum? Sie hatten doch gar kein Land. Die Adlers nicht und die Freuds nicht. Höchstens ein Gemüsebeet am Bach. Johann sieht ihr zu, wie sie den zweiten Stumpf an den Hüfthalter knüpft und sich noch einmal auf die Bettkante setzt.

Die hatten doch gar nichts, die Adlers. Den groben blauen Stoff hat die Mutter bei ihnen gekauft. Stoff für Schürzen, besseren gab es gar nicht. Der Höchster hat eine Kuh aus dem Nachbarort herübergeführt und versucht, sie an den Mann zu bringen. Edith sieht Johann an. Das war doch kein Wucher! Der Vater hat alles Vieh bei ihm gekauft. Diese Schandtaten! Eure Schuld! Meint Johann, dass die Adlers? Sie sagt jetzt nichts mehr und Johann auch nicht, er schnappt seine Jacke vom Stuhl und geht. Edith schlägt die Betten auf und öffnet das Fenster. Schuld hat sie schon. Sie kann es nicht verhindern, dass sich neben das Bild der kleinen Anna das der alten Frau Adler schiebt.

Darf ich mit? Seit die Lisbeth aus dem Schwarzwald zurück ist, hat sie kein einziges Mal mehr nach Anna gefragt oder zu ihrem Bildchen hinauf gelächelt, wie sonst immer beim Anziehen oder beim Bettenmachen. Statt diesen kleinen gemeinsamen Moment zu feiern, strebt sie nun von Edith fort. Na, wie war es denn, hat es gleich von allen Seiten geheißen, ohne dass Lisbeth auch nur ein einziges Wort darauf geantwortet hätte. Schön? Man muss es ihr schon in den Mund legen wie ein Zuckerstückchen, bevor ein etwas unsicheres Lächeln kommt: Schön.

Na, also. Viele Kinder? Und wieder ein Nicken, wenn auch kein Ton. Und was macht der Husten? Gut. Na, siehst du. Wenn diese Dialoge absolviert sind, dreht Lisbeth sich um und geht, einen eigenen Drang etwas zu erzählen, scheint sie nicht zu verspüren.

Hat sie kein Heimweh gehabt?

Louise kann es sich nicht verkneifen. Edith weiß nicht recht. Was soll das denn jetzt? Ein so kleiner Mensch kann doch von Heimweh noch gar nichts wissen. Und prompt schüttelt Lisbeth den Kopf.

Na, also. Nur manchmal hat sie geweint. Lisbeth schaut auf den Boden, wo sich ihre beiden Füße übereinander schieben, als sei für zwei kein Platz auf den Kacheln

Also bitte, da kommt ja doch noch ein Satz und was für einer. Wann denn? Wieder Stille. Abends im Bett.

Louise lächelt, na also. Das war doch zu früh für eine so weite Reise alleine. Aber jetzt ist sie ja wieder da und alles hat seine Ordnung, und nachts liegt der Paul in seinem Bett in der anderen Ecke des Zimmers, und die Mutti sitzt in der Küche, falls etwas sein sollte. Ja. Aber die Lisbeth strebt davon. Sie ist ja grade erst fünf geworden im Schwarzwald, aber wenn das Hoftor aufsteht und bislang war noch niemand auf die Idee gekommen, es zu schließen, macht die Lisbeth sich auf und davon, bis einer das Mädchen aufgreift und wieder heimbringt. Zu Hause lachen sie meist: wo war sie jetzt schon wieder. Und als neuestes hat Lisbeth sich ausgedacht, was sie Ausflug mit Opa nennt.

Von wegen Ausflug! Edith weiß schon, wie kurz er ist, dieser Ausflug und wohin er führt. Gut heißen kann sie es nicht.

Erst deine Mutter fragen.

Georg schickt sie nach oben, von selbst würde sie gar nicht darauf kommen, dass hier ein Wort aus Ediths Mund vonnöten ist. Sie legt ihr Kinn auf den Küchentisch und blinzelt zu Edith hinauf. Zwei feste glänzende Zöpfchen fallen ihr über den Rücken, schönes Haar hat das Mädchen, wie Edith selbst. Wie Anna.

Also, was ist jetzt? Darf sie mit. Opa wartet schon.

Das kann Edith sich denken. Steht er wieder vor seiner Werkstatt im Sonntagsstaat? Edith lacht. Dunkler Anzug, Weste, weißes Hemd? Das Blatt in der Rocktasche. Oder? Lisbeth weiß das nicht. Kriegen sie die Karten am Schanktisch oder bringen die Spieler sie mit?

Lisbeth lächelt verwirrt. Wenn sie jetzt nicht runterkommt, geht Opa ohne sie los.

Was macht sie denn da, in der *Goldenen Gerste*?

Na, was macht sie schon, sie schaut den Spielern zu, und manchmal schleicht sie hinaus in die alte Scheune und steigt auf die verstaubte, abgetakelte Kutsche. Vorne auf den Bock klettert sie und schnalzt mit der Zunge, wie sie es bei ihrem Onkel gesehen hat. Aber davon erzählt sie jetzt lieber nichts, womöglich wird es den Aufbruch noch mehr hinauszögern. Oder ganz verhindern.

Wie viele sind es denn? Edith ist noch immer bei den Spielern.

Lisbeth hebt die Hand hoch. So viele.

Aber man braucht doch nur drei.

Ersatzspieler halt.

Sie kennt sich ja schon ganz gut aus, die kleine Lisbeth. Edith weiß gar nicht, ob ihr das gefällt, so ein kleines Mädchen, das sonntags in die Wirtschaft geht. Lisbeth lässt die Schultern sinken. Jetzt geht er wahrscheinlich grade schon zum Hoftor hinaus.

Dann muss Edith etwas mit ihr spielen!

Also gut, dann geh. Für eine Stunde! Sie schickt dann den Paul vorbei, um sie abzuholen. Na, mal sehen vielleicht auch nicht. Wenn sie den Paul losschickt, geht es wie im Märchen, und sie wartet auf zwei.

Edith macht den Kleiderschrank auf und schiebt, was da auf der Stange hängt, von links nach rechts. Viel ist es nicht und schwarz kann sie nun wirklich nicht mehr tragen! Alles noch aus Vorkriegszeiten oder geändert, oder aus einem alten Vorhangstoff einen Faltenrock zusammengestückelt mit einem Stoßband als Bund, farblich nicht einmal passend zum Stoff.

Provisorisch und abgetragen. Wie ihr ganzes Leben.

Edith lacht, wenn ihr diese hochtrabenden Bilder einfallen, sie hat durchaus eine Begabung dafür, die Johann den Kopf schütteln lässt.

Nun übertreibe mal nicht.

Edith nimmt ein sackähnliches Gebilde heraus und hält es sich vor den Körper.

Also bitte sehr! Das hat sie ja während ihrer Schwangerschaft mit Lisbeth schon getragen und kann es ja wohl schlecht wieder anziehen, wenn sie das Mädchen zum ersten Schultag bringt. Und dann noch zu seinem Konzert.

Kauf dir einen schönen Stoff und lass dir was nähen. Johann versteht die Aufregung nicht.

Wegen eines Kleides!

Die Frauen kaufen jetzt alles von der Stange.

Na, dann kann sie es ja von der Stange kaufen, das Problem wird durch dieses Detail nicht viel größer. Da hat sie alles auf einmal entschieden. Schnitt und Stoff. Einfacher geht es nicht.

Edith schaut zu Johann hinüber, der schon im Bett liegt und seine Zeitung liest. Manchmal sagt er tagelang gar nichts, und wenn sie schon glaubt, er sei gänzlich und für alle Zeiten verstummt, dann kommt plötzlich doch ein munterer Vorschlag, eine Erzählung, die sie in Staunen versetzt und wissen lässt: Er ist durchaus noch am Leben.

Na, macht ja nichts. Ist nicht so wichtig, die Garderobe.

Edith schlägt plötzlich eine ganz andere Richtung ein. Auf die inneren Werte kommt es viel eher an. Oder? Sie schaut eben einfach nicht mehr in den Spiegel.

Aber Edith! Was sie zu Lisbeths Einschulung trägt ist ihm gleich, da kommt er nicht mit. Das Ereignis fällt schließlich auf einen Vormittag und auf einen Werktag noch dazu. Da hat er keine Zeit. Aber zum Sommerfest des Liederkranzes wird sie nicht in einer Kittelschürze erscheinen. Er wird übrigens austreten, jetzt endgültig. Er hat gar nicht hinwollen und nur Edith zuliebe nachgegeben, aber er will nicht mehr singen und kann auch gar nicht mehr. Dieses Konzert wird das letzte sein.

Wie wäre es hiermit? Edith dreht sich um. Unter den Wintermänteln hat sie etwas Rostfarbenes hervorgezogen.

Warum lässt sie sich nichts Grünes machen? Grün mit roten Paspeln, das hat er neulich in der Zeitung gesehen.

Das passt ihr ja noch. Edith hält sich ihr Vorkriegsmodell vor den Körper. Mit einer weißen Bluse. Sie kann ja den Fuchs vom Vater drüberlegen, der Kragen ist nicht mehr so modern.

Nicht zum Sommerfest!

Aber zur Einschulung. Also gut.

Dass sie da hingeht! Und dann noch mit dem Kind!

Louise schüttelt den Kopf. Edith hat sich den Mantel übergezogen, um dem Nazipfarrer und seiner Frau einen Besuch abzustatten. Jetzt hätte sie gern noch ein viertel Pfund Kaffee, um dem alten Herrn ein Geburtstagspräsent zu machen.

Das würde Louise nicht über sich bringen, dorthin zu gehen.

Niemand geht da hin, aus der ferneren Nachbarschaft nicht und auch nicht aus der näheren. Die einen nicht, weil sie in ihrem Innersten froh sind, dass nicht mehr die erhobene Rechte von der Kanzel herunter grüßt. Zu ihnen zählt sich Louise. Die andern nicht, weil sie vergessen wollen, wie schön es war, von unten die eigene Rechte hinauf zu strecken. Louise hat noch immer nicht nach dem Tütchen gegriffen, in das die guten Bohnen aus dem blechernen Spender rollen sollen. Was braucht dieser Mensch Kaffee? Und diese schreckliche Frauensperson?

Wer aber unter euch ohne Schuld ist, der werfe den ersten Stein.

Das fällt Edith dann so ein, aber sie sagt es mehr in Richtung der kleinen Lisbeth, der sie jetzt ein Mäntelchen hinhält und weniger zu Louise, die gewiss nicht nach einem Stein greift, wenn sie den Mann auf der Straße trifft. Aber weg schaut sie schon.

Soll sie Heil Hitler sagen? Im Geschäft kann sie nicht wegschauen, da muss sie guten Tag sagen. Wie zu jedem andern auch.

Alle sind hingelaufen und jetzt wechseln die Leute die Straßenseite, wenn sie die Heinolds sehen. Edith schaut herausfordernder, als sie es sich für gewöhnlich herausnimmt und zeigt auf die blecherne Kaffeedose. Ein Viertel Pfund.

Was heißt hingelaufen? Louise fügt sich und schaut den Bohnen nach, die sie noch weniger gern hergibt als damals ihr Sauerkraut. Er war ja der Pfarrer. Hätte man seine Leute nicht mehr beerdigen lassen sollen, weil er die Psalmen für hebräisches Machwerk hielt?

Edith weiß keine Antwort. Was sagt denn der Johann dazu? Louise gibt keine Ruhe, sie will es genau wissen und noch lieber möchte sie Ediths Ausflug verhindern und erreichen, dass ihr diese Peinlichkeit erspart bleibt und nicht wieder eine Kundin kopfschüttelnd erzählt, die Schwiegertochter habe vor dem Haus dieses Menschen gestanden.

Der Johann sagt gar nichts dazu. Was ist nun mit dem Kaffee?

Edith rührt sich nicht von der Stelle, noch immer Lisbeths Mäntelchen haltend.

Also gut. Louise schiebt ihr Tütchen über die Theke. Das genügt.

Lisbeth möchte auch lieber zu Hause bleiben und neben Oma hinter dem Ladentisch stehen. Was darf es denn sein? Sonst noch was? Aber Nein. Ediths Arme werden allmählich ungeduldig, das Mäntelchen wartet noch immer. Schlupf rein! Allein möchte sie auch nicht dorthin gehen, besser ist es, wenn sie das Mädchen bei sich hat. Mit den Gesprächsthemen wird es rasch eng. Da ist es gut, wenn man sagen kann, dass die Kleine jetzt zur Schule geht.

Neben wem sitzt sie denn? Kann sie schon lesen? Und so weiter. Also los jetzt.

Aussuchen kann sich die Lisbeth gar nichts, und so fügt sie sich in ihr Schicksal und reicht Mutti die Hand und gemeinsam biegen sie um die Ecken. Zum Hoftor hinaus und dann die Straße hinunter und unten rechts ums Straßeneck, wo der Verkehr immer mehr zunimmt, alle Welt fährt jetzt plötzlich ein Auto, nur Johann hat keine Lust, naja, vielleicht überlegt er es sich noch. Wer am Fenster steht, kann sich schon denken, wohin die junge Frau Ritter geht, denn der Geburtstag des Pfarrers ist ein Datum, das eine Gemeinde im Gedächtnis behält. Sollen sie doch gucken. Was geht uns das an? Lisbeth löst sich von der Hand ihrer Mutter und hofft noch immer, dass sie vielleicht umkehren und wieder nach Hause gehen. Edith würde auch lieber umkehren. Aber etwas in ihr, und das ist älter als alles, woran sie sich je wird erinnern können, lässt Edith annehmen, sie sei für schwierige Aufgaben vorgesehen. Also einfach immer weiter gehen, bis sie vor dieser Bruchbude stehen. Anders kann man es nicht nennen. Das Häuschen würde ja wohl komplett im Wohnzimmer des Pfarrhauses Platz haben.

Warum sind sie überhaupt hiergeblieben?

Louise zerbricht sich den Kopf darüber und hat es mit wer weiß welcher Nachbarin schon durchgesprochen, ohne zu einem Ergebnis zu kommen. Sie waren halt aus Ostpreußen und dahin gibt es keinen Weg zurück, aber dass sie sich hier niederlassen, am Ort ihrer Schande!

Die junge Frau Ritter. Will sie ablegen?

Das dann doch lieber nicht. Beide Heinolds sind grau und wie Edith meint, um viele Zentimeter kleiner geworden. Das rührt von der Schande her, meint Edith dieses auffällige Schrumpfen. Bis zum letzten Tag hat dieser Mann die Wunderwaffe in seiner Predigt geführt und die Buben zum Volkssturm gejagt. Naja, diese Hoffnung hat er wohl aufgegeben. Es scheint keine andere an ihre Stelle getreten zu sein. Nur ein verbittertes Schweigen.

Wie geht es zu Hause, was macht der Junge?

Edith wird unruhig, kaum dass sie das Haus auch nur betreten hat. Sie muss los. Die Männer sind zur Obstwiese hinaufgefahren, die Leiter auf dem Fahrrad, um die Zwetschgen zu pflücken.

Wenn Edith länger nicht an Anna gedacht hat, trifft es sie plötzlich wie ein Schlag: Sie hat Anna vergessen, als würde sie die Kleine im Stich lassen wie damals. Vorzugsweise nachts überfallen sie diese Gedanken, aber nicht nur, manchmal auch, wenn sie gerade die Wäsche von der Leine nimmt oder Louise im Laden aushilft und Kundschaft bedient.

Was machen die Kinder?

Diese Fragen kommen dann so um die Leerstellen herum zwischen dem Herausgeben des Wechselgeldes und dem Einpacken der Ware.

Wie macht sich der Junge auf der Mittelschule? Gut, danke.

Wie viele sind es?

Grade die neue Kundschaft, die Flüchtlingsleute, haben das Annamädchen ja gar nicht gekannt. Und jetzt weiß Edith keine Antwort. Soll sie drei sagen oder zwei? Wenn sie zwei sagt, schlägt das Gewissen zu, als habe sie Anna verleugnet, und abends wagt sie kaum zu ihrem Bildchen aufzusehen. Aber wenn sie drei sagt, stimmt es ja auch nicht, denn außer Paul und Lisbeth ist niemand zu sehen, und dann sind Erklärungen nötig, für die sie nach all den Jahren noch immer nicht die richtigen Worte parat hat.

Ach, das tut mir leid!

Wie ihre Antwort auch ausfällt, sie weiß schon, dass ihr eine schlaflose Nacht blüht, dass sie in der Dunkelheit liegen wird und versucht, dem Rätsel ihres Lebens auf die Spur zu kommen.

Warum hat der liebe Gott ihr das Liebste genommen? Warum kann sie trotz der beiden gesunden Kinder, trotz Johanns Rückkehr, trotz des überraschend guten Zeugnisses von Paul nicht glücklich sein? Warum bohrt weiterhin dieser Schmerz ein Loch in ihr Inneres, durch das sie eines Tages durchrutschen und verschwinden wird? Edith ruft sich zur Ordnung, schließt die Augen und atmet tief durch. Wie der Arzt es ihr gesagt hat. Naja, der Arzt. Es ist noch derselbe wie damals. Was weiß denn der? Damals hat er auch nichts richten können. Wenn sie nur nicht auf die Mutter gehört hätte und nicht auf die Schwiegermutter, mit ihren Wickeln und Theorien, das Kind so herum und dann wieder anders zu legen, auf das kranke Ohr und auf das gesunde und dann alles wieder von vorne. Wenn sie früher ins Krankenhaus gegangen wäre, wenn es Medikamente gegeben hätte. Wenn. Da hätte sie wissen müssen, dass der Krieg vorbei und verloren war, wenn keine Medikamente für Kinder zur Verfügung stehen. Und sie hat es ja auch gewusst, der Krieg ist verloren, verloren, verloren, und das Geschwätz von allen Seiten hat sie gar nicht mehr erreicht. Sogar der Johann hat noch ein ganzes Jahr gebraucht, um das zu verstehen. Der Johann.

Edith dreht sich im Kreis. Der Johann hätte halt da sein müssen, damals. Er kam halt zu spät. Grade rechtzeitig um, na, wie soll es denn heißen, zu fragen. Da wusste sie im ersten Moment gar nicht, wovon er spricht. Als dann die Lisbeth zur Welt kam, hieß es, das ist ein Neuanfang, das Alte wollen wir begraben und hinter uns lassen. Wenn sie es schon bei Paul nicht konnte, ihn gleich annehmen, vom ersten Augenblick an, wie es für eine Mutter ja normal ist, fast möchte sie sagen, wie es sich für eine Mutter gehört. Dann eben dieser Lichtstreifen am Horizont und der heißt Lisbeth.

Ein Neuanfang!

Edith hängt Bilder von Anna auf, neben ihrem Bett, im Wohnzimmer über der Anrichte und über Johanns Schreibtisch eines. So, gut. Da kann sie von den Bildchen herunter lächeln aus ihrem Paradies und zuschauen, wie wir weitermachen.

Und dann beschleunigt sich das Leben plötzlich, als enthalte das Gleichmaß, in dem es dahinfließt und an das Edith sich gern gewöhnen möchte, an das alle sich gewöhnen möchten, doch nicht alles. Seit dem Krieg kann kaum einer sich etwas Besseres vorstellen, als den Rhythmus des Alltäglichen und dann plötzlich, als sei es dem Leben selbst nicht genug, setzt es einen Punkt oder treibt in einem immer rascher werdenden Fluss zu einem Strudel zusammen.

Ein solcher Tag ist der 12. November 1954, als Edith morgens die Augen aufschlägt und ein Unwohlsein aufsteigen fühlt, das sie in letzter Zeit manches Mal befällt, ohne dass sie seinen Ort näher würde bestimmen können. Ist es nun ein Schmerz, der vom Rücken ausgehend in die linke Leiste zieht, und wenn ja, rührt er dann von einem verdrehten Wirbel her oder liegt sein Ursprung eben in Ediths Unterleib. Sie weiß es nicht und verharrt einen Augenblick lang still auf dem Rücken, die Hände unterhalb des Nabels sollen ein wenig Wärme ins Zentrum dieser Erschöpfung abstrahlen. Ausgerechnet heute. Sie will doch zur Zeltmission.

Wohin will sie? Zur Zeltmission?

Aber das weiß er doch schon.

Edith versucht einige Festigkeit in die Stimme zu legen, vor allem auch in den Zusatz: Sie hat es schon vor Tagen gesagt und angekündigt, dass sie mit Grete heute zur Zeltmission geht. Johann schüttelt den Kopf. Er steht schon in seinem bunt befleckten Anzug da, fix und fertig, steckt sein Messer und den Zollstock in die Tasche, den Bleistift hinters Ohr, und meint, gewappnet zu sein für die Herausforderungen des Tages. Allerdings überrascht ihn die Zeltmission, die er, falls Edith tatsächlich davon gesprochen haben sollte, einfach fortgeschoben hatte, wie Edith ihre Übelkeit fortschiebt. Wie kann er auch annehmen, dass seine Frau zu einem amerikanischen Prediger läuft, der wie ein Zirkusclown im Ostpark auftritt, wo sich sonst ein Karussell auf dem Rummelplatz dreht.

Muss das sein?

Jetzt wird sich auf die Schnelle an diesen Plänen gar nichts ändern lassen, denn sie hat versprochen die Nachbarin zu begleiten, wie sähe das denn aus, erst etwas versprechen und es dann nicht halten.

Er kann ja mitkommen.

Nein danke. Johann schweigt jetzt lieber, diesen Gedanken Ediths möchte er keinesfalls verfolgen, dann wartet er lieber auf sie.

Jetzt aber nichts wie raus aus dem Bett, die Beschwerden beiseitegeschoben und den Tag beginnen. Edith eilt sich, als könne sie ihre voraussehbare Abwesenheit am Abend jetzt schon wieder gut machen. Oder als sei sie beflügelt, von der Aussicht einmal das Haus zu verlassen, mit der Straßenbahn in die Stadt zu fahren und das auch noch für ein Abendprogramm. Wer weiß. Zack, zack, das Frühstück steht schon auf dem Tisch und die Schulbrote für Paul und Lisbeth schmieren sich wie von selbst.

Nicht, dass sie ihr Leberwurstbrot wieder tauscht und vergisst, den Apfel zu essen. Hat sie es verstanden?

Ja, Lisbeth hat es verstanden und wird die gute Leberwurst von Tante Anna gegen hauchdünn geschnittene Gelbwurst tauschen, von der man nicht weiß, aus was sie gemacht ist. Na, alles kann Edith auch nicht kontrollieren, also dann macht die Lisbeth eben dieses Detail einmal ganz wie sie will. Mittags stellt Edith die Teller aufeinander und fragt Lisbeth was an Schulaufgaben so vor ihr liegt. Das Mädchen schafft das alles so schön, dass sich schon die Frage stellt, Mittelschule oder sogar Gymnasium. Na, mal sehen.

Was meint denn die kleine Lisbeth selbst?

Sie zwirbelt die Enden ihrer Zöpfe in den Fingern und lässt die Schultern sinken. Setz dich aufrecht mein Kind, Kopf hoch.

Da kommen Hanna und Louise die Treppe herauf. Um diese Zeit, wo doch jeder zu Mittag isst. Es gibt Nachricht! Edith stellt weiterhin ihr Geschirr zusammen und trägt es zum Spülstein. Was denn für Nachrichten?

Louise reibt mit dem Ende ihrer Schürze über das Wachstuch von Ediths Küchentisch und legt ein zusammengefaltetes Blatt auf die eigens gereinigte Stelle. Hauchdünnes braunes Papier, mit einem

Kohlepapier durchgeschlagen.

Johann! Louise weist in Richtung des Briefs, und ihm bleibt nichts übrig, als danach zu greifen, das Blatt auseinanderzufalten und auf Louises nochmaliges Nicken hin, vorzulesen. Er wischt rasch über ein paar einleitende Sätze hinweg, so undeutlich und beschleunigt, dass Edith gar nicht folgen kann, dann, nach einer Kunstpause, ganz so, als kenne er dieses Schreiben schon, „Paul war Diensthundeführer in meiner Gruppe. Wir waren seit dem 20. Januar 1945 durch den Vorstoß der Russen auf Elbing in Ostpreußen eingeschlossen, bis es dann ca. am 20. März 1945 zu der Schlacht von Heiligenbeil kam. Ihr Mann wurde dabei durch einen Splitter der Stalin Orgel am Oberschenkel verletzt."

Johann schaut für einen Augenblick von dem Papier in seinen Händen auf, aber nicht um Kontakt zu Edith oder Louise aufzunehmen, sondern um diesen kleinen Satz auf sich wirken zu lassen, der so harmlos dasteht. Am Oberschenkel? „Ich habe 2 Mann beauftragt, sie sollten Paul nach Rosenberg (das ist der Hafen von Heiligenbeil) bringen, damit er auf die Fähre kommt. Unterwegs hat er dann noch einmal eine schwere Verwundung durch Granatsplitter im Rücken erhalten. Ich vermute, dass er an diesen Verwundungen gestorben ist. Ich glaube nicht, dass sie jemals noch offizielle Nachricht über ihren Mann erhalten werden."

Johann schaut auf und für einen Augenblick herrscht Stille. Niemand bewegt sich, nur Lisbeths Augen wandern von einem Gesicht zum andern. Sie sitzt da, entgegen Ediths steter Anweisung mit rundem Rücken und hängenden Schultern an die Tischkante gelehnt. Das lackierte Ende ihres roten Buntstifts zwischen den Lippen fasst sie, ohne den Kopf zu bewegen, einen nach dem andern ins Auge. Alle sitzen vornübergebeugt, als warteten sie auf eine Fortsetzung dieser Lesung. Nur Edith steht aufrecht ans Spülbecken gelehnt mit vor der Brust verschränkten Armen, aber gleichfalls mit gesenktem Haupt. Johann atmet tief ein, wie manches Mal, wenn sie hofft, dass er bereit wäre, etwas zu sagen, ihr etwas mitzuteilen, aber sie kennt es schon, es kommt schließlich nur ein kurzes Stöhnen, ein ratloses leises Schnaufen, begleitet von einem Kopfschütteln, immerhin löst sich die Starre seines Körpers. Es streicht das Blatt auf dem Wachstuch glatt, als sei in den Falten doch noch ein Geheimnis verborgen und starrt auf die leicht verwischten Buchstaben der Unterschrift. Hans Lüchow, Lebensmittel. Johann schüttelt den Kopf. Der

Mann handelt gleichfalls mit Lebensmitteln?

Louise nickt und schaut unverwandt zu ihm hinüber, als enthalte dieser Brief nun doch so viele Informationen, dass jetzt auch ihm etwas würde einfallen müssen. Als seien diese Zeilen eine Erinnerungshilfe und gleich wird in Johann eine Maschine anspringen, die preisgibt, was hier noch alles fehlt. Und da fehlt noch sehr viel.

Hatte er Schmerzen? Wer war bei ihm, als er starb? Hat er etwas gesagt, womöglich einen letzten Wunsch geäußert? Und dann: warum ausgerechnet jetzt noch, kurz bevor er wieder angekommen wäre daheim. Fragen, auf die es keine Antworten gibt, schleifen sich gar nicht ab, jedenfalls nicht in Louise. Warum im März 1945, so knapp vor dem Ende?

Johann weiß es nicht. Er war am anderen Ende Europas, da ungefähr, wo Italien sich zu einem Stiefelabsatz formt. Ja. Louise nickt und schaut auf ihre zusammengefalteten Hände im Schoß.

Nun ist es aber genug mit der stillen Einkehr! Edith wendet sich ihrem Spülstein zu und fängt an zu klappern.

Lisbeth könnte ihr abtrocknen helfen, oder? Ein so großes Mädchen kann seiner Mutter doch schon mal zur Hand gehen?

Sie will das Geschäft nicht mehr weiterführen.

Was? Edith hält inne. Hat sie richtig gehört? Ja, genau. Edith hat sehr gut verstanden, was da in ihrem Rücken gesagt wird. Glauben kann sie aber trotzdem nicht recht und muss sich umdrehen, um an Louises Gesichtsausdruck zu prüfen, ob sich der Satz nur dem Schock verdankt, den die Nachricht von Pauls Tod verursacht hat. Nein, so verhält es sich nicht. Louise wiederholt noch einmal, worauf Edith schon lange nicht mehr hofft. Sie will es aufgeben, das schöne Ladengeschäft, den Handel mit Mehl und Graupen, an dem ihr Herz doch so hängt. Mit welcher Leidenschaft hat sie dieses Refugium verteidigt gegen Einmischungen welcher Art auch immer, gegen Ediths Zugriff zumal. Und wie schön war es, hinunterzugehen und die Buchstabennudeln in ihrem durchsichtigen Tütchen aus dem Regal zu ziehen. Lauf zu Oma und hol ein Fläschchen Maggi, lauf rasch hinunter und lass dir eine Tasse Mehl geben!

Vielleicht wird sie es noch einmal bedenken und sich durch den Kopf gehen lassen, heute kann sie eine solche Entscheidung gar nicht treffen.

Doch. Grade heute.

Louises Blick wandert von einem zum andern, fragend ein wenig, insbesondere, wenn sie Johann ins Auge fasst, dessen Rechte über den Brief auf dem Wachstuch streicht. Johann nickt, ohne aufzuschauen, er sucht noch immer nach irgendetwas, das sich zwischen diesen Zeilen verbergen könnte.

Diensthundeführer. Bis zum Schluss? Hat Hanna das gewusst? Hanna dreht den Zipfel ihres Taschentuchs zwischen den Fingern, es scheint nicht sicher, ob sie die Frage richtig versteht. Sie nickt leicht und dann wieder dreht sie den Kopf hin und her, Edith kann es nicht mit ansehen. Immerhin, das muss sie ihr lassen, nach zehn Jahren hat Hanna ein Ergebnis erzielt, all ihre Lauferei, ihre Anzeigen, ihre Reisen in die Auffanglager und Anträge beim Roten Kreuz haben schließlich doch einen Augenzeugen hervorgezaubert. Das hat ihr Edith nicht zugetraut. Louise gibt also auf.

Darüber sprechen wir morgen.

Johann, nachdem er den Brief minutenlang glattgestrichen hat, faltet ihn nun, seinen ursprünglichen Knicken folgend, zusammen und reicht ihn Hanna, die den dazugehörigen Umschlag auf dem Schoß liegen hat. Er steht auf, greift nach seiner Kappe und schlägt die Tür hinter sich zu.

Warum verstockt ihr euer Herz, wie die Ägypter und der Pharao ihr Herz verstockt haben?

Ediths Hände liegen still in ihrem Schoß, die Finger halten ein Blatt, auf dem zwei Liedtexte mitsamt den Noten geschrieben stehen, denn hier wird nicht das alltägliche aus dem Gesangbuch angestimmt.

Ihr betet, aber euer Herz ist fern von Gott!

Edith konnte später nicht mehr sagen, mit welchen Erwartungen sie gekommen waren, Grete und sie. Deutlicher als das Ziel hatte ihnen vor Augen gestanden, einmal von zu Hause fortzukommen, in das Kostüm schlüpfen statt in die Kittelschürze, den Fuchs umlegen. Ach nein, das nun lieber nicht, sie sind ja auf dem Weg zu einem Gottesdienst, da genügt der Schal. Johanns Schweigen einmal für ein paar Stunden hinter sich lassen, Louises Ermahnungen, Lisbeths Fragen und Pauls lautstarke Erzählungen aus der Schule. Und das ganze noch unter frommen Vorzeichen. Also dann.

Ihr betet mit den Lippen, aber eure Herzen sind fern von Gott.

Woher weiß er das? Ediths Finger spielen mit dem Liedtext, den sie nicht kennt. Sie hat den Kopf ein wenig schräg gelegt, grade so wie Johann es mochte, als er jung war und ständig auf der Suche nach Kopfhaltungen und Bewegungen, die ihre Schönheit am besten zum Ausdruck bringen, und so schaut sie nun hinauf zu dieser weit entfernten Kanzel, auf der ein junger Mann, jünger jedenfalls als sie selbst, seine Wahrheit verkündet. Gott sieht, wie du wirklich bist, in deinem Innern, er sieht in dein Herz.

Sie hatten einen freien Abend geplant mit einem frommen Hintergrund, gegen den keiner etwas sagen kann, nicht einmal Johann kann etwas dagegen haben und schon gar nicht Louise, die in ihrer Ladentür steht und den beiden Freundinnen ganz erstaunt nachschaut. Wohin wollen die zwei? Kopfschütteln.

Und jetzt spricht dieser Mann direkt zu ihr.

Gott nimmt euch an wie ihr seid. Er fragt nicht nach dem, was war. Ihr fragt, wie kann das Vergangene abgeschlossen sein und unser Herz frei und rein wie das eines Neugeborenen?

Ediths Herz schlägt schneller, als rebelliere es gegen das Gefängnis ihrer Rippen, ihres Lebens, ihres Alltags. Der Prediger schnippt mit den Fingern beider Hände in die Luft.

So rasch geht es! So rasch! In einem einzigen Augenblick hat Gott die Lasten von euch genommen und ihr seid frei. Wollt ihr das? Willst du das? Wollt ihr nach Hause gehen in ein neues Leben, mit neuer Kraft? Dann steht auf und kommt nach vorne. Kommt dem Herrn entgegen, ein paar Schritte nur, tretet vor die Gemeinde als Zeichen Eurer Verwandlung.

Jetzt sind die Lieder dran. Edith sucht nach der entsprechenden Liedzeile und muss gleichzeitig den Überblick behalten über die Menschenmenge, aus der sich nun hier und da einer löst, um sich zwischen den Reihen einen Weg zu bahnen in Richtung der Kanzel. Die Minuten verstreichen, während die Gemeinde sich Strophe für Strophe vorwärts singt. Schließlich fehlen nur noch wenige Zeilen und Edith weiß, wenn der letzte Ton verklungen ist, wird die Zeit der Umkehr abgelaufen sein und Ediths Leben wird weitergehen wie bisher. Ohne getröstet zu sein jedenfalls wird sie durch die Tage eilen, und ihr Herz wird schwer sein, sorgenvoll und beladen. Jesus meine Freude, die Gemeinde hebt an zur letzten Strophe, Edith bewegt ihre Lippen, obwohl kein Ton ihr Inneres verlässt, zu sehr ist ihr Herz in Aufruhr, schwankt zwischen aufstehen und sitzen bleiben, zwischen Angst und Neugier, Mut und Scham. Edith bleibt sitzen, wie auch Grete sitzen bleibt, die alles auf sich wirken lässt, ohne insbesondere davon betroffen zu sein, während sich in Ediths Herz nun noch eine kleine Schuld zu den großen fügt: nicht vorgetreten zu sein, nicht ihrem Herzen, sondern ihrem Willen gefolgt zu sein. Aber letztlich heißt es nur eines: Sie wird wiederkommen, mit oder ohne Grete und im günstigsten Fall sogar mit Johann.

Wird ihr das denn nicht zu viel werden? Ein Ladengeschäft?

Johann hat ein mittleres Doppelblatt vorsichtig aus einem von Pauls abgelegten Rechenheften gelöst. Warum der Junge stetig neue Hefte beginnt, ohne die alten bis zur letzten Zeile beschrieben zu haben, wie es in seiner Kindheit Vorschrift war, weiß er nicht, aber na ja. Das Blatt liegt nun vor ihnen, die beiden kleinen Löcher in der Mitte verraten woher es kommt, aber es genügt dennoch der Anforderung, erste Umbaupläne aufzunehmen.

Was sagt sie zu seiner Geschäftsidee?

Früher wurde ähnliches ja immer mal erwähnt zwischen ihnen, lang, lang ist es her. Und jetzt fragt er sich, ob sie nicht vielleicht doch zu spät kommt, eine solche Veränderung und ob sie, alle Konsequenzen daraus einmal mitgedacht, nicht in eine zu große Belastung für Edith mündet. Zu Haushalt, Garten, Kindern.

Nein, überhaupt nicht!

Edith kann sich nicht vorstellen, dass ihr etwas zu viel sein sollte. Ihre Kraft ist unerschöpflich, und gerade zurzeit spürt sie ihr Leben eine Richtung nehmen, aus der ihr neue Kraft und Energie entgegenströmt. Das fühlt sie genau, und diese Energie wartet nur auf einen neuen Einsatzort, und einen schöneren als das eigene Ladengeschäft kann sie sich gar nicht vorstellen. Die eigene Theke, hinter der sie stehen wird und auf der die eigene Kasse klingelt. Edith lächelt bei diesem Gedanken an die eigene Kasse. Sie wird sich schicke Kittel kaufen, also was heißt schick, in Maßen halt, blaue vielleicht, und dann geht es los.

Von der Sache versteht sie aber bislang noch nichts.

Aha, Johann zweifelt also nicht an ihren Kräften, sondern an ihrem Sachverstand.

Von Farben, Lacken und so weiter hat sie bislang keine größeren Kenntnisse.

Na hör mal! Zweifelt er denn daran, dass sie sich das in kürzester Zeit wird aneignen können?

Nein, also die Tüchtigkeit seiner Frau ist nun wirklich über jeden Zweifel erhaben!

Na, also! Endlich scheint so etwas wie Zukunft auf am Horizont von Ediths Spülstein, endlich kommt der Aufschwung in Sicht und sie kann einer Berufung folgen, von der bislang noch niemand so recht wusste, dass sie die hatte: selbständig sein, eine Geschäftsfrau darstellen, mitwirken und Einfluss nehmen. Das Planen und Nachdenken wie überhaupt die Aussicht auf eine Veränderung scheint so etwas wie den alten Geist wieder zwischen ihnen zu beleben, fast so wie damals, als er Paul von Ediths Tüchtigkeit vorgeschwärmt hatte. Paul. Auch über diese Bilder hilft Ediths Eifer hinweg, wenn Johann sich nur davon anstecken lässt. Paul hätte es also fast geschafft, viel hatte gar nicht gefehlt und er säße jetzt hier bei ihnen am Tisch und gäbe flotte Ratschläge wie das neue Geschäft zu gestalten sei. Ein Granatsplitter. Warum ist ausgerechnet er selbst jeder ernsthaften Verwundung entgangen, einer ernsthaften Gefangenschaft noch dazu, während Paul dort in dieser flachen Landschaft lag und an wen gedacht hat, bei seinem letzten Atemzug? An Hanna? An ihn?

Edith hat ihren Kopf auf die Ellbogen gestützt und schaut Johann dabei zu, wie er wieder einmal davon treibt, wie sein Blick sich von ihr löst, wie er sich von allem löst, wozu sie einen Zugang haben könnte.

Johann? Was dreht er denn da seinen Bleistift auf der Tischplatte und hört gar nicht zu. Edith legt schließlich einfach selbst fest, wo die Regale, die Theke, die Kasse stehen sollen, ein hoher Arbeitstisch für das Anrühren der Farbe.

Brauchen sie so etwas denn überhaupt? Wo heute doch alles schon fertig in Dosen angeliefert wird?

Aber ja, natürlich braucht sie einen Arbeitstisch. Angesichts eines solchen Vorstoßes auf die Felder seiner Zuständigkeiten kehrt Johann schließlich zurück und spannt die Muskeln seiner Rechten fest um den Bleistift.

Das Zeichnen kann sie doch nun wirklich ihm überlassen. Sonst hat er ja gar nichts mehr zu tun. Er nimmt Edith das Blatt aus den Händen. Hier wird ein Fenster durchgebrochen zum Hof hin, und genau unter diesem Fenster wird er angebracht, der Arbeitstisch, damit die Ergebnisse seiner Mischungen in einem günstigen Licht, also was heißt günstig, in einem richtigen Licht erscheinen und er nicht mit seinen Proben wieder und wieder vor die Tür laufen muss, wie es in der Werkstatt der Fall ist. Hier wird auch die Waage stehen für die Abgabe von Kalk und Gips, dann wird er eine elektrische Mischmaschine kaufen, das hat er doch schon lange vor, um sich das ewige Rühren per Hand zu ersparen. Hier wird sie an der Decke hängen, genau wie Ediths Schneebesen, nur größer halt und schneller natürlich.

Edith staunt. Mit wenigen Strichen hat Johann ihr neues Leben entworfen, zack, zack, ein deutlich vergrößerter Raum, wo will sie denn sonst mit den Tapeten hin und den Bodenbelägen, dem Linoleum, den Stragulaläufern und was es da sonst noch alles gibt. Und hier, Johanns Bleistift verlässt nun das ohnehin schon vergrößerte Ladengebiet und schiebt sich in Louises Schlafzimmer vor. Hier wird er ein Büro einrichten, für sich selbst und die Buchführung.

Na, was sagt sie dazu?

Neben das Büro kommt die Küche und nach der Küche ein Bad. Im ersten Stock kann jedes der Kinder ein Zimmer haben und Edith ihre Polstermöbel, ein Sofa und zwei Sessel. Oder was hatte sie sich genau vorgestellt? Edith nickt. Das alles, und insbesondere Polstergarnitur und Ladentheke, kommen ihren Träumen recht nah.

Die ungenauen Beschwerden, mit denen ihr Körper auf sich aufmerksam macht, rechnet Edith dem nahenden Alter zu, und zwar vor allem, weil es mit einem Ausbleiben ihrer Regel und diesem seltsamen Schwindel einhergeht, den auch Louise erwähnt hat. Nach den Ereignissen der letzten Tage, den Neuerungen, die daheim anstehen ebenso wie im tiefsten Innern ihrer Seele, sagt Edith sich nun, es könnte die Aufregung sein, die diese Erschöpfung hervorruft. Johann verlangt, dass sie den Doktor aufsucht, nicht nur einmal.

War sie beim Arzt, heißt es abends beim Essen.

Keine Zeit!

Aber für die Zeltmission war Zeit.

Ja, natürlich ist für Zeltmission Zeit, die ist ja abends, da hat die Praxis ja gar nicht mehr offen. Dann, eines Nachts, schlägt Edith die Augen auf und stellt fest, dass die Veränderungen ihres Körpers ganz anderer Natur sind, als bislang angenommen. Dass die Brüste nicht schlaffer, wie erwartet, sondern voller werden, dass sich etwas gegen ihren Magen zu schieben scheint, wie die anderen Male auch. Und jetzt? Sie faltet die Hände über ihrem Nabel und schaut zur Decke. Ihr Bauch hebt sich ein wenig mit dem einströmenden Atem und er senkt sich wieder, aber möglicherweise nicht so weit, wie er sollte. Sie schüttelt den Kopf und hört sich ihr Nun-laß-mich-doch sagen. Sie hört sich Nein sagen in der Dunkelheit dieses winzigen Eckzimmers unter dem

Dach ihres Elternhauses, obwohl es doch Ferien sind oder jedenfalls das, was sie unter Ferien verstehen, drei, vier Tage auf dem Hof ihrer Schwester. Das kann doch kaum drei Monate her sein. Edith schiebt ihr Nachthemd beiseite und lässt die Handflächen über die nackte Haut wandern. Zentimeter für Zentimeter tasten sie sich unterhalb des Nabels vor, die Fingerspitzen drücken sich ein wenig fester ins Fleisch, als könne sie schon die genaue Form dessen erkennen, was sie bislang gar nicht hat wahrhaben wollen. Sie war heimgefahren, um Anna nach der Geburt ihrer Jüngsten beizustehen, Johann im Schlepptau.

Sie streckt ihren Arm nach Johann aus und zieht ihn wieder zurück. Sie will es nicht aussprechen, das Bevorstehende nicht beim Namen nennen, und auch später, nachdem er es weiß, nachdem Louise es weiß, die Nachbarin, nachdem ihr der Doktor schon gratuliert hat zum Nachzügler, der hier erwartet wird, auch dann noch schweigt Edith darüber soweit möglich und verbirgt ihren Körper aus Scham. Als höre jeder, der sieht was da vor sich geht, ihr Nein. Als höre jeder ihr Nun-lass-mich-doch.

Ediths neue Leidenschaft für den amerikanischen Prediger ist keine vorübergehende Erscheinung, die sich, angesichts der neuen Herausforderungen, schon verflüchtigen wird. Johann nimmt das vielleicht an, und auf alle Fälle hofft er im Stillen, dass Edith einfach nicht mehr das Gespräch auf diesen so kraftvollen und ganz vom Geiste Jesus inspirierten Mann bringen wird. Inspiriert. Noch nie hat Johann Edith dieses Wort aussprechen hören und schon daran, dass ganz neue und unverbrauchte Wörter im Spiel sind, müsste er absehen können, dass seine Hoffnung sich nicht erfüllt.

Johann könnte ja mal mitkommen. Sie einfach einmal begleiten, wie andere Männer das auch tun. Na, wie wäre es? Johann schüttelt den Kopf mit einer solchen Heftigkeit, als hätte Edith wer weiß was verlangt. Warum denn nicht? Einmal wenigstens, einmal ist keinmal. Nein. Johann hatte nicht vor, seine stumme Entschiedenheit durch ein erklärendes Wort zu ergänzen, aber bitte, wenn es nicht anders geht: Dahin geht er nicht noch einmal, wo so ein Schwätzer von einer Kanzel herunter den Menschen die Glückseligkeit verspricht.

Also Johann! Was meint er denn mit „so jemanden"?

Edith hätte zu gerne eine Antwort, die ihrer Vermutung entspricht und für die sie die Widerworte in ihrem Kopf schon zusammensetzt. Johann schweigt aber, und sie möchte den Namen Hitler auch nicht aussprechen. Also?

Johann schlägt seine Bücher auf und will sich auf die Buchhaltung konzentrieren, er wäre schon fertig damit, wenn Edith nicht derart auf ihn eindringen würde. Seine schönen Zahlen stünden schon fertig da unter einem respektablen Ergebnis. Einnahmen, Ausgaben, offene Rechnungen, Bestellungen bei den Grossisten.

Soll er sie nicht einmal in der Buchführung unterweisen?

Ein letzter Versuch in ihre Richtung. Heute Abend zum Beispiel. Oder denkt sie, dass er auch noch die Abrechnungen ihres Ladens machen wird?

Jetzt lenkt Johann ab. Heute Abend kann Edith doch gar nicht. Sie hat keine Zeit. Wenn er nicht mitkommt, muss sie eben alleine gehen, heute kann sie sich diesen Weg auf keinen Fall sparen, denn es ist das letzte Mal, dass der Mann mit seinen schönen Worten überhaupt zu Verfügung steht, dann zieht er mit seiner Gefolgschaft weiter und das Zelt wird anderswo aufgeschlagen. Johann schlägt drei Kreuze, aber im Stillen und weiß noch nicht, dass Edith heute Abend den letzten Schritt tun wir. Wieder schnippen die Finger des Predigers und schicken ein kurzes dynamisches Geräusch bis in die hinterste Bank.

So rasch geht es!

Edith schiebt sich an den zurückgezogenen Knien entlang zum Mittelgang, und Schritt für Schritt nähert sie sich dem Altar, im Innern aufgewühlt, zu Tränen gerührt. Johann begreift nur sehr allmählich, dass Edith endgültig davon treibt, zu neuen Ufern unterwegs ist und, anders als er, der sich in seiner Einsamkeit eingerichtet hat, wird sie dort erwartet. Der Prediger mag abreisen zu neuen Rummelplätzen, aber seine Schäfchen wird er nicht alleine lassen unter den Wölfen. Noch unter der Kanzel haben sich Brüder und Schwestern ihrer angenommen und sie zu ihren Gebetskreisen eingeladen.

Edith steht vor dem Spiegel, seitlich steht sie da und meint zu erkennen, dass der Bauch sich schon wölbt. Sie versucht sich zu sagen, dass es trotz allem ein Gottesgeschenk ist, und das predigt ihr auch der Bruder Cherubim.

Wir kennen die Wege des Herrn nicht, wir sehen nur unsere allernächsten Schritte, aber der Herr sieht die Strecke, die noch vor uns liegt, bis zu ihrem Ende. Er sieht alles in seiner Gesamtheit, im Zueinander jedes Einzelnen zum anderen, wir sehen nur ein winziges Detail und dieses Detail heißt Ich.

Am liebsten würde sie hier bleiben im Kreis ihrer neuen Brüder und Schwestern, zwischen den gefalteten Händen und gebeugten Häuptern. Und ihr Ich ganz und gar vergessen, dieses Detail, das dem Verständnis von Gottes Wort nur allzu häufig im Wege steht. Aber Edith muss zurück, und zwar rasch, immer zögert sie den Aufbruch hinaus, will die Gespräche auch über die Andacht hin weiterführen, gerade die sind es ja, die ihr diesen Trost spenden, den sie braucht, und wieder läuft es auf das Gleiche hinaus: Sie sitzt in der Straßenbahn und ihr scheint, dass sie doch wieder zu früh gegangen ist, aber zu Hause wird sie wie immer zu spät sein. Johann sitzt am Schreibtisch und weiß ganz und gar nichts mehr mit sich anzufangen.

Wo bleibt sie denn nur? Hat sie mal auf die Uhr geschaut. Hier, da über dem Küchentisch hängt sie, die schöne Uhr, die Paul ihnen zur Hochzeit geschenkt hat. Und was zeigt sie an?

Johann schüttelt den Kopf und Edith schweigt. Nichts sagen. Am besten gar nichts sagen. Das jedenfalls hat sie sich vorgenommen: Streit vermeiden durch Schweigen. Johann schüttelt den Kopf.

Hat er denn nichts mehr zu tun?

Jetzt hat sie doch was gesagt. Wie steht es denn mit den Weihnachtssachen, mit den Figuren des Bauernhofs, der Eisenbahn, neue Schienen, Waggons, defekte Signale?

Johann schaut auf, als habe er noch nie etwas von einer Eisenbahn gehört, als denke Edith sich etwas sehr weit entferntes aus, um vom Eigentlichen abzulenken. Dass sie ihm das antut, ihn einfach hier sitzen zu lassen und zwar den ganzen Abend und nicht nur ihn. Auch die Lisbeth und den Paul.

Aber die schlafen doch.

Das bezweifelt Johann, dass der Paul schon schläft, der ist ja grade erst heimgekommen von seinem Turnverein oder woher auch immer.

Jetzt erst? Warum denn jetzt erst? Es ist doch schon zehn Uhr vorbei.

Eben. So ist es eben, wenn die Mutter nicht daheim ist, bleiben die Kinder auch fort. Und was ist das dann für eine Familie? Johann hat sich in seinem Schreibtischstuhl zurückgelehnt und dreht den Bleistift zwischen den Händen, als müsse er genau entziffern, was auf den Kanten des sechseckig geschnittenen Holzstifts steht: Mars Lumograph 100 HB. Edith holt tief Luft und atmet ganz langsam aus, zur Beruhigung, um keine Widerworte zu geben, die ja doch nur zu neuen Vorwürfen und neuen Widerworten führen.

Mehr als ein Abend in der Woche ist es ja nicht. Aber auf den kann sie nicht mehr verzichten.

Jetzt hat sie doch wieder was gesagt und wie erwartet kommt auch etwas zurück.

So? Ein Abend nur? Und was ist mit den anderen Abenden? Mit der Frauenhilfe zum Beispiel, da geht sie ja schließlich auch hin. Dienstags. Johann schüttelt den Kopf, seine Erregung steigert sich, jetzt wo die Debatte angefangen hat scheint ihm, als sei Edith überhaupt nicht mehr zu Hause, an gar keinem Abend der Woche. Als sei sie, wie damals in den ersten Monaten nach ihrer Hochzeit, abgereist. Als wisse er nicht, ob sie jemals wieder zurückkommt. Trotzdem sieht Edith schon grünes Licht. Auf die Frauenhilfe kann sie liebend gern verzichten, auf diese nichts sagende Runde, in der das Gebet ja nur Beiwerk ist. Aber soll sie dort nicht mehr hingehen? Das würde der Herr Pfarrer ja als einen Affront ansehen, wenn sie sich nun ganz und gar zurückzieht und gar nicht mehr kommt.

Wo steckt denn eigentlich der Paul?

Wenn Edith nach ihm Ausschau hält, sieht sie höchstens noch seine Fersen oder das Hinterrad seines Fahrrads, das er sich aus Teilen zusammengebastelt hat, die vorher niemand je gesehen hat. Wo treibt er das alles auf? Diese schöne Lenkstange zum Beispiel, die schaut aus wie neu. In der Scheune der *Goldenen Gerste* hing sie am Scheunentor zwischen den verstaubten Rechen und stumpfen Sensen. So? In die *Goldene Gerste* geht er auch? Paul geht überall hin und schaut sich um und wenn es gefragt ist, rollt er die Fässer von einem Ende des Hofs hinüber zum Keller oder stapelt eine Reihe Brennholz auf. Das macht er gerne und dann am Schluss heißt es: wie sieht es aus mit diesem alten Lenker, der da so einsam am Scheunentor hängt? An den hat wohl schon längere Zeit niemand mehr gedacht. Da kann er nichts Gegenteiliges behaupten, der Wirt, und wenn Paul etwas nimmt, gibt er auch etwas zurück und erscheint wieder im Hof der *Goldenen Gerste*, um vorzuführen, wie genau jetzt dieser Lenker das schwarze, frisch lackierte Chassee ergänzt. Sogar die Skatrunde legt ihr Blatt beiseite und tritt vor die hintere Tür, samt dem Gerstenwirt mit seiner nicht so makellosen Schürze.

Die alten Herren stehen da auf den obersten Stufen der Treppe, mit ihren Zigarren und vorgeschobenen Bäuchen, und schauen hinunter auf den kleinen Paul, der freihändig seine Kreise zieht wie im Zirkus.

Der braucht ja gar keinen Lenker! So wie der fährt.

Der Wirt ruft es dem Radler hinterher und weiß, dass seiner Lenkstange kein besseres Schicksal hätte widerfahren können, als hier für Notfälle zur Verfügung zu stehen, falls Paul in einer schmalen Achterschleife, wie er sie jetzt noch als Zugabe zieht, die Hände über dem Kopf, womöglich doch einmal nachgreifen muss. Also Applaus! So versteht es der kleine Paul aus allem das Beste zu machen. Aus einem beiläufigen Geschenk eine Freundschaft zum Beispiel, und falls eine Schulnote einmal nicht ganz im Bereich dessen liegt, was Edith mindestens erwartet, stellt er neben das Zeugnis den Pokal vom Turnfest auf den Tisch, erster Preis am Barren. Oder am Balken? Edith weiß es manchmal gar nicht so genau.

Die Lisbeth sitzt stundenlang vor ihren Heften, und wenn sie alles ausgerechnet und aufgeschrieben hat, bleibt sie noch immer sitzen und malt unter jede ihre Hausaufgaben einen schmalen Streifen aus Kreisen und geschwungenen Linien. Schön macht sie das, konzentriert und still sitzt das Mädchen da und zückt nacheinander ihre Buntstifte, bis jeder Punkt an seinem Platz ist.

Der Paul hatte vergleichbares niemals vorzuzeigen. Braucht er ja auch nicht. Johann neigt zur Ansicht, dass die Bildung einem Mädchen besser steht als einem Buben. Was soll der Paul mit Latein? Wohingegen ein Mädchen: da kann es nicht schaden, letzten Endes könnte es vielleicht Lehrerin werden. Trotzdem hat Johann entschieden, dass die Lisbeth zunächst auf die Mittelschule geht. Edith fragt sich, ob es nicht doch falsch war. Die Lehrerin rät zum Gymnasium, so begabt und so fleißig wie die Lisbeth ist. Aber lohnt es sich, deshalb einen Streit vom Zaun zu brechen und sich durchzusetzen? Edith sagt sich, dass es wegen des rechten Glaubens schon genug Unfrieden gibt. Soll sie jetzt auch noch wegen der Elisabeth anfangen? Und dann, letzten Endes, weiß sie gar nicht, ob sie sich überhaupt das richtige wünscht, denn der übertriebene Ehrgeiz erweist sich unter den Vorzeichen ihres neuen religiösen Lebens als eine Sünde. Die Übertreibung an sich zählt schon zu den Sünden, gleich welcher Art sie auch sein mag. Sogar die Übertreibung an Liebe. Und wo fängt sie nun an zu übertreiben? Wenn sie das wüsste.

Als Anna so klein war und Edith sie schon im weißen Kittel sah. Die Frau Doktor. Das wird wohl übertriebener Ehrgeiz gewesen sein, und wer weiß. Manchmal meint Edith jetzt, dass Er sie mit dem Tod des Mädchens auf Derartiges hatte hinweisen wollen. Edith kennt sich jetzt schon recht gut und hat ein gewisses Maß Leben zurückgelegt, wenn auch die längste Zeit davon ohne Gott, ohne rechten Glauben jedenfalls, ohne ihre Sünden in die Hand des Herrn Jesus zu legen, der es auf sich genommen hat, dafür zu sterben. Und gerade das, diese Gnade von ihrer Schuld befreit zu sein, fordert sie auf, sich ihrer Sünden bewusst zu werden. Und der Ehrgeiz gehört ganz gewiss dazu. Und der Neid und die Eifersucht – wenn sie da nur an Hanna denkt – und die Habgier. Alles so Sachen. Schlechte Gedanken. Die kommen auch noch dazu. Gegen Georg auf jeden Fall, gegen Louise manchmal, gegen Johann auch. Wenn ihr diese Dinge einfallen kann sie jetzt in sich gehen und in einer Zwiesprache mit dem Herrn um Vergebung bitten.

Alles ist in den Händen des Herrn Jesus auf das Beste aufgehoben, ganz wie sie selbst. Alles darf sie hineinlegen, nichts scheint ihnen zu schwer, auch nicht die Entscheidung auf welche Schule die kleine Lisbeth nun gehen soll. Statt mit Johann zu streiten und sich ins Zeug zu legen für eine Sache, die sich in Wahrheit wieder nur einem übertriebenen Ehrgeiz verdankt. Sie macht es dem Mädchen vielleicht viel zu schwer. Wozu sollte sie Ärztin werden, in den Augen des Herrn genügt auch eine Krankenschwester. Lieber Herr Jesus, ich empfehle dir die kleine Elisabeth an, öffne ihr den richtigen Weg. Das genügt schon. Und als im Herbst gefragt wird, wo soll das Mädchen denn nun angemeldet werden für den Wechsel im Frühjahr, bestimmt Edith aus dem Bauch heraus und mit einer augenblicklichen Überzeugung, die später doch wieder von hartnäckigen Zweifeln überlagert wird: Mittelschule.

Edith fragt sich, ob ihre Niederkunft vor der Einweihung des neuen Ladengeschäfts liegen wird oder danach. Der Arzt hat einen Termin errechnet, der praktisch genau auf das Datum des Eröffnungstages trifft. Ausgerechnet! Da passt es ihr aber gar nicht. Edith fängt schon an, dem kleinen Gottesgeschenk den einen oder anderen Vorwurf zu machen. Sie fühlt sich erschöpft und war doch bislang immer gesund, sogar während der Kriegsjahre hat sie kaum je eine Erkältung gehabt und grade jetzt braucht sie Kraft, denn schon wieder stehen die Weihnachtsvorbereitungen bevor, zu denen nicht nur die Plätzchen, der Stollen und die Geschenke gehören, sondern der Weihnachtsbasar, das Adventslieder singen in der neuen Gemeinde und schließlich wird in diesem Jahr erstmals eine Büchse vorbeigebracht mit dem erbärmlichen Abbild eines mageren Mädchens. Also gut! Edith übernimmt die Nachbarschaft, zehn Häuser die Straße hinauf und hinunter bis zum Eck. Die Spendenfreude bleibt aber hinter ihren Erwartungen so deutlich zurück, dass sie es unmöglich aus der eigenen Tasche ausgleichen kann, obwohl sie zu dieser Maßnahme schon deshalb gerne greifen würde, weil ihr scheint, sie habe etwas falsch gemacht. Sie hat nicht die richtigen Worte gefunden für das Elend der Welt, dem man mit ein paar Pfennigen Abhilfe würde schaffen können. Edith klappert schließlich noch die Haustüren bis zum oberen Straßenende ab und auf der anderen Seite wieder zurück, also am Schluss hat sie kein Haus und keine Wohnung ausgelassen, aber das Ergebnis: naja. Die Lage in Afrika hat sie nicht so überzeugend darstellen können.

In späteren Jahren wird Edith die Differenz zwischen der von ihr selbst als Ziel prognostizierten Summe und dem Ergebnis der Sammlung ohne weiteres aus ihrer Ladenkasse ausgleichen können und in der Gemeinde immer mit einem ordentlichen Ergebnis recht gut dastehen.

Wie mit der Sammlung für Brot für die Welt ergeht es Edith auch auf anderen Feldern, gerade in dieser Weihnachtszeit, die ihr doch, als die erste nach ihrer Bekehrung und endgültigen Hinwendung zum lieben Herrn Jesus, besonders heilig ist. Aber überall fehlt es. Sie kommt nicht zum Beten, Paul bringt schlechte Noten nach Hause, die kleine Lisbeth wird auf die Mittelschule müssen. Obwohl Edith die Entscheidung selbst getroffen hat, scheint es ihr augenblicklich ein Ausdruck eigenen Ungenügens zu sein, dass die kleine Lisbeth ihr Ränzlein nicht ins Gymnasium trägt. Anna stünde jetzt schon kurz vor dem Abitur. Wenn ihr diese Gedanken durch den Kopf wandern, während sie die kleinen Sterne aus dem Teig sticht und rasch mit Eigelb bestreicht und dann ab in den Ofen, wirft sie sich wieder Hochmut vor, eine ihrer ersten Sünden wie sie inzwischen gelernt hat. Hochmut und Stolz. Damals war sie gewiss hochmütig, und wie stolz hat sie dieses Kind überall herumgezeigt, geschmückt wie ein goldenes Kälbchen mit Kettchen und Schleifchen und ausstaffiert mit weißen Krägelchen und mit Geschenken überhäuft und nichts war gut genug für dieses Zauberkind. Edith zieht die Ofenklappe auf und holt ihr Blech mit den goldbraunen Sternen heraus.

Und was wünscht sie sich vom Christkind? Immer wieder hat sie das Mädchen abzulenken versucht mit dieser Frage. Fliegen. Die

Kleine hat aufgeschaut und gestrahlt, als seien alle Ohrenschmerzen vergessen und die Wangen rot vor Erwartung und nicht vom Fieber. Fliegen? Weil alle lachten und Louise sich sogar dazu hinreißen lässt, die Flugbewegung mit den Armen nachzumachen, wie ein riesiges schwerfälliges Huhn, das gleich vom Küchenboden abheben wird, kam der Wunsch immer wieder, die ganze Vorweihnachtszeit hindurch wird die Kleine mit dieser Frage vorgeführt: na was wünscht es sich denn, das Annalein, und wie oft hat Edith später daran denken müssen und jetzt denkt sie wieder daran, während ihre Bewegungen immer schneller werden, viel zu rasch für das zarte Gebäck, das vom heißen Blech auf ein kaltes Kuchengitter rutscht, hier und da brechen die Zacken aus den Sternen.

Darf sie? Ja, die Lisbeth darf naschen, sie hat ja geholfen auszustechen. Da ist also wieder einmal die kleine Anna aufgetaucht, unser aller Engel, bei einer so alltäglichen Beschäftigung wie dem Plätzchen backen, denn dass sie bei wichtigen Entscheidungen, bei allen Veränderungen und Verschiebungen in Ediths Leben plötzlich von oben herunterschaut, daran hat Edith sich schon gewöhnt und hält es auch für ganz natürlich, dass sie dann hinter ihrem Wölkchen hervorschaut, um sich in einer veränderten Umgebung ihr neues Plätzchen zu suchen. Bei Johanns Heimkehr zum Beispiel, bei Lisbeths Geburt natürlich, bei ihrer Bekehrung und auch jetzt stehen eine Reihe von Veränderungen an und werfen ihre Schatten voraus. Neu ist nur, dass Edith ihr Leben einem Herrn anempfohlen hat, der über allem steht und einen Platz in ihrem Herzen beansprucht, der bislang der kleinen Anna gehört hat. Darin genau liegt Ediths Stolz und Hochmut und darum mangelt es ihr an der wichtigsten Eigenschaft eines Christen überhaupt, der Demut.

Johann führt Edith die neuen Geschäftspapiere vor: Rechnungsbögen und Briefpapier, sogar einen kleinen Quittungsblock hat er in Auftrag gegeben, ohne den es bislang auch recht gut ging.

Das hat man jetzt so.

Edith nimmt eines von diesen cremefarbenen, außerordentlich glatten Blättern und schaut es eine Weile an, als lese sie den Schriftzug überhaupt zum allerersten Mal. Georg Ritter. Die Buchstaben des Namens auseinander gezogen bis über die Mitte der Seite. Das fand sie schon immer übertrieben und groß, rechts ein wenig nach unten versetzt, Adresse und Geschäftsbezeichnung. Und?

Sie legt den Bogen beiseite. Es sieht doch grade aus wie auch zuvor.

Aber Edith! Da steht es doch: Malergeschäft: Inh. J. Ritter.

Johann muss mit dem Finger nachhelfen, weil ihr die entscheidenden Informationen sonst entgehen. Edith zuckt mit den Schultern. Sie weiß nicht so recht.

Ist das alles? Wird es nach wie vor nicht sein Name sein, unter dem das Ganze firmiert?

Darauf kommt es doch gar nicht an. Der Name eines Geschäfts ist der Name des Geschäfts. Er sucht nach Beispielen, also die Firma Schambach, bei der sie die weißen Anzüge für ihn besorgt, gehört auch schon lange nicht mehr dem alten Herrn gleichen Namens, sondern dem Schwiegersohn, der wer weiß wie heißt. Edith nickt. Also gut. Und die Stempel hat er gleich gar nicht erneuern lassen, die werden weiterhin ohne den kleinen Zusatz auskommen müssen?

Johann räumt seine Papiere in die erdbraune Schachtel, die der Drucker ihm vorhin vorbeigebracht hat. Ihm fällt nichts mehr ein. Edith fühlt sich, sie weiß selbst nicht warum und empfindet es sogar jetzt noch, da sie doch ihr Leben einem Herrn anempfohlen hat, der sogar die Lilien auf dem Felde zum Blühen bringt, im innersten Kern ihres Wesens betrogen. Um was? Wenn sie das sagen könnte, wäre sie längst ein Stückchen weiter. Das Geschäft schien zu fehlen, nun ist es da, aber jetzt meint Edith, Georg treibe sich auf der Straße herum. Statt nur einmal, am Sonntag, seine Asse in die Runde zu schmeißen, scheint er nun allabendlich um die Ecke in Richtung der *Goldenen Gerste* abzubiegen. Aber das kann ihr doch ganz und gar gleichgültig sein! Eigentlich schon.

Lisbethchen schüttelt den Kopf, dass die Zöpfe wackeln. Sie kommt aus dem Staunen gar nicht mehr heraus. Ihre Augenlider fliegen auf und nieder, der Mund steht offen. Wieder und wieder beugt sie sich über den kleinen Wagen aus lackiertem Pettichrohr, um dann wieder zu Louise aufzuschauen.

Wie ihre Puppe, so klein!

Louise drückt das Kissen ein wenig zusammen und jetzt sieht man noch mehr als einen kahlen Puppenschädel, ein winziges Fäustchen sehen sie noch, das sich da vor ein schmatzendes Mäulchen schiebt. Es wird Hunger haben, das Püppchen. Lisbeth lacht.

Zu Hause erwartet dich eine Überraschung, haben sie ihr im Ferienlager schon zugeflüstert und sie hat sich bis in den Schlaf hinein Gedanken gemacht, was das wohl sein könnte. Was ist es denn?

Aber nichts, da kam nichts mehr, keinerlei Andeutung, auch wenn sie sich aus dem freundlichen Lächeln der Heimmutter doch immerhin hatte ausrechnen können, dass es nichts Schlimmes war. Also eine schlechte Note wird es ja nicht sein?

In den Ferien? Da gibt es doch gar keine Noten, in keinem Fach der Welt werden da Noten verteilt, da ruht man sich aus und vergisst die Schule in einem Hotel am Vierwaldstättersee oder, wer ganz kühne Eltern hat, der fährt mit dem Auto die Alpen hinauf und in Italien fährt er wieder hinunter. Da vergisst man die Schule augenblicklich, auf so einer Reise. Aber zwischen den Gipfeln des Schwarzwaldes, wohin es Lisbeth mal wieder mit der Kinderlandverschickung verschlagen hat, hinter den sieben Bergen bei den sieben Zwergen, ist es schon schwieriger, nicht mehr an die neue Klasse zu denken, an die fremden Kinder, die unbekannten Wörter und Aufgaben. Seit sie morgens in die Straßenbahn steigt mit ihrem abgeschabten Ranzen, den Paul schon nicht mehr tragen will, kommt sie keinen Augenblick mehr zur Ruhe. Obwohl alle Noten, die sie seither nach Hause gebracht hat, gut waren, sehr gut sogar oder allerhöchstens einmal befriedigend, erwartet sie die Rückgabe einer jeden Klassenarbeit mit den allergrößten Schrecken. Da hätte es also schon sein können, dass auch während der Ferien diese Mathematikarbeit, in deren Ergebnisse sie nicht das geringste Vertrauen setzt, plötzlich von Fräulein Matzak persönlich nach Hause gebracht wird, weil, naja, weil Ihre Tochter halt mit ihren Lösungen komplett daneben liegt. Eine schöne Blamage mal wieder. Lisbethchen malt sich den Dialog zwischen Fräulein Matzak und Mutti aus, die ihre Einmachgläser stehen lassen muss, um mit der Mathematiklehrerin zu konferieren.

Keine schlechte Nachricht, eine Überraschung!

Obwohl die Kinderheimmutter diesen Satz andertags noch einmal wiederholt, und zwar betont heiter wiederholt, fällt es Lisbeth schwer, sich von dieser Szene zu verabschieden. Das Fräulein Matzak im Kostüm, unterm Arm die graue Aktenmappe, aus der sie Lisbeths rot eingeschlagenes Heft zieht. Auch noch rot! Das wäre nicht nötig gewesen, denn drinnen leuchtet es ja schließlich auch unter jeder Aufgabe rot, rot rot. Und Mutti hat weiß Gott anderes zu tun, als sich missglückten Aufgaben zu widmen.

Was darf es denn sein?

Edith richtet sich auf, lächelt ein wenig, der leicht schräg gestellte Kopf lädt die Kundschaft ein wie er einst Johann eingeladen hat, allerlei liebenswerten Unsinn zu reden. Jetzt bleibt der Ausdruck trotz des Lächelns ernster, melancholisch fast, gereift, sagt Edith sich selbst vor dem Spiegel, aber die Freundlichkeit steht ihr gut wie die neue Kittelschürze. Schon zur Zeit ihrer Verlobung war es ein Thema zwischen ihnen, dass sie eines Tages hier hinter der Theke stehen könnte. Traut sie sich das zu? Damals schon hat Johann sich mit dieser Frage ein wenig blamiert, denn was traute Edith sich nicht zu?

Aber ja, natürlich, sie freut sich drauf. Auf das eigene Wirtschaften, die eigene Kasse, fast war es ihr erschienen, als sollte ihr endlich wieder ein Acker zufallen, auf dem sie würde säen und ernten können nach eigenem Geschick. Und daran zweifelt ja sicher niemand, an Ediths Geschick. Johann? Der als letzter.

Und so lange hat es gedauert, aber nun endlich: Womit kann ich dienen? Diesen Satz hat Edith ausprobiert und wieder verworfen, obgleich ihr das Wort dienen so gut gefällt und sie selbst sich darin gefällt, zu dienen, schien ihr die Frage doch irgendwie hochmütig zu sein. Vor dem Spiegel hat sie beide Sätze ein paar Mal vor sich hingesagt, grade in den Tagen, als plötzlich Lastwagen vorfuhren und Männer in blauen Arbeitsanzügen Kartons hereinschleppten.

Was ist denn das?

Na, Pinsel gute Frau, haben Sie denn keine Pinsel bestellt?

Nachts hat sie gar nicht mehr schlafen können, teils aus einer Aufregung wegen der Geschäftseröffnung heraus, teils wegen dieses Gezappels in ihrem Innern. Das kann ja was werden. Ein Kind, das die halbe Nacht unterwegs ist, kann sie eigentlich nicht gebrauchen. Grade jetzt, wo sie weiß Gott jede Minute Schlaf braucht. Schon wieder weiß Gott gesagt und den Herrn missbraucht, na, sie entschuldigt sich und bittet um Vergebung, augenblicklich, dann ist auch das wieder geklärt.

Johann hat drauf bestanden und dank der langsamen Maurer und Zimmerleute hat es sich ohnehin ganz von selbst ergeben, dass zwischen der Geburt und dem Morgen, an dem sie zum ersten Mal ihre Ladentür aufschließt, ein ganzer Monat lag. Und wenn sie jetzt auf ihrem Arbeitstisch, wo die neu geeichte Waage ihren Platz hat, ein Pfund Gips abwiegt oder Kalk, schaut sie durchs Fenster hinaus in den Hof, wo sich Lisbeth und Louise wie zwei alte Glucken über das Nesthäkchen beugen.

Edith fasst das obere Ende der offenen Tüte mit beiden Händen, das gelingt ihr schon nach zwei oder drei Wochen im neuen Geschäft, auf Anhieb ein Kilo abzumessen, mit einem einzigen Schippchen nimmt sie Maß, füllt die Tüte auf und siehe da, auf der anderen Seite der Waage braucht sie nur noch den Kilostein draufzulegen und schon schwingen sich die beiden Zungen aufeinander ein, mit einer leichten Neigung zur Linken. Etwas mehr also. Auch gut, nichts jedenfalls wiegt schwerer als Ediths Stolz, praktisch auf Anhieb getroffen zu haben. Sie schlägt die Tüte ein paar Mal leicht auf ihre Theke, damit die Kreide sich ein wenig kompakter zusammenschiebt und dann zwei, dreimal falten und dann kommt das Neuste vom Neuen: Tesafilm. Einen Streifen drüber kleben und fertig ist die Laube.

Darf es sonst noch was sein? Nein?

Auch gut, denn es folgt das Schönste überhaupt, sie hat sich gar nicht ausmalen können wie schön es sich anfühlt, die eigene Kasse aufzuziehen und kling, tatsächlich, sie gibt einen kleinen Ton von sich, und Edith greift hinein, um das Wechselgeld auf ihrer Theke vorzuzählen. Bitte sehr, 25 Pfennig das Kilo Gips, dreißig, fünfzig, eine Mark und vier sind fünf. Edith strahlt. Sie lässt die Münze langsam in das entsprechende Fach gleiten, beiläufig, als sei sie gar nicht da, und schiebt die Lade zu, wieder das kleine Klingeln, einmalig diese neuen Kassen.

Die Kundin lächelt nun auch und trägt ihren Gips heim. Edith wendet sich flüchtig dem Fenster zu und der Szene, die draußen im Hof spielt. Louise hat das Kissen aus dem Wagen genommen und schaut der kleinen Lisbeth bei ihrem ersten Versuch zu, das Baby aus seiner Kinderwagengruft herauszuheben. Ach, du jemine, das Köpfchen, das Köpfchen. Edith will das Fenster öffnen, um den beiden zuzurufen, dass es so einfach auch nicht geht, da klingelt schon wieder die Ladentür. Ein Liter Petroleum. Die junge Frau aus der neuen Siedlung will Flecken von ihren Möbeln entfernen und schiebt eine leere Essigflasche über die Theke. Edith zieht den Schlegel der Pumpe hinauf und drückt ihn wieder herunter bis das Petroleum aus dem Fass im Keller durch die dünnen Kupferrohre bis hinauf in das gläserne Maß mit seinen frischen roten Eichzeichen spritzt.

Wenn Edith sonntags in die Kirche geht, kommt sie enttäuscht zurück und wenn dann in aller Eile noch für das Essen gerichtet werden muss, stellt sich die Frage, ob diese Hetze sich lohnt für eine so schlechte Predigt. Der Pfarrer versteht es nicht, das Wort Gottes zu verkünden, er spricht drum herum, hält die Wunder Jesus für eine Metapher und letztlich glaubt er auch nicht an die Auferstehung. Wie anders geht es doch da bei ihren Brüdern und Schwestern zu, Edith flitzt vom Herd zum Tisch, sie greift nach den Spargeln, die sicher lieber von ihr geschält worden wären, aber jetzt liegen sie halt schon da und haben Louises Behandlung über sich ergehen lassen müssen, und letztlich für nichts als ein paar leere Worte von der Kanzel herab. Da wo sie sich zu Hause fühlt, hat der Prediger diese Distanz nicht nötig, sondern sitzt am Tisch mit den Mitgliedern seiner Gemeinde, wie ja auch Jesus unter seinen Jüngern gesessen hat und nicht über ihnen. Gleich ist es zwölf, die Uhr über dem Küchentisch zeigt, dass sie es noch schaffen kann, wenn sie sich ein wenig schneller bewegt.

Endlich sitzen alle, Stühle rücken und Geklapper, wo ist das Maggi für Georg, und Komm Herr Jesus sei unser Gast. Dann die Suppe, von der es heißt, Louise koche die ganze Woche dieselben Knochen darin, aber heute ist Sonntag und die Knochen sind neu. Jetzt der Bericht vom Gottesdienst, wie dünn das alles wieder war, wie nichtssagend, Gottesdienst ist gar nicht das richtige Wort dafür, aber heute, Edith hat es sich auf dem Heimweg vorgenommen, wie schon an den letzten Sonntagen, denn in der Woche fehlt die Ruhe dafür, nimmt der Bericht eine Wendung, die außer Johann, der noch hofft, dieser Kelch werde an ihm vorübergehen, keiner erwartet hat.

In Zukunft wird montags abends im Wohnzimmer, oben im ersten Stock, eine Bibelstunde gehalten, als Alternative zur schlechten Predigt am Sonntag. Und alle sind herzlich eingeladen, außer vielleicht Klara, die ja kaum ihr Besteck halten kann.

Eine Bibelstunde?

Paul betrifft es nicht, weil er gar keine Stunde stillsitzen kann. Sonst herrscht Stille, als sei das Gesagte an den anderen Plätzen noch gar nicht angekommen, überall wird noch gelöffelt. Ja, auch Frau Soundso und ihr Mann, sie hat es von ihnen persönlich erfahren, gehen schon gar nicht mehr zur Kirche, aus einer abgrundtiefen Enttäuschung heraus, wären also dankbar für ein solches Angebot. Da sind noch mehr Kandidaten zu nennen, Edith lässt ein paar Namen fallen von Leuten die man kennt, völlig normale Menschen aus der näheren und weiteren Nachbarschaft, es sind auch Kunden darunter, die immer zufrieden waren mit den Leistungen des Malermeisters aber eben nicht mit denen des Pfarrers. Das war bisher nur noch nicht bekannt an diesem Tisch.

Im Wohnzimmer?

Louise lässt den Löffel sinken und schaut über die Suppenschüssel hinweg zu Johann, als sei aus dieser Richtung Hilfe zu erwarten. Das muss ein Irrtum sein, irgendeine fixe Idee, die sich aus der Welt schaffen lässt durch ein einziges klärendes Wort. Johann ist auch nicht dafür, dieser Satz kommt immerhin, aber es liegt kaum Nachdruck dahinter, weniger Entschiedenheit jedenfalls, als man von einem Familienoberhaupt erwarten darf, wenn sein Haus in die Filiale einer Christengemeinde umgewandelt werden soll. Dann kommen die Spargel. Dann kommt ein ratloses Schweigen, dann, wo ist das Turnzeug, Paul hat Proben fürs Sportfest heute. Dann wieder Schweigen.

Wie soll das gehen, diese fremden Leute im Haus?

Louise schiebt die faserigen Schalen, die sie vormittags übersehen hat und jetzt zwischen den Zähnen herauszieht, an den Rand ihres Tellers. Ihr Wohnzimmer ist es ja nicht, aber wenn sie sich vorstellt, dass Hinz und Kunz im Treppenhaus auf- und abgeht. Sie schüttelt den Kopf. Es stellt sich heraus, dass es sich keineswegs um eine Idee, sondern um einen fix und fertig ausgetüftelten Plan handelt, der im Schlafzimmer, das wird zwar nicht gesagt, aber zwischen den Zeilen teilt es sich doch mit, schon seit längerem vorgetragen wird und sich, gegen welche Widerstände auch immer, peu à peu verfeinert und präzisiert hat.

Wo zwei oder drei versammelt sind, da ist der Herr mitten unter euch, also wird auch das Wohnzimmer nicht zu klein sein und sowieso, auch in der kleinsten Hütte ist Platz usw.

Schon werden die Teller zusammengestellt, Paul hat sich längst, lass mich mal durch, zwischen dem Stuhl seines Vaters und der Wand vorbei ins Freie gedrängelt, Georg schmunzelt von einem zum andern, das ist sein Kommentar zu allem. Später erst bekommt er das Gesagte von Louise ins Laute übersetzt, er kann sich glücklich schätzen, schlecht zu hören, das will man gar nicht alles wissen, und Elisabeth ist heute mit dem Abtrocknen dran. Amen.

Am Abend nimmt er Edith noch einmal ins Gebet, diesmal aber bevor die Müdigkeit ihn in die Kissen drückt, also noch im Büro an seinem Schreibtisch sitzend. Das ändert wenig an den Sätzen, die Johann sagt, aber ihr Ton hat doch die Kraft eines aufrechten Körpers.

Er ist nicht damit einverstanden!

Außerdem hat Edith doch genug zu tun, die Kinder, der Haushalt und das Geschäft.

Johann schüttelt den Kopf und dreht den Bleistift zwischen seinen Fingern. Aber das macht Edith gar nichts aus, im Gegenteil, gerade daraus schöpft sie ja ihre Kraft, aus dem Gebet mit den Brüdern und Schwestern.

Und wie soll es gehen, wenn die Eisenbahn steht?

Gut, um die Weihnachtszeit macht die Bibelstunde halt Pause. Edith sitzt da, ganz vorne auf der Kante eines Stuhls, der schräg hinter seinem Schreibtisch steht und hat auf alles eine Antwort, und nicht nur das, sie kann sogar die Pausen füllen, während Johann nach neuen Sätzen sucht. Schließlich wird sie dann ja auch nicht mehr so oft ins Gemeindehaus gehen, das ist doch ganz in seinem Sinne, und sie schiebt rasch noch ein, wie großzügig überhaupt, dass der Bruder Cherubim sich statt ihrer in die Straßenbahn setzt.

Er legt den Bleistift hin und dreht sich um zu ihr, denn das hatte er bis jetzt noch nicht wirklich verstanden, es ist also alles eine längst beschlossene Sache. Er sieht sie an wie sie da vor ihm sitzt, die Hände im Schoß, ein wenig zusammengesunken aber doch auf der Kante, bereit, jeden Augenblick aufzuspringen. Und er holt zum letzten aus, was er aufzubieten hat: Es wird also gegen den Willen ihres Mannes geschehen. Sie atmen beide ein wenig schneller jetzt und, Edith weiß nicht recht, ob sie es aussprechen soll, aber schließlich spricht sie es aus: Ihr werdet eure Frauen und Kinder verlassen um meinetwillen.

V

Und: Luft anhalten! Paul schiebt sein Kinn vor, bis die Vorderzähne des Unterkiefers die Oberlippe berühren und legt den Kopf in den Nacken, um dann, eine Sekunde zögert er noch, mit einer so ruhigen Hand, wie er sie inzwischen auch beim Zeichnen hat, eine Schneise durch den Schaum zu ziehen. Er dreht den Kopf, um das Ergebnis seines ersten Streichs aus halb geschlossenen Augen zu überprüfen. Weiter geht's. Streifen um Streifen erscheint sein glattes Gesicht.

Da staunt sie, was? Zwischen den Zähnen zischt er die kurzen Wörter hervor, kaum versteht er sie selbst, aber Klara, die dort unten neben ihm steht und mit offenem Mund jeder seiner Bewegungen folgt, nickt doch. Ja, da staunt sie, wie Paul sich Schaum von der Wange kratzt, sich in einen Eisbär verwandelt und dann wieder zurück in sich selbst und wie ernst und wichtig dies alles vor sich geht. Darf sie auch mal?

Klara zieht sich am Waschbecken auf die Zehenspitzen und reckt die Hand an Pauls langen Beinen herauf. Aber nein! Soweit geht die Liebe nicht. Paul ist ja längst schon fertig, wischt die letzten weißen Spuren fort, prüft das Gesicht im Spiegel und drückt ein wenig glasige Creme aus einer Tube auf die Innenfläche seiner Linken, reibt die Hände aneinander, immer in Richtung der Fingerspitzen, um sie dann, vom Haaransatz in Richtung Hinterkopf, einmal und nochmals und nochmals, durch die Haare zu ziehen, bis die Tolle locker aufrecht steht.

Und? Er lächelt sich zu. Hübsch sieht er aus. Hübsch?

Naja, was heißt das schon, hübsch. Paul richtet sich auf und prüft sein Gesamtbild aus einem größeren Abstand. Klara schaut zu. Die Mädchen sagen es halt. Hübsch. Na, mal sehen. Draußen im Hof, keine drei Meter Luftlinie von hier, wartet die funkelnagelneue graue Vespa. Also gebraucht ist sie schon, aber für Paul ist sie neu. Er holt tief Luft. Die wird ihn weiter davontragen als sein Fahrrad. Und schneller vor allem. Und wer weiß wohin. Paul kann es kaum noch erwarten. Die Stimmen in seinem Rücken wird er jedenfalls gar nicht mehr hören. Die werden im Winde verwehen.

Geht er denn nun bei seinem Vater in die Lehre? Wird er denn das Geschäft übernehmen? Wie weit ist er denn nun? Hat er die Lehre schon abgeschlossen? Und was macht die Schule? Vorbei und passé. Tschüs und Adieu!

Paul lacht zu seiner kleinen Schwester hinunter, schlägt die Hacken zusammen und die Handkante an die Stirn. Tschüs und Adieu! Sogar das hat er geschafft, einen so miserablen Sehtest hinzulegen, dass es hieß, der junge Mann kann kein Ziel ins Auge fassen. Und tschüs und adieu. Für alle Zeit befreit. Ein Geschenk von zwei Jahren, er wird etwas damit anzufangen wissen. Oder?

Klara nickt, obwohl Paul außer diesem einen Wörtchen gar nichts gesagt hat. Sie nickt halt zu jeder Frage von Paul, und wenn er jetzt seinen neuen Pullover überstreift, ohne die Tolle mit dem hoch gestrickten Kragen auch nur zu berühren, dann weiß sie, was die Stunde geschlagen hat.

Darf sie mit?

Paul lacht auf und schiebt sie beiseite. Morgen. Vielleicht. Aber jetzt muss er los. Seit einem Jahr zerlegt er die Monate in Wochen und die Wochen in Tage, um das Maß des Wartens in Portionen zu teilen, die übersichtlich und erträglich sind. Und endlich, als öffne das Schicksal die Pforten seines Lebens, kommt alles auf einmal: der Gesellenbrief, die Befreiung vom Wehrdienst, die Fachhochschule und als Krönung von allem: die Vespa. Paul geht ein wenig in die Knie, zieht die Schultern an und breitet die Arme aus. Er schiebt die Hüften vor, abwechselnd die linke und dann wieder die rechte. Na, los! Er hat ihn ihr doch gezeigt, den Twist. Klara zappelt kichernd los, um es ihm gleichzutun. Na, also! Es geht doch. Jetzt muss er aber! Die Freunde warten ja schon und: naja, wer weiß.

Edith sitzt am Küchentisch über ihre Etiketten gebeugt, vor sich die Gläser mit Kirschmarmelade. Sauerkirschen 1959, sie braucht die Schildchen gar nicht erst aufzukleben, denn über die Jahreswende hat sie ohnehin noch nie ein Glas retten können. Paul huscht an der Küchentür vorbei. Lieber gar nicht erst hineingehen und das Feld für Fragen öffnen, die er ohnehin nicht beantworten will. Aber Edith sieht doch das Gel in seinen Haaren, die schmalen Hüften, den leichten Schritt und weiß, dass hier Ereignisse anstehen, die sich mit ihrer Einstellung nicht in Übereinstimmung bringen lassen.

Wohin will er denn? Paul?

Er hört die Frage zwar noch und er antwortet auch, aber erst als er schon auf seinem Roller sitzt und den Motor unter sich hört: weg.

Edith bewegt den Mixstab in einem leichten Kreis durch ihren Drei-Kilo-Eimer. Fast wie Milch sieht es aus, und wenn sie weiter und weiter rührt wird sich vielleicht das Fett am Boden binden, und das Wasser wird sich oben auf der fester werdenden Masse absetzen, und dann wird sie ein gutes Stück Butter aus dem Blecheimerchen der Firma Ducolux holen können. Gute Butter hat weiß zu sein, nicht grade wie das Bleiweiß so weiß, aber doch so hell wie die Eierschale und jedenfalls nicht gelb von einem ominösen Farbstoff wie im Supermarktregal. Wird es was? Ach, so! Edith rührt und rührt, dabei wartet der Kunde hinter ihr auf das Ergebnis.

Nur nichts überstürzen!

Erst einmal muss die Ausgangsfarbe ja glatt und geschmeidig ineinanderfließen, dann erst, und zwar jetzt, gibt Edith einen Spritzer Grün aus der bereitgestellten Tube hinzu und bitte sehr, gleich färbt sich die Spirale, die sich um den Mixstab dreht, unregelmäßig erst und dann in einem gleichmäßigen hellen Grün ein. Die einfachen Mischungen macht sie so sicher und rasch wie Johann inzwischen, auch wenn die Kundschaft, wie der Herr, der jetzt etwas ungeduldig auf die Theke klopft, es lieber vom Meister persönlich gemacht haben will. Edith zuckt mit den Achseln.

Der Meister persönlich!

Das kann sie beim Mittagessen in genau diesem Ton zum Besten geben und einen huldvollen Blick zur Decke schicken, da hat sie die Lacher auf ihrer Seite. Das kann sie auch. Hellgrün. Der Herr kann froh sein, dass sie hier steht, denn Farbunsicherheiten dieser Art lässt Johann ja gar nicht durchgehen.

Hellgrün? Was denn für ein Hellgrün? Lindgrün oder?

Auf diese Fragen muss er sich schon gefasst machen, und wehe, da kommt dann nichts als ein ratloses Achselzucken.

Wofür soll es denn sein, das Hellgrün?

Na, für das Badezimmer, der Mann ist vielleicht froh, eine klare Antwort im Hinblick auf die Bestimmung des Grüns zu geben, aber von wegen.

Wie sind denn die Kacheln?

Wie bitte?

Die Kacheln? Welche Farbe haben die Kacheln, die Handtücher, die Badewanne, das Waschbecken? Alles weiß? Und der Fußboden?

Na, also. Jetzt muss er passen, der Herr, denn es fällt ihm nicht ein, wie der Fußboden seines Badezimmers beschaffen sein könnte. Der Mann meint Gelb. Um die Prozedur etwas abzukürzen, nickt er gleich bestimmt zu diesem kleinen Wort.

Gelb!

Gelbe Kacheln?

Wahrscheinlich, ja.

Mehr Ockergelb?

Ja, der Mann nickt, wahrscheinlich ockergelb.

Schön. Johann lässt die Arme sinken und tritt einen halben Schritt von der Theke zurück. Dann geht er jetzt heim, schaut sich den Fußboden seines Badezimmers an und sucht sich ein Muster des Grüns, das ihm vorschwebt. Die Schürze seiner Frau, ein Lindenblatt oder eine alte Socke. Ganz egal. Nur zu seinem Fußboden sollte der Farbton halt passen. Dann kommt er wieder und bekommt genau dieses Grün und kann es streichen wohin ihm beliebt. Johann steckt die Hände in die Taschen seines bunt bespritzten Rocks, die Daumen schauen oben heraus und zeigen an, dass nichts mehr zu tun ist. Ende der Audienz.

So. Edith hebt ihr Eimerchen auf die Theke und lässt den Mann einen kurzen Blick auf ihre Mischung werfen, aber nur sehr kurz, ruck zuck liegt der Deckel auf und wird von Ediths Handballen festgedrückt. Fertig. Das macht DM 12.80, für das Mischen nimmt sie nichts, das ist kostenfrei.

Komm, Herr Jesus sei unser Gast und segne, was du uns bescheret hast. Amen. Edith hebt den Kopf und schaut in die Runde.

Amen. Amen. Amen.

Wer war denn das jetzt wieder?

Die Frage erübrigt sich, Klara legt ihr Kinn auf den Tisch und schiebt den Teller beiseite. Amen. Amen. Amen.

Lacht denn niemand?

Der Paul natürlich schaut prompt von seiner Suppe auf und grinst über den Tisch, da kommt es gleich nochmals:

Amen. Amen. Amen.

Jetzt ist es aber gut.

Edith fragt sich manchmal, was in diesem Kind vorgeht, das da neben ihr mit den Füßen zappelt und nichts isst. Schon gar keine Suppe. Letzten Endes sitzt es besser weiter unten am Tisch zwischen Lisbeth und Louise, aber am Sonntag, wenn kein Klingeln aus dem Laden zu erwarten ist und die Mahlzeit einigermaßen ruhig verläuft, meint Edith eingreifen zu müssen. Also dann.

Iss mal ein Löffelchen Suppe? Nichts geschieht.

War die Anna auch so?

Edith möchte es nicht, aber die Frage drängt sich nun einmal auf. War die Anna so oder so? So unruhig zum Beispiel und so eigensinnig. Nein. Die Anna war folgsam bis zum letzten Tag und die Lisbeth ist es noch jetzt, um mal ein anderes Beispiel zu nennen. Elisabeth heißt sie ja seit neuestem, jedenfalls in der Schule, dort sind Abkürzungen nicht erwünscht. Der volle Name soll auf den Heften stehen, ein Aspekt, der jedenfalls Johann mehr überzeugt hat als Lisbeths gute Noten, und das Lob der Lehrerin hat er ohnehin verpasst, weil er zu einem Elternsprechtag bestimmt nicht geht.

In den höchsten Tönen!

Edith hat es achselzuckend berichtet, als könnte es irgendein Irrtum sein, eine Verwechslung mit anderen Mädchen. Unbedingt soll sie aufs Gymnasium wechseln, grade noch hat es sich machen lassen, bevor die Klasse mit Latein beginnt. Jetzt also Elisabeth und später dann Fräulein Elisabeth, aber erst in der Oberprima.

Na, mal abwarten, so weit sind wir noch nicht, sondern vorläufig hier beim Mittagessen.

Also Suppe abtragen und den Braten aufschneiden, die Kartoffeln abgießen, die Soße ein wenig andicken, alles gleichzeitig. Na, Edith schafft das schon. Zwar muss sie dankbar sein für Louises Kochkünste an den Wochentagen, aber nach Ediths Geschmack ist es nicht, was da auf den Tisch kommt: zu fettreich zum Beispiel und dann die Knochen! Naja, da schweigt des Sängers Höflichkeit.

Wasser abschütten, Teller zusammenstellen und während der ganzen Zeit das Gezappel von Klara, die Reden von Paul. Ununterbrochen hat der Junge etwas zu erzählen, etwas weiterzugeben, zu erklären oder richtigzustellen. Sowieso sitzt er auf glühenden Kohlen und muss gleich los, irgendjemand oder irgendetwas wartet immer und sei es das Zeichenbrett. Und auf jeden Fall wartet das Moped, Vespa heißt es ja, hat sie sich aufklären lassen, und steht neben der Waschküchentür und lauert auf Pauls letzten Bissen. Er kaut noch daran und da springt schon der Motor an. Edith meint, er sitzt noch dort hinterm Tisch, dabei biegt er schon um die Straßenecke. Wer weiß wohin. Dabei ist jetzt alles so weit. Die Soße, die Kartoffeln, der Braten und hier noch die Bohnen.

Wenn Edith sich diese Runde in Ruhe vor Augen führt, abends im Bett zum Beispiel, nach ihrem Nachtgebet, dann wendet sie sich jedem einzelnen dieser Gesichter zu, so wie sie sich da zu den Mahlzeiten zusammen finden und fragt sich, wie weit jeder einzelne vom Herrn Jesus entfernt ist.

Johann zum Beispiel oder Paul. Die ganze Runde, Louise, Elisabeth, die kleine Klara, einen nach dem andern sieht sie vor sich unter dem Fallbeil dieser Frage. Am weitesten ja wohl Paul, der sich, so scheint ihr, immer weiter entfernt. Von ihr, von zu Hause, von Herrn Jesus. Sie sieht kaum mehr als die Rücklichter seiner Vespa. Sie betet für Paul wie sie für alle ihre Lieben betet, sie empfiehlt ihn dem Herrn und bittet um seine Erweckung. Aber vergeblich, und zwar in einer Weise vergeblich, die ihr jede Hoffnung nimmt. Der Weg zum Herrn ist durch allerlei weltliche Interessen und Leidenschaften verstellt. Das Moped, falsche Freunde, nächtelanges Tanzen, und was für Tänze, und schließlich, Edith mag es sich genauer gar nicht vorstellen, Mädchen werden wohl auch im Spiel sein.

Ihre Gebete jedenfalls bleiben bei keinem so fruchtlos wie bei ihrem Ältesten. Johann und Louise wären wohl gleich weit entfernt auf ihrer Skala, so in etwa in einer vagen Mitte zwischen Paul und ihr selbst. Nichts wünscht sie sich mehr und um nichts hat sie den Herrn schon so flehentlich gebeten, dass sie es sich bald nicht mehr traut, als die Hinwendung Johanns zum Herrn Jesus.

Aber der Johann: naja. Wie er halt ist!

Wie das Leben selbst lässt er eben auch ihre Predigten über sich ergehen, als glitten sie an ihm ab wie warmes Öl. Sie kann es an einer Hand abzählen, wie häufig im Jahr er sich überreden lässt und in der Bibelstunde erscheint. Näher kann sie es ihm ja nun nicht bringen, das Wort Gottes, als bis in die eigene Wohnstube. Aber dann braucht es doch noch die Einladungen und manchmal ein wahres Gebettel, bis es endlich so weit ist und er in einer hinteren Ecke seines Wohnzimmers, am liebsten auf seinem Sofa, Platz nimmt. Und manches Mal schläft er dann ein.

Sie sitzt natürlich am Tisch, in der ersten Reihe sozusagen, dem Raum und der Tür gegenüber und eben leider auch dem Sofa mit dem dahindämmernden Johann darauf, dessen Kopf vornüberfällt.

Sie kann nicht eingreifen und ihn durch ein leichtes Schupsen in die Seite wieder zu sich und in die Gegenwart zurückbringen. Na, wenigstens sitzt er dort, selbst wenn er schläft, erreicht ihn das Wort Gottes doch, in seinem Unbewussten wird es eine Spur hinterlassen, und wer weiß, eines Tages wird er dieser Spur folgen und Schritt für Schritt da ankommen, wo sie sich schon aufhält oder worauf sie hoffen kann eines Tages zu sitzen: zur Rechten des Herrn.

Paul hat nicht ein einziges Mal auch nur auf dem Sofa Platz genommen. Inzwischen hat sie aufgehört, ihn zu bitten. Wer weiß, eine Stunde still sitzen, das wäre ihm wohl kaum möglich. Ein so unruhiger Geist, der Paul. Kaum ist er da, muss er auch schon wieder weg und jetzt auch noch mit dem Moped. Fahr langsam! Sie ruft es ihm hinterher, aber so rasch kann sie gar nicht rufen, wie er davon zischt. Am nächsten zum lieben Herrn Jesus und darum auch zu ihr scheint doch Elisabeth, obwohl sie sich der Bibelstunde auch fernhält und abends für die Schule lernt, liegen doch die größten Hoffnungen in ihr. Das ist also der Kreis, in dem Edith sich wieder-findet, in dem ihr Leben sich abspielt Tag für Tag. Und manchmal fragt sie sich, warum der liebe Gott sie ausgerechnet an diesen Tisch gesetzt hat. Warum nicht in die Wüsten Afrikas. Als Missionarin eben, in einer Krankenstation oder einem Waisenhaus. Solche Bilder ziehen manchmal in Ediths Kopf vorbei. Wie sie da, eine kahle rote Landschaft vor sich, an der Hütte ihrer Missionsstation lehnt.

Obwohl Lisbeths Straßenbahn jetzt in eine andere Richtung fährt, trägt sie noch immer den alten Ranzen von Paul auf der Schulter. Wenn sie, den Turnbeutel in der Hand, aus dem letzten Wagen steigt, wechselt sie von ihrer Welt in eine andere. Hier tragen die Mädchen keine Zöpfe mehr, die Rocksäume werden nicht rausgelassen, und für den Sommer haben sie mehr als ein Paar Sandalen. Die Stoß-stangen blitzen, und schon um acht Uhr in der Früh funkelt es am Hals der Mütter, die ihre Töchter zum Schultor kutschieren.

Lisbeth weiß schon und sagt es sich vor, alles Tand, alles von Menschenhand, aber dann zögern ihre Schritte doch, soviel Kraft kommt aus diesen Halbsätzen auch wieder nicht. Die Füße setzen sich nur langsam einer vor den andern, wenn sie das Defilee der Limousinen und weißen Blusen abschreitet, um dahin zu gelangen, wo die Vokabeln warten und die Dichterwörter, auf die sie eine unge-naue Hoffnung setzt. Sie schaut still hinter ihren Heften hervor, und wenn sie etwas weiß, hebt sie so schüchtern den Finger, dass manch ein Lehrer es für einen Irrtum hält. Und es könnte auch einer sein, ganz sicher ist Lisbeth sich ihrer Sache nicht, und falls es sich, wider alle Zweifel, doch einmal ergibt, fällt ihr ein, dass man sich nicht in den Vordergrund spielt.

Dann folgen die Pausen, ein Herumstehen in den Schulhofecken, ach, ja, sie hat jetzt Klavierunterricht, den haben andere auch, und vor allem spielen sie Tennis. Dann folgt der Heimweg, wieder die Straßenbahn, wieder der letzte Wagen, sie schaut auf die Gleise und nimmt sich im Geiste schon die Hausaufgaben vor. Sie steigt aus, jetzt nur noch die Straße hinunter und ums Eck gebogen, dann kann sie schon *Farben – Tapeten – Bodenbeläge* über Ediths Schaufenster lesen. Plötzlich zögert sie wieder, den Kopf ein wenig gesenkt, die Schultern hochgezogen, zwirbeln ihre Finger die offenen Enden der Zöpfe zu kleinen Locken.

Sie fragt sich eben auch, ob sie hierhin gehört. Im Hof steht Johann mit seinem Gesellen und packt Tapeten ein für die Nachmittagstour. Heinrich sagt ihren Namen und gleich noch ein zweites Mal wie es seine Gewohnheit ist, der Vater schaut auf und wendet sich wieder dem Handwerkszeug zu. Da steht der Birnbaum, der kaum noch Früchte trägt, da hängt die Schaukel der kleinen Schwester, mit der hat Edith sich ein wenig hingelegt. Lisbeth kennt das alles und fragt sich doch, ob nicht ein Irrtum sie hierher verschlagen hat. Sie lässt den Ranzen in die Ecke fallen, wo könnte der Turnbeutel sein, hoffentlich in der Klasse, sonst fährt er noch Straßenbahn. Sie setzt sich auf den Platz des Vaters vor ihren Teller und wartet bis Louise ihr Suppe aufträgt. Lisbeth ist die Letzte heute.

Seit Johann damals zum Hoftor hereinkam, aus einer Gefangenschaft, die als Glücksfall anzusehen war, hatte er nie mehr den Wunsch irgendwo hinzufahren. Auch nicht für kurze Zeit, auch nicht für die Ferien. Das einzige, was er von der Welt sehen musste, war die Ukraine und später einen Ort auf Sizilien, aber freiwillig würde er nicht einmal in den Schwarzwald fahren oder an die Nordseeküste, obwohl, und das sagen die Ärzte, Edith das wohl gut bekäme, auf einer Promenade hin und herzugehen.

Ach was! Warum soll er sich dieser Leere aussetzen, diesen Blicken aufs Wasser, Gesprächen mit Menschen womöglich, die nicht einmal zur Familie gehören, wenn zu Hause all diese Handgriffe warten, die seinem Leben einen Rhythmus geben. Nur hier, zwischen der Werkstatt und seinem Platz am Kopfende des Küchentischs, fühlt er sich sicher. Er lädt seine Eimer auf, seine Pinsel, seine Tuben mit Abtönfarbe und hängt den Karren ans Fahrrad.

Hat er alles? Also dann los!

Will er sich denn gar nicht motorisieren?

Johann hebt kaum noch den Kopf, so oft hat er die Frage schon an sich abgleiten lassen. Andere fahren jetzt einen Pritschenwagen! So? Da könnten sie das Gerüst aufladen und mit einem Mal haben sie alle Stangen und Leitern und Hebel und Seile zur Kundschaft geschafft.

Na, wie wär's?

Paul trägt es vor wie eine Litanei.

Na, und Edith? Will sie denn nicht mal einen Ausflug machen, mal Urlaub wie alle jetzt links und rechts. Will er nicht wenigstens den Führerschein machen? Dann sieht man weiter.

Er fühlt sich viel zu alt dafür. Ja, wenn Paul noch am Leben wäre!

Wenn er daran denkt, breitet sich eine Schwere in ihm aus, die ihn wie ein Bleigewicht in eine dunkle Ferne zieht.

Was hat Paul damit zu tun? Edith hängt den rätselhaften Sätzen nach, die Johann von sich gibt. Kommt noch einer?

Nein, eher nicht. Ein Kopfschütteln folgt noch, ein leerer Blick, ein Nicken, das nicht Edith gilt. Paul hat seinen Führerschein ja schon vor dem Krieg gemacht. Na, und? Das weiß Edith doch. Er hat sie aus dem Krankenhaus abgeholt, nach der Geburt der kleinen Anna, mit einem geliehenen Auto. Eine Reise war das ja damals und Johann vorne neben Paul, nervöse Anweisungen gebend. So war es doch. Oder? Johann nickt. Ja, so war es. Edith lächelt.

Wie fern diese Ereignisse sind und dennoch muss sie lächeln, auch weil Anna im Spiel ist. Anna war wohl die einzige, die keinerlei Bedenken gegen diese erste Fahrt ihres Lebens einzuwenden hatte. Edith schweigt und schaut einen Augenblick lang diesem verblassenden Bild hinterher. Wie rasch es verschwindet, wenn die Sätze, die es hervorrufen, verebbt sind.

Also er will keinen Führerschein machen? Weder für das Geschäft noch für den Urlaub.

Nein. Schweigen. Gut. Johann schüttelt den Kopf. Er möchte etwas sagen, aber die Wörter, noch bevor er sie ausspricht, sind so schwer wie Blei und so ungewiss und undeutlich in ihm selbst. Ihm kommt es vor, als sei dies Pauls Platz, am Steuer. Für alle Zeiten. Er kann ihn nicht gut einnehmen, er überlässt ihm das Steuer so wie damals. Soll er das jetzt aussprechen? Na, wer weiß. Lieber nicht.

Er schaut ins Leere, irgendwo in der Ferne fixiert er einen Punkt, der in seinem Inneren liegt und den unermüdlich sportlichen Paul zeigt. Paul in seiner weißen Turnhose, Paul im Fünfkampf, wo keiner mit viel gerechnet hat und dann hat er doch die bronzene Medaille geholt. Also Bravo! Pauls Triumphgeheul als er heimkam, trotz seiner Körpergröße, seiner labilen Gesundheit. Seht euch das an. Louises Strahlen und ihr Stolz, grade den kleinen Buben so weit gebracht zu haben. Johann lächelt, wenn er Louises Strahlen vor sich sieht und knapp streift sein Blick Edith, die noch immer wartet.

Wo ist er denn jetzt, der Johann?

Bei Paul. An diesem Abend hatte er ihn auch gefragt, ob er nicht beim Turnfest noch einmal mitmarschieren will, im Spielmannszug. Ach, Paul, verschone mich. Aber dann hat er es ihm nicht abschlagen können, nach einem solchen Triumph. Das Flöte blasen! Na, und dann der Führerschein, das musste halt sein, die Krönung seiner sportlichen Laufbahn. So war er doch der Paul. Sportlich und modern. Johann dreht sich mit einem Mal zu Edith um und lächelt sie an. Oder? Edith nickt. Also gut. Sie weiß nicht, was in Johann vor sich geht. Aber wenn er keinen Führerschein machen will, bitte, sie fährt mit der Straßenbahn.

Dafür ist sie doch noch ein wenig zu klein. Oder?

So klein nun auch wieder nicht.

Klara kniet sich auf Louises frisch bezogene Stuhlkissen, um deutlicher als im Sitzen über den Tisch zu ragen und schlägt mit der Hand auf die Schachtel, in der Georgs Skatblatt auf den sonntäglichen Einsatz wartet.

Zu zweit kann man nicht spielen, man muss zu dritt sein, das weiß sie doch. Sie hat doch schon gesehen, dass sie immer auf den dritten Mann warten. Auf den Herrn Metzger, den Mittagsschläfer. Klara lacht. Oma?

Die versteht nichts davon.

Klara schlägt noch einmal auf die Schachtel und Georg gibt auf und zieht den hübschen Stapel farbiger Karten heraus. Man muss halt zählen können, sein letzter schon ein wenig schwacher Einwand. Klara kann bis zehn. Sie hebt die Hände und spreizt die Finger weit auseinander, als würden es dann noch mehr. Also gut. Wer gibt? Opa.

Georg lässt die Karten durch die Hände gleiten wie ein Zauberer, als flössen sie von oben wie ein blau schimmernder Bach herunter in seine Linke. Das kann sie noch nicht, dafür sind die Hände dann doch noch zu klein.

Wie heißt das Blatt?

Klara zuckt mit den Schultern.

Na, mit was für einem Blatt spielen Männer, die etwas von der Sache versteht?

Französisch?

Genau.

Abheben!

Klara nimmt gewissenhaft einen kleinen Teil des Häufchens fort.

Was ist verboten?

Klopfen!

Georg lacht und schüttelt den Kopf. So gut hat sie aufgepasst?

Jetzt bekommt jeder zwei Karten, von links nach rechts im Uhrzeigersinn werden sie zunächst der – Georg hält einen Moment inne – und Klara ergänzt: der Vorderhand ausgeteilt, dann der Mittelhand und schließlich, Georg ist wieder bei sich selbst angekommen und Klara ergänzt: der Hinterhand ausgegeben. Sogar Louise staunt, was dieses Kind sich alles so merkt und wie es das alles aufsagen kann.

Edith wird weniger begeistert sein, wenn er der Kleinen das Kartenspiel beibringt.

Ach was, Edith! Die ist weit.

Sie sitzt unten und schreibt sich Jesusworte in ihr Notizheft oder läuft von Haus zu Haus und sammelt für Brot für die Welt. Da können sie sich in Ruhe dem Kartenstudium widmen.

Also wie heißt die kleine Schaufel? Pik. Richtig. Das Karo kennt sie von Louises Kaffeedose und hier die Frau mit der Rose im Haar? Königin. Falsch! Dame heißt die doch. Ach so. Und der schöne Mann mit der Feder am Hut. Herr. Georg schüttelt den Kopf und schaut ratlos zu Louise hinüber.

Warum sagt das Kind denn jetzt auf einmal alles falsch daher? Grade hat es noch die komplizierten Regeln aufsagen können und jetzt diese nichtsnutzigen Antworten an den einfachsten Stellen. Dann lacht er aber doch. Aller Anfang ist schwer. Da muss sie am nächsten Sonntag gut aufpassen und nächste Woche fragt er wieder ab.

Edith hat etwas läuten hören.

So? Was denn? Johann schaut auf, ohne den Zeigefinger seiner Linken von der Zahl fortzunehmen, bei der er gerade anhält.

Paul trifft sich mit einem Mädchen aus der Brotfabrik.

Aha? Johanns Finger hält ruhig im unteren Drittel seiner Zahlenkolonne, Ediths Einnahmen aus der letzten Woche. Lückenhaft wie immer. Kann sie sich denn das nicht angewöhnen, immer beim Aufziehen der Kasse einen Vorgang zu notieren? Also entweder Einnahmen oder Entnahme. Das eine Links, das andere Rechts in die dafür vorgesehene Spalte? Oder was meint sie, wofür die Papierrolle im Innern ihrer schönen Kasse sich dreht? Zum Vergnügen?

Edith zuckt mit den Schultern. Sie vergisst es halt manchmal. Sie zieht die Kasse auf und entnimmt ihr ein paar Mark für die Afrikamission oder den Bibelkreis. Das will sie gar nicht ausführen, sie nimmt das Geld ja schließlich auch ein. Oder?

Schon, aber es wird nun einmal eine Bilanz ihres Umsatzes verlangt, und er denkt sich wochenweise aus, woher das Geld kommt und wohin es fließt. Auf diesem Ohr ist Edith taub.

Sie lässt sich nicht kontrollieren. Johann wendet sich wieder seinen Rechnungen zu, der Zeigefinger gleitet weiter hinunter, kopfschüttelnd vorbei an den Leerstellen.

Und was sagt er zu Paul?

Johann legt den Bleistift fort und lehnt sich zurück in seinem Stuhl, Edith zugewandt.

Wozu?

Na, sie fragt sich, wer das wohl sein mag, dieses Mädchen aus der Brotfabrik. Aus der näheren Umgebung kommt es jedenfalls nicht. Johann nickt.

Aus der näheren Umgebung kam sie ja auch nicht. Oder?

Edith schweigt und Johann wartet ab. Haben die Glocken denn nichts Genaueres verkündet, die sie hat läuten hören?

Will er nicht einmal mit ihm sprechen, schließlich ist er der Vater.

Johann schaut sich auf seinem Schreibtisch um, als finde sich dort, zwischen Rechnungsbögen, Skizzen und Bilanzbüchern, vielleicht doch noch die Auskunft, die Edith ihm verweigert. Aber nichts. Dort liegt alles still und wartet auf seinen Zugriff.

Er spricht ja mit Paul. Mit niemandem spricht er doch so häufig wie mit Paul. Also das heißt, er hört zu und Paul spricht. Man könnte meinen, es sei das Alter, die Rolle, die ihm als Vater zukommt, nachdenklicher zu sein, abwartender und eben mehr aufs Maßhalten ausgerichtet, während Paul gern über das Ziel hinausschießt. Aber nein, es liegt in seiner Natur, dieses Abwägen zwischen dem Für und Wider, und in Pauls Natur liegt eben mehr das Impulsive. Das macht ihn auch so beliebt bei aller Welt, dieses gleich eine Meinung haben und mit nichts hinterm Berg halten. Und gerade jetzt, seit er auf der Ingenieurschule den Hoch- und Tiefbau studiert, gibt es alle Tage irgendeine Veränderung, jedenfalls häufig genug, um Johann in Trab zu halten.

Kann er ihm helfen ein Modell zu bauen?

Aber ja, freilich kann er das. Was soll es denn diesmal sein, ein öffentliches Gebäude, ein Privathaus oder was? Eine Schule. Aha. Paul steckt seine Skizze auf dem Zeichenbrett fest und schon geht es los. Am Montag ist Abgabe.

Am Montag? Da bleibt ja kaum mehr Zeit als das Wochenende.

Na, der Paul hat nicht gleich dran gedacht, erst heute fällt es ihm wieder ein. Da waren all die andern Fächer, die Mathematik und das technische Zeichnen, von allem andern einmal abgesehen. Er muss hier mal helfen und da, und dann wird er dort erwartet. Und für den Abschluss dieses Semesters wird nun einmal diese kleine Schule verlangt, grade halt so zehn Zentimeter darf sie groß sein. Na, hier steht ja alles geschrieben in der Aufgabenstellung, da können sie nachschauen oder Johann kann nachschauen, wenn Paul grade unterwegs ist. Denn heute sind die Landesmeisterschaften in der Leichtathletik und da muss er wenigstens Beifall klatschen. So geht es zwischen ihnen hin und her, ohne dass es zu größeren Missverständnissen kommt.

Aber nach einem Mädchen zu fragen?

Johann dreht sich um zu Edith, die noch immer bei der Bürotür neben dem Rollschränkchen steht. Da fällt ihm jetzt gar nichts ein, jedenfalls keine Frage, die er an Paul richten könnte, auf einen so vagen Hinweis zumal. Er wird sich doch auch mit anderen Mädchen treffen. Also nein! Johann schüttelt den Kopf und wendet sich entschlossen seinen Zahlen zu. Hier spielt die Musik.

Liebe Anna, heute will ich mich endlich einmal hinsetzen und dir Sonntagsgrüße schicken. Paul ist mit seinen Freunden unterwegs, er hat jetzt ein kleines Auto und du kannst dir vorstellen, was da los ist! Grade war noch die Vespa das Heiligtum, jetzt muss es schon ein Auto sein. Er wird sicher bald einmal zu Euch kommen und es vorführen. Dann geht es ja schneller voran als damals mit dem Fahrrad. Johann hat den Kauf unterstützt, weil er schließlich doch auch laufend etwas hierhin und dorthin zu bringen hat und nun muss er nicht mehr alles liefern lassen. Pauls Studium macht gute Fortschritte und zum Semesterende war sein Modell als einziges in der Aula der Schule ausgestellt. Johann ist extra hingefahren und hat es sich angeschaut, na, er hatte auch tüchtig geholfen und alles ging wieder auf die letzte Minute.

Elisabeth bereitet sich auf eine Fahrt nach England vor, um ihre Sprachkenntnisse zu verbessern. Es sind noch zwei andere Mädchen aus der Klasse dabei und es soll eine recht gute Schule sein, also mal sehen, ob es den gewünschten Effekt hat. Der Wechsel zum Gymnasium hat sie doch ein wenig in Bedrängnis gebracht, grade in den Sprachen waren sie auf der neuen Schule schon weiter und gleich kam noch Latein dazu, aber da immerhin waren alle Anfänger, und inzwischen hat sie recht gut aufgeholt in den anderen Fächern. Wenn sie wieder heimkommt, wird sie mich im Laden vertreten und ich fahre zur Kur, bedenke einmal, ob Du mich nicht für ein paar Tage besuchen kannst. Liebe Anna, ich hoffe, Dir und Deinen Lieben geht es gut. Es grüßt Euch alle herzlich, Deine Edith

Warum isst sie denn nichts?

Keinen Hunger.

Edith schneidet das Brot in quadratische Häppchen wie für ein Baby. So klein ist sie doch gar nicht mehr, dass es zu diesen ständigen Aufforderungen kommen muss.

Sie hat halt keinen Hunger.

Aha, die Salzstangen. Hat sie wieder Hände voller Salzstangen gegessen?

Ein paar.

Und Coca-Cola getrunken?

Klara weiß, dass es jetzt besser wäre, gar keine Reaktion zu zeigen und sie nickt auch nicht, sondern legt nur den Kopf schief und macht einen schmalen Mund, wie sonst auch, wenn sie lieber nichts sagen möchte. Aber Edith kennt das alles schon und weiß Bescheid.

Er hat ihr wieder Coca-Cola gegeben!

Coca-Cola ist nicht erlaubt, das frisst den Magen auf. Erst klebt es die Magenwände zusammen, dass nichts anderes mehr hineinpasst und sie dementsprechend keinen Appetit mehr verspürt und dann lösen diese Wände sich auf und verschwinden ganz. Klara schnappt nach Luft, jedes Mal heißt es, Apfelsaft oder Coca-Cola und jedes Mal denkt sie an den Magen und sagt trotzdem Coca-Cola und augenblicklich wird die Cola gebracht und dann kann sie nicht mehr zurück, und wegen der Salzstangen folgt meist noch eine zweite, da denkt sie dann schon gar nicht mehr an die schlimmen Folgen. Jetzt meint sie auch, dass es ihr schon ein wenig übel ist, wie manches Mal am Sonntag, und die Sorgen lassen sie später wach im Bett liegen wegen dieses Prozesses, der sich da in ihrem Innern abspielt und nicht mehr rückgängig zu machen ist. Lieber Herr Jesus, lass den Bauch wieder heilen und gesund werden. Das kann sie zwar ein paar Mal vor sich hinmurmeln in die Dunkelheit hinein, aber so ein rechtes Vertrauen in diesen Satz hat sie nicht, obwohl er sich schon ein paar Mal als hilfreich erwiesen hat. Morgens war sie mit einem so guten Appetit erwacht, dass die Verfehlungen des Sonntags augenblicklich verblasst waren.

Damit ist jetzt Schluss!

Klara nickt und greift tapfer nach dem Butterbrot. Das nächste Mal sagt sie Apfelsaft.

Ein nächstes Mal gibt es nicht.

Was? Klara legt das Brot zurück auf ihren Teller.

Sie wird am Sonntag nicht mehr in ein Wirtshaus gehen.

Aber sie geht doch gar nicht in ein Wirtshaus. Sie geht in die *Goldene Gerste* und Opa braucht sie doch. Sie holt ihm den Stock, wenn es heimwärts geht und macht ihm die Tür auf, weil er sonst womöglich über die Schwelle stolpert. Edith schüttelt den Kopf. Nein. Grade jetzt, wo sie endlich gelernt hat, wie die Karten alle heißen und sie neben Opa auf dem Stuhl sitzen und sein Blatt einsehen darf. Klara schaut ungläubig von Edith zu Johann und Lisbeth. Da kommt aber keine Hilfe, weder aus der einen noch aus der anderen Richtung. Johann streicht sich Butter aufs Brot und Lisbeth hebt ihre Tasse zum Mund, da ist natürlich keine Coca-Cola drin, sondern Pfefferminztee, und beide schlagen die Augen nieder, so als ginge es sie gar nichts an, was sich hier abspielt. Edith schiebt ihr den Teller ein wenig entgegen, das Brot auf dem Teller schiebt sie bis an den äußersten Rand, fast darüber hinaus. Klara schüttelt den Kopf, soll der Magen doch zusammenkleben wie er will. Das ist ihr doch egal. Sie isst jetzt überhaupt nichts mehr und nicht nur jetzt. Sie wird überhaupt nie mehr etwas essen, und um die Absicht kund zu tun, schließt sie den Mund und kneift die Lippen zusammen. Edith kann zusehen, wo sie mit ihren Butterbroten bleibt. Edith holt Luft, tiefer als normalerweise, und atmet sie geräuschvoll wieder aus, legt die Stirn in Falten und schüttelt den Kopf.

Mit der *Goldenen Gerste* ist Schluss. Ein für allemal. Da hat sie jetzt lange genug zugeschaut.

Aber Opa!

Klara sagt lieber nichts und presst wieder die Lippen zusammen, damit ja kein Butterbrot dazwischen passt und außerdem auch nichts herausrutschen kann, was sie später bereut. Gerade noch war Edith froh, Klara los zu sein, wenigstens am Sonntagnachmittag, wenigstens für diese zwei heiligen Stunden, den einzigen, in denen sie Briefe an ihre Schwester schreiben und ein paar Gedanken zur Bibel in ihr kleines rotes Heftchen notieren kann. Endlich einmal herrscht Ruhe im Haus, wenn Georg und Klara um die Ecke biegen und das Hoftor ins Schloss fällt.

Trotzdem! Diese zwei Stunden wird sie auch noch opfern. Klara geht ja jetzt zur Schule. Oder?

Aber doch nicht am Sonntag. Klara nickt. Jetzt hat sie doch etwas gesagt, das wird alles ein Missverständnis sein und sich aufklären lassen. Die Schule hat schließlich sonntags geschlossen und Opas Runde wird bald nur noch aus zwei Männern bestehen. Der Apotheker Schneid liegt schon auf dem Friedhof und Herr Metzger ist auf dem Weg dorthin.

So? Johann lacht. Wer hat denn das gesagt?

Der Wirt hat das gesagt und Klara hört genau hin, was an diesem Tisch so gesprochen wird, weil sie ja dabei ist die Regeln zu lernen.

Schluss! Ediths Langmut hat sich erschöpft, so wie Gottes Langmut sich eines Tages auch erschöpfen wird und dann kann man nur hoffen, auf der Seite der Gerechten zu sein und dort sind die Kartenspieler und die Trinker gewiss nicht zu finden. Stille.

Sie übertreibt. Johann schüttelt den Kopf und schiebt seinen Teller von sich. Sein Vater ist doch kein Trinker!

Edith zuckt mit den Achseln und hält Klara zum letzten Mal das Butterbrot vor die Nase. Da wird doch Alkohol getrunken. Oder? Was soll Klara jetzt dazu sagen, sie schüttelt den Kopf, um nicht den Mund aufmachen zu müssen. Natürlich wird Alkohol getrunken. Edith braucht keine Antwort auf ihre Frage, jedenfalls keine von Klara.

Am Tag des Herrn!

Edith hat es so haben wollen!

Ja schon, aber wieder einmal scheint in der Erfüllung ihrer Wünsche der Wunsch kaum noch auf. Was ist denn jetzt, bringt er sie einmal mit, lädt er sie einmal ein, seine Freundin?

Wieder und wieder hatte Edith nach diesem fernen Schatz gebohrt und sich gesagt, dass sie nun einmal teilhaben möchte am Leben ihrer Kinder. Paul hatte die Augen zur Decke gedreht oder aber sich gar nicht anmerken lassen, ob er Ediths Wörter überhaupt versteht. Manchmal scheint sie eine ganz andere Sprache zu sprechen, eine Fremdsprache, deren Grammatik und deren Vokabular Paul einfach nicht vertraut sind. Dann stellt er auf Durchzug, denn er hat genug im Kopf und kann nicht auch noch die Sprache seiner Mutter erlernen. Obwohl sein Studium noch nicht abgeschlossen ist, hat er schon eine Stelle oder doch jedenfalls aushilfsweise einen Zeichentisch in einem Architekturbüro stehen. Dort verbringt er seine Abende und seine Sonntage und überhaupt seine unterrichtsfreie Zeit, und das bringt noch den Vorteil, dass er dort auch alles für das Studium notwendige erledigen kann und sich nicht hier an seinem Schreibtisch abplagen muss, wo das Reißbrett alle Augenblicke abrutscht und jede noch so kleine Aufgabe sich in eine Geduldsprobe verwandelt, und schöner ist es schon, wenn davon nicht so viel gebraucht wird, von der Geduld.

Der Herr Jesus hat eigene Pläne für unser Leben!

Paul zwinkert Klara zu und macht sich davon. Und dann plötzlich, als schon gar nicht mehr damit zu rechnen war, erfüllt sich Ediths Wunsch doch noch, und da sitzt es nun, das Fräulein, am Küchentisch oder was wäre die passende Anrede für ein solches Geschöpf?

Fräulein Heike?

Edith lässt sich mit schiefem Kopf den Nachnamen aufsagen, ganz so, als müsse er ihr doch von ferne irgendwie vertraut klingen, aber nichts. Also Heike. Fräulein Heike. Es hält sich aufrecht, das Fräulein Heike, die Knie beieinander, na, ein wenig mehr sieht man von diesen runden und leicht gebräunten Knien schon, als Edith es für schicklich hält, und im Schoß ruhen sich zwei schmale Hände aus. Die Fingernägel leuchten lang und glatt und rot. Ein solches Rot hat Edith noch gar nicht gesehen, nicht einmal in ihrem Regal hinter der Ladentheke, wo in kleinen Schubkästen die Pigmente lagern, Karmesinrot und Scharlach. Alles scheint blasser zu sein als das hier. Edith schiebt dem Fräulein die Erdbeertorte entgegen, bitte schön.

Auf jeden Fall sind Hände, die auf ein solches Rot zulaufen, nicht für alles gemacht. Nicht für die Feldarbeit jedenfalls. Aber das Fräulein arbeitet doch in einem Büro! Naja. Es trägt Akten hin und her und schlägt sie an einer entsprechenden Stelle auf und später wieder zu. Dafür sind solche Hände gemacht. Das Rot der Fingernägel wiederholt sich auf den Fußzehen und, ein verwirrender Gleichklang, auf dem Mund. Edith schaut noch einmal hin, zu neugierig möchte sie auch nicht erscheinen, nicht im ersten Moment jedenfalls, und der Mund lächelt ein wenig und tatsächlich zeigt auch das Haar etwas von diesem Rot, und das wüsste Edith jetzt gerne, ob es echt ist, dieses Rot oder gefärbt wie die Nägel und die Lippen. Paul benimmt sich, als sei alles ganz normal und in keiner Weise befremdlich dieses rot-weiße Wesen vor der Torte sitzen zu sehen.

Also greift zu!

Das Fräulein nimmt auch dankend ein Stück, aber mehr wohl nicht. Höflich hebt es die Hand mit den roten Nägeln und schiebt den Kopf ein wenig vor und danke, nein. Die Linie. Hat sie das jetzt gesagt oder schießt es Edith einfach so durch den Kopf beim Anblick von Fräulein Heike. Mutig nimmt sie den Tortenheber zur Hand und legt dem Fräulein ungefragt noch ein Stückchen auf den Teller.

Davon wird man nicht dick.

Die Sekretärin aus der Brotfabrik. Brotfabrik heißt es ja nicht mehr. Backmittel werden dort hergestellt und in bunte Kartons portioniert, für Hausfrauen, die nicht imstande sind, selbständig ein Pfund Mehl abzuwiegen und ein Ei aufzuschlagen. Zu dieser Gruppe wird die junge Frau da hinter dem Tisch wohl auch gehören. Aber soweit sind wir noch nicht. Verheiratet sind sie ja noch nicht. Nicht einmal verlobt und wer weiß, vielleicht war es doch ein wenig zu früh und voreilig von ihr, das Fräulein Heike einzuladen, denn natürlich, jetzt wo sie einmal am Tisch sitzt, entsteht schon eine gewisse Verbindlichkeit, ein na, ich hoffe wir sehen Sie bald wieder.

Fräulein Heike stützt die Unterseite ihrer Handgelenke für einen Augenblick links und rechts des Tellers auf der Tischkante ab, die Hände sehen jetzt aus wie hübsche kleine Fäuste mit roten Fingerspitzen, dann, und zum Zeichen des endgültigen Rückzugs von der Erdbeertorte, zieht Fräulein Heike die Hände ganz und gar vom Tisch zurück und jetzt liegen sie wieder wartend im Schoß.

Johann weiß sich auch keinen Reim auf diese Erscheinung zu machen und konzentriert sich auf die Kuchenstücke vor ihm auf dem

Teller und na, eines nimmt er noch und noch einen Kaffee. Fräulein Heike sitzt im rechten Winkel zu ihm an der hinteren Breitseite des Tischs neben Paul, und der Winkel ist sogar noch etwas weiter als neunzig Grad, weil er die Beine eher neben den Tisch als darunter zu stellen gewohnt ist, und er also parallel zum Tisch mit einer Ausrichtung zur Küchentür sitzt. Fräulein Heike hat also fast in seinem Rücken einen Platz gefunden. Er müsste sich umdrehen, um sie genauer betrachten zu können und überlässt die Begutachtung fürs erste Edith.

Und wie hält sie es mit dem christlichen Glauben und insbesondere mit Herrn Jesus? Edith liegt die Frage schon ganz vorn auf der Zunge, die wichtigste überhaupt, wichtiger als Herkunft und Ausbildung, wichtiger womöglich sogar als dieses leuchtende Rot, wäre eine Antwort an dieser Stelle. Edith dreht die Wörter in ihrem Innern ein paar Mal hin und her und sucht nach der geeigneten Reihenfolge, die diese Frage leicht und fröhlich klingen lässt, also nicht nach einer Prüfungsfrage, da schiebt Paul schon seinen Teller ein paar Zentimeter zurück auf dem Tisch und springt auf, wie bei jeder Mahlzeit. Für heute Nachmittag hat er sich nun einmal mit seinem Fräulein Heike und Freunden zu einem Ausflug verabredet. Heike erhebt sich erleichtert und sie schweben davon. Na?

Johann gibt ein kleines Geräusch von sich und hält den Teller hoch für ein drittes Stück Kuchen. Lackierte Fingernägel hat er an diesem Tisch bislang noch nicht gesehen. Er lacht auf und schüttelt den Kopf. Hat man das heute?

Alles wie gewöhnlich!

Louise nickt und nimmt sich die Rechnung zur Hand, um Posten für Posten zu prüfen, ob, was dort steht, mit dem Inhalt des Kartons übereinstimmt, den der Lebensmittelhändler am Freitag liefert. Mehl, Butter, Milch und so weiter. Buchstabennudeln. Maggi für Georg.

Und die Orangen? Edith flitzt vorbei auf dem Weg ins Geschäft, gerade klingelt die Ladentür zum wiederholten Mal.

Die Orangen hat er schon in den Keller gebracht.

Aha. Die vor allem will Edith in Augenschein nehmen. Die Orangen sind Gegenstand eines Konflikts, der schon länger schwelt. Dafür muss die Kundschaft ein paar Minuten länger vor der Theke stehen und falls es zu lange dauert, öffnet sie die Tür noch einmal und hält sie beim neuerlichen Schließen einen Augenblick grade in der Stellung, die dieses scheppernde Klingeln bis in den letzten Winkel des Hauses und hinunter in den Garten und natürlich auch in den Keller trägt, wo Edith sich im Dunkeln über die Orangen beugt. Obwohl sie sich gar nicht darüber zu beugen braucht, sie braucht nur zu lesen, was auf dem Kistchen steht, und es kann nicht dunkel genug sein, diese Buchstaben entziffert Edith auch in völliger Finsternis. Spanish Navel. Mehr braucht sie nicht zu wissen, aber trotzdem, sie nimmt zwei wunderbar runde Früchte heraus und vorsichtshalber mit hinauf.

Da steht Kundschaft im Geschäft! Louise ruft es der Kellertür entgegen, sie wagt es nicht mehr, sich hinter die Theke zu stellen um ihr: was darf es denn sein, vorzubringen. Immer wieder hat sie ein Staunen zu überwinden, wenn nach Tapeten und Lacken gefragt wird. Ach so? Sie hat getrocknete Erbsen, Mehl und Zucker im Angebot. Also Edith. Da steht sie schon, die Orangen müssen eine Weile auf der Theke warten, bis sich unter Ediths eiligen Fingern endlich die Telefonscheibe dreht.

Die Orangen kann er wieder abholen!

Sie schleudert es ohne Vorwarnung und ohne auch nur ihren Namen zu nennen in die Muschel und genießt für einen Augenblick das Schweigen am anderen Ende. Da kommt eine ganze Weile lang kein Wort.

Hat er sie verstanden? Edith nickt, als habe ihr jemand eine Frage gestellt. Er hat sie verstanden, der gute Mann, aber er holt die Orangen nicht wieder ab. Er tätigt einen Großeinkauf, sie muss doch schließlich wissen, wie es zugeht in einem Geschäft. Er kauft ja nicht nur diese eine Kiste, die bei Edith im Keller steht, sondern ein gutes Dutzend Kisten, und diese Orangen sind bei der Kundschaft besonders beliebt, spanische Navelorangen. Edith hat aber Jaffa bestellt. Herr Potschun sagt nichts mehr, denn er weiß es ja schon. Edith bestellt wöchentlich eine Kiste Jaffa Orangen und wöchentlich werden ihr spanische Navels in den Keller geschafft.

Was glaubt er denn? Dieses Mal gibt sie nicht klein bei.

Edith sitzt auf der Stuhlkante neben dem Rollschränkchen und hält sich den Hörer ans Ohr. Der Mann am andern Ende hat eine solche Hartnäckigkeit noch nicht erlebt. Ein solches Beharren. Wo es doch um nichts geht und seine Kundschaft grade auf den satten und leuchtenden Farbton seiner spanischen Früchte so anspricht. Sie hat die Kiste nicht tragen können, sonst stünde sie schon auf der Haustreppe und wartete darauf, abgeholt zu werden. Edith legt auf, ohne ein weiteres

Wort abzuwarten. Louise schüttelt den Kopf. Eine solche Kundschaft, wie Edith eine ist, kann kein Geschäftsmann sich wünschen!

Ach was! Paul soll die Kiste heraufholen, dort läuft er grade über den Hof und gleich wird er wieder verschwunden sein. Er kann sie heraufholen und wieder hinfahren und da abliefern woher sie kommen, und das nächste Mal sollen es Orangen aus Jaffa sein. Auf jede Frucht ist dieser Name mit einem Stempel aufgedruckt. Und den will sie lesen. Es bleibt kein anderer Moment mehr in Ediths Leben als dieser, um an Jenny zu denken. Nur dieser Kampf um die Orangen aus der judäischen Wüste.

Edith meint manchmal, dass ihr Leben immer schwerer wird und Tag für Tag an Gewicht zunimmt, ein Gewicht, das auf ihren Schultern lastet und für das ihr Herz womöglich nicht stark genug ist. Manchmal gerät es schon aus dem Tritt und sie meint die Schläge im Kopf zu hören, wie eine Trommel so laut, dann fügt es sich wieder in seinen gleichmäßigen Rhythmus. Ihr Herz schon, aber Edith selbst möchte voran, alle Listen abarbeiten, grade so, als spüre sie dieses Gewicht auf ihren Schultern nicht, möchte sie alle Pflichten erfüllen und eigentlich mehr noch als überhaupt da sind.

Manchmal hört sie Johann Halt! hinter sich rufen, mach langsam, aber sie ist schon wieder auf und davon. Ohne sie geht es nun einmal nicht in der Frauenhilfe, ohne sie wird Afrika hungern, und vor allem diese blinde Dame wird hungern, die Edith einige Straßen weit entfernt entdeckt hat. Mager ist sie ja schon und tastet sich an ihrem weißen Stock von Zimmer zu Zimmer ihres Reihenhauses, nur selten wagt sie sich auf die Straße hinaus und schiebt ihren Stock von links nach rechts bis zur Bordsteinkante.

Die Mädchen können doch etwas hintragen, eine kleine Mahlzeit wenigstens, wenn es sich einrichten lässt nach der Schule. Louise schaut nur erstaunt und schüttelt den Kopf. Sie kennt diese Frau doch gar nicht. Schafft Klara das schon alleine? So eine Tasche mit diversen Töpfen darin bis hinauf in die letzte Straße zu tragen. Na, das klappt noch nicht so gut. Die Tasche schleift fast am Boden, so sehr sich die Kleine auch in die entgegen gesetzte Richtung biegt, also dann Lisbethchen. Elisabeth wird das doch rasch erledigen können vor den Hausaufgaben, so eine kleine Blindenspeisung. Aber schön die Töpfe auspacken und alles ein wenig anrichten auf dem Tisch der Blinden!

Klara kann noch nicht richtig lesen und schreiben, da will Paul schon heiraten. Er geht im Hof auf und ab, Johann steht dort und streicht Fenster. Die Bewegung seiner Rechten, die den Pinsel hält, ist vollkommen gleichmäßig und ruhig, die Hand folgt dem Pinsel, sein Arm folgt der Hand, aber nur so viel wie nötig, sein Körper folgt dem Arm, ebenfalls: nur so viel wie nötig. Wenn der Pinsel nach links gleitet, vorbei an Johanns Körper, dann hebt er leicht die rechte Ferse an. So geht es hin und her, ganz so als sei auch im Innern von Johann alles vollkommen ruhig. Dann hebt er seinen Kopf und der Pinsel verlässt den Fensterrahmen und steht in der Luft.

Warum wartet er denn nicht noch! Er ist doch noch so jung!

Aber Paul hat sein ganzes Leben lang gewartet, nichts als gewartet!

Er geht auf und ab vor den aufgebockten Brettern, auf denen die abgeschliffenen Fenster liegen. Johann taucht den Pinsel ein, streift die Farbe am Rand des Eimers ab und die Bewegung beginnt von vorne. Die Hand, der Arm, der Körper, alles wie vorher, alles gleichmäßig, alles ruhig. Aber er schüttelt den Kopf, nicht viel, aber doch genug, um Paul zu zeigen, dass die Ruhe aus seinem Innern entwichen ist. Paul fängt jetzt von seiner Firma an.

Was denn für eine Firma?

Klara sitzt auf dem Mäuerchen neben der Treppe und schaut den beiden Männern zu, die über die Zukunft verhandeln.

Na, seine Firma halt, er wird eine Baufirma gründen, zusammen mit dem und dem. Der Pinsel steht wieder in der Luft.

Wozu braucht er denn schon eine eigene Firma?

Paul bleibt einen Augenblick lang ruhig stehen und sieht den Händen seines Vaters zu.

Er wollte doch studieren.

Johann sagt es, ohne sich in seinen Bewegungen unterbrechen zu lassen. Aber Paul hat doch schon studiert, in ein paar Monaten wird er fertig sein. Ein Modell noch und dann hat er es geschafft. Paul lacht. Sie haben es geschafft! Er kann all die Fragen gar nicht verstehen, dieses Zögern und Abwarten und mal sehen und mach einmal langsam. Johann schüttelt den Kopf.

Mit der Ingenieurschule ist er fertig. Na also.

Er wollte doch zur Universität gehen für die Architektur. Oder? So war es doch besprochen.

Ach so. Ja, vielleicht war es das. Aber jetzt ist es anders, Paul kann sich kaum noch daran erinnern. Er denkt nicht an gestern. Vielleicht hatte er das gewollt, aber jetzt sieht er seine Firma vor sich und seine Selbständigkeit. Das mindestens wird er doch verstehen, sein Vater, dass er selbständig sein will, sein eigener Herr.

Johann lacht auf! Aber ja, das versteht er schon. Aber er ist doch erst 20 Jahre alt, er hat doch noch Zeit.

22! Er ist 22! Paul hebt Daumen und Zeigefinger seiner Rechten über den Kopf, grade so hat er es in amerikanischen Filmen gesehen, 22, und nun muss er los, sonst wird er noch hundert sein, bevor es anfängt, das Leben.

Mit zwei Sätzen ist er bei der Haustür, mit einem weiteren Satz hat er die Treppe genommen und Klara einen leichten Klaps auf den Kopf versetzt.

Was hockt sie denn da auf der Treppe und starrt Löcher in die Luft?

Klara kichert und zieht den Kopf beiseite, obwohl Pauls flache Hand ja schon auf ihrem Scheitel gelandet ist und wieder davonfliegt.

Keine Hausaufgaben? Macht er Witze? Paul lacht. Will sie mit?

Aber ja, natürlich will sie mit. Er wird sich da und da eine Baustelle anschauen. Sie kann im Auto sitzen bleiben und die Scheiben rauf und runter drehen.

Wenn Louise morgens die Augen aufschlägt, weiß sie oft nicht mehr was am Tag vorher war. Noch einen Moment früher, grade wenn sie aus dem Schlaf zurückkehrt und sich wieder zu fühlen beginnt, weiß sie nicht einmal mehr, wer sie ist und wo. Einen beunruhigenden Augenblick lang wartet sie ab und sucht im Innern ihre Siebensachen zusammen, folgt dann endlich diesem rettenden Impuls zum Licht hin und öffnet die Augen. Aha, der Spiegelschrank und das Vertiko und neben ihr Georg und der abgestandene Geruch seiner Zigarren, der sich aus der Wohnstube herüberschleicht. Da ist es ja wieder, ihr Leben, und allmählich fügt sich Bruchstück für Bruchstück zusammen, und schließlich weiß sie sogar, dass heute Sonntag ist, und nachmittags wird sie ein paar Bartnelken schneiden und zum Friedhof tragen, wo ein kleiner Schriftzug auf Annas Grabstein an den verlorenen Paul erinnert.

Edith fährt morgen schon wieder zur Kur und Elisabeth wird die Sommerferien in diesem Jahr hinter der Ladentheke verbringen, das arme Kind. All diese Gewissheiten erlauben ihr schließlich über die Lücke des gestrigen Tages hinwegzusehen, um mit fester Stimme,

Georg, es wird Zeit zu sagen, aufzustehen und hinunterzugehen, um das Mark aus den Knochen zu kratzen und Petersilie zu hacken. Paul huscht vorbei mit einem Frühstücksbrot in der Hand und hält ihr rasch einen kleinen Vortrag über die Spülmaschine, für deren Anschaffung er demnächst sorgen wird. Das Neuste vom Neuen! Wie die Bürsten sich darin drehen und wie hart der Wasserstrahl auf die Teller trifft. Also unwahrscheinlich! Louise weiß nicht recht.

Macht sie es denn nicht gut genug?

Paul klopft ihr auf die Schultern. So war es nicht gemeint.

Und sein Mädchen? Kommt sie denn gar nicht mehr, diese Rothaarige mit den schönen Beinen?

Aber Oma! Heike war doch grade gestern erst da!

Paul interessiert sich mehr für das Geschäftliche als für die Schönheit und den Fortschritt der Architektur.

So? Wer sagt denn das?

Dank seiner Großzügigkeit hat sich unter seinen Kommilitonen jedenfalls herumgesprochen, wo die Makellosigkeit seiner Modelle ihren Ursprung hat. Nun stehen sie da mit ihren schicken, schwarzen Brillen, den lockeren Haartollen und aufgekrempelten Ärmeln, und auf Johanns Arbeitstisch reihen sich die Puppenhäuser aneinander und warten auf den letzten Schliff. Sie sehen ganz so aus, als seien sie für Klara gemacht, die ruck, zuck eine kleine Stadt zusammenschiebt und daumennagelgroße Püppchen dazwischensetzt. Nichts da! Finger weg! Jetzt weiß Johann nicht mehr welche Garage wohin gehört und muss die Pläne wieder aufrollen und alles von neuem sortieren. Daran jedenfalls kann es nicht liegen, wenn einer durchs Examen fällt, dass etwa sein kleines Krankenhaus oder sein Altersheim windschief wäre.

So war sein Bruder auch. Wie denn?

Mehr am Geschäftlichen interessiert, als er selbst zum Beispiel.

Was?

Immer damit beschäftigt, neue Kontakte zu knüpfen, an Ausbau und Erweiterung zu denken, an Anschaffungen.

Das stimmt doch überhaupt nicht! Er war doch von Anfang an für das Geschäft zuständig, Johann, nicht Paul. Edith wundert sich manches Mal, wohin die Erinnerung von Johann sich so verläuft. Paul hat doch ständig wegwollen und sich andere Stellen gesucht, von einem Posten zum nächsten war er doch gewechselt.

Johann schüttelt unwillig den Kopf. Ach was! Woher will Edith das denn so genau wissen? Sie war doch damals noch gar nicht im Haus. Jetzt lieber stillschweigen. Edith schüttelt den Kopf, und dann holt sie doch noch einmal Luft für einen letzten Satz, weil das Schweigen ihr nun einmal nicht liegt.

Es war doch seit jeher eine abgemachte Sache, dass Johann das Geschäft bekommen wird und Schluss. Johann schaut aber gar nicht mehr auf, sondern rafft sein Handwerkszug zusammen und sieht den jungen Männern nach, die davon traben mit ihren herrlichen Modellen und das Examen schon in der Tasche haben. Na, also. Manchmal scheint es ihm, als habe Edith seit jeher in einer anderen Welt gelebt, nicht nur während der Kriegsjahre, sondern überhaupt. Als breite der Krieg seine Schatten auch auf die gemeinsamen Vorkriegsjahre aus und ohnehin natürlich auf die Zeit danach. Als seien sie aus diesen fremden Leben nicht wieder in ein gemeinsames zurückgekehrt. Obwohl doch alles danach aussieht, das Haus, die Werkstatt, Ediths Eifer und unermüdlicher Fleiß sind ihm doch seit jeher vertraut und manchmal, wenn er den Kopf hebt bei Tisch und jeden dort an seinem Platz sitzen sieht bis hinüber zum anderen Ende, wo Louise immer kleiner wird, überkommt ihn, was er letzten Endes vielleicht doch Dankbarkeit nennen würde.

Aber dann verwirrt ihn Ediths Blick, wenn er endlich die Fotografie von Paul über seinem Nachttisch aufhängt, grade über ihrem Hochzeitsbild und neben Ediths jugendliches Porträt mit der hölzernen Perlenkette. Extra für ihn und wegen der Kette hatte sie dieses Bild machen lassen, und da hängt es ja nun auch wunschgemäß, aber sie schaut, als wolle sie nicht neben Paul hängen. Sagt aber nichts. Über ihrem Nachttisch hängt Anna mit den weißen Umschlägen und dem rätselhaften Lächeln ihrer letzten Tage.

Soll er die Anna auch über seinem Nachttisch aufhängen? Anna und Paul?

Johann würde diesem Wunsch ohne weiteres entsprechen. Aber er kann Ediths Schweigen nicht ergründen und alles bleibt wie versuchsweise angeordnet, und Edith schaut mit einem letzten Blick auf ihr Mädchen, wenn sie zu Bett geht und er sieht Paul mit einem halben Auge, und so bleibt jeder bei seinem Toten.

Paris? Wieso denn Paris? Grade noch war es England, jetzt schon wieder Paris.

Johann hält das Anmeldeformular in der Hand und weiß nicht, was er sagen soll. Alle streben davon, als sei es zu Hause nicht gut genug. Edith zu ihren Kuren, Bibelkreisen und Jesusseminaren.

Aber da ist er doch herzlich eingeladen, mitzukommen.

Nein danke, so war es nicht gemeint!

Paul eilt seinen großen Plänen hinterher und hier folgt eine Klassenfahrt auf die nächste.

Bleibt ja noch die Kleine. Klara?

Die hatte ja noch nicht einmal richtig laufen können und sich schon ein Schlupfloch unter dem Hoftor gesucht. Grade diese Stelle, wo der Boden sich zu einer kleinen Mulde senkt, hat das Mädchen gefunden und nichts wie weg, kreuz und quer durch die Nachbarschaft und immer weiter. Johann schüttelt den Kopf.

Aber England liegt ja schon ein ganzes Jahr zurück, mehr als ein Jahr, nahezu zwei Jahre eigentlich und war ja Sprachunterricht, keine Klassenfahrt. Jetzt fährt eben die ganze Klasse und alle dürfen mit und nirgendwo wird darüber auch nur diskutiert oder werden irgendwelche unsachgemäßen Fragen gestellt.

Elisabeth sagt mehr Sätze als gewöhnlich und sitzt aufrecht am Tisch, um ein wenig größer zu erscheinen oder sich doch ein wenig größer zu fühlen.

Ihre Freundinnen müssen an dieser Stelle überhaupt nichts sagen, sie legen das Formular auf den Tisch und schon ist es ausgefüllt und unterschrieben und das Geld wird überwiesen und Schluss.

Johann dreht das Blatt hin und her, schaut sich Vorder- und Rückseite an, aber viel zu rasch, er liest gar nicht, was dort steht, wann die Reise losgeht, welcher Zug genommen wird und was alles zur Besichtigung vorgesehen ist. L'Arc de Triomphe, Louvre zum Beispiel, Versailles. Elisabeth atmet erschöpft aus und lässt die Schultern sinken.

Sie hat ja ihr Haar abschneiden lassen.

Was? Ihr Gesicht nimmt den Ausdruck tiefer Verstörung an.

Schade um die schönen Zöpfe!

Aber das ist doch schon ein Jahr her, mehr als ein Jahr, nach der Englandreise hat sie die Zöpfe abgeschnitten.

Naja. Johann weiß nicht, wie er das Thema weiterführen soll, grade dieser Kurzhaarschnitt sagt ihm mehr als diese ewigen Reisepläne, dass Elisabeth auf dem Sprung ist. Wer weiß wohin, aber jedenfalls an einen Ort, an dem er ihr nicht wird folgen können. Einen Augenblick lang herrscht Stille und Elisabeth schaut zu Edith

271

hinüber, die sich mit einem Häufchen kleiner Zettel, Postkarten, zerrissener Briefumschläge zu schaffen macht. Sie räumt auf.

Kommt denn von dort keine Hilfe?

Nein, da kommen nur diese kleinen Geräusche von Ediths überschnellen Bewegungen.

Paris! Er war noch nie in Paris.

Johann legt das Blatt zurück auf den Tisch und lässt alles in der Schwebe wie manches Mal. Früher hatte er den Atlas geholt und Edith gezeigt, wo die Städte alle liegen, die er einmal mit ihr anschauen wollte. Paris. Johann schaut zu Edith hinüber, die geschäftig wie immer einer Sache folgt, deren Sinn er im Augenblick gar nicht erkennt. Er könnte ja einmal fragen, es aussprechen, und an seinem inneren Horizont, den zu sehen er gar nicht mehr gewohnt ist, leuchtet der Eiffelturm auf in der Nacht, grade so wie er ihn von Bildern her kennt. Wie die Sterne leuchten diese Lichter zu ihm her. Na?

Elisabeth springt auf und schlägt die Küchentür hinter sich zu.

Aber zugleich steigt in Johann auch etwas anderes auf, das schwärzer ist als dieser Himmel auf den Postkarten, und er spürt es noch, als Lisbeths Anmeldung endlich in der Sammelmappe ihrer Lehrerin steckt, sogar noch, als er sie aufbrechen sieht, mit ihrer neuen Reisetasche zum Hoftor hinaus, eiligen Schritts, wie getrieben von der Sorge, doch noch in allerletzter Minute aufgehalten zu werden. Und Johann lässt sie für einen Augenblick tief in sich einsinken, diese Angst, verloren zu gehen und nicht mehr heimzufinden.

Aber einen Trost gibt es doch!

Für Johann, Klara und Louise, für alle eigentlich, obwohl Edith ja mit einem anderen Maß misst. Aber naja, hier schließt sie sich doch an und lässt sich ein wenig beruhigen, weil Paul zwar fort will, aber so sehr weit nun doch nicht kommt. Die schöne Wohnung im Haus gegenüber, das ganze Haus eigentlich, war für den großen Paul vorgesehen und nichts könnte deshalb nahe liegender sein, als die zwei Zimmer, Küche, Bad im ersten Stock nun für den kleinen Paul herzurichten. Also gut. Wenn es unbedingt die schicke Heike sein soll und da kann Edith seufzen so viel sie will, es wird gar nicht gehört von Paul. Und die Mädchen werden noch einen besonderen Vorteil aus Pauls Heirat ziehen oder genauer gesagt Elisabeth, denn Klara wird ein eigenes Zimmer bekommen und die Große nicht mehr abends beim Lernen stören mit ihrem Gejammer, dass sie nicht einschlafen kann. Na, Klara?

Toll! Klara schaut aber gar nicht so, als komme dieses toll jetzt aus vollem Herzen. Sie weiß nicht so recht, was sie davon halten soll und mit Mickey Mouse wird es ja auf jeden Fall vorbei sein. Na, damit ist es ja eigentlich auch jetzt schon vorbei. Für diese Lektüre hat Paul sowieso keine Zeit mehr, für dieses auf dem Bett herumlümmeln und Klara an seinem Schreibtisch herumfuhrwerken zu lassen. Sie reißt sich ein Blatt aus dem Rechenheft und steckt es aufs Zeichenbrett, um auszuprobieren, wie lange es dauert, bis die Spitze einer Feder bricht, wenn man sie sehr fest aufs Blatt drückt. Aber erst einmal den glänzenden Tropfen aufs Blatt fallen lassen, wie schwarzes Blut sieht er aus, Hexenblut, das für einen Augenblick rund und kompakt liegen bleibt, bevor die Tusche in das Papier einsinkt und der Fleck sich immer größer ausdehnt. Klara zieht mit der Spitze der Feder einen Strich über die ausgefranste Seite ihres Rechenhefts. Toll! Immer länger und dünner dehnt die schwarze Linie sich über das Blatt und schließlich über seine Grenzen hinaus auf das Zeichenbrett aus und auch dort immer länger bis zu seinem Rand und dann, naja. Klara gluckst ein wenig, sie kann es gar nicht vermeiden, dieses kleine Kichern in sich aufsteigen zu lassen und dann ein wenig zu prusten. Toll. Toll. Toll. Wie dieser schwarze Tropfen sich erweitert und in alle Richtungen diese Linien abstehen wie bei einer riesigen Kreuzspinne. Acht Beine braucht sie mindestens.

Klara, spinnst du? Nö.

Woher weiß Paul das jetzt, wie dieses Tier seine langen Beine auf seinem Zeichenbrett ausstreckt? Er liegt doch flach auf seinem Bett in ihrem Rücken und blättert in einem völlig gleichmäßigen Rhythmus die Seiten seiner Heftchen um. Und Klara ist nicht aus Glas. Sie lässt wieder das kleine Kichern hören und konzentriert sich auf die Spinnenbeine. Eine Weile herrscht die schönste Ruhe bis Paul aufstöhnt und seine Arme sinken lässt.

Wie sieht es aus?

Was denn?

Läuft sie rasch einmal zum Schreibwarenladen, um Nachschub für ihn zu besorgen. Nö. Klara hat einen neuen Tropfen aus dem Tuscheglas auf das Blatt fallen lassen und alles kann noch einmal von vorne beginnen. Ach komm!

Nö, nö, nö! Paul liegt noch immer da wie eine müde Flunder, aber das Blättern hat aufgehört, denn er kennt jetzt alles, fast weiß er schon auswendig, was da zwischen den drei Mäusen so geschieht. Nö. Paul greift in seine Hosentasche und zieht zwei Markstücke hervor.

Hier, sie kauft die und die Nummer, aus der und der Serie, dann bleiben noch fünfzig Pfennige für sie.

Klara holt tief Luft und lässt den Atem in einem raschen Stoß auf ihr Kunstwerk blasen, damit der neue Tropfen sich in viele kleinere auflöst und nach allen Seiten davon spritzt. Was soll sie machen? Sie lässt den Federhalter an den Rand des Zeichenbretts rollen, wo die Feder eintrocknet und für Paul nicht mehr zu gebrauchen ist. Das hat er nun davon. Sie klappt die Finger ihrer Linken über den beiden Münzen zu und macht sich auf den Weg.

Klassenfahrt ja, aber keine Tanzstunde.

Aus Gründen, die für Elisabeth nicht durchschaubar sind, war die Klassenfahrt in Johanns Zuständigkeit gefallen und nun ist Edith dran. Besser wäre es umgekehrt, denn Johann hat nicht das Geringste gegen den Tanz einzuwenden, das Wort lässt vielmehr etwas aufblitzen in ihm, was kaum zu seinem Leben zu gehören scheint, aber doch, irgendwo, wie ein Schatten so fern, sieht er Edith in ihrem geblümten Kleid, die Sträußchen flattern auf, zerschnitten zwar, aber was macht das schon, er dreht sich, immerzu ihr nach, obwohl es doch an ihm wäre die Führung zu halten. So war sie also schon damals, die Edith. Jetzt gehört die Klassenfahrt eben zur Bildung, die Tanzstunde zu einer Sorte von Vergnügungen, die zu einem christlichen Mädchen nicht recht passen wollen.

Das sieht Elisabeth doch sicher auch, wie unpassend das wäre?

Lisbeth weiß keine Antwort. Für sie zählt letzten Endes nicht einmal das Vergnügen an der Sache, darauf rechnet sie gar nicht, denn womöglich wird es ihrem schüchternen Wesen gar nicht entsprechen, in einer langen Reihe mit den anderen Mädchen zu sitzen und sich auffordern zu lassen. Dann diese abgezirkelten Schritte, zwei vor eins zurück, und alles soll leicht und geschmeidig vor sich gehen und könnte doch aussehen wie bei einem Trampel. Aber wahrscheinlich fordert sie ohnehin gar keiner auf und wenn, wird es der Falsche sein, der letzte picklige, ärmliche Junge, der sonst keine mehr findet, der sich nicht traut eine andere aufzufordern. Manche Mädchen tragen schon Nylonstrümpfe wie Heike und hohe Absätze an den Schuhen, und auf jeden Fall laufen die Schuhe vorne deutlich spitzer zu als von Edith gutgeheißen. Naja. Da sind einige Bruchstellen eingebaut, zu viele jedenfalls als dass Elisabeth hier ein größeres Vergnügen zu erwarten wagt.

Aber alle gehen hin! Alle. Manche müssen sogar und nirgendwo, in keiner einzigen Familie von der sie weiß wird diese Frage auch nur behandelt. Alle sprechen schon über die Kleider für den Zwischenball und erst am Schluss, was sie da tragen werden und welcher Junge es wohl sein wird, hoffentlich keiner mit fettigen Haaren, und manch eine meint Einfluss darauf nehmen zu können, welcher es sein wird. Andere meinen, nehmen zu müssen, wer sich nun einmal anbietet. Und nichts verbindet die Klasse so sehr wie dieses Getuschel und Gerede und die Köpfe zueinander stecken und dann, wer es nicht gleich lernt, wird sich vielleicht an den Samstagen treffen, um zu proben, ohne die Jungen oder vielleicht auch mit.

Da möchte sie dabei sein? Wozu?

Ediths Gedanken sind längst schon woanders und wenden sich Dingen zu, die noch entschieden werden müssen und nicht längst abgehakt sind wie Lisbeths Lustbarkeiten. Aber klopfenden Herzens beginnt Lisbeth noch einmal von vorn, sie wartet einen günstigen Zeitpunkt ab, abends, nach dem Essen, wenn das Publikum sich verlaufen hat, wenn Klara schon schläft, Louise die Treppen hinauf zu Georg getapst ist und Paul bestimmt nicht noch einmal hereinplatzt mit einer bedeutenden Neuigkeit, die jedes noch so wichtige Vorhaben von Lisbeth mühelos an die Wand spielt.

Also sie muss.

Sie muss?

Sie muss teilnehmen an der Tanzstunde. Es ist schließlich Unterricht und wird für die ganze Klasse abgehalten, wie jeder andere Unterricht auch. Es gehört zu ihren schulischen Pflichten wie die Teilnahme am Mathematikunterricht, an der Religion und so weiter. Die Klassenlehrerin hat es jedenfalls so bestimmt und noch einmal aufgefordert, sich anzumelden.

Das glaubt sie doch selbst nicht?

Lisbeth müsste jetzt Ediths Blick standhalten, der mit einem Mal zur Ruhe kommt, und zwar genau in Lisbeths Blick und deren Augenlider senken sich schon.

Kaum ein Jahr nach Pauls Hochzeit stirbt Georg, nachdem er drei Tage zuvor auf feuchtem Laub ausgerutscht und gestürzt war, also genügend Zeit blieb, flach im Bett liegend, Louises Dank für das gemeinsame Leben entgegenzunehmen. Er selbst schweigt meist, aber nicht aus einer Kraftlosigkeit oder gar schlechten Laune heraus, sondern aus der Gewohnheit, nicht viele Worte zu machen, und gerade in entscheidenden Augenblicken hatte Louise seit jeher besser gewusst, was gesagt werden muss. Nachher heißt es dann, er sei eingeschlafen und schließlich war es auch an der Zeit, denn bis zu diesem Tag, an dem man den Sarg die schmale Treppe hinab und, vorbei an seinem Namenszug über der Werkstatt, zum Hoftor hinaus auf den Friedhof trägt, den letzten Kartenspieler aus der Goldenen Gerste, bis zu diesem Tag war er der alte Herr Ritter und Johann der junge. Und für Paul, der jetzt, wie es üblich ist, ein wenig Erde ins Grab streut und sich verbeugt, war noch kein Platz in der Reihe. Aus der kleinen Gemeinde in seinem Rücken, schwarze Röcke und Hüte, tritt nun einer nach dem andern hervor, um es ihm gleichzutun, die Nachbarn, Louises Kundschaft und Freundinnen, soweit sie noch gut zu Fuß sind, zwei, drei Lehrlinge, inzwischen selbst ergraut, die Handwerker aus der Umgebung, der Dachdecker mit seinem Sohn usw. Niemand mehr allerdings aus Georgs Jahrgang, der ihm, einer nach dem anderen, schon vorausgegangen ist, kaum jemand aus seiner Altersgruppe. Dann, weil Edith keine Freundin von Wirtshäusern ist, nimmt man den Kaffee zu Hause ein, trockener Kuchen und belegte Brote, die Männer trinken ein Glas Wein, der ein oder andere zieht einen Obstbrand vor, den Louise aus einer Flasche einschenkt, die bis heute Georgs war. Und dann die Gespräche, die man bei einem solchen Anlass nun einmal führt, in deren Mittelpunkt Georg steht, jedenfalls am Anfang. Wann hat er dieses Haus gekauft, wann das Geschäft aufgemacht, wie hieß der erste Lehrling und wie sein eigener Lehrherr. Vieles bleibt schon im Ungefähren und Johann spricht zum ersten Mal aus, worauf er in Zukunft bei Gelegenheit zurückkommen wird, dass er von seinem Vater seit jeher zu wenig wusste. Er hat schon den Rock abgelegt und schaut sich um unter seinen Gästen, wie sie alle da sitzen in losen Gruppen, auf Ediths Couch und Sesseln und um den Esstisch herum. Allmählich kommen sie auf sich selbst zu sprechen und teilen sich mit, an welcher Stelle das eigene Leben gerade hält. Hier und da ist ein Enkel geboren, ein Sohn hat geheiratet oder ein Geschäft gegründet, ein anderer macht seines zu, weil er keinen Nachfolger findet. Über die Reihenfolge, in der sie Georgs Mitspieler zu Grab trugen, herrscht Uneinigkeit und dann: Wer wird wohl der nächste sein? Na, lieber nicht zu lang bei dieser Frage verweilen, lieber schauen, wo es vorwärts geht. Was macht denn der Paul, jetzt ist er auch schon Vater, da kommt Leben ins Haus. Wie die Zeit vergeht. Mal sehen was noch wird. So streicht dieser Nachmittag dahin und zwischen kurzen Sätzen und leisem Geklapper der Gläser und Tassen spürt Johann wie er selbst dem Tod ein wenig näher rückt und Paul, wo ist er denn, na, schon wieder über alle Berge, der hat doch keine Zeit sich dieses Geplapper alter Leute anzuhören, Paul rückt ins Zentrum. Und wieder wird es heißen, der junge Herr Ritter und der alte.

Pauls Projekte werden immer größer und vielfältiger, eines scheint ein neues hervorzubringen und manchmal sogar zwei. Er steht immer kurz davor, irgendwo einzusteigen oder dieses und jenes Geschäft noch nebenbei zu erledigen. Die Aufträge fliegen ihm zu, und was sagt Johann jetzt zu dieser großen Sache, ein bisschen Kapital wird er doch aufbringen können. Oder? Johann kritzelt ein paar kleine Skizzen auf sein Blatt und hört zu. Er muss erst einmal alles abwägen, da kommt er so rasch gar nicht hinter Paul her, wie der denkt und plant und die Dinge vorwärtstreibt und bis ins kleinste Detail überlegt hat. Aber dann spürt er doch den Funken noch einmal überspringen, als sei er gar nicht so alt und nicht so still in sich gekehrt, sondern munter und unternehmungslustig packt er gleich die praktischen Fragen an.

Wie können denn er und der alte Heinrich mit ein oder zwei unbegabten Lehrlingen im Schlepptau sich an Aufträge von einer solchen Größenordnung wagen? Auf dem Fahrrad? Die Eimer am Lenkrad?

Ach was! Sie werden natürlich abgeholt und das Material wird gebracht und der Pritschenwagen wird den ganzen Tag zu ihrer Verfügung stehen und mittags werden sie auch heimgebracht und müssen an ihrer Gewohnheit, daheim zu essen, nichts ändern. Und seine Truppe wird ergänzt werden, grade so viele Männer wie gebraucht werden kann Paul beschaffen, und was gibt es sonst noch für Zweifel und Einwände?

Johann dreht wieder einmal den Bleistift zwischen den Fingern, die Ellbogen auf den Armlehnen seines Stuhls aufgestützt, schaut er über diesen quer zwischen seinen Händen liegenden Bleistift hinweg an die Wand über seinem Schreibtisch. Fotografien seiner Kinder hängen dort, der Kalender des laufenden Jahres. Nichts was ihm eine klare Antwort eingäbe. Er dreht sich zu Paul, der hinter ihm auf der Kante des Zeichentischs sitzt, den Fuß auf einem Stuhl.

Also abgemacht? Aber mit Edith muss Johann schon noch einmal sprechen am Abend.

Natürlich!

Paul schiebt den Stuhl von sich und richtet sich auf. Er muss ohnehin los. Dann kann er also seinem Partner einen positiven Bescheid geben, und zwar deutlich rascher natürlich, als eine solche Nachricht erwartet worden war. Na, besser als umgekehrt und Paul lacht und träumt sich in seine Zukunft hinein, in eine Baumaschine, die er demnächst wird kaufen können und einen zweiten Pritschenwagen will er auch anschaffen und auf den Türen wird er gleich einen Aufkleber anbringen lassen, und zwar auf beiden Türen, und zwar gleich schon beim Händler wird er den Wagen mit Schild bestellen: Hoch- und Tiefbau Paul Ritter und Co.

Na, vielleicht auch ohne Co, mal sehen.

Und dann kommt dieser Tag, an dem Paul vom Büro zur Baustelle und dann wieder zurück und rasch noch einmal hereinschaut, um Johann zu fragen, ob er diesen und jenen Auftrag übernehmen kann, aber Johann ist ja seinerseits unterwegs und die Frage muss auf später verschoben werden, vielleicht nach dem Essen oder zum Essen wird er wieder hereinschauen und er eilt noch einmal zur Baustelle hinauf und alles verläuft dort weitgehend reibungslos und rascher als auf den anderen Baustellen, natürlich rascher als auf den benachbarten Baustellen, wo alles so zögerlich vorangeht, dass er nur den Kopf schütteln kann. Aber grade jetzt, als er den Wagen abstellt, den Zündschlüssel lässt er stecken, denn mehr als zwei Minuten hat er gar nicht eingeplant, stockt es auch bei ihm. Die Männer stehen herum anstatt in Bewegung zu sein wie üblich, sie starren hinauf, wo die Wanne der Mischmaschine reglos in der Luft hängt, anstatt munter in Schwung zu sein und den Mörtel an die entscheidende Stelle zu bringen. Diese Maschine hat er grade erst gekauft und bestimmt nicht, damit sie stillsteht und ihre Transportwagen in der Luft schaukeln lässt wie ein Karussell. Paul schüttelt den Kopf und meint, es wird wohl das Seil aus seiner Rinne gesprungen sein und er schiebt sich unter die Wanne und tatsächlich dort liegt das Seil neben seinem Lauf und Paul macht zwei, drei kleine Handgriffe, von denen nachher niemand wird sagen können, welche genau es waren und der Wagen löst sich und stürzt. Pauls Kopf fliegt auf, das Gesicht zum Himmel, als suche sein Blick dort oben nach einem Weg zwischen den Wolken hindurch. Dann nichts mehr. Stille. Dann der Schrei des Poliers. Hoch und fremd steht dieser Schrei in der Luft wie der Schrei eines Tieres. Auch die anderen Geräusche kehren zurück, das Rauschen der fernen Autobahn, das Scharren und Quietschen eines Lasters, der, eine Baugrube weiter, seinen Kies ablädt. Dann die Schreie der Männer, die grade noch auf den Fortgang ihrer Arbeit gewartet haben. Einer reißt die Arme über den Kopf und stürzt auf die Knie. Einer läuft zu ihrem Bauwagen, um einen Rettungswagen zu rufen und die Polizei und Pauls Partner und Heike. Alle haben ihre Mützen abgenommen, aber keiner wagt es, sich hinzusetzen, obwohl ihre Beine, weich und schwer zugleich, ihnen kaum erlauben einen Fuß vor den andern zu setzen. Dann fasst sich einer ein Herz und macht zwei, drei Schritte auf Pauls Körper zu und beugt sich zu ihm hinunter, um seine Augen zu schließen.

Ich lebe und Ihr sollt auch leben.

Edith möchte, dass dieser Satz dort steht, den keiner außer ihr versteht. Sie möchte, dass er in Pauls Grabstein gekratzt wird und vorher schon auf der Anzeige steht, Johannes 14, Vers 9. Augenblicklich hat sie diesen Vers parat, als habe er seit jeher schon auf seinen Einsatz gewartet. Sie sagt ihn für sich im Stillen auf und zu Klara sagt sie ihn auch, die aus der Schule heimkommt und Edith dort auf der Stuhlkante sitzen sieht am Kopfende des Tischs, wo Johann für gewöhnlich seinen Platz hat. Johann steht in der Tür seines Büros und Louise sitzt dort auf einem Stuhl in der Mitte des Raums, und alle drei verharren in einer Bewegungslosigkeit, die Klara noch nicht kennt. Edith gibt ein Stöhnen von sich, als sie hereinkommt wie alle Tage, mit der Schultasche unter dem Arm und offenem Mantel trotz der Kälte. Edith trägt schon schwarz, woher hat sie so rasch jetzt diese schwarzen Kleidungsstücke gefunden, Rock und Pullover sehen grade so aus, als trüge sie sie seit jeher.

Das war also zu schwer für Paul, selbst für Paul, der so jung war und kräftig und der so vieles hatte tragen können, war diese Wanne zu schwer. Zu schwer.

Edith nickt und meint womöglich ein ganz anderes Gewicht, das auf Paul gelastet hatte von Anfang an, seit dem Tag seiner Geburt. Seit Annas Tod.

Klara setzt sich, noch im Mantel, auf einen Stuhl, um diese bruchstückhaften Sätze zu entziffern, die Edith von sich gibt, nicht einmal in Klaras Richtung, sondern zum Fenster hinaus scheinen diese Wörter zu fliegen oder womöglich spricht sie auch allein zu sich selbst oder zu ihrem Gott.

Ich lebe und ihr sollt auch leben.

Dazwischen bleiben lange Pausen und dann wiederholen ihre Sätze sich, gefolgt von einem kleinen Nicken. Zu schwer. Klara steht auf und geht zu Johann hin, der noch immer reglos in der Tür steht, seinem Büro zugewandt, sie fasst seinen Arm und will ihn zu sich drehen, um womöglich mehr und genauere Sätze zu hören, aber Johann wendet sich ab und geht hinaus.

Vor Edith liegen jetzt noch 321 Tage Leben, nicht mitgerechnet den heutigen Tag, an dem sie neben Johann an Pauls Grab steht und für einen Augenblick meint, sie stehe jetzt dort, weil sie damals nicht hatte kommen können. Als der Sarg soviel kleiner war und sie zu schwach. Und nicht gerechnet jener andere Tag, von dem Edith noch nichts weiß, an dem sie auf ihrer Seite des Betts im Schlafzimmer liegen wird, das einst Pauls Zimmer gewesen war und vorher noch war es das Zimmer des großen Paul und davor hatten die Zwillingsbuben ihre Nächte hier verbracht und von ihren Turnieren geträumt. Liederkranz gegen Maienquartett. Und dann schließlich wird Edith hier liegen und still abwarten, wer zur Tür hereinkommt. Mal ist es Lisbeth mit einem Schälchen Suppe, mal Klara, die stumm eine Weile am Fenster steht und in den Hof hinunterschaut, wo sich nicht das Geringste ereignet. Ach, mein Kind, wird Edith sagen, aber nicht mehr, und so überzeugend hört es sich gar nicht an, dass Klara sich dafür herumdrehen wird. Und so bleiben sie schweigend einen Augenblick, voneinander abgewandt, jeder in seiner eigenen Welt. Und später dann kommt Johann herein, der vorläufig noch gar nicht daheim ist. Wie alle Tage hat er sich morgens auf sein Fahrrad gesetzt, um zu einer nicht allzu weit entfernten Kundschaft zu radeln und dann, weil es Zeit ist und ihrer Gewohnheit entspricht, machen sie Pause, der alte Heinrich, der Lehrling und er selbst. Und grade in dem Augenblick, als er sein Brot auspackt und sich einen Kaffee einschenken will, spürt er, was er damals versäumt hatte zu spüren, als Paul fiel, vom Splitter einer Granate ins Rückgrat getroffen, und er stellt seine Tasse ab und steht auf, schnappt sich seinen grauen Rock und wendet sich, schon an der Tür, noch einmal seinen Männern zu, die von ihrem Frühstück aufschauen. Er wird nach Hause gehen, seine Frau stirbt. Eilig hat er es aber nicht, er schiebt sein Rad, wie oft, wenn etwas Schweres am Lenker hängt und er fürchten muss das Gleichgewicht zu verlieren. Und trotzdem kommt er rechtzeitig.

Abends sitzen sie um den Küchentisch herum, Klara, Anna in ihrem schwarzen Wollkleid, und Lisbeth schreibt auf was nötig ist.

Nach kurzer schwerer Krankheit. Soll es so heißen?

Johann weiß nicht, wie es heißen soll. Er zuckt mit den Schultern und schaut suchend in die Gesichter der andern. Also gut. Einmal lachen sie kurz auf, als Anna daran erinnert, wie Edith auf der Beerdigung eines Onkels erschienen war, der ganz munter dort stand, im schwarzen Rock und Hut und mit dem Toten nur den Vornamen gleich hatte. Eine Verwechslung also, da war sie wieder einmal zu schnell gewesen und hatte die Todesnachricht am Telefon gar nicht bis zur letzten Adresse angehört. Typisch Edith.

Dann wird es wieder still am Tisch, und die Sätze gehen leise hin und her. Johann fragt nach roten Dahlien. Ob das nicht schön aussähe als Sargschmuck, dieser Kontrast zum dunklen Grün der Nadelzweige. Lisbeth schreibt es auf. Anderntags heißt es aber, Dahlien sind der Jahreszeit nicht angemessen und lassen sich auch schlecht aufstecken, der weichen Stängel wegen. So? Sollen es Chrysanthemen sein stattdessen? Johann sieht den rostigen Farbton vor sich und schaut Klara zweifelnd an. Also dann. Chrysanthemen.

Johann lässt sich am Kopfende des Tisches nieder, aus einer Gewohnheit heraus, die auf die ersten Tage seiner Ehe zurückreicht, als alle Plätze noch frei waren und sie wählen konnten.

Will Edith vielleicht am Kopfende sitzen?

Er kann sich auch an der Breitseite einrichten, da hat er womöglich sogar einen besseren Blick auf das Geschehen am Herd und die Tür im Auge. Jetzt sind wieder alle Plätze frei, aber wählen kann er nicht mehr. Er zieht den abgegriffenen grauen Umschlag ein wenig näher zu sich heran, wendet ihn hin und her, als rätsle er welches Geheimnis sich darin wohl verbirgt. Obwohl Anna es ja gesagt hat. Hier, das hat sie ihm mitgebracht, Ediths Briefe. Viele sind es nicht, die meisten sind der Unachtsamkeit des Alltags zum Opfer gefallen über die Jahre hin. Johann zieht die zusammengefalteten Blätter heraus, einige stecken ihrerseits in Umschlägen, andere liegen ungeschützt auf der blassgelben Wachstuchdecke. Ediths Handschrift. Johann lehnt sich zurück und wartet einen Augenblick lang ab, die Hände im Schoß. Ohne einen dieser Briefe auseinander zu falten, weiß er augenblicklich in welcher Periode ihres Lebens sich Edith über ihn gebeugt hat. Da ist der blasse, bläuliche Bleistift und ihre noch ein wenig runde, leichte Mädchenschrift, mit der sie ihm selbst auch ihre hoffnungsvollen Nachrichten geschickt hat. Bald haben sie die letzte Fuhre Heu heimgebracht, die letzte Frucht, das letzte Spreu vom Weizen getrennt, dann nimmt sie den Zug. Die Frau Pfarrer wartet ja auch schon. Dort der fliegende Kugelschreiber der späteren Jahre, den sie über das Blatt gejagt hatte, obwohl es doch Sonntagnachmittag war und alles still im Haus und nur er selbst am Schreibtisch über Ediths lückenhafter Buchführung. Gibt es keinen Kaffee heute? Manchmal war er aufgestanden und in die Küche gegangen, wo sie an der hinteren Breitseite des Tisches saß, tief über ihren Block gebeugt. Sie schreibt der Anna. So? Dann wartet er noch. Und für einen Augenblick hatte er ihr zugeschaut, wie sie dort saß, mit ihrem ewig eingeschlagenen und hochgesteckten Haar, auf der Vorderkante des Stuhls, als sei sie am Start zu einem großen Rennen. Wer weiß wohin. Johann schiebt die Briefe vorsichtig hin und her auf dem Tisch, sortiert Bleistift zu Bleistift und Kugelschreiber zu Kugelschreiber und Jahrgang zu Jahrgang, dann faltet er schließlich zögerlich eines der Blätter auf:

Liebe Anna, nein, er ist nicht so ein Zwerg wie Hirschwirts Johann! Es sind ja auch nicht alle Mädchen, die Anna heißen, so vorlaut wie Du! Er ist recht groß, eben einen halben Kopf größer als ich und hat braune Augen, die Haare wie Martin vom Scheitel aus nach hinten gekämmt ...

So hatte es angefangen.

Ursula Ruppel lebt in Frankfurt am Main,
hat als Dramaturgin und Produzentin für das
Radio gearbeitet und ist Autorin zahlreicher
Hörspiele, Feature und Essays.